CB134331

REVISTA TRIMESTRAL DE

DIREITO PÚBLICO

38/2002

MALHEIROS EDITORES

Revista Trimestral de Direito Público

Órgão do

INSTITUTO GERALDO ATALIBA
IDEPE — INSTITUTO INTERNACIONAL
DE DIREITO PÚBLICO E EMPRESARIAL

ANTIGOS CONSELHEIROS

• Ataliba Nogueira • Cândido Motta Filho • Geraldo Ataliba (Fundador) • Hely Lopes Meirelles • Joaquim Canuto Mendes de Almeida • M. Seabra Fagundes • Pontes de Miranda • Oswaldo Aranha Bandeira de Mello • Rubens Gomes de Sousa • Ruy Cirne Lima • Víctor Nunes Leal

DIRETORES

• Celso Antônio Bandeira de Mello • Adilson Abreu Dallari

CONSELHO DE ORIENTAÇÃO

• Almiro do Couto e Silva • Caio Tácito • Carlos Mário Velloso • Dalmo Dallari • Fábio Konder Comparato • Josaphat Marinho • José Francisco Rezek • Lourival Villanova • Michel Temer • Raul Machado Horta • Sérgio Ferraz • Vicente Marotta Rangel

COMISSÃO EDITORIAL

• Antônio Carlos Cintra do Amaral • Carlos Ayres Britto • Carlos Ari Sundfeld • Carlos Roberto Martins Rodrigues • Carlos Roberto Pellegrino • Diógenes Gasparini • Eros Roberto Grau • Fernando Albino de Oliveira • Francisco Octávio de Almeida Prado • Homar Cais • José Manoel de Arruda Alvim Netto • Lúcia Valle Figueiredo • Luiz Carlos Bettiol • Luís Roberto Barroso • Maria Helena Diniz • Maria Sylvia Zanella Di Pietro • Paulo de Barros Carvalho • Régis Fernandes de Oliveira • Roberto Rosas • Rosolea Folgosi • Sérgio Andréa Ferreira • Sérgio Lazzarini • Torquato Lorena Jardim • Valmir Pontes Filho

SECRETÁRIO EXECUTIVO

• Hélcio de Abreu Dallari Júnior

RTDP
Publicação trimestral de
MALHEIROS EDITORES LTDA.
Rua Paes de Araújo, 29, cj. 171
CEP 04531-940 - São Paulo, SP - Brasil
Tel.: (011) 3078-7205 - Fax.: (011) 3168-5495

Assinaturas e comercialização:
CATAVENTO DISTRIBUIDORA DE LIVROS S.A.
Rua Conselheiro Ramalho, 928
CEP 01325-000 - São Paulo, SP - Brasil
Tel.: (011) 3289-0811 - Fax.: (011) 3251-3756

Diretor responsável: Álvaro Malheiros
Diretora: Suzana Fleury Malheiros

Supervisão Gráfica: Vânia Lúcia Amato
Editoração Eletrônica: Letra por Letra Studio

SUMÁRIO

DOUTRINA

INSTRUMENTOS DA ADMINISTRAÇÃO CONSENSUAL. A AUDIÊNCIA PÚBLICA E SUA FINALIDADE 5
— Lúcia Valle Figueiredo

CONTROLE POLÍTICO DAS AGÊNCIAS REGULADORAS 16
— Adilson Abreu Dallari

PROPAGANDA INSTITUCIONAL E PUBLICIDADE PESSOAL: FRONTEIRAS 23
— Sergio Ferraz

PRINCÍPIO DE DIREITO ADMINISTRATIVO E TRIBUTAÇÃO: FRONTEIRAS E IMPLICAÇÕES 30
— Romeu Felipe Bacellar Filho

ATUAÇÃO ADMINISTRATIVA E LEGISLATIVA DOS PODERES PÚBLICOS EM MATÉRIA AMBIENTAL 37
— Toshio Mukai

NOTAS SOBRE A FUNÇÃO ADMINISTRATIVA 46
— Vladimir da Rocha França

DIREITO ADQUIRIDO AO REGIME DE APOSENTADORIA. O princípio da segurança das relações jurídicas, o direito adquirido e a expectativa de direito 57
— Valmir Pontes Filho

REDISCUTINDO A ESTABILIZAÇÃO, PELO DECURSO TEMPORAL, DOS ATOS ADMINISTRATIVOS "SUPOSTAMENTE" VICIADOS 63
— Fábio Barbalho Leite

PRINCÍPIO DA LEGALIDADE E PODER REGULAMENTAR NO ESTADO CONTEMPORÂNEO 82
— Alexandre Santos de Aragão

DA PERDA E SUSPENSÃO DOS DIREITOS POLÍTICOS 99
— Edilson Pereira Nobre Júnior

PROCESSO ADMINISTRATIVO, DEVIDO PROCESSO LEGAL E A LEI 9.784/1999 116
— Rafael Munhoz de Mello

PARECERES

ARRENDAMENTO. PRORROGAÇÃO E ALTERAÇÃO DE CONTRATOS POSSÍVEIS 135
— Eros Roberto Grau

CONCESSÃO DE SERVIÇO PÚBLICO. Reestruturação do sistema tarifário. Equilíbrio econômico-financeiro. Obrigação de indenizar 140
— Celso Antônio Bandeira de Mello
LIMITAÇÕES AO "JUS PUNIENDI" ESCOLAR: INCONSTITUCIONALIDADE DA PUNIÇÃO COLETIVA 147
— Eduardo Fortunato Bim

ESTUDOS E COMENTÁRIOS

A RESPONSABILIDADE CIVIL DO ESTADO POR CONDUTA OMISSIVA 161
— João Agnaldo Donizeti Gandini e Diana Paola da Silva Salomão
EFEITOS PROSPECTIVOS DA DECLARAÇÃO DE INCONSTITUCIONALIDADE COMO TÉCNICA GARANTIDORA DO LIVRE EXERCÍCIO DA ATUALIZAÇÃO CONSTITUCIONAL 185
— Vanice Lírio do Valle
O PROCESSO DE CONCRETIZAÇÃO CONSTITUCIONAL: LIMITES E POSSIBILIDADES 196
— Noel Antonio Tavares de Jesus
RESPONSABILIDADE CIVIL DAS AGÊNCIAS REGULADORAS 212
— Rodrigo Santos Neves
A NATUREZA JURÍDICA DA ANATEL 229
— Vidalvo Silvino da Costa Filho

JURISPRUDÊNCIA 239

INSTRUMENTOS DA ADMINISTRAÇÃO CONSENSUAL. A AUDIÊNCIA PÚBLICA E SUA FINALIDADE*

LÚCIA VALLE FIGUEIREDO

Professora Titular de Direito Administrativo da PUC/SP.
Juíza Aposentada do Tribunal Regional Federal da 3ª Região.
Advogada e Consultora Jurídica em São Paulo

I — A Constituição de 1988 e a audiência pública

1. A Constituição de 1988, inequivocamente, pretendeu que a democracia se realizasse por meio dos representantes eleitos pelo povo, mas, também, diretamente, nas formas permitidas por ela própria.

Assim, no Capítulo referente ao Meio Ambiente, vez primeira introduzida na Constituição de 1988, consagrou-se para as obras, que pudessem provocar impacto no meio ambiente, a obrigatoriedade do *estudo de impacto ambiental*, ao qual se daria ampla publicidade, naturalmente com a participação pública.

O art. 74, § 2º, da Constituição outorgou a qualquer cidadão, partido político, associação ou sindicato, legitimidade para denunciar irregularidades ou ilegalidades perante o Tribunal de Contas.

O art. 31 da Constituição, § 3º, determinou que as contas municipais ficassem à disposição para que, qualquer contribuinte, pudesse fiscalizá-las.

O art. 37, referente à Administração Pública, também, pela primeira vez, trouxe inseridos, diretamente na Constituição, como princípios expressos, os da *publicidade* e *moralidade*.

José Afonso da Silva,[1] ao se referir ao direito de participação, distingue-o da seguinte forma: (1) *participação direta* (direito ao processo decisório); (2) *participação orgânica*, como a dos trabalhadores, empresários e aposentados na gestão da seguridade social; e, finalmente, (3) *direito de participação da comunidade*. Traz, como exemplo exatamente o art. 31, § 3º, da Constituição, já citado por nós.

É a defesa do interesse público, da coletividade. A *audiência pública*, que nos

* Trabalho realizado para o Seminário em Homenagem ao Professor García de Enterría (Rio de Janeiro, out. 2001).

1. José Afonso da Silva, *Curso de Direito Constitucional Positivo*, 11ª ed., São Paulo, Malheiros Editores, 2000.

propormos tratar, é autêntico direito difuso. Não se trata de direito individual, porém de direito público subjetivo de defesa da comunidade, somente reflexamente poderá ser direito individual.

É pertinente ao interesse de todos e de cada um, de cada um e de todos.

2. *A audiência pública na Lei 8.666/1993 (Lei de Licitações e Contratos)*[2]

Foi editada a Lei 8.666/1993 (posteriormente modificada por diversas vezes) sob esse novo clima constitucional que consagrou, às abertas, a participação popular, como vimos.

Na Lei 8.666/1993 — lei que disciplina as licitações e contratos —, vemos vários dispositivos consignadores da participação popular.

Repete a Lei 8.666/1993, didaticamente, consoante se nos afigura, a participação popular no controle das licitações, com a conseqüente consagração da cidadania. Isso verificamos nos artigos que serão reproduzidos em seguida, com as modificações sucedidas ulteriormente.

Inicialmente, temos o art. 4º da *Lei de Licitações e Contratos*, possibilitando a qualquer *cidadão*[3] o acompanhamento do procedimento licitatório.[4]

Em seguida, o art. 7º, § 8º, vai permitir que qualquer cidadão possa requerer à Administração Pública os quantitativos das obras e preços unitários de determinada obra executada:

Também, no art. 15,[5] § 6º, está escrito:

> Art. 15. As compras, sempre que possível, deverão:
>
> (...).
>
> § 6º. Qualquer *cidadão* é parte legítima para impugnar preço constante do quadro geral em razão de incompatibilidade desse com o preço vigente no mercado.[6]

3. Porém, é no art. 39, que se encontra o ápice da participação popular, quando determina a lei a necessidade de *audiência pública* para licitações de grande vulto, ali definidas.[7]

2. Posteriormente várias leis trouxeram a obrigatoriedade da audiência pública como parte obrigatória do procedimento. Citem-se as Leis de Processo Administrativo (Federal e Paulista, respectivamente de ns. 9.784/1999, arts. 32 e 34 e 10.177/1998, arts. 29 e 31, a Lei de Responsabilidade Fiscal (Lei Complementar 101/2000, art. 9º). E, recentemente, o Estatuto da Cidade (Lei 10.257/2001, art. 2º, XIII). Além dessas, podem-se enumerar as Leis de Telecomunicações e de Energia Elétrica.

3. Note-se que a lei ora permite o controle ao *cidadão*, ora a qualquer interessado. Este artigo, não obstante às inúmeras transformações posteriores, não foi alterado no que concerne ao controle pelo cidadão.

4. "Art. 4º. Todos quantos participem de licitação promovida pelos órgãos ou entidades a que se refere o art. 1º têm direito público subjetivo à fiel observância do pertinente procedimento estabelecido nesta lei, podendo qualquer cidadão acompanhar o seu desenvolvimento, desde que não interfira de modo a perturbar ou impedir a realização dos trabalhos. Parágrafo único. O procedimento licitatório previsto nesta lei caracteriza ato administrativo formal, seja ele praticado em qualquer esfera da Administração Pública."

5. Afirmam alguns juristas a desnecessidade de tal comando, pois a Constituição, como, *v.g.*, no art. 5º, XXXIII, já tal permite expressamente, nos seguintes termos: "XXXIII — Todos têm direito a receber dos órgãos públicos informações de seu interesse particular, ou de interesse coletivo ou geral, que serão prestadas no prazo da lei, sob pena de responsabilidade, ressalvadas aquelas cujo sigilo seja imprescindível à segurança da sociedade e do Estado".

6. Tal possibilidade — é bem verdade — extrair-se-ia do direito genérico de petição já constante da Constituição anterior, e expressado na vigente, no art. 5º, XXXIV: "(...) São a todos assegurados, independentemente do pagamento de taxas: a) o direito de petição aos Poderes Públicos em defesa de direitos ou contra ilegalidade ou abuso do poder".

7. "Art. 39. Sempre que o valor estimado para uma licitação ou para um conjunto de licitações simultâneas ou sucessivas for superior a 100 (cem) vezes o limite previsto no art. 23, inciso I, alínea *c*, desta lei, o processo licitatório será iniciado, obrigatoriamente, com uma audiência pública, concedi-

A audiência pública, se não efetuada, quando ocorrente o pressuposto descrito na norma, *invalida a licitação*. E, se assim é, poder-se-ia questionar se o resultado dessa audiência seria ou não vinculante ao administrador.

Apesar de obrigatória, não é vinculante, consoante se nos afigura, por ausência de determinação legal para tal fim. O administrador poderá justificar a necessidade de realização da obra ou serviço da maneira pretendida, e realizá-los. Todavia, como se poderá inferir, passa ser questionável a legitimidade de obra ou serviço recusados pela comunidade, ou, mesmo, questionados, até, às vezes, no tocante à maneira de realizá-los.

3.1 Destarte, a primeira grande conseqüência, verificada por nós: *inverte-se, em termos de controle, o ônus da prova*.

Há necessidade de a Administração provar que sua decisão, não obstante desacolhida ou questionada pela comunidade interessada, ou acolhida em outros termos, foi bem tomada. Nota-se, em conseqüência, a presunção de que a obra ou o serviço poderia entrar em atrito com os princípios vetoriais da Administração Pública.

Assinale-se, também, que a norma prevê a possibilidade de acesso de qualquer interessado à audiência pública. E, obviamente com direito à participação efetiva.

3.2 O Professor Agustín Gordillo, em palestra proferida no IV Congresso Internacional de Direito Administrativo, realizado em Foz de Iguaçu, há longo tempo, em agosto de 1994, portanto, logo após a edição da lei, compartilhou do entendimento de se ter introduzido, muito oportunamente, às claras, às abertas, *a participação popular*.

O § 1º do art. 41 prescreve a possibilidade de *qualquer cidadão* impugnar edital de licitação.[8]

A Administração deverá necessariamente "julgar e responder à impugnação", em até três dias.

É claro que a Administração deveria responder, *com ou sem lei, considerando-se sua competência, o exercício de função*. Porém, também é verdade que, se não houvesse lei, com o nosso "caldo" de cultura, nem sequer seria protocolado o pedido, compelindo-se o cidadão, obrigatoriamente, a utilizar as vias judiciais.

Ainda, o art. 63 permite a qualquer licitante o conhecimento dos termos do contrato e do respectivo processo licitatório, e a qualquer interessado a obtenção de cópia autenticada do mesmo.[9]

da pela autoridade responsável com antecedência mínima de 15 (quinze) dias úteis da data prevista para a publicação do edital e divulgada, com a antecedência mínima de 10 (dez) dias úteis de sua realização, pelos mesmos meios previstos para a publicidade da licitação, à qual terão acesso e direito a todas as informações pertinentes e a se manifestar todos os interessados. Parágrafo único. Para os fins deste artigo, bem como para os do § 5º do art. 23 e do inciso I do art. 24 desta lei, consideram-se licitações simultâneas ou sucessivas aquelas com objeto semelhante, sendo licitações simultâneas aquelas com realização prevista para intervalos não superiores a 30 (trinta) dias e licitações sucessivas aquelas em que o edital subseqüente tenha uma data anterior a 120 (cento e vinte) dias após o término das obrigações previstas na licitação antecedente". O parágrafo único foi modificado nos seguintes termos: "Para os fins deste artigo, consideram-se licitações simultâneas aquelas com objetos similares e com realização prevista para intervalos não superiores a trinta dias, e licitações sucessivas aquelas em que, também com objetos similares, o edital subseqüente tenha uma data anterior a cento e vinte dias após o término do contrato resultante da licitação antecedente (...)".

8. "Art. 41. A Administração não pode descumprir as normas e condições do edital ao qual se acha estritamente vinculada. § 1º. Qualquer cidadão é parte legítima para impugnar edital de licitação por irregularidade na aplicação desta lei, devendo protocolar o pedido até 5 (cinco) dias úteis antes da data fixada para abertura dos envelopes de habilitação, devendo a Administração julgar e responder à impugnação em até 3 (três) dias úteis, sem prejuízo da faculdade prevista do § 1º do art. 113. (...)."

9. A objeção (não nossa) é de que tal possibilidade defluiria imediatamente do princípio da publi-

E, finalmente, o art. 113, § 1º, redundante, pleonástico, afirma:

§ 1º. Qualquer licitante, contratado ou pessoa física ou jurídica poderá representar ao Tribunal de Contas ou aos órgãos integrantes do sistema de controle interno contra irregularidades na aplicação desta lei, para os fins do disposto neste artigo.

Nesse artigo, de fora a parte o pleonasmo, a enorme redundância, vê-se ampliada a possibilidade constitucional do § 2º do art. 74, que somente atribuía aos sindicatos, partidos políticos, associações e ao cidadão o direito de representar aos Tribunais de Contas.

Como se verifica da amostragem tópica, o controle das licitações passou a ser exercido, via de regra, também pelo povo, de quem emana todo poder na *res publica*.

4. Pretende-se demonstrar, pois, que o desiderato constitucional, *seguido de perto pela legislação específica*, foi o de *transparência da Administração Pública* e com a *efetiva participação popular*, tão importante para o concerto entre Administração e administrado.

5. Costumam dizer os monografistas do tema *Licitação*, que o procedimento licitatório começa para o público com a publicação do edital.

Deve-se fazer a isso grave reparo. O início não é com a publicação do edital, *caso as obras e os serviços exijam expressamente audiência pública preliminarmente*, pois, se assim for, *o início do procedimento dar-se-á com a audiência pública*, portanto, já não mais com o edital.

cidade, consagrado constitucional e legalmente. Todavia, a vingar tais argumentos, acreditamos desnecessária a explicitação constitucional dos direitos e garantias individuais e coletivos, vez que bastaria estar assegurado o princípio da igualdade, da participação popular, da separação dos Poderes e do direito à jurisdição. Lembramos de inúmeras palestras, em que nosso querido mestre Seabra Fagundes afirmava a necessidade de Constituição analítica, em nosso momento histórico e de nenhuma tradição de respeito às leis.

Aliás, se o procedimento administrativo determinar que sejam as decisões administrativas precedidas de audiência pública, essa deve se constituir na fase inicial de procedimento.

Deveras, como se verifica, se a deflagração do procedimento verifica-se com a audiência pública (repetimos, para determinadas obras de vulto), esta será, sem dúvida, a fase inicial do procedimento.

6. Já conceituamos *procedimento* da seguinte forma, afirmando ser a palavra polissêmica:

"Vemos, portanto, que o termo 'procedimento' emprega-se em duas acepções bastante diferenciadas. Ora refere-se ao conjunto de formalidades necessárias para emanação de atos administrativos, ora como a seqüência de atos administrativos, cada qual *per se* desencadeando efeitos típicos (como, no exemplo citado, procedimentos concorrenciais, concurso, *licitação*), porém todos tendentes ao ato final, servindo-lhe de suporte de validade.

"No primeiro caso — conjunto de formalidades — há uma série de atos, inclusive de terceiros, e fatos administrativos necessários à formação válida do procedimento."[10]

7. Utilizando-nos da teoria da linguagem, podemos afirmar que a *audiência pública* é um evento, que, depois, feita a competente ata documentando-o, passa a ser relevante para o direito como *fato administrativo*, pois jurisdicizado, e absolutamente necessário para compor o procedimento, a preceder — nesses casos assinalados — o ato administrativo do edital. Portanto, temos a necessidade de um *fato jurídico* preliminar ao edital para validá-lo, fato jurídico este que será documentado pela Ata da Audiência, esta constituindo-se no ato administrativo inicial do procedimento.

E não se poderá considerar a audiência pública como uma formalidade a mais

10. *Curso de Direito Administrativo*, 5ª ed., São Paulo, Malheiros Editores, 2001, Cap. XV.

apenas, sem qualquer relevância, pois, como já procuramos anteriormente demonstrar, quer na Constituição de 1988, quer na própria Lei 8.666/1993, há enorme importância na participação popular.

8. Deve-se proscrever, portanto, a possibilidade de que qualquer evento, denominado *audiência pública* seja hábil a validar o edital, tal seja, o próprio procedimento licitatório. E, por isso mesmo, não se poderá permitir que medeie largo tempo entre a audiência e a publicação do edital.[11]

Hábil a validar o edital será a audiência pública que cumpra sua finalidade básica de informar a obra ou serviço a ser contratado, qual a forma pela qual será executado e o porquê de ter sido escolhida tal ou qual técnica, tudo isso com fundamentação suficiente.

Ademais, os participantes da audiência devem ter ampla liberdade de se manifestar e tentar demonstrar se a técnica é boa ou não, porque sim e/ou porque não, ou, se haveria viabilidade de ser feita, ou melhor, executada em outra técnica.

A Administração deverá, então, demonstrar quais os motivos que levaram a sua decisão, à escolha feita, declarando expressamente sua motivação para a escolha.

Já tivemos a oportunidade de inúmeras vezes dizer que a discricionariedade do administrador está balizada.

8.1 A finalidade da audiência pública é a publicidade, nesta entendida a possibilidade de participação ampla dos cidadãos. E de os interessados, ao fim e ao cabo, rejeitarem ou aprovarem o que tiver sido escolhido pela Administração.

Obviamente a audiência pública não é para que a Administração apresente categoricamente sua escolha, efetuada anteriormente e cumpra, apenas e tão-somente, etapa formal.

11. Estamos a exemplificar com a licitação, porém nossas afirmações seriam válidas no tocante aos processos em geral, que demandassem, nos termos da lei, inicialmente, *audiência pública*.

Sua finalidade precípua é a ampla discussão, a ampla transparência, para que sejam exibidos os fundamentos necessários para o modelo escolhido e para que se ouça, se questione a possibilidade da proposição de outras formas.

Enfim, faz-se necessária intercomunicação. Não se trata de um monólogo, mas, sim, de diálogo entre as autoridades e os cidadãos.

Diz Jessé Torres, um dos melhores comentaristas da *Lei de Licitações e Contratos*, a propósito do tema que estamos a tratar de maneira específica:

"(...).

"As audiências públicas integram o perfil caracterológico dos Estados Democráticos de Direito modelados pelo constitucionalismo europeu do pós-guerra, para o qual o poder político não apenas emana do povo e em seu nome é exercido (democracia representativa), mas comporta a participação direta do povo (a fórmula de democracia mista ou plebiscitária inscrita no parágrafo único do art. 1º da Constituição Federal de 1988).

"(...).

"Em face do vulto da licitação, compreende-se o intuito do legislador, contudo é preciso discernir-lhe o alcance. Não terá querido submeter ao crivo dos interessados a decisão de realizar o certame, por si só obrigatório, em princípio. *Justifica-se a audiência para debater o objeto a ser licitado e o projeto proposto para a sua execução.* Não haveria utilidade em rever com populares (presumidamente leigos) matéria que é estritamente técnico-jurídica, quanto a se é devida, dispensável, inexigível ou vedada a licitação; a resposta encontra-se na Constituição e na legislação pertinente, e não em reuniões assembleares. O que seria passível de discussão aberta concerne ao teor político-administrativo do ato que delibera empreender o objeto e a como fazê-lo.

"(...).

"*O novo estatuto, ao exigir a audiência pública antes da efetivação de concor-*

rência de grande porte, pretendeu colher o assentimento, ou a reprovação, dos segmentos interessados no objeto (que será, no mais das vezes, obra ou serviço público de envergadura), seja quanto à conveniência ou à oportunidade de sua consecução, à vista das prioridades de aplicação dos recursos do erário, seja com respeito à concepção técnica e aos métodos de execução do respectivo projeto, que haverá de ser o mais sólido e menos oneroso para os cofres públicos."[12]

De seu turno, Marçal Justen Filho um dos mais profícuos comentadores da *Lei de Licitações e Contratos*, afirma:

"1) *Publicidade e Fiscalização*

"O dispositivo confirma a concepção adotada pela Lei, no sentido de que a ampla publicidade é instrumento útil no controle da legalidade e da conveniência das licitações e contratações administrativas. Por isso, foi instituída essa audiência para hipóteses de contratações de maior vulto.

"*A audiência pública permitirá a qualquer 'interessado' formular indagações e pleitear esclarecimentos, os quais deverão ser prestados de modo motivado. Mesmo os aspectos discricionários da atividade administrativa poderão ser objeto de esclarecimento.*

"A lei não subordina a Administração à aprovação dos presentes à reunião pública. Não é relevante se os presentes reputam (ou não) que os esclarecimentos são satisfatórios. Os vícios, se não forem espontaneamente eliminados pela autoridade administrativa, autorizarão o recurso ao Poder Judiciário. Idêntica solução será viável quando a autoridade administrativa negar-se a prestar esclarecimentos.

"(...).

"A audiência pública é um dos instrumentos destinados a assegurar a transparência da atividade administrativa. Não se destina a garantir direitos subjetivos de pessoas determinadas, mas a proteger o interesse público, objetivamente. Logo, ausência ou invalidade da audiência acarreta nulidade do procedimento licitatório. Portanto, esse vício pode ser objeto de questionamento segundo os princípios relacionados com os interesses coletivos e difusos. Sujeita-se a controle por via de ação popular, ação civil pública"[13] (grifamos).

E Gordillo, acerca das audiências públicas, averbou:

"(...).

"1.3 *Audiencia pública y pública audiencia o sesión pública.* Town Meetings

"Cabe distinguir la 'pública audiencia' o sesión pública para enfatizar que en la audiencia pública no se trata meramente de celebrar una sesión administrativa con *asistencia* pasiva y muda del público, radio, televisión, periodismo, etc., sino de realizar una audiencia en la cual *el público es parte interesada y activa, con derechos de naturaleza procedimental* a respetar dentro de la concepción ahora expandida del debido proceso constitucional; con derecho de ofrecer, producir prueba y controlar la que se produce, alegar, etc.

"El concepto de participación pública es así esencial al de audiencia pública establecido por la ley, sin perjuicio de que además la audiencia debe estar abierta al conocimiento del público, periodismo, etc. En ocasiones la legislación hace referencia meramente a 'audiencias', pero de su contexto cabe interpretar que se trata de las mismas audiencias públicas aquí mentadas."[14]

9. Portanto, faz-se mister não esquecer, deixar limpidamente claro, estarmos diante de processo administrativo, proces-

12. Jessé Torres Pereira Júnior, *Comentários à Nova Lei das Licitações Públicas*, Rio de Janeiro, Renovar, 1993, pp. 200-201.

13. Marçal Justen Filho, *Comentários à Lei de Licitações e Contratos Administrativos*, São Paulo, Dialética, 2000, p. 394.

14. *Tratado de Derecho Administrativo*, t. 2, 4ª ed., "La defensa del usuario y del administrado", Buenos Aires, Fundación de Derecho Administrativo, 2000, pp. XI-8.

so licitatório, e, no exemplo trazido a contexto, processo licitatório, informado por princípios, princípios esses voltados a satisfazer integralmente o devido processo legal.

II — Os princípios específicos da licitação

10. Como já dissemos anteriormente, nas obras e serviços que demandarem audiências públicas preliminares, é absolutamente importante que a audiência efetivamente preceda tais obras ou serviços. Estarão em confronto os princípios da legitimidade, economicidade e eficiência, como bem assinalados por Jessé Torres.[15]

Torna-se importante, portanto, trazer a contexto os princípios da licitação, que estão arrolados no art. 3º da Lei 8.666/1993 com suas modificações. Tais princípios são: *legalidade, impessoalidade, moralidade, igualdade, publicidade, probidade administrativa, vinculação ao edital, julgamento objetivo e demais princípios, que lhes sejam correlatos.*

Interessante notar que os princípios da Administração Pública, arrolados no art. 37 da Constituição são: *legalidade, moralidade, publicidade, impessoalidade* e, pós-Emenda 19/1998, *eficiência.*

Evidentemente que, além desses princípios explícitos, devem-se deixar claro os implícitos, co-naturais ao Estado Democrático de Direito. Não podemos, pois, olvidar da *motivação*, da *razoabilidade*, da *boa-fé, lealdade* e do *absoluto respeito ao devido processo.*

Não podemos esquecer que, nessas formas de procedimento, é absolutamente imperioso para que se prossiga validamente, a conformidade do ato anterior. Todo ato deverá estar válido para possibilitar conduta posterior também válida.

Portanto, se, em determinadas obras, a *audiência pública* deverá obrigatoriamente precedê-las, deverá ser executada de forma conforme, seguindo os cânones legais e principiológicos, atentando-se para a finalidade do instituto.

Ainda, para esse fim, devemos trazer à colação, mais uma vez, Agustín Gordillo:

"(...).

"El incumplimiento o defectuoso cumplimiento del precepto de la audiencia pública es causal de nulidad absoluta e insanable del acto.

"(...).

"El hecho de que la administración deba realizar una audiencia pública, cuya materialidad — según veremos — debe adoptar buena parte de las formas de un proceso judicial oral, no debe llevar a confusión en cuanto a la índole de la función que en la especie se realiza: ella es siempre función administrativa, incluso el caso de los entes de regulación y control de servicios privatizados.

"(...).

"Existe una estrecha relación entre los principios de contradicción y participación, por una parte y de oralidad e informalismo, por la otra. El debate en la audiencia pública debe, por su propia naturaleza, ser oral e informal, pero lógicamente ordenado por el órgano que preside la audiencia. Esto no requiere en modo alguno normas generales para todas las audiencias, sino que debe ser resuelto en cada caso singular conforme a los principios que informan este procedimiento."[16]

III — Invalidação do procedimento em virtude da audiência pública viciada: falta de razoabilidade, falta de motivação e/ou fatos supervenientes, que poderiam possibilitar escolhas administrativas diferentes

11. Se não se puder dizer ter existido verdadeiramente discussão sobre o modelo

15. Ob. cit., p. 16.

16. Idem, ibid., pp. XI, 9-10. V., tb., acerca do mesmo tema, Diogo de Figueiredo Moreira Neto,

conceitual adotado por determinada entidade licitadora preliminarmente ao processo da licitação, mas, antes, a apresentação do modelo escolhido *sem motivação suficiente para o fato de se haver decidido, por hipótese, até mesmo, modificar técnicas anteriores*, que estivessem sendo adotadas com resultado satisfatório, o resultante de dita audiência terá sido praticamente monólogo e não diálogo.

Aliás, como sugerem, até mesmo, os vocábulos *audiência* e *pública* (lembremos descender do latim a palavra *audiência*, que vem de *audire*, e sua significação etimológica é *ouvir*) deverá necessariamente haver diálogo entre a Administração Pública e os participantes e não monólogo, sob pena de se frustrar a participação popular.

12. De outra parte, também pode acontecer que *supervenientemente* (por exemplo, ocorrência de decisão judicial, que acolha a oposição de um dos participantes ao que se pretenda realizar) será imperiosa a renovação da audiência para a observância do *princípio da igualdade*. Sim, da igualdade em face de todos os competidores, se não houver sido anulado todo o procedimento.

O sentido e alcance da audiência estariam, pois, frustrados, se não houver sido discutida, em audiência pública, a possibilidade de o serviço ou a obra também poderem ser realizados de outra maneira, razão, por hipótese, da oposição judicial de um dos interessados, que tenha obtido ganho de causa.

13. De outra parte, se houver defasagem de tempo entre a audiência pública, primeira fase do procedimento (enfatize-se, nessas obras de vulto), necessária a validar a imediatamente posterior, a publicação do edital, poder-se-á estar retirando sua finalidade precípua.

13.1 Portanto, a *razoabilidade* e *proporcionalidade* poderiam ter sido desrespeitadas em face da defasagem temporal entre a realização da audiência pública e a publicação do edital.

O mesmo se diga diante de um licenciamento ambiental, urbanístico etc., quando as condições de fato possam ter se alterado.

13.2 Como não se decreta nulidade sem proveito — *essa é a máxima* — faz-se necessário averiguar, em cada caso concreto, se houve fato hábil a fazer com que a audiência pública fosse considerada como não executada, nessas hipóteses.

Dito de outra forma: pode sempre infringir a razoabilidade defasagem temporal grande? Pode infringir a razoabilidade a maneira como efetuada a audiência? Pode infringir a razoabilidade caso se tenha tão-somente apresentado modelo conceitual acabado, produzido pela Administração Pública, e que não haja argumentos sólidos para sustentá-lo?

Deve-se atentar ao exato limite da importância da audiência pública no processo administrativo, que se estiver a tratar.

13.3 Todavia, não nos parece possível deixar de se refazerem as audiências públicas, quando obrigatórias para determinados procedimentos, considerando-as, apenas, como mais um mero requisito de formalidade do processo administrativo.

14. Acerca da proporcionalidade, verso e reverso do princípio da razoabilidade, elemento importantíssimo para aferição de se ter ou não cumprida a finalidade da audiência pública, afirma Paulo Bonavides e com a costumeira contundência:

"(...).

"O princípio da proporcionalidade é, por conseguinte, direito positivo em nosso ordenamento constitucional. Embora não haja sido ainda formulado como 'norma jurídica global', flui do espírito que anima em toda sua extensão e profundidade o § 2º do art. 5º, o qual abrange a parte não-escrita ou não expressa dos direitos e garantias da Constituição, a saber, aqueles direitos e garantias cujo fundamento decorre da natureza do regime, da essência impostergável do

Mutações do Direito Administrativo, Rio de Janeiro, Renovar, 2000.

Estado de Direito e dos princípios que este consagra e que fazem inviolável a unidade da Constituição.

"Poder-se-á enfim dizer, a esta altura, que o princípio da proporcionalidade é hoje axioma do Direito Constitucional, corolário da constitucionalidade e cânone do Estado de Direito, bem como regra que tolhe cada sistema legítimo de autoridade. A ele não poderia ficar estranho, pois, o Direito Constitucional brasileiro. Sendo como é, princípio que embarga o próprio alargamento dos limites do Estado ao legislar sobre matéria que abrange direta ou indiretamente o exercício da liberdade e dos direitos fundamentais, mister se faz proclamar a força cogente de sua normatividade."[17]

14.1 Ainda é Diogo de Figueiredo Moreira Neto[18] quem averba:

"(...).

"Mas além dos princípios de expresso assento constitucional referidos, outros existem, inferíveis, todos realçados pela doutrina, que concorrem para informar a audiência pública e firmar-lhe os contornos jurídicos, como o da *realidade*, o da *lealdade*, o da *motivação*, o da *proporcionalidade* e o da *prevenção de litígios*.

"(...).

"*O princípio da proporcionalidade*, que também pode ser considerado como um aspecto do princípio, mais geral, da razoabilidade, transmite um sentido finalístico ao processo da audiência pública de modo a limitar o máximo dos sacrifícios gerais advenientes da ação administrativa às correlatas vantagens coletivas esperadas, bem como, a limitar o máximo de sacrifício individual porventura exigido, a uma correspondente compensação, individual ou coletivamente auferida.

"Ainda aqui, cabe uma referência ao *princípio da prevenção de litígios*, prudente concepção que recomenda esgotar-se todo elenco de meios com o fito de evitarem-se os inúmeros inconvenientes dos conflitos e das demandas. A audiência pública concorre positivamente para que as fontes de litígios sejam pré-identificadas e as possíveis soluções, equacionadas e até adiantadas" (destaques do original).

Pensando-se na força cogente do princípio da razoabilidade, e de seu corolário lógico, a proporcionalidade,[19] parece-nos claro, como afirma Jessé Torres Pereira, que, sem se discutir efetivamente as possibilidades para a realização do melhor contrato, a fim de a Administração Pública vir a poder celebrá-lo, necessário se faz para evitar vício insanável posteriormente, o refazimento completo do procedimento, portanto, desde seu ato inicial a preceder o edital.

Quando a Lei 8.666/1993, em seu art. 39, dispõe que a audiência pública deverá ser celebrada com o mínimo de *15 dias de antecedência*, pretendeu a existência de tempo suficiente para que, *depois da oitiva dos interessados*, pudessem ser apresentadas propostas "sérias e firmes", como diz Marcelo Caetano.

Obviamente, não fixa a lei o tempo máximo a preceder o processo administrativo, mas subentende-se perfeitamente: *não pode haver lapso temporal demasiadamente grande porque, por óbvio, as circunstâncias factuais, podem ser alteradas.*

O processo administrativo não pode se interromper por tanto tempo, como se nada houvesse acontecido, e prosseguir como se

17. Paulo Bonavides, *Curso de Direito Constitucional*, 11ª ed., São Paulo, Malheiros Editores, 2001, pp. 396-397.

18. Ob. cit., p. 19.

19. Todavia, apesar de dizermos que a proporcionalidade é o corolário lógico da razoabilidade, entendemos que há certa diferença, que, brevemente, trazemos à colação. A razoabilidade é um *standard*, o parâmetro médio de certa situação, enquanto que, na proporcionalidade há de acrescentar um *plus*. Com efeito, alguma coisa pode ser razoável, porém não estar em estrita proporcionalidade com a finalidade perseguida, ou por ser excessiva, ou, então, por ser inferior ao que deveria ser na situação concreta.

tudo estivesse absolutamente dentro da normalidade, respeitando-se os princípios da razoabilidade, da legitimidade e do devido processo legal.

15. Depois da Constituição de 1988, as funções dos Tribunais de Contas foram ampliadas e, certamente, a esse controlador, não cabe mais, apenas e tão-somente, o papel de "chancelador" de papéis formais. Os atos praticados devem ser examinados em sua plenitude para verificação do cumprimento dos princípios constitucionais e legais.

15.1 E, esses, princípios, constitucionais e legais, certamente devem ser cumpridos em sua plenitude. A Administração, no Estado de Direito, somente pode agir *sub legem*. E, note-se que quando se diz *sub legem* não mais se quer dizer apenas debaixo da lei específica.

Como já tivemos ocasião de apostilar: o princípio da legalidade é muito mais amplo. Legalidade significa estar de acordo com a Constituição e com os princípios vetoriais do ordenamento jurídico. Portanto, trata-se do *princípio da constitucionalidade*.

A Administração Pública deve agir com *eficiência*, segundo a Emenda Constitucional 19/1998. Agir com eficiência significa contemplar todas as possibilidades de obter o melhor contrato, a melhor decisão (sobretudo legítima por obter o consenso dos administrados), possibilitando, sem dúvida, que se discuta amplamente os modelos e que, ademais, tais modelos possam estar estribados em fortes elementos de convicção e nunca dependerem de escolhas discricionárias, sem limites, portanto, até arbitrárias da Administração, sem peias ou amarras.

É preciso que a Administração conte com a efetiva colaboração popular, a afim de que haja Administração concertada, Administração participativa, consensual.

Passamos a breve síntese do que, até agora, foi dito.

1. A finalidade da audiência pública, seguindo-se a orientação, hoje quase mundial, é de *transparência da Administração*, de *lealdade*, de *fair play* na conduta administrativa. Considera-se que, se a Constituição prescreve uma atuação participativa, como afirma Gordillo,[20] mesmo sem obrigatoriedade constitucional ou legal, grandes projetos ou decisões importantes a serem tomadas, necessariamente deveriam ser precedidos de audiência pública.

Todavia, a audiência pública não pode ser mera formalidade, mas, verdadeiramente, deve-se constituir no meio pelo qual decisões vão ser tomadas, depois de se dar oportunidade de efetivamente OUVIR (*audire*) os interessados.

E, certamente, se a lei impuser a audiência pública, afigura-se que sua falta, ou, então, sua realização de forma viciada, invalida o procedimento.

A audiência pública, se convenientemente executada, trará legitimidade e eficiência para as decisões administrativas tomadas.

Ademais, quando seja ela obrigatória, como no Direito brasileiro em várias leis, é parte de um *processo* — e, como tal, há de se aplicar na sua inteireza o *devido processo* com todos os princípios que lhe são inerentes e, especificamente, onde houver omissão em lei específica, se estivermos diante de processos de âmbito federal, dever-se-á aplicar a Lei 9.784, de 29.1.1999, que regula o processo administrativo no âmbito da Administração Pública Federal, lei essa, que prevê, expressamente, a audiência pública.

1.1 Obviamente, se assim se considerar, deve-se processar a audiência, repita-se, não como formalidade a ser cumprida para que não haja nulidade, mas, sim, com o objetivo de legitimar as ações administrativas, as opções administrativas, visando a dar transparência à Administração e, por meio dela, trazer a tão desejada *eficiência*, fugindo-se da corrupção administrativa, infelizmente prática mais comum do que seria tole-

20. Ob. cit., p. 19.

rável num país atento aos princípios democráticos.

1.2 A audiência pública, prática surgida no Direito anglo-saxônico, adquire sua expressão maior no Direito americano como *right to a fair hearing.*

Em conseqüência, por óbvio, os princípios constitucionais devem ser respeitados para se procedê-la validamente, não somente como princípio constitucional de *participação* da cidadania, mas como legalmente obrigatória, nos termos de legislações específicas, e no caso abordado de obras de vulto, do art. 39 da Lei 8.666/1993.

2. De outra parte, se obrigatória, como, nessas hipóteses abordadas, deverá se constituir em etapa primeira do procedimento, não se deverá realizar em data muito anterior à decisão a se tomar, porque, na maioria das vezes, perderia sua finalidade. A defasagem temporal faria com que certas condições de fato pudessem ser modificadas, portanto, a audiência necessária, o *fair hearing*, não teria sido cumprido.

E, evidentemente, se essa defasagem temporal trouxer, como conseqüência, condições de fato novas, poderá haver nulidade do procedimento.

Tratar-se-ia, na verdade de arremedo de audiência, que, aparentemente teria cumprido sua finalidade, porém, perde-a, porque *a marcha para frente do processo* não terá sido devidamente executada.

3. Temos enfatizado ser a motivação de suma importância no Direito Administrativo. Valida ou invalida o ato administrativo. E, na hipótese da audiência pública, sobretudo se a conclusão dos participantes for em sentido oposto ao decidido pela Administração, é vital para se aferir as razões de a Administração Pública ter rejeitado o "veto" dos partícipes.

3.1 Infelizmente, nossa Administração ainda não detectou, passados quase treze anos do novo modelo constitucional, que deve se jungir à Constituição, a seus princípios vetoriais, à lei, e, definitivamente, curvar-se ao *devido processo legal*, fundamento último do Estado de Direito.

Não detectou ainda serem a transparência, a motivação, postulados fundamentais do Estado Democrático de Direito.

CONTROLE POLÍTICO DAS AGÊNCIAS REGULADORAS

ADILSON ABREU DALLARI

Titular de Direito Administrativo da PUC/SP

I — Poder e responsabilidade

Por expressa disposição do art. 99 da Constituição Política do Império do Brasil, de 1824, a figura do Imperador era inviolável e sagrada, "ele não está sujeito a responsabilidade alguma". No sistema republicano é elementar a existência de controles sobre quem quer que exerça uma parcela de poder público, pois ninguém tem imunidade. A República, por mais paradoxal que pareça, é o governo dos iguais. Quem governa não é imanentemente diferente dos governados; o governante é um igual a quem o conjunto dos iguais conferiu esse poder/dever, motivo pelo qual os atos praticados pelo governante sempre devem ser justificados, podem ser controlados e podem ensejar responsabilidades.

Em um certo momento da história da Administração Pública no Brasil, a partir de 1964, houve um crescimento bastante acentuado do número de empresas estatais, que passaram a desempenhar praticamente todas as atividades fundamentais para o desenvolvimento nacional e bem-estar da coletividade. Sob a justificativa da necessidade de uma atuação ágil e eficiente, tais empresas desfrutavam de um elevado grau de autonomia, escapando aos meios de controles tradicionais da atividade administrativa.

Nessa ocasião, em 1980, tivemos oportunidade de discorrer sobre o controle sobre tais empresas exercido pelo Poder Legislativo, em trabalho do qual destacamos a seguinte passagem:

"O fortalecimento do Executivo nos tempos atuais é uma verdade indiscutível. A Administração teve que crescer e se aparelhar para atender às necessidades emergentes que devem ser suportadas pelo Estado. Para isso ela procurou formas de atuação que lhe proporcionassem agilidade e flexibilidade.

"A contrapartida deverá ser o aperfeiçoamento dos meios de controle, pois a existência de limites ao exercício do poder é tão ou mais essencial que a eficiência administrativa" (Adilson Abreu Dallari, "O controle político das empresas públicas", in *A Empresa Pública no Brasil: uma Abordagem Multidisciplinar*, Coletânea de Monografias, Brasília, IPEA/SEMOR, 1980, pp. 199 e 200).

O que foi dito naquela ocasião também vale para o momento presente, com as necessárias adaptações. Atualmente, por força dos princípios que regem a reforma administrativa implantada com base na Emenda Constitucional 19, de 4.6.1998, alguns serviços públicos tiveram sua execução transferida a particulares, outras atividades públicas passaram a ser exercitadas em conjunto com particulares, e certos segmentos da Administração Pública (como é o caso das agências reguladoras) passaram a atuar com elevadíssimo grau de liberdade. Tudo isso determinou a criação ou a adaptação de mecanismos de controle, de molde a compensar essa situação, sem prejuízo da eficiência.

II — Presidencialismo e controle parlamentar

No sistema presidencialista é fundamental o controle exercido pelos representantes do povo no Legislativo, para assegurar o caráter democrático da atuação administrativa e afastar o fantasma da ditadura da maioria. Como é sabido: o Poder corrompe e o Poder absoluto corrompe absolutamente.

A primeira forma de controle parlamentar está, exatamente, no exercício da atividade propriamente legislativa; de produção da lei. A Administração Pública é exercida na forma da lei, nos limites da lei e para atingir finalidades assinaladas pela lei. Toda atividade da Administração Pública é instrumental, pois está voltada para a concretização de algo que a lei previamente qualificou como de *interesse público*. É nisso que, em resumida síntese, consiste o princípio da legalidade.

Porém, num mundo globalizado, após a revolução da informática, com a emergência de grupos sociais que anteriormente não tinham nem voz nem rosto, com o fortalecimento da cidadania e a disseminação da comunicação social, a complexidade das relações jurídicas e a velocidade com a qual decisões devem ser tomadas requerem uma flexibilização do princípio da legalidade.

Os órgãos e entidades da Administração Pública precisam atuar com maior liberdade, sem que, com isso, se aniquile ou abandone a necessária submissão à vontade do povo contida na lei. O que se observa é a produção de normas legais que deixam uma ampla margem de liberdade para sua interpretação e aplicação diante dos casos concretos e, ao mesmo tempo, a criação de novas entidades administrativas cuja configuração melhor se adapta à exigência de liberdade com responsabilidade. Assim surgiram as agências reguladoras no cenário administrativo brasileiro.

As agências reguladoras são autarquias e, como tais, estão, em princípio sujeitas a todos os controles inerentes a sua personalidade jurídica de direito público. Mas são criadas como autarquias de regime especial, exatamente para conferir-lhes imunidade aos mecanismos usuais de controle.

Sua especificidade está em que seus dirigentes gozam de independência política, decorrente de mandatos administrativos. São dotadas de recursos próprios e excepcional autonomia administrativa, patrimonial e financeira. Suas decisões não são suscetíveis de correção por meio de recursos hierárquicos. São competentes para exercer a polícia administrativa em sua área de atuação, podendo aplicar sanções inclusive pecuniárias. São competentes, também, para arbitrar e decidir conflitos de interesses entre concedentes, concessionários e usuários de serviços públicos. Decidem sobre a fixação e alteração de tarifas. Enfim, exercem atribuições que eram usualmente da alçada do Chefe do Poder Executivo. Exercem, portanto, uma considerável parcela do Poder Público.

III — Legalidade e eficiência

Conforme já foi dito acima, a complexidade das relações jurídicas e a velocidade com a qual decisões devem ser tomadas requerem uma flexibilização do princípio da legalidade, justificando-se plenamente o elevado nível de autonomia das agências reguladoras e, muito especialmente, a atribuição de competência normativa a tais entidades.

A extrema relevância dessa capacidade para editar normas destinadas a disciplinar o funcionamento dos setores e das atividades por elas reguladas foi devidamente destacada por Diogo de Figueiredo Moreira Neto (*Mutações do Direito Administrativo*, Renovar, 2000, p. 162), nestes termos:

"O êxito alcançado pelas entidades reguladoras em todo mundo e que justifica sua adoção no ordenamento jurídico brasileiro, não se deve apenas à opção pela descentralização, mas, e principalmente, pela outorga de competência normativa sobre o setor que administram.

"Com efeito, essa competência normativa atribuída às agências reguladoras é a chave de uma desejada atuação célere e flexível para a solução, em abstrato e em concreto, de questões em que predomine a escolha técnica, distanciada e isolada das disputas partidarizadas e dos complexos debates congressuais em que preponderam as escolhas abstratas político-administrativas que são a arena de ação dos Parlamentos, e que depois se prolongam nas escolhas administrativas discricionárias, concretas e abstratas, que prevalecem na ação dos órgãos burocráticos da Administração direta.

"Como, em princípio, não se fazia a necessária e nítida diferença entre as matérias que exigem escolhas político-administrativas e as matérias em que devam prevalecer as escolhas técnicas, a competência legislativa dos Parlamentos, que tradicionalmente sempre lhes foi privativa, na linha do postulado da separação dos Poderes, se exerceu, de início, integral e indiferencialmente sobre ambas. Somente com o tempo e o reconhecimento da necessidade de fazer a distinção, até mesmo para evitar que decisões técnicas ficassem cristalizadas em lei e se tornassem rapidamente obsoletas, é que se desenvolveu a técnica das delegações legislativas."

Como se pode notar, o campo próprio da atividade normativa das agências reguladoras é o das opções de ordem técnica, de política de administração; não de política em seu sentido ideológico, partidário, como forma de captação e atendimento dos anseios populares.

As agências reguladoras se caracterizam como órgãos técnicos, responsáveis por determinados setores específicos da Administração Pública, devendo ser dirigidas por pessoas dotadas de elevado grau de conhecimento e larga experiência no tocante aos assuntos correspondentes ao seu setor de atuação. É disso que decorre sua superioridade no processo de tomada de decisões, conforme destaca Leila Cuéllar (*As Agências Reguladoras e seu Poder Normativo*, Dialética, 2001, p. 131) nesta expressiva passagem:

"São órgãos técnicos e especializados porque cada agência desempenha suas funções em relação a um determinado setor ou número de setores da atividade econômica em sentido amplo, ficando suas atribuições vinculadas a este(s) setor(es). Logo, ao contrário do que ocorre com o Poder Legislativo, que possui um número muito grande de questões para apreciar, abrangendo uma gama diversa de matérias, o campo de atuação dos entes reguladores é mais restrito, vez que possuem competência para disciplinar apenas determinadas áreas. Além disso, são compostos por funcionários que devem ter notória capacitação profissional, vinculada à(s) área(s) de atividade da agência. As agências reguladoras tenderão, assim, a se especializar nas matérias que lhes dizem respeito.

"Certamente o fato de serem órgãos concentrados e especializados em poucos setores e a própria existência de pessoal com conhecimentos nas matérias pertinentes (em princípio, inclusive os diretores) permitirão às agências reguladoras agir com maior rapidez e eficácia do que o Poder Legislativo, no que se refere à atividade normativa atribuída às agências."

Essas peculiaridades das agências reguladoras, sua ampla margem de liberdade e, principalmente, seu elevado nível de especialização técnica trazem uma série de problemas para o exercício das necessárias e indispensáveis atividades de fiscalização e controle. Essa dificuldade agora percebida no Brasil acompanha as agências reguladoras desde suas origens históricas.

Maria Sylvia Zanella Di Pietro, em seu excelente trabalho sobre *Parcerias na Administração Pública* (Atlas, 1999, p. 130) no capítulo que versa sobre "O papel das agências reguladoras nos serviços públicos concedidos, permitidos ou autorizados", lembra que a adoção das "agências" no Brasil se inspirou no modelo norte-americano. Nos Estados Unidos, a partir da década de 1930 para implantação de uma nova ordem econômica e social (*New Deal*), optou-se pela formulação de leis que estabeleciam amplas delegações de competências, por meio do uso de expressões vagas e conceitos indeterminados, permitindo aos órgãos administrativos uma adaptação constante às mutações da realidade fática. Isso era feito por meio de regulação expedida por agências especializadas nas respectivas áreas de atuação, as quais eram, em princípio, politicamente neutras, em função da estabilidade de seus dirigentes.

Com o decorrer do tempo, observou-se primeiramente, a necessidade de uniformizar os procedimentos administrativos de tais agências, para garantia dos administrados. Depois, viu-se que havia um risco de que tais agências defendessem interesses setoriais, em detrimento de os interesses mais gerais da coletividade. Por último, percebeu-se que, não obstante a neutralidade política, certas decisões continham juízos políticos de valor e atendiam a pressões e interesses de grupos determinados. A solução encontrada foi o aumento do controle judicial sobre tais agências, com o exame da racionalidade e da razoabilidade de suas decisões. Diz, textualmente, a consagrada mestra: "Em decorrência dessa evolução, o Judiciário passou a examinar não apenas o procedimento, como também a razoabilidade das decisões diante dos fatos e a proporcionalidade da medida em relação aos fins contidos na lei. Para possibilitar esse controle jurisdicional, passou-se a entender como necessária a ampla motivação dos atos das agências, de maneira a assegurar a transparência, que não era exigida anteriormente, por respeito e confiança na especialização das agências".

Diante dos princípios e fundamentos dos sistemas legal e judiciário norte-americano isso não foi difícil. No Brasil, pelo menos atualmente, isso seria praticamente impossível, pois (salvo as raríssimas e honrosas exceções) o exame judicial dos atos administrativos não passa da verificação da mera regularidade formal, com base na literalidade da lei, possibilitando a desmedida ocorrência de desvio ou abuso de poder. O controle judicial das atividades da Administração Pública não é inútil; mas insuficiente, especialmente onde houver larga margem de discricionariedade administrativa.

São lamentavelmente poucos os juízes conscientes de que não basta verificar se a Administração justificou o ato praticado, pois qualquer ato administrativo pode ser justificado. O importante, que quase nunca é feito, é examinar a consistência, a pertinência, a correlação lógica entre os motivos alegados e o ato praticado.

No âmbito do Poder Judiciário, em outro extremo, estão os juízes que, com a colaboração do Ministério Público, se arvoram em defensores da moralidade pública, invadindo o mérito das ações administrativas, pretendendo substituir-se aos representantes do povo democraticamente eleitos.

José Afonso da Silva ("Perspectivas das formas políticas", in Cármen Lúcia Antunes Rocha (coord.), *Perspectivas do Direito Público, Estudos em Homenagem a Miguel Seabra Fagundes*, Del Rey, 1995, p. 147) designa esse fenômeno como "judiciarismo", que consiste na intromissão do Judiciário nas funções típicas do Executivo, indo além dos limites da verificação da razoabilidade, para adquirir caráter político, entravar as atividades governamentais, numa situação que mais revela o arbítrio do que o exercício de atividade jurisdicional:

"Gera-se, por essa prática, uma nova forma de ética oficial, que pretende ditar regras morais à sociedade e, neste caso, aos governantes, de acordo com o pensamento ético dos membros do Judiciário e do Ministério Público. Todo oficialismo ético é antidemocrático. Por isso é que todo Estado ético foi pretensão de ditadores de impor suas concepções morais. Uma ética imposta aos governantes pelo Poder Judiciário não será diferente nem menos perniciosa.

"E, na medida em que o Judiciário se envolve no mérito, oportunidade e conveniência da ação governamental, mais ele se envolve na política, se não descambar para a unilateralidade ideológica. E, nesse rumo, logo logo estará também envolto em questões de moralidade e no descrédito."

Em face do texto constitucional, quem poderia desenvolver um controle mais acentuado sobre as agências reguladoras seriam os Tribunais de Contas, que possuem competência para adentrar o mérito das ações administrativas, para aferir sua economicidade. Mas, em face da elevada complexidade e do acentuado caráter técnico-especializado que caracterizam as decisões das agências reguladoras, também os Tribunais de Contas não estão aparelhados para isso. O fato, indiscutível, é que os órgãos técnicos dos Tribunais de Contas apenas opinam, sendo que as decisões são tomadas com sensíveis interferências políticas, não obstante a integridade e o preparo de seus dirigentes máximos, mas como decorrência da própria configuração desses Tribunais, onde predominam as indicações político-partidárias.

A dificuldade principal no tocante ao controle das agências reguladoras não reside na verificação da regularidade formal de seus atos, mas, sim, na ocorrência de desvio de poder e no controle do mérito de suas decisões, não apenas quanto à moralidade, mas sim também quanto à aptidão para atender as necessidades públicas que justificaram sua criação.

Atualmente, além de acatar o princípio da legalidade, é preciso dar atendimento também ao princípio da eficiência, introduzido no cenário jurídico nacional pela Emenda Constitucional da Reforma Administrativa (EC 19, de 4.6.1998), sobre o qual, em obra escrita em parceria com Sérgio Ferraz, já fizemos algumas ponderações:

"Não por acaso, aos princípios já previstos na redação original do art. 37, foi acrescentado o princípio da eficiência. É óbvio que esse princípio já estava implícito. Ao torná-lo explícito, ao afirmá-lo expressamente, o que se pretendeu foi demonstrar a redobrada importância que ele passou a ter. Em termos práticos, deve-se considerar que, quando mera formalidade burocrática for um empecilho à realização do interesse público, o formalismo deve ceder diante da eficiência.

"Isso significa que é preciso superar concepções puramente burocráticas ou meramente formalísticas, dando-se maior ênfase ao exame da legitimidade, da economicidade e da razoabilidade, em benefício da eficiência. Não basta ao administrador demonstrar que agiu bem, em estrita conformidade com a lei; sem se divorciar da legalidade (que não se confunde com a estrita legalidade), cabe a ele evidenciar que caminhou no sentido da obtenção dos melhores resultados" (Sérgio Ferraz e Adilson Abreu Dallari, *Processo Administrativo*, Malheiros Editores, 2000, pp. 77 e 78).

Não basta atuar de maneira conforme a lei. Não faz sentido emperrar a Administração para dar estrito cumprimento à literalidade da lei. Agora é preciso mais: a Administração deve buscar a forma mais eficiente de cumprir a lei, deve buscar, entre as soluções teoricamente possíveis, aquela que, diante das circunstâncias do caso concreto, permita atingir os resultados necessários à satisfação do interesse público.

Cabe aos órgãos de controle verificar se, nos limites da margem de liberdade que a lei conferiu ao administrador para decidir diante do caso concreto, este efetivamente decidiu e atuou de maneira correspondente à melhor alternativa.

Essa verificação somente é possível no entrecruzamento dos valores consagrados pelos princípios, com as normas legais aplicáveis ao caso em exame e, muito especialmente, com as circunstâncias em função das quais a legalidade ou ilegalidade do comportamento adotado deve ser aferida.

Diante desse quadro é que se destaca a importância, o caráter fundamental, do controle parlamentar, pois só o Legislativo tem uma visão de conjunto, que permite cotejar o acerto ou desacerto da decisão técnica em um determinado setor, com as aspirações da coletividade como um todo e diante de um cenário mais amplo, que é o do interesse nacional, inclusive a longo prazo. Decididamente, não é possível afastar a participação do Legislativo no processo de formulação de políticas públicas e no acompanhamento e controle de sua implementação.

IV — Controle das agências reguladoras pelo Legislativo

O Poder Legislativo não exerce apenas a atividade de legislar: fazer as leis. Ele tem papel extremamente relevante no tocante à formulação de políticas públicas, especialmente ao discutir e aprovar os orçamentos e votar a lei de diretrizes orçamentárias. Mas, sem dúvida alguma, cabe ao Parlamento um papel fundamental no acompanhamento e fiscalização das atividades da Administração Pública, seja por meios ordinários, seja por meios extraordinários, como as Comissões Parlamentares de Inquérito.

Seja permitido destacar algumas atribuições do Congresso Nacional, previstas no art. 49 da Constituição Federal:

> Art. 49. É da competência exclusiva do Congresso Nacional:
>
> (...).
>
> V — sustar os atos normativos do Poder Executivo que exorbitem do poder regulamentar ou dos limites de delegação legislativa;
>
> (...).
>
> X — fiscalizar e controlar, diretamente, ou por qualquer de suas Casas, os atos do Poder Executivo, incluídos os da administração indireta;
>
> XI — zelar pela preservação de sua competência legislativa em face da atribuição normativa dos outros Poderes.

Não é preciso qualquer esforço de interpretação do texto legal para constatar que o Legislativo efetivamente dispõe de competência para exercer plenamente a fiscalização das agências reguladoras. Resta saber da conveniência do exercício desse controle de maneira regular e constante, por meio de uma Comissão Permanente específica.

Quanto a isso há divergência na doutrina. Alguns autores acreditam na viabilidade e na eficiência do controle parlamentar. Outros manifestam um certo ceticismo, ponderando que interesses políticos, pessoais e partidários, podem acarretar a inutilidade desse tipo de controle.

Alberto Ramón Real ("El control de la Administración", *Revista de Direito Público* 32/5), apresenta a seguinte crítica: se o governo dispõe de ampla e disciplinada maioria parlamentar, será quase impossível obter qualquer controle eficiente; quando houver um equilíbrio instável na representação, ficará aberta a porta para minorias espertas na arte de composições espúrias; e se o governo estiver em minoria, ficará sufocado por um excesso de controle, cujo efeito paralisante é tão indesejável quanto a falta de controle.

Os riscos acima apontados efetivamente existem, mas não são fatais, inevitáveis. Atualmente, os Parlamentos são muito sensíveis às pressões populares e aos organismos de representação da sociedade civil, sem falar na imprensa. No caso de serviços públicos prestados sob regulação de agências reguladoras, avultam as entidades de defesa do consumidor e o próprio Ministério Público. O que se pretende dizer é que ficou bastante reduzido o espaço de manobra das maiorias e minorias parlamentares, dada a publicidade e transparência de suas atuações.

Em uma Comissão Permanente especificamente destinada ao controle das agências reguladoras certamente será observada a proporcionalidade das representações partidárias, o que sempre possibilitará uma pluralidade de visões sobre cada assunto examinado.

O grande perigo no tocante à eficácia da atuação das agências reguladoras está na sua captura pelos setores por elas controlados. Com o decorrer do tempo, a burocracia e o assessoramento técnico das agências vão se familiarizando com as empresas controladas. Há sempre um risco de promiscuidade entre estas e os dirigentes das agências, risco esse que a legislação procura minimizar.

No Legislativo esse risco é bem menor, não só pela presença das minorias, o que assegura o caráter democrático do controle parlamentar, mas também pela temporariedade dos mandatos dos parlamentares e da alternância destes nas diversas comissões permanentes. Enfim, parece ser bem mais difícil a captura de uma Comissão Parlamentar por determinado setor ou grupo empresarial.

V — Conclusão

No sistema republicano é elementar a existência de controles sobre quem quer que exerça uma parcela de poder público. Porém, a complexidade das relações jurídicas e a velocidade com a qual decisões devem ser tomadas requerem uma flexibilização do princípio da legalidade, justificando-se plenamente o elevado nível de autonomia das agências reguladoras. É certo, entretanto, que sua própria configuração como autarquias de regime especial afasta a possibilidade de seu controle eficaz pelos órgãos de controle interno da Administração.

Diante disso, é absolutamente necessário recorrer aos meios de controle externo. Nessa área, o controle exercido pelos Tribunais de Contas, além de limitado, é comprometido por vícios de origem em sua configuração. O Poder Judiciário oscila entre um controle meramente formal, baseado na literalidade da lei, e uma desmedida intromissão no mérito das ações administrativas. Resta, portanto, o controle parlamentar.

A reforma administrativa, com a substituição do modelo burocrático pelo modelo gerencial e o processo de privatização, criou uma nova ordem que exige a participação do Legislativo na formulação de políticas públicas e no acompanhamento e controle de sua implementação.

A composição heterogênea do Legislativo e, especialmente, a presença das minorias, asseguram o caráter democrático do controle parlamentar e evita a captura das agências reguladoras pelos setores por elas controlados.

Em síntese, diante do exposto, é plenamente justificável, por ser necessária e conveniente, a criação de Comissão Permanente, no Legislativo, para controle das agências reguladoras.

PROPAGANDA INSTITUCIONAL E PUBLICIDADE PESSOAL: FRONTEIRAS

SERGIO FERRAZ

Advogado

1. Propaganda e publicidade. Conceitos. Exemplos. 2. Delimitação conceitual. 3. Publicidade como dever estatal e como direito do cidadão. 4. Publicidade estatal e ética pública. 5. O princípio da moralidade administrativa. Pautas axiológicas da propaganda institucional. 6. Um passeio histórico. 7. A publicidade pessoal ilícita: configuração. 8. A codificação das normas éticas. 9. Conclusão.

1. Nos dicionários de mais acatada circulação, no país, de regra *propaganda* e *publicidade* são palavras cunhadas do mesmo significado: divulgação ampla e pública de certo fato, projeto, conduta, evento ou produto. Sói também agregar-se a tais vocábulos um elemento finalístico: tal divulgação se realiza com vistas a adicionar um valor de estimação e/ou mercado ao objeto focalizado na propaganda ou na publicidade, de sorte a torná-lo fator de crescente lucratividade. Por evidente, tais conceitos dizem respeito ao universo das atividades mercantis, espargindo reflexos até mesmo no campo do Direito Privado, área em que a idéia de lucro não enseja ou justifica posturas apriorísticas de condenação.

Diversamente se passam as coisas, porém, na província do Direito Público (aí encartada, inclusive, a regulação das chamadas profissões jurídicas). Nesse âmbito, reina soberanamente o princípio da supremacia do interesse público. Até mesmo quando o legislador, o intérprete ou o administrador, em casos específicos, privilegiam o interesse privado, assim o fazem emblematicamente, tendo na verdade em consideração, acima de tudo, a paz social, o bem público, o respeito à lei, a salvaguarda da segurança coletiva. Assim, quando o constituinte elabora extenso elenco de garantias individuais, o que tem ele em mente não é tanto a fruição prazerosa que tais direitos possam acarretar a cada pessoa por eles contemplada, mas o bem-estar, a fraternidade, a paz, a solidariedade e a harmonia (todos esses valores expressamente consagrados no Preâmbulo e no art. 3º da Constituição) que imantará o tecido social como um todo, em razão do conhecimento, de cada uma de suas parcelas, da existência desses pilares comuns. Também assim, quando um juiz decide, em favor de um dado indivíduo, determinada lide: o valor maior desse ato estatal não reside na alegria do vencedor, mas no proveito para a coletividade, decorrente da certeza de que a lei e a justiça atuaram. Ainda dessa forma igualmente acontece, quando, por exemplo, o administrador, em face de ruína iminente de um prédio urbano, promove incontinente sua demolição, com ou sem autorização judicial: haverá, por seguro, quem com isso se entristeça (por exemplo, hipoteticamente, o dono da acessão), mas o que aufere relevo é a salvaguarda à incolumidade pública, dessa forma assegurada.

Ao se produzir o elenco exemplificativo, acima deduzido, teve-se por escopo significar, de modo sugestivo, a preponderância do interesse comum, no campo do Direito Público. Mas o fim último, efetivamente buscado, foi circunscrito e objetivo: a fundação da assertiva, que desde agora se lança, de que as atividades de divulgação, que as palavras *propaganda* e *publicidade* enfeixam, hão de ter, no Direito Público e nos assuntos da Administração Pública, de qualquer natureza, motivos, motivações, causas e finalidades bem distintos dos que inspiram análogos desempenhos, no terreno das relações privadas. E é a esses confinamentos e delimitações que se dedica o presente trabalho.

2. A existência de previsão normativa expressa — de estatura constitucional —, para o tema a ser aqui desenvolvido, propicia, é claro, uma primeira iluminação, a quem tente precisar os conceitos em debate.

Efetivamente, reza o § 1º, do art. 37, da Constituição da República:

> A publicidade dos atos, programas, obras, serviços e campanhas dos órgãos públicos deverá ter caráter educativo, informativo ou de orientação social, dela não podendo constar nomes, símbolos ou imagens que caracterizem promoção pessoal de autoridades ou servidores públicos.

É indiscutível, porém, não obstante a clara dicção, que o comando constitucional não há de ser lido apenas em seu texto: imprescindível há de revelar-se a missão de discernir seu contexto, aplicando à tarefa da leitura as matrizes, também constitucionais, do mesmo art. 37, da razoabilidade e da proporcionalidade.

Um primeiro e mais fácil ensaio, da delimitação a ser obtida, poderia residir na adoção de acepções diferenciadas, para as palavras do título; assim, seria admissível, como alguns preferem, divisar na palavra *publicidade* uma atividade de divulgação tão-só pela divulgação, usando-se *propaganda* quando se busca retorno econômico, proveito mercadológico etc. Não ingressaremos, contudo, nessa senda, não só porque os vocábulos em questão são o mais das vezes tidos por sinônimos, como também porque o simplismo não contribuiria para a explicitação dos alicerces jurídicos, que as atividades administrativas de divulgação devem conhecer.

3. Cumpre então, como passo inicial do esforço diacrítico, lembrar que a *publicidade* constitui um dos vetores axiológicos fundamentais e expressos, da Administração Pública, direta ou indiretamente referido em mais de uma passagem constitucional.

Impõe-se destarte, em primeiro tomo, pontuar que, na clara dicção do *caput* do art. 37, a administração pública direta e indireta de qualquer dos Poderes da União, dos Estados, do Distrito Federal e dos Municípios obedecerá aos princípios que ali estão arrolados, dentre eles o da *publicidade*.

Bom é que se diga, desde já, que não é só a Administração Pública de qualquer dos Poderes, dos entes federativos, que ao princípio da publicidade está vergada. Em outras palavras, não só a atividade administrativa típica é reverente a tal princípio, mas também as demais típicas atividades estatais a ele se submetem.

Em verdade, para simples exemplificar: uma sentença judicial não existe no mundo das conseqüências jurídicas, enquanto não publicada; uma lei não obriga a quem quer que seja, enquanto não publicada.

Nesses contextos todos, o que se tem em vista é que a atividade estatal, em qualquer de seus quadrantes, em regra há de ser transparente, devendo por isso ser divulgada, pelos canais idôneos e legalmente determinados (não constitui preocupação deste trabalho o exame das excepcionais circunstâncias em que caiba a atividade sigilosa ou reservada, do Poder Público, impondo-se apenas aqui anotar que, mesmo quando isso acontece, a justificação do segredo há de ser buscada na salvaguarda de um interesse público, que então predominará por sobre o dever geral da publicidade).

A esse *dever jurídico* estatal de publicidade corresponde um *direito público subjetivo* e um *direito público coletivo e difuso* à informação sobre os assuntos públicos: é o que concreta e taxativamente afirmam, por exemplo, o art. 5º (incisos XXXIII, XXXIV e LXXII) e 31 (§ 3º) da Constituição.

4. A Administração Pública é, basicamente, uma função de serviço. De serviço ao público. Há, por isso, de divulgar permanentemente o que realizou e aquilo que se propõe a realizar. Tais divulgações, ainda quando concretizadas pela máquina estatal, por meio dos seus veículos públicos pertinentes, interferem na dinâmica da vida social, provocando reações de contentamento ou de descontentamento, cuja captação, pelo Estado, freqüentemente se realiza com o concurso de profissionais ou empresas (essa atividade de captação se desenrola, de regra, no campo das relações econômicas e mercantis). Outras vezes, a atuação estatal prefere a utilização de canais privados de divulgação, costumeiramente remunerados nesse desempenho. A tudo isso se adicione que rarissimamente as divulgações, *a posteriori* ou prévias, são ideologicamente neutras. O corriqueiro é que elas contenham mensagens de persuasão, de cooptação, de atração.

O bosquejar desse panorama põe desde já em relevo a imprescindibilidade, na propaganda ou na publicidade institucionais, de uma elevada referência ética (Jaime Muñoz, *Princípios de Ética Pública*, Madri, 1993, p. 9), de uma verdadeira ética pública, expressão que aqui pode ser entendida como ramo da Ética, dedicado à disciplina da atuação dos servidores públicos, orientados ao serviço da coletividade. É evidente, nessa colocação, o papel extraordinário que há de desempenhar o princípio da moralidade — outra expressa dicção do art. 37 —, que com o da publicidade há de caminhar de mãos dadas, na tentativa de plena realização do Estado Social e Democrático do Direito (a essa exigência ética contrapõe-se a enfermidade maior de uma ordem estatal — a corrupção). Mas o que aqui nos vai interessar não é propriamente o exame da integralidade do princípio constitucional da moralidade (nesse ângulo, parece-nos completo o trabalho de Marcio Cammarosano, sob o título *O Princípio Constitucional da Moralidade e o Exercício da Função Administrativa*, com que conquistou o título de Doutor, na Pontifícia Universidade Católica de São Paulo), mas suas inflexões sobre o princípio da publicidade.

5. A ética pública, projetada sobre o princípio da publicidade, há de referir-se, necessariamente, aos valores juridicamente consagrados (como normas ou como princípios), que assegurem na divulgação administrativa a observância da lealdade institucional, do uso razoável (inclusive economicamente) dos recursos públicos envolvidos, da impessoalidade dessa atuação e de sua objetividade finalística.

Nosso texto constitucional já assenta, no particular, algumas pautas precisas.

Assim é, por exemplo, que a dignidade da pessoa humana foi alçada à condição de um dos *fundamentos* da República (art. 1º). De outra parte, todo um Título (o II), talvez o mais importante, da Lei Maior, dedica-se à indicação do que chama Direitos Fundamentais da cidadania. Tais eleições não são aleatórias ou inconseqüentes. O que por elas se opera é, de um lado, a afirmação dos chamados "Direitos Fundamentais" como manifestações segmentadas da dignidade da pessoa humana; de outro lado, o que se decanta, da equação precedente, é que as atividades estatais hão de ser necessariamente serventes à realização dos direitos fundamentais em questão. Conseqüência diversa não se pode inferir: a ética pública está, *no seu todo*, comprometida com a missão de promover o livre exercício dos direitos fundamentais; *na sua parte*, voltada ao compromisso da publicidade, a ética pública está fundada na consecução dos quatro prismas axiológicos enunciados ao início desse item 5, prismas esses que constituirão, em *ultima ratio*, a delimitação inafastável entre a propaganda institucional lícita e a publicidade pessoal ilícita. Tais prismas, conquanto de inspiração primária fundada na moral, foram todos eles albergados pela ordem constitucional e infraconstitucional, daí haurindo sua coercitividade inequívoca. Como bem sumarizou Marcelo Figueiredo (*O Controle da Moralidade na Constituição*, Malheiros Editores, 1999, pp. 100-101), o princípio da moralidade administrativa significa o dever de respeitar as regras morais, uma vez acolhidas, explícita ou implicitamente pela Lei. A admissão, que perfilhamos, da efetividade normativa dos enunciados constitucionais (confira-se a relevante monografia de Ingo Wolfgang Sarlet, *A Eficácia dos Direitos Fundamentais*, Porto Alegre, Livraria do Advogado Ed., 1998), impõe necessariamente às atividades de controle do ato administrativo, nos três Poderes estatais, mas, sobretudo no Judiciário, uma visão mais ampla e expandida de sua área de atuação, instaurando uma era de controle pela motivação (cujo exame demanda a elaboração de trabalho específico, não se encerrando nas dimensões deste), terreno excelso da consagração do princípio da moralidade, como farol vetorial indisponível, do agir estatal.

6. Alusões históricas, ligeiras embora, podem ilustrar o quanto é possível fincar amarras nítidas, para distinguir a propaganda institucional lícita da publicidade pessoal ilícita.

Se recuarmos à obra de Sócrates, como retratada nos *Diálogos* de Platão, ou mesmo nas peças teatrais de Xenofonte, depararemos com a glorificação da supremacia ética do coletivo — sumarizada no respeito à lei, como âncora de segurança social —, sobre o interesse pessoal. A tal ponto Sócrates vivenciou concretamente sua lição que, podendo evadir-se ao cumprimento de sua injusta sentença de morte, aplicou-a a si mesmo, pois tinha por inconcebível a afronta à lei ou, o que era para ele sinônimo, a ofensa à sociedade.

Às visões socráticas Platão adicionou o primado da virtude humana, como impostergável palavra de ordem para a harmonia social (cf. Marilena Chauí, *Introdução à História da Filosofia*, v. 1, p. 218).

Nenhum passeio, como o que ora se empreende, pela Antigüidade, ficaria completo sem menção a Aristóteles e, particularmente, a seus *Sobre a Justiça* e *Ética a Nicômano*. E deste último monumento extraímos o conceito segundo o qual, sendo embora a felicidade do ser o seu bem supremo, ela só existe em função do bem coletivo. Daí a concepção aristotélica de que a tratadística moral não é senão a conteudística da Política, ciência prática, encarregada de gerar efeitos exteriores, às cogitações éticas.

Cabe lembrar, com Santo Agostinho, ao estabelecer as pilastras da ética privada e da ética pública, fundamentos da Cidade de Deus, que, à base do *suum cuique tribuere*, não há república sem ordem, não há ordem sem direito, não há direito sem justiça, não há justiça sem respeito ao interesse público.

Busque-se o arremate deste segmento na ética aquiniana. Ainda aqui, a lição é inequívoca: a atitude ética repousa na idéia e na consecução do bem-comum: a experiência e o conhecimento levam ao discernimento entre o bem e o mal, a vontade comanda o homem a seu *telos* — a realização do bem individual acoplado ao bem coletivo.

7. O repasse de todas as noções e conceitos, até aqui expendidos, aponta focos claros de luz, sobre as proposições fundamentais, que dão título a este trabalho.

O administrador público age com os olhos postos na harmonia social, na segurança coletiva, no bem-comum.

O serviço público, de seu turno, há de ser encarado, com as lições de Hauriou, como autêntica *instituição*. Instituição marcada pela visão da supremacia do interesse público e teleologicamente comprometida com a geração do bem-comum.

Até pela complexidade do funcionamento dessa instituição, qualquer pessoa deve fiscalizar e acompanhar a execução de seus desempenhos. Ou, ao menos, deve *poder acompanhá-los*, aí residindo um direito público ao mesmo tempo subjetivo, coletivo e difuso. A tal direito se contrapõe, correlatamente, o genérico dever da publicidade dos atos estatais. Esse dever de publicidade perfaz-se de duas formas, que hão de sempre coexistir: uma face passiva, consistindo na *transparência* do agir estatal, de sorte que o administrado e o jurisdicionado consigam, sempre, ter acesso ao que se passa no âmbito público; uma face ativa, representada pela *divulgação*, pelo Estado, de seus agires, divulgação essa que se há de realizar seja pelos meios estatais próprios, seja pelos meios privados postos à disposição do Estado.

A tarefa de divulgação deverá concretizar-se de sorte a estabelecer liames de conhecimento entre o Estado (instituição) e as pessoas (cidadãos, ou não, pois todos têm direito à informação — o art. 5º da Constituição dirige-se não só aos cidadãos em senso estrito, isto é, eleitores, mas aos nacionais e aos estrangeiros submetidos a nossa ordem jurídica). Daí surgem quatro imperativos:

• a divulgação há de ser produzida com *lealdade institucional*. É dizer, terá ela por objetivo evidenciar o que o serviço público-instituição realizou ou irá realizar; e não, o que o agente público fez, para cumprir o dever institucional; nessa perspectiva, o agente é apenas meio de atuação da vontade institucional a qual, de seu turno, é apenas um plexo de meios para a consumação do bem-comum;

• quer se faça com os instrumentos públicos pertinentes, quer se perfaça mediante meios privados, a divulgação há de observar os princípios da razoabilidade, da proporcionalidade, da economicidade e da eficiência, de sorte a não onerar, perversamente, o bem-comum, não só o fim, mas também a origem da pecúnia estatal;

• a impessoalidade da atividade de divulgação é indeclinável; o que se difunde é o agir da instituição, jamais, o nome dos agentes implicados; despesa pública em benefício individual constitui improbidade e inobservância da responsabilidade fiscal. A pessoalidade, no campo do Direito Público, é sempre de direito estrito, portanto só admitida quando o Direito a impõe (*v.g.*, titulação para o preenchimento de certos cargos, celebração de contratos, participações em licitações etc.) ou a tolera regulamentadamente (*v.g.*: propaganda eleitoral);

• a propaganda institucional há de ser sobremodo objetiva, declinando o que realizado, qual a justificação e a finalidade da execução, o que se pretende motivadamente realizar, os meios de detecção e de atendimento do bem-comum. Jamais será válida a propaganda institucional que intente manipular a opinião pública (subliminarmente ou não), mistificá-la, cooptá-la ou persuadi-la contra o bem-comum.

Esses quatro imperativos resumem a fronteira entre a propaganda institucional válida e a publicidade pessoal às custas das atuações estatais (sempre inválidas).

Com esse quadro em mente, pode-se, em sumarização, afirmar-se que, até pelo imperativo constitucional da *publicidade* (isto é, total transparência do agir administrativo), a *propaganda* institucional é um dever: têm os cidadãos direito a que o Estado divulgue, amplamente, seus atos, suas metas, suas realizações. Mas há de fazê-lo o Estado com razoabilidade e proporcionalidade, sem os gastos excessivos que estamos infelizmente acostumados a ver. O Estado não é um *produto* a vender, por isso mesmo a ser alvo de propaganda institucional avassaladora. Observados tais limites, dir-se-á que a publicidade e a propaganda institucionais constituem deveres estatais indeclináveis.

Na outra face, nem a propaganda, nem a publicidade pessoais são admissíveis, por maiores que sejam os méritos do estadista ou do administrador. Eles não passam de *agentes* do Estado, que não fazem mais que suas obrigações, ao atuarem com proveito para a coletividade. A instituição não lhes pode servir de trampolim, suas fisionomias e nomes devem permanecer anônimos, como os de quaisquer outros cidadãos.

Repita-se, contudo, o que vestibularmente afirmado: no estabelecimento de qualquer asserção, no tema deste trabalho, a razoabilidade e a proporcionalidade impõem-se como deveres indeclináveis.

Em primeiro lugar, como elementos componentes da equação dever de transparência/direito à informação, o agente público em geral, o eleito em particular, devem prestar contas do que prometeram e do que fizeram, bem como do que ainda intentam realizar (inclusive seu *porque* e seu *como*).

Para tanto, inevitáveis as publicações que promovam as aludidas *divulgações*, ligadas inclusive ao nome do agente. Não haverá aqui publicidade pessoal ilícita, desde que o texto não prime pela adjetivação laudatória, não se faça com a promoção pessoal fotográfica, não se estampe em impressões e veículos (papéis, filmes etc.) de custo elevado: em suma, informar, com modicidade de gastos, lealdade institucional, objetividade excelsa. Não haverá mácula alguma em que tais propagandas veiculem, por exemplo, um sinal, emblema ou rótulo que tenha emoldurado a campanha eleitoral do já agora agente. Tampouco condenável seria a edição de um texto legal relevante (por exemplo, o "Estatuto da Cidade"), com a "logomarca" da Administração (ou da corrente política a que ligado o agente promotor da publicação); ou a impressão de comitês para eventos públicos importantes ou significativos; ou a distribuição de textos contendo "prestações de contas" do administrador ou da Administração. Desde que, enfim, tudo isso de fizesse com o recato, anteriormente preconizado.

Inaceitáveis, contudo, as distribuições, às custas do erário, com a marca da administração, ou do agente, de calendários, mensagens natalinas etc., pois a todas essas iniciativas faltaria a marca do interesse público relevante (e aqui, pouco importa a eventual aceitação social para tais práticas: em campo de competências públicas e probidade administrativa, o costume não derroga a norma ético-jurídica).

8. Não obstante nos pareçam claros os limites há pouco elencados, até porque emanados da principiologia constitucional, verdade é que, aqui e acolá, pretextando serem fugidios os meandros da axiologia, muitas vozes se levantam em favor da codificação das normas éticas.

Bem sabemos que muitos argumentos, ponderáveis até, esteiam as vozes acima invocadas, as quais porfiam com o uso dos argumentos da certeza e da segurança.

Permitimo-nos proclamar nossa reserva, em face dessa posição.

Tal como Jesús González Pérez, também vemos a moral como limite do exercício das potestades estatais (*Administración Pública y Moral*, Madri, 1995, pp. 38-41). Mas, ao contrário do Mestre espanhol, ao assim pensarmos não temos em mente a moral como culturalmente detectável, mas a moral como juridicamente recebida e consagrada. Daí o risco, a nosso ver, dos códigos de ética da atuação estatal: ou bem dirão só o que o Direito já sufragou, sendo por isso desnecessários; ou imporão deveres além do que o ordenamento jurídico adotou, sendo por isso inadmissíveis mas, sobretudo, indutores de comportamentos desconformes às leis. Com García de Enterría, estamos a acreditar que a inflação legislativa nos levou a tal ponto de confusão, que se impõe um movimento que preconize o retomo aos momentos pré-codificadores e à primazia dos princípios gerais do Direito (*Justicia y Seguridad Jurídica en un Mundo de Leyes Desbocadas*, Madri, 2000, pp. 99-108). Em suma: a proliferação dos textos normativos tem produzido mais malefícios que benefícios, mais insegurança jurídica que clareza da vida social. Os subprodutos patológicos dessa displasia são óbvios e preocupantes: o alheamento entre os cidadãos e as normas; o distanciamento entre a Administração, cada dia mais complexa, e os cidadãos; a superespecialização dos profissionais do Direito, criando verdadeiros feudos jurídicos. Em suma, não é, a nosso ver, a multiplicação dos códigos de ética pública que vai assegurar o comportamento ético do Estado (consulte-se, a propósito, José Luís Palma Fernández, *La Seguridad Jurídica ante la Abundancia de Normas*, Madri, 1997, pp. 35 e ss.).

A propósito de tudo isso, seja-nos permitido rememorar a experiência de Ralf Dahrendorf, filósofo de nossos dias, em seu conhecido *A Lei e a Ordem*.

Coube a Dahrendorf a experiência vivencial impressionante de morar em Berlim, como garoto de quase dez anos, nas semanas finais da Segunda Grande Guerra.

Recorda ele que, sob o mando nazista, todos os aspectos do cotidiano eram não só regrados, mas também fiscalizados severamente pelas diversas polícias estatais existentes. Vivia-se, então, um momento de extrema legislação, mas de máxima insegurança jurídica, pela intrusão onipotente do Estado. Vêm a debacle, o suicídio de Hitler, o aniquilamento do exército nazista. Por cerca de uma semana, os cidadãos sobreviventes vagavam pelas ruas, quase silenciosas, em ruína, satisfazendo suas necessidades vitais com a retirada dos meios de sobrevivência, alimentares ou de defesa contra as intempéries, das lojas e escritórios desertos, dos estabelecimentos estatais abandonados. E aí começaram a aparecer os vitoriosos, os soldados soviéticos. E, com eles, nova pletora de regulamentações sobre o cotidiano, de intrusões estatais autoritárias: de novo, o máximo de leis, provocando até mais insegurança jurídica, do que os sete dias de anomia antes vividos. Que claro fique: não pregamos a anomia, mas abominamos a inflação normativa. A ética pública tem seus marcos legislativos postos, expressa ou implicitamente, na Constituição; e isso basta. Em curiosa monografia, intitulada *O Jeito na Cultura Jurídica Brasileira* (Ed. Renovar, 1998, p. 110), o Professor Titular de Direito Comparado e Constitucional da Universidade de Miami, Keith Rosenn, já alertara para os danos terríveis da proliferação normativa. O primeiro desses males repousaria no "jeito" para burlar as leis, em suposto benefício da maior celeridade no trato dos negócios. Nem é necessário dizer como a permanência dessa atitude é, até mesmo, capaz de ensejar situações anárquicas ou, pelo menos, anômicas. De outra parte, porém, é a lembrança de Keith Rosenn, o "jeito" acaba sendo inevitável, quando a tônica do sistema jurídico é a enxurrada incontrolável de regramentos: "Em um mundo onde leis e regulamentos estão em constante mutação, o jeito serve, ironicamente, como importante fonte de estabilidade e previsibilidade".

Mas esse expediente prático não pode existir no mundo da ética pública. Aqui, ou o comportamento é ético, moral, porque a Constituição o abrigou; ou é aético e imoral, porque a Constituição não o abonou. E para saber a diferença, Códigos de Ética podem mais confundir que esclarecer.

9. É hora de concluir.

Seja-nos permitido fazê-lo invocando as lições de Celso Antônio Bandeira de Mello: o princípio da moralidade administrativa é imperativo não só do Estado, mas também de seus agentes. Violá-los configura *ilicitude*. E os viola o agente que é desleal com as instituições a que serve, vertendo-as em seu beneficio pessoal (*Curso de Direito Administrativo*, 14ª ed., pp. 101-102 e 285-286). É nessas matrizes que se inspiram as distinções entre a propaganda institucional e a publicidade pessoal.

DOUTRINA

PRINCÍPIOS DE DIREITO ADMINISTRATIVO E TRIBUTAÇÃO: FRONTEIRAS E IMPLICAÇÕES

ROMEU FELIPE BACELLAR FILHO
Doutor em Direito do Estado pela UFPR. Professor de Direito Administrativo da UFPR e PUC/PR.
Presidente da Associação de Direito Público do Mercosul

I — Introdução. II — Administração Pública e tributação na Constituição de 1988. III — Procedimento e processo administrativo tributário. IV — Princípios de direito administrativo e tributação: fronteiras e implicações ou a principiologia da processualidade administrativa na tributação.

I — Introdução

A *tributação* — entendida como aplicação da lei tributária ao caso concreto — consubstancia, no Direito brasileiro, atividade administrativa, porque desempenhada pela Administração Pública, no exercício do poder de polícia. O art. 145, § 1º, da Constituição refere-se expressamente à figura da *administração tributária*. Tamanha a sua importância, no contexto dos órgãos administrativos, que a Constituição tratou de privilegiá-la no art. 37, XVIII, impondo a precedência da *administração fazendária* e de seus servidores fiscais, dentro de suas áreas de competência e jurisdição, sobre os demais setores administrativos, na forma da lei.

A Administração Pública, considerada um aparelho regularmente constituído pelo Estado para satisfazer o bem comum na realização de seus serviços, deve ter realçada, em sua atuação, a compreensão de que o Estado é uma síntese de todos. A existência da Administração Pública só tem sentido em função de uma justa e eqüitativa distribuição entre os cidadãos dos direitos e encargos sociais. As elevadas e numerosas tarefas do Estado não resultariam exitosas sem a imposição de princípios de atuação capazes de oferecer garantias exigíveis de um Estado justo e igualitário.

Daqui decorrem duas idéias a serem desenvolvidas: (i) por um lado, se a Administração Pública não pode funcionar sem os recursos auridos na atividade tributária, justificando-se uma divisão dos encargos públicos que se materializa, em parte, na *tributação*,[1] (ii) por outro, a atividade tributá-

1. A Constituição espanhola, na Seção Segunda intitulada *De los Derechos y Deberes de los Ciudadanos*, art. 31, prevê o dever do cidadão de espanhol de contribuir para o sustento dos gastos públicos de acordo com sua capacidade econômica, mediante um sistema tributário justo inspirado nos princípios de igualdade e progressividade que, em nenhum caso, terá alcance confiscatório. Embora a nossa Constituição não disponha de re-

ria deve desenvolver-se na estrita medida da finalidade pública, atendendo a um conjunto de garantias integradas ao patrimônio do cidadão que o protegem contra o exercício abusivo do poder.

Neste contexto, o tema — *princípios de direito administrativo e tributação* — passa pela compreensão dos princípios que regem a Administração Pública no desempenho da atividade administrativa de tributação. A continuação do tema — *fronteiras e implicações* — sugere que a confrontação, embora *necessária*, do Direito Administrativo e do Direito Tributário deverá respeitar um campo próprio de autonomia. Como se verá, fronteiras fixadas pela Constituição em decorrência de um conjunto de princípios peculiares da atividade de tributação — Seção I, "Dos Princípios Gerais", no Capítulo I, Título I, "Da Tributação e do Orçamento" — e um conjunto de princípios aplicáveis a toda atividade administrativa, inseridos no art. 37, *caput*, da Seção I, Capítulo VII, "Da Administração Pública", Título III, "Da Organização do Estado".

II — Administração Pública e tributação na Constituição de 1988

A Constituição de 1988 inaugurou um capítulo dedicado à Administração Pública. Se uma das pedras de toque do Estado de Direito é a fixação de um regime jurídico administrativo,[2] agora restou identificada a presença de um regime jurídico constitucional-administrativo, fundado em princípios constitucionais expressos: legalidade, impessoalidade, moralidade, publicidade e eficiência (art. 37, *caput*).[3]

A disciplina constitucional administrativa traz, então, novos arsenais jurídicos para alteração do quadro tradicional de uma Administração Pública marcada pela pouca atenção dispensada aos direitos e garantias integrantes do patrimônio do cidadão-administrado. Afeiçoado à visão da legalidade a qualquer custo, com desconsideração a outros valores (como, por exemplo, o contido no princípio da confiança), o Administrador atuou, por muito tempo, coberto pelo manto da incontestabilidade do interesse público.

É verdade que não se trata de inovação propriamente dita, mas de recepção dos reclames da doutrina que construiu, desde cedo, vias alternativas para elidir a aplicação mecânica da legalidade. Implementou-se, assim, o princípio da finalidade pública segundo o qual, na estipulação pela lei, de competências ao Administrador Público, tem-se em foco um determinado bem jurídico que deva ser suprido. Na apreciação da legalidade de um ato administrativo, é imperioso o exame da observância do escopo legal originário. Caio Tácito e Rui Cirne Lima desenvolveram importante contribuição ao estudo da finalidade pública como parâmetro para avaliação da legalidade.[4]

A expressão *poder*, estigmatizada durante o período revolucionário, encontra-se melhor entendida como prerrogativa. Caso

gra explícita como a espanhola no Capítulo I, do Título II — *Dos Direitos e Deveres Individuais e Coletivos* — encontra no Capítulo I, do Título VI — *Do Sistema Tributário Nacional* — o fundamento para a afirmação do *dever fundamental* de solidariedade do cidadão para a manutenção do Estado.

2. Carlos Garcia Oviedo, *Derecho Administrativo*, 5ª ed., Madri, Pizarro, 1955, p. 476.

3. O princípio da eficiência foi inserido pela recente reforma administrativa, operada pela Emenda Constitucional 19, de 1998.

4. Segundo Rui Cirne Lima, "é o fim e não a vontade que domina todas as formas de administração (...) preside, destarte, no desenvolvimento da atividade administrativa do Poder Executivo — não o arbítrio que se funda na força — mas a necessidade que decorre da natural persecução de um fim" (*Princípios de Direito Administrativo*, 5ª ed., São Paulo, Ed. RT, 1982, pp. 21-22). Nesse sentido, Caio Tácito: "a regra de competência não é um cheque em branco" (*Direito Administrativo*, 1ª ed., São Paulo, Saraiva, 1975, p. 5).

o Administrador Público utilize seu poder além dos limites que a lei lhe confere ou pratique desvio da finalidade pública, há abuso de poder na modalidade do excesso ou do desvio da finalidade. Se todo exercício de poder implica dose de sujeição, de coerção exercida pelo seu detentor sobre os destinatários, o poder não se auto-realiza, configura instrumento de trabalho adequado à realização das tarefas administrativas mediante o atendimento das aspirações coletivas.[5]

Com efeito, o princípio geral de toda atividade estatal exercida através da Administração Pública é o bem comum. O administrador que transgrida este preceito convulsiona, desarmoniza e desacredita a ação administrativa. No campo do Direito Tributário, o bem comum é determinante do *modus* de distribuição dos encargos tributários entre os cidadãos — justificando um regime de exação fiscal equilibrado e proporcional à capacidade econômica de cada cidadão.[6]

A *tributação* — enquanto atividade que compete à Administração Tributária[7] — não foge à incidência dos princípios constitucionais da Administração Pública que acompanharão a dinâmica, no âmbito administrativo, da aplicação da lei tributária ao caso concreto. É preciso esclarecer este ponto. O cruzamento entre o Direito Tributário e o Direito Administrativo, na perspectiva do sistema constitucional, ocorre em sede de Direito Formal, justamente porque os princípios do procedimento e do processo administrativo incidirão, guardadas as peculiaridades do regime específico da obrigação tributária, sobre o procedimento e o processo administrativo tributário.

Em outro lugar,[8] já tivemos oportunidade de salientar a possibilidade e legitimidade da distinção entre Direito Administrativo Material e Direito Administrativo Formal como as duas faces da mesma unidade, ligados em uma relação de mútua complementaridade funcional.[9]

O mesmo fenômeno pode ser encontrado no sítio tributário. Alberto Xavier critica a distinção formulada pela doutrina alemã entre Direito Tributário Material (relativo à obrigação tributária) e o Direito Tributário Formal (constituído de normas disciplinadoras da atividade administrativa de aplicação da lei fiscal, de fiscalização dos deveres tributários, dos meios administrativos e judiciais de garantias emergentes da relação jurídica tributária) como se o segundo fosse simplesmente acessório, auxiliar ou adjetivo do primeiro.[10]

O autor explica que a atrofia doutrinária do Direito Tributário Formal cedeu com a influência da obra de Allorio — *Diritto Processuale Tributario* — cuja primeira edição é de 1942. A partir daí, começou a difundir-se uma visão que atende mais de perto às relações de interdependência entre direito substancial e direito processual e entre a dinâmica da obrigação tributária e da atividade administrativa do Fisco.[11] Ainda, a influência doutrinária de Gian Antonio Miche-

5. "A atividade administrativa não é um fenômeno que se exerça pelo administrador para os interesses da Administração Pública", nas palavras de Sérgio Ferraz ("Instrumentos de defesa do administrado", *Revista de Direito Administrativo* 165/22, Rio de Janeiro, jul.-set. 1986).

6. A Constituição de 1988 é a fonte deste regime, estabelecendo um rígido sistema de limites ao poder de tributar no art. 150, cabendo citar o inciso II que veda o tratamento desigual entre contribuintes que se encontrem em situação equivalente e o inciso IV que veda a utilização do tributo com efeito de confisco.

7. Servindo-nos da expressão que consta do § 1º do art. 145 da Constituição.

8. No nosso livro *Princípios Constitucionais do Processo Administrativo Disciplinar: de Acordo com a Reforma Administrativa de 1988*, São Paulo, Max Limonad, 1998.

9. Jorge de Figueiredo Dias, *Direito Processual Penal*, v. I, Coimbra, Coimbra, 1974, pp. 23-28.

10. Alberto Xavier, *Do Lançamento: Teoria Geral do Ato, do Procedimento e do Processo Tributário*, 2ª ed., Rio de Janeiro, Forense, 1998, p. 6.

11. Xavier, ob. cit., p. 7.

li consolidou uma corrente de pensamento que tende a acentuar os aspectos dinâmicos, procedimentais da atividade tributária, centrada, antes, em torno de categorias estáticas como a relação jurídica e o fato tributário. A corrente corporizou-se na coletânea de estudos dirigidos por Micheli — *Studi sul Procedimento Amministrativo Tributario* — onde os temas são o lançamento e seu processo formativo.[12]

Vejamos. O lançamento[13] praticado, predominantemente, no exercício da função de fiscalização e controle, eventualmente conducente à aplicação de sanções fiscais, encontra seu significado como "ato de autoridade potencialmente restritivo da propriedade e liberdade dos cidadãos".[14] E por isso, segundo Alberto Xavier, o lançamento consubstancia ato organicamente administrativo, no sentido de que é praticado por órgãos integrados na Administração ativa, no exercício de uma função administrativa. Distingue-se dos atos que, igualmente, envolvem uma aplicação da norma tributária material ao caso concreto, mas da competência dos tribunais.[15] A lei reserva o conceito de lançamento aos atos praticados por órgãos da Administração (o art. 142 do CTN refere-se ao *lançamento como ato de competência privativa da autoridade administrativa* e como atividade administrativa vinculada e obrigatória).[16]

Para além da divisão doutrinária sobre o lançamento constituir-se ato[17] ou procedimento administrativo,[18] o certo é que a atividade tributária reveste, via de regra, a natureza de uma atividade procedimental, quando traduz-se numa sucessão de atos tendentes à manifestação de um objetivo funcional em que consiste o ato de aplicação concreta da lei. Vale a pena, então, tecer algumas considerações sobre os princípios constitucionais da processualidade administrativa tributária.

III — Procedimento e processo administrativo tributário

A compreensão das linhas mestras dos princípios constitucionais da processualidade administrativa tributária exige uma tomada de posição a respeito do que se entenda por procedimento e processo. Filiandonos à doutrina de Elio Fazzalari, na Itália,[19] e Cândido Rangel Dinamarco,[20] Odete Medauar,[21] no Brasil, temos que o processo configura forma de exteriorização da função estatal (procedimento) qualificado pela participação dos interessados em contraditório, imposto diante da circunstância de se tratar de procedimentos celebrados em preparação a algum provimento (ato de poder imperativo por natureza e definição). Assim, todo processo é procedimento, porém a recíproca não é verdadeira, já que nem todo procedimento converte-se em processo. Ora, não é todo exercício de competência que envolve a atuação de interessados em contraditório.

12. Idem, p. 8.

13. O ato tributário substancia espécie de ato administrativo, *ato administrativo tributário*, segundo a lição de Xavier (ob. cit., p. 65).

14. Idem, p. 15.

15. Idem, p. 62.

16. Idem, p. 63.

17. Fábio Fanucchi, Luciano Amaro, Misabel Derzi, Paulo de Barros Carvalho. Estes autores entendem o lançamento como um ato jurídico, que tanto pode consistir no resultado de um procedimento, como pode existir sem qualquer procedimento que o anteceda.

18. A concepção do lançamento como procedimento administrativo (por influência da linguagem dos arts. 142, 144, *caput*, 145, 146 e 150, do CTN) foi acolhida por Ruy Barbosa Nogueira, Alfredo Augusto Becker, Antonio Roberto Sampaio Dória, Hugo de Brito Machado, Edvaldo Brito, Souto Maior Borges e Marco Aurélio Greco Filho.

19. Elio Fazzalari, "Processo: teoria generale", *Novissimo Digesto Italiano*, v. XIII, Turim, 1966.

20. Cândido Rangel Dinamarco, *A Instrumentalidade do Processo*, 5ª ed., São Paulo, Malheiros Editores, 1996.

21. Odete Medauar, *A Processualidade no Direito Administrativo*, São Paulo, Ed. RT, 1993.

O procedimento e o processo não estão restritos ao exercício da função jurisdicional. Um dos primeiros a defender esta idéia, no Direito Administrativo Brasileiro, foi o Professor Manoel de Oliveira Franco Sobrinho. Já na década de 1970, compreendia o processo como forma de desenvolver a função administrativa, jurisdicional ou legislativa.[22] Segundo Odete Medauar, "a adjetivação permite especificar a que âmbito de atividade estatal se refere determinado processo".[23]

A processualidade administrativa — compreendendo a modalidade do procedimento e do processo administrativo — deita raízes no sistema jurídico brasileiro. Não se trata de tomar a posição mais justa ou conveniente à ideologia do intérprete. Funda-se no Texto Constitucional que revela sua opção quando no art. 5º, LV,[24] junge o conceito de processo administrativo a litigantes e acusados, sob a égide do contraditório e da ampla defesa com os meios e recursos a ela inerentes. Quando a Constituição adota a expressão "processo administrativo" a escolha vai além de preferência terminológica. Comporta o reconhecimento expresso da exigência do regime jurídico processual nas atividades administrativas delimitadas pela Lei Fundamental.

É certo que a resistência à aceitação do "processo", no sítio da função administrativa, advém do receio de confusão com o processo jurisdicional.[25] Resistência que não deixa de ser uma renitência injustificada. Na estipulação de que o agir administrativo deve exercitar-se, em certos casos, mediante processo, extrai-se a possibilidade de ampliação das garantias processuais para mais um quadrante do poder estatal. Daqui emerge a possibilidade de assunção de um núcleo constitucional comum de processualidade.

O núcleo de processualidade é constitucional e pressupõe, mesmo no patamar da Constituição, o núcleo diferenciado derivado da função jurisdicional, legislativa ou administrativa e dos objetos de cada processo. Todavia, antes de ser jurisdicional ou administrativo, o processo é processo, com a identidade que a Constituição lhe fornece. Antecedendo qualquer consideração, se uma função estatal é exercitada processualmente é porque nela devem estar presentes o contraditório e a ampla defesa.

O processo tributário, na modalidade de processo administrativo tributário,[26] participará, portanto, do núcleo constitucional de processualidade administrativa, sem, contudo, descurar do núcleo diferenciado decorrente do específico objeto deste processo: a aplicação da lei tributária ao caso concreto.

O processo administrativo tributário constitui instrumento de tutela inspirado na efetividade, identificado não pelo nome, mas pelo conteúdo: contraditório e ampla defesa com os meios e recursos a ela inerentes. Agregada à esta idéia de "garantia de meios e de resultados",[27] a leitura do art. 5º, LIV — "ninguém será privado da liberdade ou de seus bens sem o devido processo legal" — complementa o art. 5º, LV. Na esfera da *tributação*, não pode haver privação de liberdade ou restrição patrimonial sem o cumprimento do *iter* processual.[28]

22. Manoel de Oliveira Franco Sobrinho, *Curso de Direito Administrativo*, São Paulo, Saraiva, 1979, p. 277.

23. Odete Medauar, *A Processualidade*..., cit., p. 41.

24. "Aos litigantes, no processo judicial e administrativo, e aos acusados em geral são assegurados o contraditório e ampla defesa, com os meios e recursos a ela inerentes."

25. Carlos Ari Sundfeld espelha a preocupação de que o próprio Estado utilize-se deste recurso para substituir o processo judicial pelo administrativo quando a Constituição reclama o primeiro ("A importância do procedimento administrativo", *Revista de Direito Público* 84/73, São Paulo, out.-dez. 1987).

26. A outra modalidade seria o processo judicial tributário.

27. Comoglio *et al.*, ob. cit., p. 61.

28. Para Alberto Xavier, o fato de o contribuinte ser afetado na sua esfera jurídica, conduz ao

IV — Princípios de direito administrativo e tributação: fronteiras e implicações ou a principiologia da processualidade administrativa na tributação

Quando nos defrontamos com as categorias do processo, sob o enfoque constitucional, não são poucas as vezes que nos deparamos com expressões do tipo "garantia do contraditório" e "princípio do contraditório". O que a princípio poderia parecer uma imprecisão de linguagem representa, ao contrário, uma peculiar forma de compreensão dos direitos fundamentais. O processo — como direito fundamental — comporta uma evidente estrutura dualista: como direito subjetivo contra o Estado, consubstancia *garantia fundamental*; como norma principiológica, expressa um conteúdo axiológico, um sistema de valores, com validade para todos os âmbitos do Direito. E por isso que se fale, neste sítio, de "princípios-garantia".[29]

Os princípios constitucionais são normas constitucionais abertas que exigem um processo de densificação mais intenso e, logicamente, um maior comprometimento do intérprete para que não incida em arbitrariedade, atribuindo significados a partir de vontades preexistentes (vontade do legislador constitucional, vontade da Constituição). Caracterizam-se pela *generalidade*, *primariedade* e *dimensão axiológica*.[30] Bem por isso que a irradiação dos princípios constitucionais sobre o direito infraconstitucional encontra-se intimamente vinculada à abertura da Constituição. Fornecem aos concretizadores do Direito um núcleo mínimo de exigências constitucionais que permite separar o *constitucionalmente impossível* e o *constitucionalmente necessário*, sem quebra da originalidade do campo de conformação legislativa.

Da incidência dos princípios constitucionais da Administração Pública, sob a perspectiva procedimental sobre a *tributação*, decorrerá, principalmente: (i) do *princípio da legalidade* estrita,[31] os princípios do *formalismo moderado* e da *oficialidade* do procedimento administrativo tributário, (ii) do *princípio da impessoalidade*,[32] as garantias de objetividade do procedimento administrativo tributário, (iii) do *princípio da moralidade*,[33] o *princípio da boa-fé e da lealdade* nas relações entre Fisco e contribuinte que importa a vedação da surpresa, (iv) do *princípio da publicidade*,[34] a publicização do procedimento administrativo tributário, (v) do *princípio da eficiência*,[35]

reconhecimento que lhe seja conferida a faculdade de tutelar preventivamente os seus direitos patrimoniais, colaborando na descoberta da verdade dos fatos tributários ou reagindo contra providências que entenda ilegítimas.

29. No direito alemão, cumpre citar a obra de Ernst-Wolfgang Böckenförde, *Escritos sobre Derechos Fundamentales*, Baden-Baden, Verlagsgesellschaft, 1993. No direito português, José Joaquim Gomes Canotilho, *Curso de Direito Constitucional*, 6ª ed., Coimbra, Almedina, 1995. No direito brasileiro, Luís Roberto Barroso, *Interpretação e Aplicação da Constituição: Fundamentos de uma Dogmática Constitucional Emancipatória*, São Paulo, Saraiva, 1996.

30. Cármen Lúcia Antunes Rocha, *Princípios Constitucionais da Administração Pública*, Belo Horizonte, Del Rey, 1994.

31. Combinação do art. 37, *caput*, com o art. 146, I e §§ 6º e 7º do art. 150, da CF.

32. Combinação do art. 37, *caput*, com o incs. II, V, do art. 150, inc. I, do art. 151, dentro outros inseridos no Capítulo *Do Sistema Tributário Nacional*.

33. Combinação do art. 37, *caput*, com os incs. III e IV, do art. 150, dentre outros inseridos no Capítulo *Do Sistema Tributário Nacional*.

34. Combinação do art. 37, *caput*, com o inc. III e o § 5º, do art. 150, dentre outros inseridos no Capítulo *Do Sistema Tributário Nacional*.

35. Art. 37, *caput*, de acordo com a Emenda Constitucional 19, de 1998. A Constituição espanhola prevê, no art. 31.2 que o gasto público realizará uma distribuição eqüitativa dos recursos públicos e sua programação e execução responderá aos critérios de eficiência e economia.

a necessidade da fixação de um sistema coerente de competências administrativas tributárias e o estabelecimento de procedimentos sumários, desenvolvidos em prol da tutela diferenciada. Da incidência dos princípios constitucionais do processo administrativo sobre a tributação, decorrerá, principalmente, a aplicação do *princípio do contraditório*,[36] da *ampla defesa*,[37] do *juiz natural*[38] no processo administrativo tributário.

36. Art. 5º, LIV e LV, da Constituição.
37. Art. 5º, LIV e LV, da Constituição.
38. Art. 5º, XXXVII e LIII, da Constituição.

ATUAÇÃO ADMINISTRATIVA E LEGISLATIVA DOS PODERES PÚBLICOS EM MATÉRIA AMBIENTAL

TOSHIO MUKAI

Mestre e Doutor em Direito do Estado (USP). Secretário da Sociedade Brasileira do Direito do Meio Ambiente – SOBRADIMA. Membro da Comissão de Meio Ambiente da OAB – Conselho Federal. Professor de Direito Ambiental (USP) em Cursos de Pós-Graduação

I – O poder de polícia: fundamento jurídico para a atuação legislativa e administrativa do Estado na proteção e preservação do meio ambiente

1. O poder de polícia e o seu conceito

Poder de polícia "é a faculdade, inerente à Administração Pública, mais rigorosamente, ao Poder Público, que estes detêm, pelo só fato de assim se constituírem, para restringir e disciplinar as atividades, o uso e gozo de bens e de direitos, bem como as liberdades dos administrados, em benefício da coletividade" (cf. nosso *Direito Administrativo Sistematizado*, Saraiva, 1999, p. 89). Convém lembrar que no nosso direito positivo existe uma definição do que seja o poder de polícia (art. 78 do CTN), que, no entanto,é falho, pois que considera aquilo que é uma faculdade como sendo atividade.

Entretanto, o parágrafo único do referido artigo consubstancia lição doutrinária da maior importância, eis que dispõe que o exercício do poder de polícia deve ser regular, ou seja, deve ser "desempenhado pelo órgão competente nos limites da lei aplicável, com observância do processo legal e, tratando-se de atividade que a lei tenha como discricionária, sem abuso ou desvio de poder".

Aí ficam estabelecidas as condições de regularidade, ou seja, de legitimidade do exercício do poder de polícia:

a) atuação do órgão nos limites de sua competência;

b) atuação nos limites de lei formal que seja, de acordo com a Constituição, de competência da entidade política federativa;

c) com observância do devido processo legal, ou seja, assegurado o contraditório e a ampla defesa, nos termos do art. 5º, LV, da Constituição;

d) o poder de polícia pode se manifestar através de atos vinculados ou discricionários, nesta última hipótese, dentro do âmbito de liberdade que a lei conceder ao administrador; porém mesmo aqui, o exercício há de ser regular, ou seja, sem abuso ou desvio de poder.

Como lecionou Hely Lopes Meirelles (*Direito Administrativo Brasileiro*, 24ª ed., Malheiros Editores, p. 96), "o discricionarismo da Administração não vai ao ponto da arbitrariedade, capricho, má-fé, ou imoralidade administrativa. Daí a justa advertência de Hauriou de que 'a Administração deve agir sempre de boa-fé, porque isto faz parte da sua moralidade'".

2. Razão e fundamento

O poder de polícia, como se disse, é uma faculdade que possui o Estado, em razão do interesse da coletividade e o seu fundamento está na supremacia de poder do Estado, que a exerce sobre todo o seu território, pessoas, bens e atividades, através das autorizações legais e constitucionais.

3. O objeto e a finalidade do poder de polícia

O objeto é a incidência das restrições e a disciplina do Estado sobre bens, direitos, liberdades e atividades dos cidadãos, visando ao bem-estar coletivo, à finalidade e à proteção dos interesses gerais, ou seja, do interesse público primário.

4. Extensão e limites do poder de polícia

Como vimos, o poder de polícia administrativa se estende a todas as atividades, a bens e direitos e até mesmo às liberdades individuais. Abrange não só questões de proteção à moral, a preservação da saúde, ao controle do trânsito e do tráfego, a segurança e a funcionalidade social das obras, construções e empreendimentos, a preservação, a proteção e controle do meio ambiente, em todas as suas manifestações.

Daí falarmos em polícia da saúde, das águas, do trânsito, da polícia ambiental, florestal, da caça e pesca, das profissões etc.

Os limites do poder de polícia administrativa estão basicamente no respeito aos direitos e garantias fundamentais contemplados na Constituição. Mas, como ensinou Ripert, "o direito do indivíduo não pode ser absoluto, visto que o absolutismo é sinônimo de soberania. Não sendo o homem soberano na sociedade, o seu direito é, por conseqüência, simplesmente relativo" (Hely L. Meirelles, ob. cit., p. 119). Por isso, há limites para o exercício do poder de polícia:

a) a previsão das restrições e limitações às atividades, propriedades e liberdades, há que estar contida em lei formal;

b) o exercício da atividade policial deve se ater ao previsto em lei, e sempre com observância do contraditório e da ampla defesa;

c) a competência do agente para os atos de licenciamentos e autorizações há que ser o previsto na Constituição, pena de abuso de poder, desvio de poder e nulidade do ato;

d) se se tratar de poder discricionário, a autoridade, dentro de sua margem de liberdade concedida pela lei, não pode cometer excessos, praticando abuso de poder ou com desvio de poder;

e) o exercício do poder de polícia está sujeito à observância de um dos princípios fundamentais do direito público moderno: o princípio da proporcionalidade. Segundo esse princípio, a Administração, para atingir seus fins de interesse público, só pode se utilizar dos meios estritamente necessários e suficientes para tal. Qualquer excesso será considerado abuso de autoridade, e, portanto, passível de invalidação (o ato excessivo) pela via judicial.

No dizer de Celso Antônio Bandeira de Mello, "é preciso que a Administração se comporte com extrema cautela nunca se servindo de meios mais enérgicos que os necessários à obtenção do resultado pretendido pela lei, sob pena de vício jurídico que acarretará responsabilidade da Administração. Importa que haja proporcionalidade entre a medida adotada e a finalidade legal a ser atingida" (*Curso de Direito Administrativo*, 12ª ed., p. 682).

E mais: "Toda coação que exceda ao estritamente necessário à obtenção do efeito jurídico licitamente desejado pelo Poder Público é injurídica.

"Este eventual excesso pode se apresentar de dois modos:

"a) a intensidade da medida é maior que a necessária para a compulsão do obrigado;

"b) a extensão da medida é maior que a necessária para a obtenção dos resultados licitamente perseguíveis" (ob. cit., p. 683).

5. *Meios de atuação do poder de polícia administrativa*

O poder de polícia se manifesta, através do Poder Público, ou preventivamente, ou repressivamente.

Na primeira hipótese, em primeiro lugar, o Poder Público impõe restrições, proibições, ordens e normas, todas legislativamente, limitadoras das atividades, do exercício de direitos e liberdades e do uso da propriedade. O particular, para usufruir desses direitos, terá que, administrativamente, obter do Poder Público, autorizações ou licenças, *aquelas* discricionárias, estas vinculadas (estas denominadas de alvarás, quando se tratar de construções ou parcelamentos do solo urbano).

Na segunda hipótese, o Poder Público exerce a fiscalização das atividades e dos bens sujeitos ao poder de polícia administrativa. Através dela, é verificado se o particular está em desacordo ou não com a legislação, com o uso correto das licenças e autorizações etc. Em havendo irregularidade ou infração legal, o agente da fiscalização pode efetivar o auto de infração, apontando o dispositivo legal infringido e aplicando a sanção cabível. A execução da sanção deverá resultar de um processo administrativo devidamente formalizado, onde seja assegurado o contraditório, bem como a ampla defesa. Aplicada a sanção esta poderá ser executada administrativamente.

6. *Sanções. Condições de validade*

Como vimos as sanções são elementos de concretização efetiva do exercício do poder de polícia. Segundo Hely Lopes Meirelles (ob. cit., p. 123), "eles se consubstanciam em multas, interdição de atividade, o fechamento de estabelecimento, a demolição de construção, o embargo administrativo de obra, a destruição de objetos, a inutilização de gêneros, a proibição de fabricação ou comércio de certos produtos, a vedação de localização de indústrias ou de comércio em determinadas zonas e tudo o mais que houver de ser impedido em defesa da moral, da saúde e da segurança pública, bem como da segurança nacional, desde que estabelecido em lei".

Informa-nos o saudoso mestre, ainda, que, de acordo com a MP 1.708/1989, na esfera federal, prescreve em cinco anos a ação punitiva da Administração Pública, direta e indireta, no exercício do poder de polícia, objetivando apenar infração, contados da data da prática do ato ou, no caso de infração permanente ou continuada, do dia em que tiver cessado (ob. cit., p. 124).

Quanto às condições de validade do ato de polícia administrativa, já as vimos. Entretanto, como ensina Hely Lopes Meirelles, como atos administrativos que são, as condições específicas de validade deles são: *a competência*, a finalidade e a forma, acrescidas da *proporcionalidade* da sanção e da legalidade dos meios empregados pela Administração (ob. cit., p. 124).

Portanto, questão e elemento fundamental das condições de validade do ato licenciador ou sancionador em termos de meio ambiente, ou mesmo em relação a qualquer setor de atividade, é a competência do agente.

7. *Polícia administrativa da União, Estados, DF e dos Municípios*

Sendo o Brasil uma Federação, e sendo o poder de polícia uma faculdade inerente ao Poder Público, é evidente que o seu exercício se distribui entre os diversos níveis federativos. Portanto, questão fundamental é o concernente à competência constitucional para o exercício da polícia administrativa.

Hely Lopes Meirelles (ob. cit., p. 114) asseverou a seguinte regra: "Em princípio, *tem competência para policiar, a autoridade que dispõe do poder de regular a matéria.* Assim sendo, os assuntos de interesse nacional ficam sujeitos a regulamentação e policiamento da União; as matérias de interesse regional sujeitam-se às normas e à polícia estadual, e os assuntos de interesse local subordinam-se aos regulamentos edilícios e ao policiamento administrativo municipal.

"Todavia, como certas atividades interessam simultaneamente às três entidades estatais, pela sua extensão a todo território nacional (*v.g.*, saúde pública, trânsito, transporte etc.) o poder de regular e de policiar se difunde entre todas as Administrações interessadas, *provendo cada qual nos limites de sua competência territorial. A regra, entretanto, é a exclusividade* do policiamento administrativo; a exceção é a concorrência desse policiamento" (ob. cit., p. 114).

Já Celso Antônio Bandeira de Mello (*Curso...*, cit., pp. 684-685) discute essa questão das competências para que a União, Estados e Municípios exercitem o poder de polícia, entendendo que "o critério fundamental, está no se dizer que é competente para dada medida de polícia administrativa quem for competente para legislar sobre a matéria", nesse passo, seguindo Hely Lopes Meirelles.

E adiante discrimina essas competências: "Assim, a União exercerá em caráter exclusivo a polícia administrativa sobre o que estiver arrolado no art. 22 da Constituição e concorrentemente com Estados e Distrito Federal sobre o que consta do art. 24. Estados exercerão em caráter exclusivo nas hipóteses abrigáveis no § 1º do art. 25 ou em concorrência com a União nas do art. 24, precitado. Municípios têm seu campo exclusivo de polícia administrativa no que disser respeito ao seu peculiar interesse, notadamente sobre as matérias previstas no art. 30" (ob. cit., p. 684).

Quanto à competência concorrente, entende o autor que esta existirá quando o interesse das pessoas políticas diferentes se justapõe (ob. cit., p. 685).

Entretanto, para nós há que se fazer a seguinte distinção: na competência concorrente há apenas o direito de legislar, como se vê do art. 24, em relação aos Estados, ao DF e à União (...e ao Distrito Federal, *legislar concorrentemente...*).

O § 1º dispõe que no âmbito da legislação concorrente, a competência da União limitar-se-á a estabelecer normas gerais e o § 2º diz que tal competência não exclui a dos Estados que é suplementar. O § 3º diz que inexistindo lei federal sobre normas gerais, os Estados exercerão a competência legislativa plena, para atender as suas peculiaridades.

Competência legislativa plena, à evidência, significa legislar sobre normas gerais e regionais específicas.

Portanto, quando se fala em competência concorrente fala-se em legislação apenas, onde existe, segundo a doutrina de há muito admite (Sampaio Dória, Pontes de Miranda, Hely Lopes Meirelles, entre outros), uma hierarquia de legislação. Sobre o mesmo assunto, no caso, por exemplo, podem existir normas gerais legais da União que terão que ser observadas pelos Estados e Municípios e se existirem normas gerais suplementares dos Estados-membros, estas terão que ser observadas pelos Municípios.

Essa a única autorização e conseqüência jurídica que pode decorrer da competência concorrente.

Em nenhuma hipótese, a título de legislação concorrente, União e Estado podem invadir matérias puramente locais, que são de competência exclusiva do Município, nem obrigar o Município a fazer ou deixar de fazer algo, salvo se prevista a obrigação na Constituição.

Destarte, não há confundir: as competências para a atuação administrativa e legislativa dos três entes federados é de natureza exclusiva, ressalvando-se que todos terão que observar, nas suas legislações, as normas gerais da União e/ou suplementares dos Estados, quando se tratarem de Municípios; e a este título (concorrente) não cabe nem à União, nem aos Estados, invadir as atribuições de polícia puramente locais, sob pena de ofensa às autonomias dos municípios.

8. Licenciamentos ambientais: competências exclusivas de cada ente federativo, em matéria ambiental

De tudo que foi exposto, conclui-se, sem dúvida, que o exercício do poder de polícia inclui-se nas competências privativas da União, dos Estados, do DF e dos Municípios, nos termos que expusemos no nosso *Direito Ambiental Sistematizado* (4ª ed., Forense Universitária, 2002, pp. 18 e 22-25).

Ou seja, além de legislar sobre diversos assuntos que dizem respeito ao meio ambiente, cabe à União, em termos nacionais ou regionais supra-estaduais, exercer o poder de polícia, exigindo licenças, fiscalizando e aplicando sanções (arts. 21 e 22 da CF e 225); da mesma forma, exercendo os Estados o poder de polícia em âmbito regional, supramunicipal, exigindo licenças, fiscalizando e aplicando sanções nesse nível (art. 25, § 1º, da CF) e os Municípios, da mesma forma, exercerão o seu poder de polícia em nível puramente local (art. 30, I, da CF).

As legislações de natureza concorrente, desde que se atenham ao nível das *normas gerais* (e não invadam as competências de outros níveis de Governo), deverão ser observadas nas legislações e quando das atuações de polícia, por todos os entes federados. Não há falar, assim, em obtenção de licenças do Estado e do Município, ou do IBAMA e do Estado, assim como não pode haver sanções partidas senão de um único nível de Governo.

II – Distorções e inconstitucionalidades da legislação relativa ao licenciamento ambiental

1. A competência do art. 10 da Lei de Política Nacional do Meio Ambiente (Lei 6.938/1981)

O art. 10 da Lei 6.938/1981 (com a nova redação dada pela Lei 8.028, de 12.4.1990) tem a seguinte redação:

> Art. 10. A construção, instalação, ampliação e funcionamento de estabelecimentos e atividades utilizadoras de recursos ambientais, considerados efetiva ou potencialmente poluidores, bem como os capazes, sob qualquer forma, de causar degradação ambiental, *dependerão de prévio licenciamento por órgão estadual competente*, integrante do SISNAMA, *e do Instituto Brasileiro do Meio Ambiente e Recursos Naturais Renováveis – IBAMA*, em caráter supletivo, sem prejuízo de outras licenças exigíveis.
>
> § 1º. Os pedidos de licenciamento, sua renovação e a respectiva concessão serão publicados no jornal oficial do Estado, bem como em periódico regional ou local de grande circulação.
>
> § 2º. Nos casos e prazos previstos em resolução do CONAMA, o licenciamento de que trata este artigo dependerá de homologação da SEMA.

O § 4º dispõe: "Compete ao IBAMA o licenciamento previsto no *caput* deste artigo, no caso de atividades e obras com significativo impacto ambiental, *de âmbito nacional* ou regional".

Verifica-se, desde logo, que o *caput* do artigo supra-referido contém duas inconstitucionalidades flagrantes e aberrantes:

a) faz depender o licenciamento ambiental do Estado-membro, sem fazer distinção entre atividade ou empreendimento de *cunho local* ou supramunicipal;

b) prevê duplo licenciamento: do órgão estadual ambiental e do IBAMA, em caráter supletivo, mesmo que se trate de obra ou atividade de caráter supra-municipal e não supra-estadual.

Portanto, essa norma é absolutamente inconstitucional, devendo ser desconsiderada, pois norma inconstitucional é norma inexistente.

Além disso, a Lei 10.257/2001 (Estatuto da Cidade) ao prever que o Município deverá incluir no seu Plano Diretor, obrigatoriamente, como uma de suas diretrizes fundamentais, a "proteção, preservação e recuperação do meio ambiente natural e construído, do patrimônio cultural, histórico, artístico, paisagístico e arqueológico", e, ainda, ao ter previsto como um dos instrumentos da política urbana o "zoneamento ambiental" (art. 4º, III, *c*), revogou o art. 10 da Lei 6.938/1981, posto que retirou qualquer exclusividade de licenciamento ambiental ao Estado, eis que a Lei 10.257/1981 é de mesma hierarquia e estatura da Lei 6.938/1981.

2. *A Resolução 237/1997 do CONAMA*

Não foi propósito do CONAMA, ao baixar a Resolução 237/1997, tendo em vista a inconstitucionalidade do art. 10 da Lei 6.938/1981, corrigir as competências para o licenciamento.

Porém, faz parte dos Considerandos da Resolução: "Considerando as diretrizes estabelecidas na Resolução CONAMA 11/1994, que determina a necessidade de revisão no sistema de licenciamento ambiental"; "Considerando a necessidade de regulamentação de aspectos do licenciamento ambiental estabelecidos na Política Nacional de Meio Ambiente que ainda não foram definidos"; o que demonstra a clara intenção de corrigir aquela inconstitucionalidade.

Ademais, com a revogação do art. 10 da Lei 6.938/1981, restou, entretanto, a competência do CONAMA, prevista no art. 8º, VII, da Lei 6.938/1981, para "estabelecer normas, critérios e padrões relativos ao controle e à manutenção da qualidade do meio ambiente com vistas ao uso racional dos recursos ambientais"; foi absolutamente legítima a edição da Resolução 237/1997, que, por ser Resolução, não fixa competências, mas, corretamente, esclarece as competências para o licenciamento ambiental, através dos arts. 4º (competência do IBAMA, nos termos do § 4º do art. 10 da Lei 6.938/1981); 5º (competência dos Estados ou do DF em atividades ou empreendimentos localizados em mais de um Município ou cujos impactos ambientais ultrapassem os limites de um ou mais Municípios); 6º (empreendimentos e atividades de impacto ambiental local).

E, corretíssimo é o art. 7º da Resolução 237/1997, que, em se tratando do exercício do poder de polícia ambiental, deve mesmo ser o licenciamento ambiental, como ele determina, obtido em um único nível de competência.

3. *A competência comum (administrativa) do art. 23 da CF e a superposição e competências ambientais*

Verifica-se que, com a competência comum prevista no art. 23 da CF, desejou o constituinte que fosse ele instrumental de ordem constitucional destinado a dar efetividade ao federalismo cooperativo, posto que o parágrafo único do art. 23 reza que "lei complementar fixará normas para a *cooperação* entre a União e os Estados, o Distrito Federal e os Municípios, tendo em vista o equilíbrio do desenvolvimento e do bem-estar em âmbito nacional".

Pode-se aqui também verificar que foi intenção do constituinte dispor atribuições de ordem administrativa, pois não se utilizou da expressão "legislativa".

A falta da lei complementar não impede que este tipo de competência seja plenamente exercido.

Entretanto, não será dado a cada ente federativo o exercício indistinto e individual desta competência, sobre qualquer matéria; queremos dizer que, sobre uma determinada situação agressora do meio ambiente, não cabe, a título de exercício desta competência, nem à União, nem aos Estados, e nem ao Município, a atuação isolada sobre tal assunto, a título de exercício do poder de polícia, sob pena de ficarem infringidas as competências privativas.

Descabe aqui falar em exercício do poder de polícia, em autuações, em aplicações de multas e outras sanções, isoladamente.

Neste tipo de competência, de acordo com o vetor disposto no parágrafo único do art. 23, só cabe a atuação compartida, ou seja, em termos de cooperação. Portanto, aqui se trata de resolver questões administrativas ambientais, no sentido de solucionar, com recursos financeiros e pessoal, os problemas ambientais que envolvam a construção de obras, tais como estações de tratamento de esgotos, implantação de aterros sanitários etc. Se se tratar de atuação a título de exercício do poder de polícia, somente se justificará a invocação do art. 23, se respeitadas as competências privativas; um ente se dispuser a colaborar com outro, nos estudos técnicos e jurídicos para os licenciamentos pelo órgão competente privativamente. Assim, no caso de São Paulo, por exemplo, a CETESB celebrar convênios com os Municípios para prestar-lhes assistência técnica nos licenciamentos e na aplicação de sanções. Não pode, enfim, haver a superposição de competências que, na prática, está ocorrendo no País, com base em errônea interpretação do art. 23 da Constituição.

4. As sanções ambientais e o poder de polícia. Competências para suas aplicações. Âmbito de aplicação do Decreto Federal 3.179

Como exposto no estudo preambular sobre o poder de polícia, vimos que, entre outras características, o seu exercício está adstrito à observância das seguintes condições:

a) a competência do agente. Se se tratar, por exemplo, de um ilícito administrativo ambiental puramente local, somente o agente público municipal poderá impor sanção;

b) o ilícito administrativo e a sanção correspondente deverão estar previstos em lei formal do ente federativo que tenha competência para exercitar o poder de polícia, conforme o referido ilícito seja de caráter local, supramunicipal ou nacional;

c) há que se respeitar sempre o princípio da proporcionalidade.

d) há que haver sempre o contraditório e ampla defesa.

O art. 70 da Lei 9.605, de 12.2.1998, define infração administrativa ambiental como toda ação ou omissão que viole as regras jurídicas de uso, gozo, promoção, proteção e recuperação do meio ambiente.

Essa norma, como definição, tem a natureza de norma geral. Entretanto, como a Lei 9.605/1998 é uma lei ordinária federal, as sanções administrativas que dela adviram são de aplicação apenas no âmbito federal.

Como vimos, sabe-se que as normas administrativas, e, em especial, as relacionadas com as sanções, são de competência privativa de cada entidade federativa, impostas através de leis próprias e exclusivas. Em virtude dessa regra haurida das autonomias legislativas e administrativas constitucionais (art. 18 da CF), uma coisa é certa: nenhuma entidade federativa pode impor sanções administrativas com fulcro em legislação de outra.

O § 1º do art. 70 indica as autoridades competentes para a lavratura dos autos de infração ambiental e instauração do processo administrativo correspondente.

São os funcionários dos órgãos ambientais integrantes do SISNAMA (criado pela Lei 6.938/1991) designados para as atividades de fiscalização, bem como os agentes das Capitanias dos Portos, do Ministério da Marinha.

Esses e somente esses são os funcionários competentes para aplicar as sanções administrativas de natureza ambiental no País, posto que o § 1º ora sob comento é uma norma geral de direito ambiental.

O § 4º impõe o contraditório e a ampla defesa na apuração das infrações ambientais.

O art. 71 dispõe sobre o processo de apuração de infração ambiental, impondo-lhe prazos máximos. Tratando-se de norma geral, é também de ser observado pelos Estados e Municípios.

Entretanto, o inciso III, que prevê recurso da decisão condenatória à instância superior do SISNAMA, é inconstitucional, pois não há hierarquia entre um órgão (ou funcionário) municipal e outro estadual. O recurso, se houver, deverá ser decidido no âmbito da entidade política que impôs a decisão condenatória.

O art. 72 elenca os tipos de sanções administrativas ambientais. São, ao todo, 11 (onze) tipos de sanções, valendo sublinhar as do inciso XI, aquelas restritivas de direitos.

Duas observações, da maior importância, sob o ponto de vista jurídico:

a) esses tipos sancionatórios são normas gerais, e como tal, não admitem que Estados e Municípios criem outros diferentes, em matéria ambiental;

b) a aplicação concreta dessas sanções tão-só com base direta na Lei 9.605/1998, só pode ser levada a efeito pela União, pois se trata de Lei federal;

c) em relação a Estados, Distrito Federal e Municípios, tais sanções-tipo, são normas gerais, e como tal, não têm aptidão para poderem ser aplicadas por tais entidades políticas tão só com base direta na Lei 9.605/1998; há que se concretizar, antes, nas suas legislações próprias, tais sanções, inclusive quanto ao seu *quantum* (no caso da multa, p. ex.), para somente depois poderem tais entidades federativas aplicar tais sanções aos infratores da regra de proteção ambiental.

No mais, as disposições da Lei 9.605/1998 que se referem às sanções administrativas são de aplicação imediata, posto que são normas gerais.

O § 8º do art. 72 elenca as sanções restritivas de direitos. Verifica-se que a do inciso V é a proibição de contratar com a Administração Pública, pelo período de até 3 (três) anos.

Tal sanção, apenas com o prazo dilatado para, no máximo, 10 (dez) anos (§ 3º do art. 22), se constitui também em sanção de ordem penal.

Há que se fazer uma observação importantíssima: a sanção de natureza administrativa será aplicada por uma das autoridades (federal, estadual, municipal ou do Distrito Federal) pertencentes a órgãos integrantes do SISNAMA. Portanto, a abrangência da sanção prevista no inciso V do § 8º do art. 72, embora fale em "Administração Pública", está restrita ao âmbito da competência da autoridade (federal, estadual ou municipal) que a aplicou, eis que o agente público só tem atribuições e competência no âmbito daquelas que lhe são previstas pela Constituição e pelas leis.

Por todo o exposto, o Decreto federal 3.179, de 21.9.1999, que "Dispõe sobre a especificação das sanções aplicáveis às condutas e atividades lesivas ao meio ambiente", somente é aplicável à União, pois é curial que, por exemplo, um Município, além de não poder aplicar sanções administrativas com base em legislação de outro nível de Governo, não está adstrito à observância de um decreto federal.

O Decreto federal, aliás, é confuso (propositadamente?) quanto à sua aplicação aos demais níveis de Governo. Entretanto, nos dispositivos que falam nessa possibilidade, o decreto, à evidência, é inconstitucional, pois os Estados e Municípios não podem aplicar senão sanções sobre ilícitos previstos em suas legislações. Por outro lado, tratando-se de um decreto federal, alguns ilícitos que contempla envolvem assuntos puramente locais ou regionais intra-estaduais, no que também o decreto é inconstitucional.

A mais flagrante inconstitucionalidade desse decreto está no seu art. 8º, que dispõe: "O pagamento de multa por infração ambiental imposta pelos Estados, Municípios, Distrito Federal ou Territórios *substitui* a aplicação de penalidade pecuniária pelo órgão federal, em decorrência do mesmo fato, respeitados os limites estabelecidos neste Decreto".

Ora, o dispositivo é flagrantemente inconstitucional, pois, como vimos, o exercício do poder de polícia (aplicação de sanções) pressupõe a competência do agente. Assim, se se tratar de ilícito local, só o Município, por esse fato, pode aplicar multas no caso, razão por que não há falar em *substituição* de multa.

Quem previu a hipótese não tem, à evidência, nenhum preparo jurídico-constitucional. Ademais, a disposição prevê sanções aplicadas por níveis de Governo diferentes, sobre o mesmo fato, o que viola a regra das competências privativas em matéria do exercício do poder de polícia.

NOTAS SOBRE A FUNÇÃO ADMINISTRATIVA

VLADIMIR DA ROCHA FRANÇA

Mestre em Direito Público pela Faculdade de Direito do Recife (UFPE).
Doutorando em Direito do Estado pela PUC/SP. Professor de Direito Administrativo da Faculdade Natalense para o Desenvolvimento do Rio Grande do Norte e da Universidade Potiguar.
Advogado em Natal/RN

1. Introdução. 2. As normas jurídicas. 3. A potestade pública. 4. A repartição das funções do Estado. 5. Função legislativa. 6. A função administrativa e o princípio da legalidade. 7. Conceito de função administrativa. Referências bibliográficas.

1. Introdução

Um ponto crucial na teoria geral da ciência do Direito Administrativo é o tema da função administrativa.

Partindo das categorias da Teoria Geral do Direito referentes à teoria das normas, tentamos aqui traçar um conceito de função administrativa compatível com o nosso Direito Positivo.

Faremo-lo dentro da perspectiva dogmática da ciência jurídica, tomando o Direito Positivo pátrio como base empírica. São as normas jurídicas, e o prisma que as mesmas oferecem para os eventos do mundo social, o foco de convergência das reflexões que seguem.

Advertimos que a ótica adotada neste trabalho apenas constitui um corte metodológico, objetivando surpreender o plano do dever-ser no fenômeno da ação administrativa.

2. As normas jurídicas

As normas jurídicas são proposições prescritivas — comandos — que são construídos a partir dos textos do Direito Positivo. A interpretação — a atribuição de significações (proposições) a símbolos — dos textos do Direito Positivo é caminho indispensável para a regulação jurídica da conduta humana. Sem interpretação, inexiste norma jurídica, comando jurídico.

Mas somente é possível constatar a norma jurídica completa quando se alcança uma unidade integral de significação deôntica (dever-ser),[1] sendo, para tanto, necessário: identificar os textos do direito positivo; aferir os comandos veiculados por eles enuncia-

1. Em outros termos, permitir ao destinatário das prescrições do Direito Positivo discernir qual o comportamento devido e, de certo modo, a razão do mandamento.

dos; e, por fim, conjugá-los para se obter a norma jurídica completa.[2]

Todos os enunciados do Direito Positivo são comandos, mas que apenas numa acepção lata, podem ser denominados normas jurídicas. Isoladamente, eles são insuficientes para a regulação efetiva da conduta, ou seja, qualificá-la como obrigatória, proibida ou permitida. É a junção desses comandos que torna viável atingir essa finalidade.

O que caracteriza a norma jurídica, segundo Miguel Reale,[3] "é o fato de ser *uma estrutura proposicional enunciativa de uma forma de organização ou de conduta, que deve ser seguida de maneira objetiva e obrigatória*". Como inexiste uma forma padrão para o revestimento lingüístico dos enunciados, faz-se necessário o emprego da formalização, ou seja, da busca das estruturas lógicas que as sustentam.[4]

As normas jurídicas em sentido estrito, as normas jurídicas completas, podem ser normas jurídicas de organização ou normas jurídicas de conduta.[5]

As normas jurídicas de conduta possuem uma estrutura bimembre, prescrita pelo próprio sistema do Direito Positivo, constituída por dois comandos, estruturados de modo hipotético-condicional.[6] Elas têm por objeto a conduta humana intersubjetiva, regulando-a consoante os padrões sociais incorporados ao sistema do Direito Positivo através de sua qualificação como obrigatória, permitida ou proibida.

No primeiro membro, a norma primária, sua hipótese compreende a descrição abstrata de um ou mais eventos de possível ocorrência na realidade, cuja constatação implica numa conseqüência, prescritor de um dado efeito: uma relação jurídica, cujos elementos constitutivos estão genericamente indicados. O segundo membro, a norma secundária, possui na hipótese a descrição da inobservância dos deveres prescritos na norma primária, implicando numa relação angular entre os sujeitos de direito envolvidos naquele vínculo relacional, e o Estado, no exercício da função jurisdicional,[7] que objetiva a execução de uma sanção.

A sanção consiste na privação que deve haver de um bem jurídico em virtude de uma conduta ilícita. Execução, por sua vez, na imposição material de tal "desconforto" ao violador do dever jurídico.

É possível que sanção seja estipulada em norma primária, mas carente de "eficácia coercitiva", dependendo da aplicação da norma secundária para obtê-la.[8] A aplicação consiste na criação de um comando jurídico, mediante fixação, no caso específico,

2. Cf. Paulo de Barros Carvalho, *Direito Tributário — Fundamentos Jurídicos da Incidência*, pp. 57-76.

3. *Lições Preliminares de Direito*, p. 95 (destaque no original).

4. Lourival Vilanova, *As Estruturas Lógicas e o Sistema do Direito Positivo*, p. 95; e Eurico Marcos Diniz de Santi, *Lançamento Tributário*, pp. 33-34.

5. Cf. Paulo de Barros Carvalho, ob. cit., pp. 35-37; Eurico Marcos Diniz de Santi, ob. cit., pp. 54-55; e Miguel Reale, ob. cit., pp. 95-97.

6. Cf. Lourival Vilanova, *Causalidade e Relação no Direito*, pp. 123-125; e, do mesmo autor, *As Estruturas...*, cit., pp. 111-112.

7. Lourival Vilanova, *Causalidade...*, p. 125. As normas primárias são as normas qualificadas como de "direito material", enquanto que as normas secundárias, de "direito processual". Os membros das normas de conduta não deixam de ser, isoladamente, normas jurídicas. Quanto ao conceito de função jurisdicional, veremo-lo adiante.

8. Cf. Lourival Vilanova, *Causalidade...*, p. 127. A norma primária ou a norma secundária é aplicada quando há a produção de uma norma concreta e individual, construída a partir da significação imputada àquela, no caso específico. Cf. Marcelo Neves, *A Constitucionalização Simbólica*, p. 44. Recorde-se também, que em alguns campos do Direito Positivo, como no Direito Penal Positivo, concede-se maior relevância à norma primária sancionatória, haja vista ser a quebra do dever jurídico, e não seu cumprimento, o foco de atenção desse "ramo" do Direito Positivo (cf. Paulo de Barros Carvalho, *Direito...*, p. 221).

do sentido do enunciado que veicula um comando abstrato e geral.[9]

No plano do sistema do Direito Positivo, contudo, admitimos que seja agregada à norma primária uma norma secundária que confira ao Estado, no exercício da função administrativa, o poder jurídico de executar a sanção.[10]

A norma jurídica de conduta caracteriza-se pela disjuntividade. O sujeito da relação tem a opção de seguir a conduta lícita (prescrita na norma primária) — configurando a observância[11] — ou a conduta ilícita (definida na norma secundária) — a inobservância —, suportando as conseqüências de sua escolha. Adverte Marcelo Neves[12] que a observância não confunde com o uso, que significa o emprego dos enunciados, dos textos do Direito Positivo, para a aplicação dos comandos jurídicos que veiculam.

Cabem as normas jurídicas de estrutura ou de organização regular a produção das demais normas jurídicas. São compostas por uma estrutura implicacional, mas não bimembre como as normas de conduta: também há em sua hipótese normativa a descrição de um evento de possível ocorrência; mas em sua conseqüência normativa, há a prescrição genérica da conduta que deve ser observada para a produção de normas jurídicas.

Há também normas concretas e individuais, frutos da aplicação de normas abstratas e gerais. Nesses comandos, o antecedente normativo consiste no relato da ocorrência do descrito na hipótese normativa, que implica num conseqüente normativo, cujo conteúdo é uma relação jurídica na qual pelo menos um dos sujeitos de direito está individualizado.[13] Também é possível que se apresentem como preceitos concretos e gerais, sendo indeterminados os destinatários de seu mandamento. As normas concretas podem corresponder às normas primárias ou às normas secundárias, segundo o caráter lícito ou ilícito do relatado no antecedente normativo. Correspondem à densificação das normas jurídicas em sentido estrito.

Estamos usando termos diferentes para indicar os membros da estrutura dos comandos concretos e individuais. As "hipóteses normativas" e "conseqüências normativas" são construídas através de enunciados de sentido conotativo; já os "antecedentes normativos" e os "conseqüentes normativos" são estruturados de enunciados de significação denotativa.[14]

As normas concretas e individuais podem corresponder, também, às normas jurídicas de estrutura.

3. *A potestade pública*

O Direito Positivo elege, confere, a alguns agentes a prerrogativa de inserir normas jurídicas. Tal prerrogativa constitui um poder jurídico classificado como *potestade*.

Há duas espécies de poderes: os direitos subjetivos e as potestades. Ambos representam prerrogativas, que são conferidas às pessoas — sujeitos de poderes e deveres — pelo ordenamento jurídico.[15]

9. Cf. Marcelo Neves, *A Constitucionalização...*, pp. 44-45.

10. Como no caso das sanções disciplinares e de algumas sanções decorrentes do chamado "poder de polícia".

11. Cf. Marcelo Neves, *A Constitucionalização...*, p. 43.

12. Ibid., p. 45.

13. Para que se configure a relação jurídica, não é absurda a hipótese da existência de um direito subjetivo cujo correlato dever jurídico é atribuído a um sujeito passivo indeterminado. Temos os direitos subjetivos reais e os direitos subjetivos personalíssimos como exemplos (cf. Lourival Vilanova, *Causalidade...*, pp. 104-106).

14. Paulo de Barros Carvalho, *Direito...*, pp. 92-96.

15. Cf. Eduardo García de Enterría e Tomás-Ramón Fernández, *Curso de Derecho Administrativo*, t. I, pp. 433-434. Ao nosso ver, as potestades guardam bastante similaridade com a construção teórica das situações jurídicas estatutárias, bem ex-

O direito subjetivo surge numa norma concreta e individual. Consiste na exigibilidade de uma ação ou omissão, devida pelo sujeito obrigado ao sujeito titular, em torno de um bem jurídico específico, assegurada pela aplicabilidade e executoriedade de uma sanção,[16] bem como, pela possibilidade de invalidação de qualquer comando jurídico que lhe afronte.[17]

A potestade nasce, por sua vez, em um norma abstrata e geral, sendo reconhecida a todo aquele que preencha as condições de sua outorga.[18] Representa na exigibilidade, em prol do sujeito titular, a sujeição das esferas de direito das demais pessoas aos efeitos jurídicos produzidos pelo exercício da faculdade.[19] Na potestade, não há referência a um bem jurídico específico, mas a uma classe de bens jurídicos.

Embora o exercício da potestade possa estar sujeito à caducidade ou decadência, a potestade não é retirada do ordenamento jurídico por tal razão.[20] Outra característica interessante: a potestade só deve ser modificada por comando abstrato e geral superveniente, atingindo todos os indivíduos nela investidos.[21] Entretanto, as potestades não podem ser modificadas a ponto de sua extinção, se asseguradas constitucionalmente.

Os direitos e os interesses não são a mesma coisa. Os interesses são fins fixados pelos indivíduos que demandam, para sua satisfação, de alguma conduta humana. Sem atividade material, não há efetivação do interesse.[22]

Mediante o exercício dos direitos, há a preparação ou determinação das atividades materiais necessárias para a concretização dos interesses, dentro dos limites estabelecidos pelo ordenamento jurídico. Pelas potestades, os indivíduos criam comandos jurídicos ou conservam os direitos subjetivos e deveres jurídicos já criados.

Os particulares criam, pelo exercício da potestade da autonomia da vontade os comandos jurídicos que entendem necessários para a efetivação de seus interesses privados, isto é, de interesses que apenas dizem respeito aos seus pretensores, isoladamente considerados. Essa potestade implica a expedição de comandos jurídicos de Direito Privado.

Nem todos os interesses podem ser atingidos mediante os comandos jurídicos criados por essa potestade, em razão de seu grau de relevância dessas finalidades. Esses interesses são os interesses públicos.

Os interesses públicos representam a dimensão pública dos interesses individuais, delimitada pelo Direito Positivo.[23] São os interesses que os indivíduos mantêm enquanto membros da sociedade, e segundo grau de evolução histórica desse corpo social. Não são os interesses públicos estranhos ao indivíduo, mas, sim, os interesses que o mesmo compartilha com os demais membros da coletividade que integra.

plicada por Oswaldo Aranha Bandeira de Mello (*Princípios Gerais do Direito Administrativo*, v. I, pp. 423-429).

16. Cf. Lourival Vilanova, *Causalidade...*, pp. 150-153.

17. Hans Kelsen, ob. cit., pp. 151-158. Validade é aqui entendida como a compatibilidade da norma jurídica com os cânones de juridicidade (ou legalidade) impostos pelo próprio sistema do Direito Positivo.

18. Cf. Gaston Jèze, *Los Principios Generales del Derecho Administrativo*, pp. 37-40; e Oswaldo Aranha Bandeira de Mello, ob. cit., p. 429.

19. As potestades são usualmente identificadas com os direitos potestativos (cf. Lourival Vilanova, *Causalidade...*, pp. 155-157).

20. Cf. Eduardo García de Enterría e Tomás-Ramón Fernández, ob. cit., p. 435.

21. Cf. Gaston Jèze, ob. cit., p. 40; Eduardo García de Enterría e Tomás-Ramón Fernández, ob. cit., p. 435; e Oswaldo Aranha Bandeira de Mello, ob. cit., p. 430.

22. Cf. Renato Alessi, *Sistema Istituzionale del Diritto Amministrativo Italiano*, t. I, pp. 265-267.

23. Cf. Celso Antônio Bandeira de Mello, *Curso de Direito Administrativo*, pp. 57-66; e Adilson de Abreu Dallari, "Os poderes administrativos e as relações jurídico-administrativas", *Revista de Informação Legislativa* 141/78.

Toda potestade ligada à concretização de um interesse público denomina-se potestade pública. Em razão da prevalência do interesse público sobre o interesse privado, quem exerce o poder público é colocado em posição de privilégio e supremacia em relação aos demais sujeitos de direito.[24]

Cabe ao Estado realizar os interesses públicos, distintos com os interesses do Estado enquanto sujeito de direito: os interesses secundários ou interesses privados do Estado. O alcance do interesse privado do Estado só é regularmente admissível quando conciliado com o interesse público a ser efetivado no caso concreto.

Uma vez que a potestade pública destina-se ao interesse público, e que este não é exclusivo de quem exerce tal poder jurídico, toda a atividade estatal têm a natureza de função. Pois o Estado existe para dar materialidade a interesses que não se encontram na sua esfera privada de interesses, para alcançar finalidades que não lhes são exclusivas. No Direito Positivo brasileiro, isso é cristalino, haja vista o enunciado do art. 3º da Constituição Federal:

> Art. 3º. Constituem objetivos fundamentais da República Federativa do Brasil:
>
> I — construir uma sociedade livre, justa e solidária;
>
> II — garantir o desenvolvimento nacional;
>
> III — erradicar a pobreza e a marginalização e reduzir as desigualdades sociais e regionais;
>
> IV — promover o bem de todos, sem preconceitos de origem, raça, sexo, cor, idade e quaisquer outras formas de discriminação.

As potestades públicas são indisponíveis, ou seja, inalienáveis, intransmissíveis (em regra), e irrenunciáveis pelos seus titulares, podendo apenas ser modificadas mediante comandos abstratos e gerais. Tal característica se impõe em razão do caráter funcional que é inerente a essa classe de potestades.

O exercício da potestade pública determina a sujeição das esferas jurídicas das pessoas ao que determina, mas a validade desse desempenho depende da conciliação com interesse público que justifica a outorga do poder e, bem como, do respeito aos direitos constitucionais dos cidadãos. Em outras palavras, não representam as potestades públicas apenas potestades, mas, sim, potestades funcionais, "deveres-poderes", cujo exercício só é validamente sustentável se orientado à satisfação do interesse público e dentro da juridicidade.

Determina, portanto, o Direito Positivo limites positivos e negativos para o modo e o fim do exercício das potestades públicas. A técnica de atribuição de potestades ilimitadas é juridicamente inaceitável.[25]

A potestade pública indispensável para a concretização do interesse público que a justifica denomina-se *competência.*[26] Se o exercício da potestade quebra a correlação que deve guardar com o interesse público que lhe é correlato, há o fenômeno da competência inválida.

As pessoas estatais[27] recebem competências, redistribuídas internamente em órgãos. Aos titulares desses órgãos — os agentes públicos — caberá a tarefa de emitir a vontade declarada escrita que será imputada à pessoa estatal. Acompanhando a lição de Celso Antônio Bandeira de Mello:[28]

"(...) para que tais atribuições se concretizem e ingressem no mundo natural é

24. Cf. Celso Antônio Bandeira de Mello, ob. cit., pp. 30-33.

25. V. CF, art. 1º.

26. Cf. Celso Antônio Bandeira de Mello, ob. cit., p. 110.

27. As pessoas estatais podem ser pessoas políticas ou pessoas administrativas. As pessoas políticas são pessoas jurídicas que possuem competência legislativa, resultante da estrutura federal de Estado posta pela nossa Constituição Federal; já as pessoas administrativas, pessoas jurídicas, criadas pelas pessoas políticas num processo de descentralização, afim de melhor dinamizar a concretização de específicos interesses públicos.

28. Ob. cit., p. 106 (destaque no original).

necessário o concurso de seres físicos, prepostos à condição de *agentes*. O querer e o agir destes sujeitos é que são, pelo Direito, *diretamente* imputados ao Estado (manifestando-se por seus órgãos), de tal sorte que, enquanto atuam nesta qualidade de agentes, seu querer e seu agir são recebidos como o querer e o agir dos órgãos componentes do Estado; logo, do próprio Estado. Em suma, a vontade e a ação do Estado (manifestada por seus órgãos, repita-se) são construídas *na* e *pela* vontade e ação dos agentes; ou seja: o Estado e órgãos que o compõem se exprimem através dos agentes, na medida em que ditas pessoas físicas atuam nesta posição de veículos de expressão do Estado".

Dentre as potestades públicas, temos aquela de criar os comandos jurídicos necessários para a satisfação dos interesses públicos.

4. A repartição das funções do Estado

Há forte tendência em se limitar "norma jurídica" para indicar os comandos abstratos e gerais. Teríamos, portanto, uma "função normativa" no caso de expedição desses comandos; e, apenas, uma "ação normativa legislativa" quando os mesmos implicassem em inovação originária no ordenamento jurídico.[29]

Como bem adverte Francis-Paul Bénoit,[30] qualquer classificação da ciência jurídica para as funções do Estado deve levar necessariamente em consideração o Direito Positivo, sob pena de se macular a sua investigação científica com propostas da ciência política que, nem sempre, refletem a realidade normativa. Entretanto, deve ser ressaltado que todo o Direito Positivo de orientação ocidental, posterior à Revolução Francesa, nunca deixou de incorporar a necessidade de diferenciação entre as exigências político-sociais feitas em relação ao Estado e a atuação jurídica do mesmo.[31]

A idéia da distribuição do exercício dos poderes jurídicos do Estado em órgãos diferenciados tem entre seus precursores Montesquieu. Partindo da premissa de quem tem o poder tende a dele abusar, tentou o pensador francês edificar uma teoria que preservasse a liberdade do cidadão através da repartição das funções do Estado entre diferentes órgãos constituídos por pessoas físicas distintas.[32] E lembrando a assertiva de Agustín Gordillo:[33]

"Cómo se realizará la distribución de funciones, es algo que ha sido solucionado de diferente manera en la Constitución de cada país; pero en general la mayoría ha introducido el principio de la separación de los poderes tratando de seguir en lo más importante la triple premisa a que dio lugar la teoría de Montesquieu: *que el que hace las leyes no sea el encargado de aplicarlas ni de ejecutarlas; que el que las ejecute no pueda hacerlas ni juzgar de su aplicación; que el que juzgue no las haga ni las ejecute*".

É certo que a teoria de Montesquieu influenciou decisivamente as ordens jurídicas dos povos ocidentais. Contudo, o Direito Positivo cria suas próprias realidades, estando permeável às injunções da política na medida em que não comprometa sua funcionalidade — enquanto ordem social — e seu programa ideológico de ação.

Como bem leciona Oswaldo Aranha Bandeira de Mello,[34] a Constituição delimi-

29. Cf. Renato Alessi, ob. cit., p. 4; e Oswaldo Aranha Bandeira de Mello, ob. cit., pp. 4-7.

30. *Le Droit Administratif Français*, pp. 34-42.

31. Cf. Otto Mayer, *Le Droit Administratif Allemand*, pp. 3-4; e Vladimir da Rocha França, *Invalidação...*, pp. 16-18.

32. Cf. Agustín Gordillo, *Tratado de Derecho Administrativo*, t. 1, pp. IX/1-IX/2 (destaque no original).

33. Ibid., pp. IX-2.

34. Ob. cit., p. 3. Cf. Vladimir da Rocha França, "Questões sobre a hierarquia entre as normas constitucionais na Constituição de 1988", *Revista da Escola Superior da Magistratura do Estado de Pernambuco* 4/475.

ta, de modo positivo, os padrões ideológicos que devem reger a ação do Estado. No caso do Direito Positivo brasileiro, esses preceitos está prescrito nos enunciados do art. 1º da Lei Maior, que denominamos *fundamentos constitucionais*.

5. *A função legislativa*

Leciona Renato Alessi[35] que o comando legislativo não inova somente o mundo jurídico. Há também inovação quando comandos são emitidos pelas pessoas políticas no exercício de suas outras funções, bem como pelo particular sob o preceito da autonomia da vontade. O que diferencia o comando legislativo dos demais comandos não seria, segundo o jurista italiano, o caráter abstrato e geral, mas, sim, a característica de constituir uma inovação "primária", uma expressão direta e imediata do "poder soberano do Estado". Constitui exemplo manifesto dessa tendência terminológica restritiva, a expressão "ato normativo" em nosso Direito Positivo.[36]

Inovar originariamente, enfim, significa determinar a modificação do ordenamento jurídico, ou seja, a alteração da disciplina jurídica das potestades e das classes de direitos subjetivos e deveres jurídicos, respeitados os direitos subjetivos já existentes.

Não é apropriado, ao nosso ver, restringir "norma" aos comandos abstratos e gerais, do ponto de vista da teoria geral do direito. Já advertia Hans Kelsen[37] que as posições de "criação de direito" e de "aplicação do direito" são relativas. As decisões judiciais, contratuais e administrativas não deixam de ser, claramente, normas, numa acepção lata e bem mais adequada, ao nosso ver, para indicar o fenômeno da norma jurídica.

A utilidade dos conceitos — unidades constituídas de termos e definições — da ciência jurídica está na aptidão que os mesmos têm para apreender, de modo coerente e claro, os regimes jurídicos, conjuntos de comandos jurídicos. Caso o Direito Positivo formule conceitos, deve os conceitos científicos prestar-lhes a pertinência necessária ao determinar regimes jurídicos.

Por injunção do preceito jurídico da igualdade de todos perante a lei,[38] os comandos legislativos devem ter preferencialmente a natureza de norma abstrata e geral. Para que o Poder Legislativo — o conjunto de órgãos que tipicamente desempenha a função legislativa — possa expedir comandos legislativos desprovidos da característica de norma, é mister a previsão de tal exceção na Constituição Federal.

No Direito Positivo pátrio, a expedição de comandos legislativos deve ser tipicamente desempenhada pelo Poder Legislativo. Lembrando o enunciado do art. 5º, II, da Constituição Federal:

> Art. 5º. (...).
>
> II — ninguém será obrigado a fazer ou deixar de fazer alguma coisa senão em virtude de lei.

"Lei", nos enunciados constitucionais, deve ser entendida como instrumento introdutor empregado pelo Poder Legislativo.[39] Uma exegese que excluísse este elemento orgânico seria incompatível com a garantia da liberdade que se pretende através do princípio da separação funcional do poder jurídico do Estado.[40] Outra norma constitucional,

35. Ob. cit., p. 4.

36. V. CF, art. 102, I, e § 2º.

37. Ob. cit., pp. 252-254.

38. V. CF, art. 5º, *caput*.

39. Os instrumentos introdutores de normas jurídicas são veículos estabelecidos pelo próprio ordenamento jurídico para a inserção de comandos nesse sistema proposicional. Formalizados, os veículos introdutores são normas concretas e gerais. Concretas por institucionalizarem a enunciação que deu origem material ao comando; e gerais, por determinarem o dever de todos de reconhecerem os comandos introduzidos como pertinentes ao sistema do Direito Positivo (cf. Paulo de Barros Carvalho, *Curso de Direito Tributário*, pp. 45 e ss.).

40. Cf. Agustín Gordillo, *Tratado...*, t. 1, pp. IX/13-IX/16.

construída a partir do enunciado do art. 1º, parágrafo único, da Lei Maior, reforça nosso entendimento:

Art. 1º. (...).

Parágrafo único. Todo o poder emana do povo, que o exerce por meio de seus representantes eleitos ou diretamente, nos termos desta Constituição.

Ainda que o Chefe do Poder Executivo[41] — representante eleito pelo povo — possa expedir comandos legislativos por meio dos instrumentos introdutores conhecidos por "medidas provisórias",[42] o regime jurídico destes instrumentos é incompatível com as matérias postas pelo Poder Constituinte sob à reserva de "lei". A garantia da liberdade individual — valor intrínseco ao Direito Positivo pátrio — padeceria de inutilidade prática se exegese diversa fosse aqui proposta. Como admitir que a liberdade e a propriedade, dois bens constitucionais fundamentais,[43] pudessem ser atingidos pela execução de uma pena ou de um tributo, ensejada pela aplicação de um comando legislativo veiculado por medida provisória?[44]

As normas jurídicas completas — as normas jurídicas de conduta e as normas jurídicas de estrutura — devem ser constituídas através da conjugação de comandos legislativos. Havendo o Direito Positivo colocado sob a reserva de "lei" a matéria social regulada, fica vedada a composição, parcial ou total, da norma jurídica completa, por comandos legislativos emanados pelo Poder Executivo.

Função legislativa, portanto, consiste na atividade estatal de expedição de comandos que induzem inovações originárias no ordenamento jurídico, os comandos legislativos, atribuída aos órgãos indicados pela Constituição para exercê-la, respeitadas as normas constitucionais.[45] Os comandos legislativos são, em regra, normas abstratas e gerais.

As normas legislativas têm crucial importância para definir metas ou conceder maior densidade às diretrizes constitucionais, ou melhor, às finalidades determinadas pelas normas constitucionais como interesses públicos.

6. A função administrativa e o princípio da legalidade

Através da função administrativa, o Estado aplica, usa, observa e executa os comandos legislativos aos casos específicos, visando a satisfação dos interesses públicos. Os fenômenos da aplicação, uso, observância e execução são, na verdade, elementos integrados da noção de concretização normativa.[46]

É possível, num corte metodológico, restringirmo-nos ao fenômeno da aplicação necessário para delimitar mais ainda nossa exposição. Afinal, é ele o que se encontra no mundo do dever-ser.

Os comandos administrativos constituem a aplicação das normas primárias, e, excepcionalmente, a aplicação de normas secundárias, quando estas ensejam a execução administrativa. Também as normas jurídicas de estrutura podem ensejar a sua aplicação mediante comandos administrativos.

Na função jurisdicional, seguindo o corte metódico que acima fizemos, consiste na atividade estatal de expedição de comandos subsidiários aos comandos legisla-

41. Tal como o Poder Legislativo, o Poder Executivo constitui um complexo de órgãos ao qual se atribui, dentre suas atribuições típicas, o exercício da função administrativa, a ser vista logo adiante.

42. V. CF, art. 62, *caput.*

43. V. CF, art. 5º.

44. V. CF, arts. 5º, XXXIX, e 150, I.

45. Cf. Renato Alessi, ob. cit., p. 4; e Miguel Seabra Fagundes, *Controle dos Atos Administrativos pelo Poder Judiciário*, pp. 16-20. A função legislativa, numa acepção mais ampla, também abrange os fenômenos da observância, da execução e do uso.

46. Cf. Vladimir da Rocha França, *Invalidação...*, pp. 21-23.

tivos, dotados de forte estabilidade (coisa julgada), por órgãos independentes e imparciais das pessoas políticas, diante de conflitos surgidos no desenvolvimento das relações jurídicas. O comando jurisdicional é a aplicação da norma secundária, que demanda a provocação do órgão jurisdicional para que possa haver a apreciação da lide.

No Direito Positivo pátrio, adotou-se a unidade do exercício da função jurisdicional, que determina a exclusividade de seu desempenho pelo Poder Judiciário — outro complexo de órgãos públicos. Como está enunciado no art. 5º, XXXV, do texto constitucional:

> Art. 5º. (...).
>
> XXXV — lei não excluirá da apreciação do Poder Judiciário lesão ou ameaça à direito.

Os comandos administrativos estão sujeitos ao controle jurisdicional, embora se aproximem dos comandos jurisdicionais pela característica de constituírem o resultado da aplicação de comandos legislativos. Identificado vício no comando administrativo, este pode ser invalidado não somente por outro comando administrativo, mas também por um comando jurisdicional. Em virtude da característica da coisa julgada, o comando jurisdicional, todavia, não pode ser invalidado por um comando administrativo nem afetado por um comando legislativo.[47]

Há comandos administrativos que constituem normas abstratas e gerais, tal como os comandos legislativos devem ser. Diferenciam-se em virtude do caráter originariamente inovador dos comandos legislativos, via exclusiva para a criação de potestades ou de classes de direitos subjetivos e deveres jurídicos. São os comandos legislativos, e não os comandos administrativos abstratos e gerais, o fundamento de validade dos comandos administrativos concretos e individuais. Esses comandos administrativos procedem uma delimitação mais precisa das potestades públicas, servindo como um instrumento para a melhor aplicação dos comandos legislativos.[48]

Através dos comandos legislativos, define-se o interesse público e delimita-se positiva e negativamente a ação para a sua perseguição; nos comandos administrativos, há o preparo e delimitação, no caso específico, da ação material que trará sua satisfação; e, pelos comandos jurisdicionais, assegura-se a integridade do ordenamento jurídico, especialmente quando atua o Estado na consecução do interesse público.[49]

Seguindo a assertiva de Ruy Cirne Lima:[50] "O sujeito do direito subjetivo, ao exercê-lo, terá um fim em mira; mas o fim influirá sôbre o bem ou fato, objeto do direito, mediatamente, através do sujeito. Diversamente, a atividade administrativa *qua talis* obedece a um fim, a que o agente é obrigado a adscrever-se, quaisquer que seja as suas inclinações pessoais: o agente da atividade administrativa não poderá, portanto, influir sôbre esta, senão mediatamente, pelo modo pessoal de persecução ou realização do interesse próprio da administração".

E na clássica lição de Caio Tácito,[51] temos: "Não basta, porém, que a autoridade seja competente, o objeto lícito e os motivos adequados. A regra de competência não é um cheque em branco concedido ao administrador. A administração serve, necessariamente, a interesses públicos caracterizados. Não é lícito à autoridade servir-se de suas atribuições para satisfazer interesses pessoais, sectários ou políticos-partidá-

47. V. CF, art. 5º, XXXVI.

48. V. CF, art. 84, IV.

49. Cf. Oswaldo Aranha Bandeira de Mello, ob. cit., pp. 24-28. Se tomarmos como critério classificador a relação das funções do Estado com o interesse público, a função administrativa tem mais proximidade com a função legislativa.

50. "O conceito fundamental do Direito Administrativo", *Revista de Direito Administrativo* 12/60.

51. "O abuso de poder administrativo no Brasil", *Temas de Direito Público (Estudos e Pareceres)*, v. 1º, p. 51 (destaque no original).

rios, ou mesmo a outro interesse público estranho à sua competência. A norma de direito atende a fins específicos que estão expressos ou implícitos em seu enunciado. A *finalidade* é, portanto, outra condição de legalidade nos atos administrativos".

Com o crescimento das parcerias entre as pessoas estatais e os administrados, uma parcela cada vez maior de atribuições jurídicas e materiais próprios àquelas tem sido, dentro dos limites da lei, transferida a estes.[52] A expedição de comandos administrativos não constitui mais uma zona exclusiva para entes estatais.

O Poder Judiciário e o Poder Legislativo possuem atribuições administrativas, conforme os comandos constitucionais, na medida do necessário para viabilizar o regular exercício de suas potestades típicas. As conseqüências jurídicas do exercício de potestades administrativas por essas unidades são imputadas à pessoa política da qual constituem repartições.[53]

7. Conceito de função administrativa

Diante dessas considerações, já nos é possível estabelecer um conceito estrito de função administrativa: é a atividade de expedição de comandos complementares aos comandos legislativos (a fim de lhes dar cumprimento) e sujeitos a controle jurisdicional,[54] desempenhada pelas pessoas estatais (ou por de quem esteja no exercício de prerrogativas estatais), numa posição privilegiada e superior diante dos particulares,[55] para a viabilizar a concretização dos interesses públicos constitucional ou legalmente fixados.

O Poder Executivo, unidade orgânica que têm como atribuição típica o exercício da função administrativa, bifurca-se em Governo e Administração Pública.

O Governo compreende os órgãos públicos que exercem a potestade de expedir comandos legislativos ou, de inserir comandos administrativos abstratos e gerais, concernentes à atividade de planejamento.[56] Já a Administração Pública, o conjunto de órgãos públicos que exercem a função administrativa.

São noções essenciais para a compreensão do regime jurídico-administrativo.

Natal, agosto de 2001.

Referências bibliográficas

ALESSI, Renato. *Sistema Istituzionale del Diritto Amministrativo Italiano*. t. I. Milão, Giuffrè, 1960.

BÉNOIT, Francis-Paul. *Le Droit Administratif Français*. Paris, Dalloz, 1968.

CARVALHO, Paulo de Barros. *Direito Tributário — Fundamentos Jurídicos da Incidência*. 2ª ed., São Paulo, Saraiva, 1999.

______. *Curso de Direito Tributário*. 13ª ed., São Paulo, Saraiva, 2000.

DALLARI, Adilson de Abreu. "Os poderes administrativos e as relações jurídico-administrativas", *Revista de Informação Legislativa* 141/75-87, Brasília, a. 36, jan.-mar. 1999.

DE SANTI, Eurico Marcos Diniz. *Lançamento Tributário*. São Paulo, Max Limonad, 1996.

52. Cf. Adilson de Abreu Dallari, ob. cit., p. 82. A transferência de potestades administrativas, relembre-se, é vedada em regra.

53. V. CF, art. 37, § 6º.

54. Não é absurda a hipótese, especialmente no Direito Positivo brasileiro, de que esses comandos possam ser diretamente complementares a normas constitucionais. V. CF, art. 40, § 1º, II.

55. Essa posição de privilégio e supremacia da Administração Pública decorre do princípio da supremacia do interesse público sobre o interesse privado, cânone fundamental do regime jurídico-administrativo (cf. Celso Antônio Bandeira de Mello, ob. cit., pp. 30-33).

56. V. CF, art. 174. A potestade de planejamento não corresponde a uma função autônoma, representando sim, um instrumento para a intervenção do Estado na economia para ordenar ou estimular a ação dos particulares consoante as diretrizes e programas sociais e econômicos constitucionalmente prescritos. Sobre a atividade de planejamento e a crítica à noção de "função de governo", v. Vladimir da Rocha França, *Invalidação...*, pp. 29-35.

ENTERRÍA, Eduardo García, e FERNÁNDEZ, Tomás-Ramón. *Curso de Derecho Administrativo*. t. I, 8ª ed., Madri, Civitas, 1998.

FAGUNDES, Miguel Seabra. *O Controle dos Atos Administrativos pelo Poder Judiciário*. São Paulo, Saraiva, 1984.

FRANÇA, Vladimir da Rocha. *Invalidação Judicial da Discricionariedade Administrativa no Regime Jurídico-Administrativo Brasileiro*. Rio de Janeiro, Forense, 2000.

______. "Questões sobre a hierarquia entre as normas constitucionais na Constituição de 1988", *Revista da Escola Superior da Magistratura do Estado de Pernambuco* 4/467-495, v. 2, Recife, abr.-jun. 1997.

GORDILLO, Agustín. *Tratado de Derecho Administrativo*. t. 1, 5ª ed., Buenos Aires, Fundación de Derecho Administrativo, 1998.

JÈZE, Gaston. *Los Principios Generales del Derecho Administrativo*. Trad. Carlos García Oviedo, Madri, Editorial Reus, 1928.

KELSEN, Hans. *Teoria Pura do Direito*. Trad. João Baptista Machado, São Paulo, Martins Fontes, 1991.

LIMA, Ruy Cirne. "O conceito fundamental do direito administrativo", *Revista de Direito Administrativo* 12/59-64, Rio de Janeiro, abr.-jun. 1948.

MAYER, Otto. *Le Droit Administratif Allemand*. Paris, Giard, 1904.

MELLO, Celso Antônio Bandeira de. *Curso de Direito Administrativo*. 12ª ed., São Paulo, Malheiros Editores, 2000.

MELLO, Oswaldo Aranha Bandeira de. *Princípios Gerais do Direito Administrativo*. 2ª ed., v. I, Rio de Janeiro, Forense, 1979.

NEVES, Marcelo. *A Constitucionalização Simbólica*. São Paulo, Acadêmica, 1994.

REALE, Miguel. *Lições Preliminares de Direito*. 17ª ed. São Paulo, Saraiva, 1990.

TÁCITO, Caio. "O abuso de poder administrativo no Brasil", in *Temas de Direito Público (Estudos e Pareceres)*. v. 1º/39-70, Rio de Janeiro, Renovar, 1997.

VILANOVA, Lourival. *Causalidade e Relação no Direito*. 2ª ed., São Paulo, Saraiva, 1989.

______. *As Estruturas Lógicas e o Sistema do Direito Positivo*. São Paulo, Max Limonad, 1997.

DOUTRINA

DIREITO ADQUIRIDO AO REGIME DE APOSENTADORIA

O princípio da segurança das relações jurídicas, o direito adquirido e a expectativa de direito

VALMIR PONTES FILHO

Professor de Direito Constitucional e de Hermenêutica Jurídica (UFCE e UNIFOR).
Mestre em Direito Constitucional pela PUC/São Paulo.
Membro do Instituto Brasileiro de Direito Administrativo – IBDA
e da Associação Brasileira dos Constitucionalistas Democratas.
Advogado

O princípio da *segurança das relações jurídicas* e a obrigatória submissão de todos, governantes e governados, à lei e à jurisdição, constituem o substrato do chamado Estado Democrático de Direito. De regime democrático de governo, afinal, só se pode falar quando a ordem normativa tem origem popular, quando a vontade da lei prevalece sobre a dos administradores e, principalmente, quando o próprio organismo estatal se sujeita, tanto quanto os cidadãos comuns, às decisões judiciais. Numa democracia, dos órgãos governativos o que se espera é uma conduta exemplar, mesurosa à lei, à moralidade, à isonomia e, notadamente, aos interesses da coletividade, estes bem mais valiosos do que os do Erário.

Não é demasiado lembrar, além disso, que não pode haver progresso, notadamente social e econômico, sem permanência e estabilidade nas relações jurídicas, é dizer, que nenhum país do mundo avançou, social e tecnologicamente, sem que a liberdade e a democracia estivessem garantidas por uma ordem jurídica estável, infensa aos caprichos dos eventuais detentores do poder (que, na verdade, não passam de meros exercentes de competências juridicamente definidas).

Cabe, neste embalo, refletir sobre o verdadeiro conteúdo e alcance do instituto do *direito adquirido*, em confronto com o que se convencionou chamar de *expectativa de direito*, já que o respeito àquele se mostra essencial à mantença da segurança jurídica. Parece imprescindível revisitar o tema, dantes enxergado sob prisma exclusivamente civilístico, para dele extrair conclusões novas, compatíveis com a sistemática do Direito Público.

Romper ou mesmo modificar, unilateralmente, seja por amor a dogmas ou concepções doutrinárias estratificadas, seja em nome de suposto "interesse público", a natureza de relações que se estabelecem, em dado tempo, por força de lei (no sentido lato da expressão), é ou não possível, desde que esse rompimento ou modificação se opere por lei nova? A resposta a essa indagação não pode ser dada, segundo nosso pensar, senão depois de considerados aspectos relevantes, que defluem do já invocado princípio da segurança das relações jurídicas,[1] sem o qual sequer se pode pensar em convivência social harmônica e civilizada.

Talvez seja hora de admitir que determinadas relações jurídicas, uma vez estabelecidas (legal ou contratualmente), não podem ser objeto de ataques, de modo a atingir (alterando-as) as condições para a plena fruição futura, por uma das partes, do direito (já adquirido). Assim – a não ser que haja concordância por parte de ambos os pólos da relação – não nos parece admissível a modificação, para torná-las de atingimento mais difícil ou oneroso, dos pressupostos originariamente fixados para o exercício do direito. Este, enfim, já está outorgado, estando apenas o seu *exercício pleno* dependente de requisitos a serem cumpridos e que não podem, repita-se, ser outros senão os ditados quando do estabelecimento da dita relação jurídica.

Em dadas situações, portanto, aquilo que se imaginava ser mera *expectativa*, já é, com efeito, um *direito adquirido*, cuja mera fruição, repita-se, depende da satisfação das condições preestabelecidas.

Um novo regime de aposentadoria para os servidores públicos

Com o escopo de promover significativa alteração no sistema de previdência social até então em vigor, restou editada a Emenda Constitucional 20, de 1998, por via da qual vários dos dispositivos na Lei Magna de 1988 sofreram modificações e/ou acréscimos substanciais. Por via dessa Emenda se estabeleceu "regime de previdência de caráter contributivo, observados critérios que preservassem o seu equilíbrio financeiro e atuarial" (art. 40 da Constituição, já com a nova roupagem), e, de seguida, desencadeou-se processo de aprovação de diplomas legais visando à criação de "sistemas únicos de previdência" (organizado "com base em normas gerais de contabilidade e atuária, de modo a garantir seu equilíbrio financeiro e atuarial"), ao qual se deveriam vincular, obrigatoriamente, todos os servidores titulares de cargos efetivos, inclusive os das autarquias e fundações e os membros da Magistratura. (art. 6º, § 2º, da EC 20). Os servidores públicos se viram, demais disso, submetidos a novo regime de contagem de tempo (agora de *serviço e de contribuição à previdência* e não de mais apenas de *serviço público*, como dantes) para a aposentadoria, vedando-se-lhes ainda, a contagem de "tempo ficto" (de período de férias não gozadas em dobro, *v.g.*).

Eis que se encaminha ao Congresso nova proposta de Emenda sobre a matéria – a da "Reforma Previdenciária" – como se uma anterior já não houvesse sido implantada a toque de cornetas neoliberais. Mas é que desta feita se quer bem mais profundamente ainda alterar o regramento constitucional, não só outra vez aumentando as exigências para aposentação (mediante a elevação do limite de idade, por exemplo), mas se estabelecendo um "teto" (e "subtetos") para os proventos de aposentadoria, a serem calculados proporcionalmente às contribuições efetivamente feitas pelo servidor ao sistema previdenciário, ao longo de sua vida funcional. Não bastasse, quer-se exigir dos já inativados que voltem a contribuir para a previdência, como remédio para cobrir um suposto *deficit* de suas contas, certamente pouco abaladas pelos desfalques e pela sonegação e, talvez, na pressuposição de que venham os aposentados a receber alguma retribuição espiritual *post mortem.*

Não só esta última proposta, desnecessário dizer, carrega consigo uma inconstitucionalidade "esférica", ou seja, aquela vislumbrável sob qualquer ângulo de observação. Deseja-se, quanto ao mais, tenha a emenda a ser aprovada efeitos retroativos, desconstituinte de direitos adquiridos e atos jurídicos perfeitos (e até de coisas julgadas,

1. De que são manifestações pontuais os institutos do direito adquirido, da coisa julgada e do ato jurídico perfeito.

se, porventura, num caso ou outro, os proventos de aposentação hajam sido fixados por sentença judicial transitada em julgado), como se as emendas constitucionais existissem desde sempre, e não doravante, como se elas estivessem no início, não a meio caminho do ordenamento jurídico.

Absurdo e desarrazoado o objetivo pretendido. Mas sequer disso – quer dizer, da prevalência do direito adquirido, do ato jurídico perfeito e da coisa julgada diante das emendas à Constituição[2] – se está a tratar, de forma aprofundada, neste artigo.

O que se deseja, realmente, é dirimir dúvidas quanto ao verdadeiro regime de aposentação dos servidores públicos em atividade, tenham ou não eles satisfeito os antigos requisitos constitucionais para a aposentadoria: teriam tais servidores, diante da próxima normatização constitucional e legal da matéria, o direito assegurado à percepção de proventos integrais e a pensões? Poderiam eles aposentar-se segundo as regras vigentes anteriormente?

A resposta a tais indagações exige, sim, hábil consideração do papel das emendas constitucionais na ordem jurídico-constitucional. Aceitando a tese de que as emendas constitucionais não têm o condão de desconstituir esses direitos, Celso Antônio Bandeira de Mello, comentando a EC 20, chega a afirmar "(...) que, a pretexto de efetuar Emendas Constitucionais, o legislador ordinário – que não recebeu mandato constituinte e cuja posição é juridicamente subalterna – poderia, inclusive, em comportamento 'de fato', não jurídico, derrocar a Constituição, por si mesmo ou tangido por algum caudilho, travestido ou não de democrata (...). Diante de evento de tal natureza, as medidas que fossem impostas perderiam o caráter de Emendas. Converter-se-iam, elas próprias, em novo exercício do Poder Constituinte, tal como ocorreria após revoluções ou golpes de Estado (...). É claro, entretanto, que nas situações desse jaez estaria rompida a ordem constitucional vigente e inaugurada outra".[3]

É induvidoso que a ofensa aos institutos do ato jurídico perfeito, direito adquirido e da coisa julgada importa a derruição dos princípios da irretroatividade das leis e da segurança jurídica e, com eles, do próprio Estado Democrático de Direito. À lei, portanto, definitivamente não é dado retroagir para prejudicar os atos jurídicos perfeitos, os direitos adquiridos e as coisas julgadas (Constituição, art. 5º, XXXVI). De retroação só se pode cogitar em relação à lei penal, quando esta for mais benéfica ao réu (CF, art. 5º, XL).

Não discordando, Alexandre de Moraes, cuja lucidez no trato do tema é digna de louvor, cita Celso Bastos para lembrar que "(...) a utilização da lei em caráter retroativo, em muitos casos, repugna porque fere situações que já se tinham por consolidadas no tempo, e esta é uma das fontes principais da segurança do homem na terra".[4]

2. Sobre o assunto, veja-se artigo escrito por este autor, em parceria com o eminente Professor Carlos Ayres Britto.

3. *Curso de Direito Administrativo*, 11ª ed., São Paulo, Malheiros Editores, 1999, p. 212.

4. *Direito Constitucional*, 7ª ed., Atlas, p. 99. Do mesmo autor a lembrança de que "(...) a Lei Magna prevê, expressamente seguindo a tradição constitucional, a imutabilidade das cláusulas pétreas (art. 60, § 4º, IV), ou seja, *a impossibilidade de emenda constitucional prejudicar os direitos e garantias individuais, entre eles, o direito adquirido* (art. 5º, XXXVI). Todos os aposentados e pensionistas, portanto, possuem direito adquirido, não só em relação à existência da aposentadoria, como situação jurídica já concretizada, mas também em relação aos valores e regras de atualização dos proventos recebidos, regidos pela Constituição e legislação atuais, *inatacáveis por meio de proposta de emenda constitucional* (...) aqueles que já preencheram todos os requisitos exigidos para a aposentadoria, na vigência da Constituição e da legislação atuais, porém continuam a exercer suas funções, têm a garantia do direito adquirido, não só, repetimos, em relação à aposentadoria, como também que seus proventos da inatividade regular-se-ão pela legislação vigente ao tempo em que reuniram os requisitos necessários (Súmula 259 do STF)" (ob. cit., pp. 100-101).

Sem desvio de rumo está o pensamento de Ivo Dantas.[5]

Cabe, então, aplicar aqui o que antes se disse sobre o verdadeiro conteúdo e alcance do instituto do *direito adquirido*, em confronto com o que se convencionou chamar de *expectativa de direito*.

Nesta última hipótese, a da simples *expectativa*, afirma a doutrina tradicional que "(...) não se compôs o ciclo constitutivo do núcleo essencial da incidência da regra jurídica, ou, noutros termos, a fatispécie abstrata, que tem aspecto declaratório, não coincide com a fatispécie concreta (...)" não passando de "(...) uma realidade pré-jurídica, vinculada a uma situação de fato ou de direito que ainda não atingiu sua maturidade". Já quando se alude a direito adquirido, vê-se que "(...) já se perfez a integração do mundo fático ao jurídico".[6] O entendimento clássico, com efeito, é o de que este último vem a ser "(...) a conseqüência de uma lei, por via direta ou por intermédio de um fato idôneo", enquanto a *expectativa de direito* é "(...) a faculdade jurídica abstrata ou em vias de concretizar-se, cuja perfeição está na dependência de um requisito legal ou de um fato aquisitivo específico", residindo a diferença entre uma e outro "(...) na existência, em relação a este (direito adquirido), do fato aquisitivo específico, já configurado por completo".[7]

Não se discute, assim, que o servidor público – para aproveitar o exemplo de Alexandre de Moraes – tem direito adquirido à aposentação e à fixação dos seus proventos segundo as regras constitucionais e legais vigentes no momento satisfez ele, de modo pleno, os requisitos fixados (pela Constituição e pela lei) para essa aposentadoria, direito esse infenso quer à lei, quer à emenda constitucional supervenientes. Induvidoso, também, que a ele é dado ter como definitivamente incorporadas ao seu patrimônio as vantagens a cuja percepção proporcional haja adquirido o direito, de acordo com o seu tempo de serviço.

A questão é outra, mais delicada: pode a nova lei (ou a nova emenda à Constituição) alterar, para torná-las de atingimento mais difícil, os requisitos dantes fixados para a concessão da aposentadoria? Ou, em outras palavras: se, por exemplo, em momento anterior, um servidor do sexo masculino podia aposentar-se, com proventos integrais, aos trinta e cinco anos de serviço público, essa condição fática pode vir a ser alterada *a posteriori*, de modo a alcançar quem ainda não satisfez esse requisito dantes estabelecido?

A resposta comumente dada é positiva, pois esse servidor, uma vez não tendo ainda satisfeito esse requisito temporal para a aposentação, apenas seria portador de uma *expectativa de direito*, de um "direito a se formar" (um "vir-a-ser" jurídico). Inocorrido o fato específico previsto na norma (os trinta e cinco anos de serviço), inexistiria, conseqüentemente, o *direito adquirido* à aposentação. Imagine-se, todavia, a seguinte situação (adotado o pressuposto de que, inexistindo a aquisição do direito, as regras disciplinadoras da aposentadoria possam ser modificadas por emenda constitucional): contando 34 anos de serviço, um dado funcionário se vê surpreendido por emenda que prorroga o tempo bastante à inatividade para 40 anos (outrora 35, como visto); se uma primeira prorrogação é possível, a conseqüência lógica é a de que outras sucessivas também são juridicamente viáveis (e é exatamente o que desta feita se pretende). Eis que, completados 39 anos de serviço, uma segunda emenda cuidaria de fixar o mínimo de 45 anos de labor para a inativação. Uma terceira, por sua vez, trataria de estipular um mínimo de 50 anos de serviço até que, de emenda em emenda, uma última alteração

5. *Direito Adquirido, Emendas Constitucionais e Controle da Constitucionalidade*, Rio de Janeiro, Lumen Juris, 1997, pp. 55-62.

6. Érito Manchado, *A Retroatividade da Norma Constitucional*, 2ª ed., Ed. Salvador, p. 37.

7. Limongi França, *A Irretroatividade das Leis e o Direito*, 4ª ed., São Paulo, Ed. RT, 1982, pp. 240-241.

normativa asseguraria ao servidor o direito de aposentar-se quando de sua próxima reencarnação.

Dir-se-á, possivelmente, que o argumento é absurdo, desarrazoado, *ad terrorem*, senão tragicômico. Mas ele serve, ao menos, para que se cogite da possibilidade – exatamente para evitar situações bizarras como esta – de existência de *direito adquirido a um dado regime de aposentação, fixado pelas normas (constitucionais e/ou legais) vigentes no exato instante em que o servidor ingressa no serviço público*. Esse entendimento – embora (ainda) não aceito pela doutrina – privilegia, a desdúvidas, a *segurança jurídica*, na medida em que dá a cada servidor a certeza de que pode projetar sua vida futura, afastando-se do cargo ou emprego público na época precisa que a lei (*lato sensu*) estipulou como suficiente para tanto. Esta certeza (e não mera "expectativa") lhe dará, além de conforto psicológico, o senso perfeito de que, uma vez cumprido aquele lapso temporal (de serviço público, de contribuição à previdência ou outro qualquer), a sua inativação não poderá ser obstaculizada pela obra do legislador infraconstitucional (é dizer, por lei ou emenda). Não se trataria, pois, de mera "aspiração" ou "desejo", mas de *direito adquirido* sim, a uma dada previsão normativo-jurídica que se incorporou ao seu patrimônio pessoal. Afinal, se o servidor fez, em dado momento, uma opção de vida profissional, é imperioso conferir-lhe, em homenagem à sua própria dignidade, a prerrogativa de traçar planos para o futuro, especialmente após a inativação almejada.

O que não pode o Poder Público é alterar, a seu talante e alvedrio – por "lei de ordem pública" ou em nome de um alegado "interesse público" (*secundário*, ou seja, da própria Administração, e às vezes meramente contingencial) – as condições previstas no sistema jurídico para a aposentação do servidor, de forma a alcançá-lo a meio caminho da inativação. Se pudesse, ferido de morte restaria um interesse público *primário*, qual o de ver-se preservada a *segurança das relações jurídicas*, inclusive e principalmente as que se estabelecem (por lei ou diretamente pela Constituição) entre a Administração e os administrados (entre estes, os servidores públicos). Incabível supor que a "ordem pública" agasalhasse tal hipótese. As modificações e alterações haveriam de surtir efeitos, assim, tão-só em relação aos que viessem a ter ingresso no serviço público após a edição das novas regras, jamais retroativamente. Em socorro dessa idéia nos valemos da sempre precisa palavra de Celso Antônio: "Esta *segurança jurídica* coincide com uma das mais profundas aspirações do Homem: a da segurança em si mesma, a da certeza possível em relação ao que o cerca, sendo esta uma busca permanente do ser humano. É a insopitável necessidade de poder assentar-se sobre algo reconhecido como estável, ou relativamente estável, o que permite vislumbrar com alguma previsibilidade o futuro; *é ela, pois, que enseja projetar e iniciar, conseqüentemente – e não aleatoriamente, ao mero sabor do acaso – comportamentos cujos frutos são esperáveis a médio e longo prazos*. Dita previsibilidade é, portanto, o que condiciona a ação humana. Esta é a normalidade das coisas".[8] Não se está aqui defendendo – é bom esclarecer – a tese de que haja, de modo irrestrito, direito adquirido do servidor público a um dado regime jurídico. Nada obsta, por exemplo, que a carreira a que pertença seja reestruturada, que seu horário de trabalho se modifique para atender ao interesse público ou mesmo que gratificações que perceba sejam modificadas ou extintas (desde que respeitada a irredutibilidade remuneratória que a Constituição lhe assegura). Referimo-nos, especificamente, ao regime jurídico previsto para a sua aposentadoria, essencial para que ele possa programar, com um mínimo de certeza e segurança, sua própria existência futura.

Esta é uma posição que reconhecemos ousada, mas não desprovida de fundamen-

8. *Curso*..., 12ª ed., p. 94.

to. Tanto é que um anteprojeto de Código Civil, elaborado ainda em 1897 por Coelho Rodrigues, entendia serem *direitos adquiridos* "(...) não só os direitos que o titular ou alguém por ele já pode exercer, como *aqueles cujo exercício depende de prazo prefixado ou condição preestabelecida e não alterável ao arbítrio de outrem*". Mais de um século depois é de reconhecer-se o acerto da propositura, bastando, hoje, que se entenda por "outrem" também o Estado.

À luz dessas reflexões, somos forçados a concluir que novas regras atinentes à aposentação, embora veiculadas por emenda constitucional, só são aplicáveis aos que venham a ingressar no serviço público a partir de sua vigência. Assim, cabe concluir, resumidamente (não sem explicitar que esses argumentos também valem em relação à já mencionada EC 20, de 1998):

• em relação ao servidor que, à data da promulgação da pretendida nova emenda, já haja cumprido os requisitos para a aposentadoria fixados pelas normas constitucionais e legais até então vigentes, é certo que, *tendo adquirido o direito à aposentação – não importando se esta já restou formalizada* – a ele não se aplicam as novas exigências a serem estabelecidas, quer as atinentes à idade, ao tempo de serviço e/ou contribuição, quer as relativas à obrigatoriedade de voltar a contribuir para o sistema previdenciário; intocado, demais disso, permanece o seu direito à percepção de proventos integrais, correspondentes sempre à remuneração do cargo em que se aposentou (ou se aposentará); igualmente íntegro remanesce o direito à pensão fixada nos termos da legislação em vigor à época do eventual falecimento do contribuinte;

• quanto ao servidor que ainda não haja cumprido os requisitos bastantes à inativação quando da vinda a lume da futura normatização, é equivocadamente aceito[9] que sobre ele incidirão as novas exigências feitas no Texto Supremo pela emenda proposta; entendemos, todavia, que esse eventual novo regramento só se aplicaria àqueles que viessem a ingressar no serviço público depois de sua edição, descabendo falar-se em "regras de transição" para quem (segundo nossa tese) já adquiriu o direito ao regime de aposentadoria sob o qual logrou aquele ingresso;

• no que respeita ao dever de contribuir para a Previdência, impende reiterar o que já se afirmou: o servidor aposentado, ou o que já adquiriu o direito à aposentadoria, não está, definitivamente, obrigado a voltar ou continuar a contribuir para a previdência social, isto se afirmando em nome da intocabilidade do direito adquirido e do ato jurídico perfeito; não bastasse, vale lembrar que já dispunha o art. 3º, § 1º, da referida EC/20:

> Art. 3º. É assegurada a concessão de aposentadoria e pensão, a qualquer tempo, aos servidores públicos e aos segurados do regime geral de previdência social, bem como aos seus dependentes que, até a data da publicação desta Emenda, tenham cumprido os requisitos para a obtenção destes benefícios com base nos critérios da legislação então vigente.
>
> § 1º. O servidor de que trata este artigo, que tenha completado as exigências para aposentadoria integral e que opte por permanecer em atividade fará jus à isenção da contribuição previdenciária até completar as exigências para a aposentadoria contidas no art. 40, § 1º, III, *a*, da Constituição Federal.

• das prescrições transcritas exsurgem, límpidas, as seguintes conclusões:

1) a Emenda 20 quis expressamente resguardar o direito adquirido à aposentadoria, até sua promulgação, *com base nos critérios da legislação então vigente* (cabeça do art. 3º); 2) concedeu ela (no § 1º) uma isenção da contribuição previdenciária àquele servidor que, mesmo tendo adquirido direito à aposentadoria, optasse por continuar no serviço ativo.

9. Aceito, é certo, pela doutrina tradicional, que entende haver, no caso, apenas uma "expectativa de direito" do servidor à aposentadoria; este não é, entretanto, o nosso particular entendimento sobre o assunto, como já exposto.

REDISCUTINDO A ESTABILIZAÇÃO, PELO DECURSO TEMPORAL, DOS ATOS ADMINISTRATIVOS "SUPOSTAMENTE" VICIADOS*

FÁBIO BARBALHO LEITE**

Mestre em Direito do Estado (PUC/SP). Professor de Direito do Estado na Especialização de Direito do Estado da Faculdade de Direito de Itu (FADITU/SP). Advogado

1. Considerações introdutórias. 2. Os nós. 3. Panorama das posições doutrinárias e jurisprudenciais acerca do tema. 4. Desconstruindo para construir. 5. Para uma tentativa de sistematização das soluções ofertáveis ao problema em foco: A) A estabilização dos atos administrativos viciados se dá com a operação da prescrição: primeiro fundamento; B) A estabilização dos atos administrativos viciados se dá com a operação da prescrição: segundo fundamento; C) Competência legislativa da União Federal e correlações com as competências legislativas do demais entes federativos; D) Os prazos. 6. Enfim...

1. Considerações introdutórias

Simplória e vã é a idéia de que a produção de atos administrativos, como dos atos jurídicos em geral, somente poder-se-ia efetivar mediante a observância do regramento procedimental e material (conteúdo) presente em normas jurídicas superiores. Essa noção mais difundida de validade, esposa da concepção de um mundo perfeito para a produção jurídica, quando confrontada com a *realidade* da operação do sistema jurídico não torna compreensível o fato encontradiço da criação de atos administrativos, assim como atos jurídicos em geral, que, nada obstante qualificáveis como tais, apresentam objetivos descompassos ora em face de sua regência

* Neste trabalho, retomo pontualmente tema desenvolvido com mais fôlego em minha Dissertação de Mestrado "Os regimes jurídicos de invalidação dos atos administrativos viciados" (PUC/SP, 2001, no prelo). Foi ele, este trabalho, originalmente apresentado como exposição no *I Fórum de Direito Público da Escola Superior de Magistratura do Rio Grande do Norte* e, recentemente, em sua versão original, publicado pela referida Escola em coletânea intitulada *Estudos em Direito Público* (Natal, 2002). Esta versão do trabalho parte daquela, mas é enriquecida com argumentação e referência bibliográfica mais detidas, *e alterada em alguns pontos relevantes*, notadamente no que atina com o prazo prescritivo de estabilização dos atos administrativos viciados mediante suposta má-fé, hipótese também mais problematizada nesta versão e, enfim, a reflexão é normativamente atualizada em face do atual Código Civil.

** *E-mail*: <fabiobl@manesco.com.br>.

procedimental, ora em face de sua regência de fundo (matéria), quando não ambas.

Em suma, essa teoria, dita simplória, assim o é, pois, enclausurada em uma concepção exageradamente idealista do ordenamento jurídico, alheia-se das contingências que a operação do sistema jurídico produz, dentre elas: *a produção de direito sem observância do direito.* Isso que, para essa noção da produção jurídica dita vã, soa como um paradoxo no mínimo angustiante, é, todavia, fato sequer incomum — e os vários procedimentos administrativos e judiciais de *invalidação* de atos administrativos viciados estão aí para testemunhar a freqüência do fenômeno. *Se os atos administrativos somente fossem produzidos mediante estrita observância das normas jurídicas que lhes são superiores, se seus efeitos jurídicos somente se deflagrassem naquelas hipóteses de impecável observância das disposições normativas que lhes regem a expedição dos atos administrativos, fácil e irretorquivelmente concluir-se-ia que o remédio constitucional do Mandado de Segurança seria uma grande inutilidade jurídica, dada a (suposta) impossibilidade teórica e prática da configuração dos pressupostos fáticos de sua procedência.*

Mas todos sabemos que nem de longe as coisas no mundo *real* do direito são assim, e vã é a teoria que não nos habilita a compreender a *realidade* de seu objeto e sobre ela intervir produtivamente.

Diante disso, se a doutrina jurídica pretende ser um conhecimento prático — portanto, que possa ofertar uma compreensão, não somente abstrata e ideal, mas também uma racionalidade prática do fenômeno jurídico mirando *soluções de problemas concretos* —, deve procurar não só descrever o sistema jurídico em uma estática ideal, mas também desenvolver instrumentos teóricos e técnicos que habilitem os aplicadores do direito à solução dos tormentosos problemas envolvidos no tratamento jurídico dos atos administrativos viciados.

A pesquisa em torno dos efeitos estabilizantes do decurso temporal, tema informado por normas *jurídicas* de indiscutível conteúdo *ético*, sobre os atos administrativos *supostamente*[1] viciados é um dos caminhos de necessário percurso. O tempo, porque ao seu escoamento normas jurídicas atribuem efeitos invulnerabilizantes do questionamento da *validade* dos atos administrativos, importa em estabilização dos vícios alegadamente configuráveis quer no processo de produção, quer nos próprios atos administrativos. Cabe o sublinhado: por *estabilização* é aqui considerado o fenômeno de invulnerabilidade dos atos jurídicos à *constituição da invalidade* (invalidação), não à *revogação*.[2]

Tentemos ver como isto se dá.

2. *Os nós*

Figuremos algumas hipóteses...

1. Com a expressão *supostamente*, chamo a atenção para o fato de que a *invalidade* dos atos administrativos (= desconstituição de sua validade) somente surge após a produção do ato jurídico invalidante, o que pressupõe, *de direito*, um específico processo administrativo ou judicial. Para aprofundar, ver o meu "Os regimes jurídicos de invalidação dos atos administrativos viciados", Dissertação de Mestrado, PUC/SP, 2001, especialmente os tópicos II.4.3, III.4 e V.4.2. V., tb., "O procedimento de invalidação dos atos administrativos", Mônica Martins Toscano, Dissertação de Mestrado, PUC/SP, 2000.

2. Não é que se afirme aí a impossibilidade de estabilização de atos administrativos perante a competência revogadora, cumpre apenas a ressalva o sentido de avisar que o trabalho em curso ocupa-se *exclusivamente* da estabilização dos atos administrativos em face das competências invalidantes (administrativa e jurisdicional). A *revogação* (considerada no sentido estrito de revisão do ato administrativo em vista de razões de oportunidade e conveniência, jamais sobre o aspecto da *validade*), pois, que tem outros pressupostos, não é aqui problematizada.

Um contrato administrativo foi produzido mediante procedimento licitatório do qual um participante foi alijado, quando do juízo de habilitação, mediante decisão administrativa *desmotivada* (afronta ao dever de motivação dos atos administrativos, genérica e implicitamente previsto no Texto Constitucional a partir da confluência, entre tantos outros, dos arts. 1º — princípio republicano; 5º, XXXV — inafastabilidade do controle jurisdicional, LIV — direito à ampla defesa e contraditório, LV — devido processo legal; 37, *caput* — publicidade; 93, IX — motivação das decisões judiciais, e X — motivação das decisões administrativas do Judiciário; Lei 9.784/1999, art. 2º, parágrafo único, VII).

Perguntemo-nos: dez anos depois de formalizado e executado integralmente e a contento o contrato administrativo acima idealizado, permaneceria a possibilidade de sua invalidação administrativa ou judicial com base no vício procedimental constatável no procedimento de sua produção (certame público)?

Um servidor público foi demitido por ato administrativo com fundamento (descrição de seus pressupostos de fato e de direito) inidôneo (imaginemos que o fundamento externado configurasse hipótese de pena disciplinar de suspensão apenas; logo configurável vício material quanto à motivação). Quinze anos após a edição desse ato administrativo continuaria possível sua invalidação pelo interessado?

Um condicionamento administrativo expedido concretamente em face de um imóvel urbano e que, mais que uma conformação do conteúdo do direito de propriedade imobiliária urbana, importe em parcial sacrifício desse direito (portanto, em uma expropriação velada sem qualquer indenização) continuaria passível de invalidação passados treze anos de sua expedição?

Um servidor público nomeado sem prévia classificação em concurso público poderia ter sua nomeação invalidada vinte e cinco anos após sua investidura inicial? E se aposentado, sua aposentadoria poderia ser igualmente invalidada sob fundamento do mesmo vício?

Como vemos, todos esses casos colocam, entre outros, o problema da duração no tempo da competência administrativa ou judicial de invalidação de atos administrativos viciados. Adiante, após um sintético panorama das respostas doutrinárias e jurisprudenciais mais difundidas, apresentarei as soluções teóricas[3] que tenho para mim como mais fiéis tanto ao nosso direito positivo, quanto aos limites que integram sua organização lógica (sintática).

3. Panorama das posições doutrinárias e jurisprudenciais acerca do tema

Há quem diga que a invalidação de atos administrativos supostamente danosos ao interesse público seria imprescritível em face da CF, art. 37, § 5º.[4] Outros falam que a imprescritibilidade compareceria quanto àqueles atos administrativos com vício de má-fé e entendem encontrar fundamento normativo para essa exegese quer no princípio da moralidade administrativa (CF, art. 37, *caput*), quer, ao menos quanto aos atos administrativos federais, na Lei de Processo Administrativo Federal, Lei 9.784, de 29.1.1999, art. 54.[5]

3. Não cuidarei de focar a resposta para cada um desses hipotéticos problemas.

4. Tese freqüentemente esposada em ações civis públicas propostas pelo *Parquet* bandeirante.

5. Juarez Freitas ("Procedimento administrativo federal: reflexões sobre o prazo anulatório e a amplitude do dever de motivação dos atos administrativos", in Carlos Ari Sundfeld e outro (coords.), *As Leis de Procedimento Administrativo*, São Paulo, Malheiros Editores, 2000, pp. 94-108; texto adiante citado, extraído da p. 102) afirma que, "se, no plano formal, a nulidade for gravíssima, absoluta e intransponível, então o vício será essencial e insanável, não se deixando jamais convalidar pela ação do tempo, nem havendo o menor sentido, nos limites do sistema, em falar de prazo decadencial para a decretação da nulidade".

Segundo jurisprudência do Supremo Tribunal Federal, os atos administrativos viciados poderiam ser invalidados pela própria Administração a qualquer tempo, porque deles não emanariam direitos para ninguém.[6] E quanto aos casos de desapropriação indireta, o Superior Tribunal de Justiça entende que os atos administrativos nela implicados poderiam ser invalidados até dez ou vinte anos (respectivamente *entre presentes* e *ausentes*), porquanto, assim não o fosse, a aplicação do prazo qüinqüenal, genericamente previsto no Decreto 20.910/1932, art. 1º, importaria em usucapião extraordinário, *sem que explícita norma assim determinasse.*[7]

Weida Zancaner[8] entende que se o vício residente em um ato administrativo puder ser escoimado uma vez repetido o ato administrativo (por exemplo, a ausência da manifestação de um órgão que possa ser posteriormente suprida com efeitos retroativos), a estabilização desse ato viciado no tempo, cristalizando-se no ordenamento jurídico tal como nele inserto, ocorreria em um lustro (prazo genérico de questionamento judicial dos atos administrativos, previsto no Decreto 20.910/1932, art. 1º). Em outra mão, acaso o suposto vício do ato administrativo se aloque em aspecto ou elemento de sua estrutura que não lhe enseja repetição sem renovação do vício (assim, os casos de vícios localizados na motivação, no conteúdo, na finalidade e na forma, quando sua desobservância original importar na frustração da finalidade para que prevista), a estabilização observaria prazo mais dilargado e como o maior prazo previsto no nosso sistema jurídico seria aquele genérico para as ações pessoais (vinte anos), consoante previsão do *antigo* CC, art. 177, aplica-o em analogia.[9] Enfim, concebe a presença de atos administrativos viciados absolutamente insanáveis, consubstanciados em hipóteses em que o ato administrativo tem por conteúdo uma prescrição de caráter criminoso, cuja possibilidade de invalidação é imprescritível.[10]

Não poucas respeitáveis penas entendem a possibilidade de continuação da competência *administrativa* de invalidação dos atos administrativos viciados, ainda uma vez ocorrente a prescrição de seu questionamento na via judicial. Afirmam que se trata de competências distintas e independentes.[11]

Não é bem assim. Tentemos ver por quê.

4. Desconstruindo para construir

A positividade do tema da prescrição — CF, art. 37, § 5º — Lei 9.784/1999 (Lei

6. É o teor da Súmula 473: "A Administração pode anular seus próprios atos, quando eivados de vícios que os tornam ilegais, porque deles não se originam direitos; ou revogá-los, por motivo de conveniência e oportunidade, respeitados os direitos adquiridos, e ressalvada, em todos os casos, a apreciação judicial".

7. Essa exegese foi esposada pelo STJ na Súmula 119.

8. *Da Convalidação e da Invalidação dos Atos Administrativos*, 2ª ed., São Paulo, Malheiros Editores, 1996.

9. Tal prazo hoje seria de 10 anos, conforme o novel CC, art. 205.

10. Posição semelhante é encontrada em Jacintho de Arruda Câmara ("A preservação dos efeitos dos atos administrativos viciados", in Tatiana Mendes Cunha (org.), *Estudos de Direito Administrativo em Homenagem ao Professor Celso Antônio Bandeira de Mello*, São Paulo, Max Limonad, 1996, pp. 70 e ss.). Para uma aprofundada e erudita fundamentação da estabilização dos atos administrativos *supostamente* viciados pelo decurso do tempo, imprescindível a leitura de Almiro do Couto e Silva, "Princípios da legalidade da Administração Pública e da segurança jurídica no Estado de Direito contemporâneo", in *Revista de Direito Público* 84/46-63, São Paulo, Ed. RT, ano XX, out-dez. 1987.

11. Assim, Vladimir da Rocha França, *Invalidação Judicial da Discricionariedade Administrativa no Regime Jurídico-Administrativo Brasileiro*, Rio de Janeiro, Forense, 2000; tese ratificada pelo próprio no painel sobre "Atos Administrativos" do *I Ciclo de Estudos de Direito Público* (Natal/RN, 30-31.8.2001).

de Processo Administrativo Federal), art. 54 — inconsistência argumentativa da jurisprudência do STJ sobre prazo vintenário para ações de desapropriação indireta — descabimento do CC, art. 205 (e do antigo similar art. 177) como prazo prescritivo comum para ação de invalidação de ato administrativo — reiteração do prazo qüinqüenal na legislação de direito público — elementos para integração de lacuna normativa.

Não vige em nosso sistema jurídico um princípio *supranormativo* (i.é, metajurídico) da prescritibilidade das ações.[12] Nem também, enquanto princípio, da imprescritibilidade das ações. O que vigora é um princípio ou regra genérica da prescritibilidade, que, defluído de princípios gerais de direito, notadamente o Princípio da Segurança Jurídica e seu corolário o Princípio da Estabilidade das Relações Jurídicas, *encontra maior concreção em nível legal pela previsão de prazos prescritivos genéricos no Código Civil, art. 205*[13] (*antes pelo art. 177 no Código de Bevilácqua*). Ora, observados certos parâmetros de razoabilidade — de emprego sempre polêmico, seja reconhecido — e certas conformações principiológicas pertinentes a específicos ramos jurídicos, é certo que leis podem excepcionar a regra da prescritibilidade e muito mais certamente a Constituição. Esta, de seu lado, o faz em tom explícito no art. 5º, XLII[14] e XLIV,[15] mas também de forma implícita por confluência, como já dito, de uma principiologia parcialmente incompatível com a prescritibilidade, consoante é o exemplo das ações referentes ao acertamento de seu próprio estado pelas pessoas físicas.[16]

Portanto, nos demais casos, vigora como regra geral a prescritibilidade.

E quanto ao art. 37, § 5º, da Lei Maior, uma interpretação minimamente objetiva somente consegue dele defluir, *no máximo*, a imprescritibilidade *de ações de ressarcimento em face de danos patrimoniais ou morais provocados por agentes públicos ao Estado.* Nesse sentido, isto é, *pelo máximo que se poderia retirar sobre eventual imprescritibilidade a partir desse dispositivo*, o ressarcimento em favor do Estado diante de danos desse jaez seria judicialmente pleiteável — exigindo-se por certo a comprovação de dano *efetivo* (não *presumido*, o qual não decorre *ipso facto* pela simples alegação de presença de vício no ato administrativo, *mas requer a comprovação de um prejuízo certo*) para que ensejado o deferimento do pedido —, ainda que não mais se possa invalidar o ato administrativo concreto que provocou o revés patrimonial ou moral (bem imaterial estatal que assim possa ser qualificado).

12. A natureza *juspositiva* dos princípios jurídicos e as conseqüências daí assacáveis são expostas por Celso Antônio Bandeira de Mello (*Curso de Direito Administrativo*, 13ª ed., São Paulo, Malheiros Editores, 2001, p. 51), com os admiráveis rigor teórico e elegância de sempre: "Diferentemente dos princípios que regem o mundo físico, no campo do Direito são livremente determinados pelos homens. *O legislador acolhe, no sistema normativo que constrói, os princípios que deseja vigorantes. São, bem por isso, mutáveis*".

13. "Art. 205. A prescrição ocorre em dez anos, quando a lei não lhe haja fixado prazo *menor*."

14. "A prática do racismo constitui crime inafiançável e *imprescritível*, sujeito à pena de reclusão, nos termos da lei."

15. "Constitui crime inafiançável e imprescritível a ação de grupos armados, civis ou militares, contra a ordem constitucional e o Estado Democrático."

16. As ações sobre o estado civil e outros direitos personalíssimos (como o de autor) constituem *ações declaratórias típicas* conforme ensina Pontes de Miranda (*Tratado das Ações*, v. II, Campinas, Bookseller, 1998, pp. 117 e ss.), daí sua *imprescritibilidade*, visto que "A ação típica de declaração, positiva ou negativa, não prescreve. Se alguma pretensão, ou algumas pretensões, ou todas as pretensões irradiadas da relação jurídica, cuja existência se quer declarada, prescreveram, não é isso óbice a que se declare a relação jurídica" (ob. cit., p. 156). Mais recentemente, João Batista Lopes, in *Ação Declaratória* (3ª ed., São Paulo, Ed. RT, pp. 98-99), o qual inclusive remete-se a clássico ensinamento de Amorim Filho, também mais adiante

Digo isso, todavia, *apenas para atalhar polêmica*, visto que em face do que asserido no parágrafo acima, já se conclui que a CF, art. 37, § 5º, ***em hipótese alguma*** *enseja concluir a imprescritibilidade de invalidação de qualquer ato administrativo*. Sem embargo, minha opinião — confessadamente minoritária — é de que esse dispositivo constitucional não permite *sequer* concluir a imprescritibilidade das ações de ressarcimento por supostos danos advindos de atos ilícitos em desfavor do patrimônio público.[17]

Como a prescritibilidade tende a ser a regra geral, pois assim determinava o CC

referido. Câmara Leal (*Da Prescrição e da Decadência*, 2ª ed., Rio de Janeiro, Forense, 1959, pp. 51 e ss.), todavia e com aguçado fundamento, coleciona algumas ações de estado *prescritíveis*, como a *contestatória de paternidade* (ob. cit., p. 55).

17. Em rigor, a imprescritibilidade da invalidação dos atos administrativos não resta imposta pelo dispositivo constitucional em comento. As razões, para tanto, expendo mais adiante, mas cumpre desde já registrar nosso admirado acato ao que averbado pelo D. Juiz de Direito Benjamim Simão Júnior, ao ensejo de ofício na 7ª Vara da Fazenda Pública da Comarca de São Paulo, em sentença lançada nos autos da ação civil pública 053.00.015870-7: "Todos com conhecimento básico de nosso ordenamento jurídico sabem que a *regra nele existente* ***não é de imprescritibilidade***. No entanto, não se pode pura e simplesmente repetir tal arraigado conceito em face do que dispõe o inciso XLIV do art. 5º da Constituição da República. (...) Nesse processo não se cuida do que dispõe o inciso XLIV do art. 5º da Constituição da República e sim do que dispõe o § 5º do art. 37 da mesma Constituição da República. Transcrevo, no entanto, o que dispõe o inciso XLIV do art. 5º: 'constitui crime inafiançável e imprescritível a ação de grupos armados, civis ou militares, contra a ordem constitucional e o Estado Democrático'. E transcrevo agora o que dispõe o § 5º do art. 37: 'A lei estabelecerá os prazos de prescrição para ilícitos praticados por qualquer agente, servidor ou não, que causem prejuízos ao erário, ressalvadas as respectivas ações de ressarcimento'. Se esse dispositivo estabelece que a lei estabelecerá os prazos de prescrição com relação aos ilícitos e, imediatamente, ressalva 'as respectivas ações de ressarcimento' é evidente que essa ressalva *diz respeito à prescrição das ações de ressarcimento, mas acontece que isso é a única coisa certa que se pode dizer, pois* ***não há absolutamente nada de claro sobre a extensão da ressalva***. Não se dispõe de elementos para saber se com a ressalva o legislador pretendeu, por exemplo, apenas estabelecer que *outra lei* haveria de dispor sobre os prazos de prescrição das respectivas ações de ressarcimento, ou se, por exemplo, pretendeu afirmar a *desnecessidade* de nova lei a respeito dos prazos de prescrição das respectivas ações de ressarcimento, pois para estas continuariam valendo os prazos de prescrição já estabelecidos em nosso ordenamento jurídico, ou mesmo se pretendeu estabelecer a imprescritibilidade das respectivas ações de ressarcimento. Acontece que, pelas razões que já serão expostas, *é* ***escassa*** *a probabilidade de ser verdadeira esta última hipótese*. Em primeiro lugar é *absolutamente* necessário não esquecer que em face da natureza da linguagem que usamos são literalmente infinitas as formas de afirmar claramente a imprescritibilidade de alguma ação. No entanto, comparem-se as redações do inciso XLIV do art. 5º e do § 5º do art. 37, ambos da Constituição da República, que torno a transcrever. '(...)'. E, se essa fosse a intenção, seria de uma simplicidade única agregar ao § 5º do art. 37, por exemplo, estas três últimas palavras: 'que são imprescritíveis'. Em segundo lugar, se é evidente que o legislador, e com mais razão o legislador constituinte, pode alterar completamente o ordenamento jurídico, *não é lógico que essa alteração seja feita de forma quase que sorrateira*. É claro que qualquer técnica jurídica pode ser alterada pelo legislador. Mas, como venho dizendo, *NADA autoriza concluir que uma formulação dúbia tenha ali sido colocada com o fim de alterar a situação existente*. Aqui valho-me das lições do notável Celso Antônio Bandeira de Mello: 'Aduza-se, ainda, que é notório princípio de exegese não presumir que disposições normativas novas infirmam as precedentes, sobreposse quando implicam rompimento com larga tradição legislativa anterior, a menos que isto resulte clara e induvidosamente dos termos do regramento superveniente. Extrair esta conseqüência do mero silêncio, então, já é uma liberdade inadmissível'. (...) E no caso, repito, *NADA* existe de que possa decorrer a conclusão de alguma 'clara' ou induvidosa' ou 'irresistivelmente clara' intenção de alterar a situação existente quanto à regra da prescritibilidade das ações condenatórias. Pelas razões que acabo de expor, portanto, *não sou capaz de concluir que o disposto no § 5º do art. 37 da Constituição da República estabeleça a impres-*

antigo, art. 177,[18] bem como o atual CC, art. 205, como também uma compreensão do sistema jurídico com atenção a princípios substanciais como o da Segurança Jurídica e o da Estabilidade das Relações Jurídicas, *o entendimento em torno da Lei 9.784, art. 54, não pode referendar a tese de que a invalidação de atos administrativos produzidos supostamente com eiva de má-fé configuraria competência perpétua administrativa ou judicial.*[19] Da previsão explícita de prazo específico para a estabilização dos atos administrativos viciados favoráveis aos administrados produzidos *supostamente* sem má-fé e do silêncio do dispositivo em referência quanto às hipóteses de atos administrativos viciados desfavoráveis aos administrados com ou sem má-fé e favoráveis aos administrados mediante má-fé ***não*** *é lógica nem sistematicamente lícito concluir que a competência administrativa de invalidação jamais faleceria com o decurso temporal.*

Desde já, observemos que a vinculação do tema da decadência ou prescrição à presença ou não de má-fé coloca ao órgão competente para invalidação uma situação no mínimo paradoxal. É que um tanto obviamente o acertamento judicial em torno da configuração ou não da *prescrição* e assim da permanência ou não da competência jurisdicional para invalidação de um ato administrativo *supostamente* editado mediante má-fé é *questão logicamente prévia à própria discussão da presença ou não de má-fé como vício procedimental ou material do ato administrativo impugnado.* Nessas hipóteses, o mérito abrange pelo menos duas questões, devendo a solução da primeira necessariamente preceder à segunda: primeiro, decide o Juízo se encontra-se ou não prescrito o acesso do autor ao Judiciário em um dado caso concreto; segundo, decide o Juízo, com adstrição ao material probatório coligido nos autos, se constatável ou não a má-fé como vício do ato administrativo impugnado.

Ora, as normas ou exegeses que apontam um prazo maior para questionamento de atos administrativos *supostamente* viciados com má-fé produzem uma verdadeira inversão e confusão na solução do mérito, e, levadas em suas últimas conseqüências, acabam por impedir a manifestação judicial sobre a configuração ou não da prescrição, porquanto para isto o Juízo deveria invadir

critibilidade das 'respectivas ações de ressarcimento'. Se a regra é de prescritibilidade das ações condenatórias e não se pode afirmar derrogada essa regra, o que se há de decidir é sobre qual, então, seria o prazo de prescrição. E, conforme sustentaram alguns réus, de fato *a regra mais próxima de que se dispõe é claramente estabelecida pela Lei 4.717/1965*, e isso porque se é certo que o Código Civil estabelece regras gerais de prescrição (art. 177) não é menos certo que o âmbito próprio do Código Civil é, aquele clara e elegantemente expresso em seu art. 1º: 'Este Código regula os direitos e obrigações de ordem privada concernentes às pessoas, aos bens e às suas relações'. Celebrado o contrato aos 1990, mais de cinco anos já haviam se passado quando, aos 29 de junho de 2000, foi ajuizada a ação que iniciou este processo. Declaro *prescrito* o direito pretendido pelo autor (...)".

18. Assim também no novo Código Civil, em vias de entrar em vigor, art. 205: "A prescrição ocorre em dez anos, quando a lei não lhe haja fixado prazo menor".

19. E aqui o confortável estofo do pensamento de Adilson Abreu Dallari e Sergio Ferraz (*Processo Administrativo*, São Paulo, Malheiros Editores, 2000, p. 166): "Numa interpretação literal, o art. 54 parece querer dizer que, havendo má-fé, na prática do ato administrativo, de parte do beneficiário, jamais ocorreria decadência do direito de anular. Essa só seria invocável ou se a má-fé fosse imputável ao agente administrativo, ou quando ela inexistisse. Nossa opinião a respeito é, contudo, radical: a cláusula final 'salvo comprovada má-fé' é inconstitucional, por isso que afrontosa ao princípio da razoabilidade. E não vale, aqui, pretender o primado absoluto do princípio da legalidade. Dúvida não temos em dizer que, pelo correr do tempo, a segurança jurídica coloca entre parênteses o princípio da legalidade". Diferença para a exposição aqui encaminhada está, entretanto, em que tenciono ofertar ao dispositivo em comento *interpretação conforme à constituição*. Ainda que, como ver-se-á, adiante, isso implique em um esforço quase hercúleo.

a segunda questão de mérito e, portanto, prejudicar aquela questão prévia (configuração ou não da prescrição). Esse paradoxo não oportuniza senão uma solução *prática*, no exato sentido de utilitarista. No capítulo seguinte, apresento-a.

Do laconismo do art. 54 da Lei 9.784/1999 não é lógico concluir a perpetuidade da invalidação dos atos administrativos viciados mediante *suposta* má-fé simplesmente porque o silêncio ou a incompletude normativa, no máximo, autorizaria a aplicação de uma regra geral e sabemos que nem a impreclusividade (termo que Pontes de Miranda acordaria melhor nominar o fenômeno da perpetuação da exercitabilidade de um direito material) nem a imprescritibilidade são a regra geral para o caso que nos ocupa. Portanto, a ilogicidade de seu uso como pretensa ou inadvertida premissa para o raciocínio aqui divergido.

É necessário reler o art. 54 da Lei 9.784/1999, tarefa que deixo para o próximo tópico.

Em outra mão, nenhuma inconsistência normativa (inconstitucionalidade) comparece no fato de normas, de *status legal*, determinarem que o questionamento judicial de atos administrativos que importem em desapropriação indireta também observe o prazo previsto no Decreto 20.910/1932, art. 1º (qüinqüenal). A implicitude, segundo conhecimento já tornado truísmo, *não* é um mecanismo menor de externação da norma,[20] donde a fragilidade de um argumento que tome como premissa a impossibilidade da norma legal prever implicitamente um usucapião extraordinário em favor do Estado.[21]

E quanto à aplicação analógica dos prazos previstos no Código Civil para regramento da estabilização dos atos administrativos viciados, essa solução encontra hipóteses bem mais restritas do que geralmente advogado na doutrina. De primeiro, já assomava em desprestígio de uma aplicação irrestrita ou ampla do prazo vintenário — consoante defende difundida doutrina,[22] acompanhada de manifestações jurisprudenciais — a percepção de que o regramento contido no antigo CC, art. 177 é próprio de uma sociedade agrária e de parcos recursos tecnológicos, de um mundo de difícil e de-

20. Celso Antônio Bandeira de Mello (*Curso...*, 13ª ed., pp. 51-52; destaque acrescido) expõe em termos irretorquíveis: "Ao ser, pouco a pouco, delineado um dado sistema, pode o Legislativo fixar *inconscientemente* um conjunto de princípios que, *deseje ou não*, estarão informando o sistema, desde que as normas postas traduzam sua acolhida. Ao jurista interessam, portanto, os princípios consagrados, haja ou não o legislador pretendido conscientemente instaurá-los. Estes cânones, entretanto, estão sempre à disposição da autoridade legislativa, pelo quê podem ser, a qualquer tempo, modificados, derrogados, seja pela substituição dos princípios básicos, seja pela alteração deles nos vários institutos particulares de uma dada disciplina". Assim também em Roque Antonio Carrazza (*Curso de Direito Constitucional Tributário*, 5ª ed., São Paulo, Malheiros Editores, 1993, p. 27): "Não importa se o princípio é implícito ou explícito, mas, si, se existe ou não existe. Se existe, o jurista, com o instrumental teórico que a Ciência do Direito coloca à sua disposição, tem condições de discernilo. De ressaltar, com Souto Maior Borges, que o princípio explícito não é necessariamente mais importante que o princípio implícito. Tudo vai depender do âmbito de abrangência de um e de outro e, não, do fato de um estar melhor ou pior desvendado no texto jurídico. Aliás, as normas jurídicas não trazem sequer expressa sua condição de princípios ou de regras. É o jurista que, ao debruçar-se sobre elas, as identifica e as hierarquiza".

21. Outro e talvez melhor nível de argumentação em favor da tese de afastamento do prazo qüinqüenal para os casos de desapropriação indireta seria encontrado a partir do princípio da isonomia, entretanto, essa linha argumentativa teria necessariamente de se defrontar com a aceitação, ainda pouco polemizada, da instituição de posições jurídicas, sobretudo processuais, de vantagem do Estado diante do administrado.

22. Elival da Silva Ramos, "A valorização do processo administrativo. O poder regulamentar e a invalidação dos atos administrativos", in Carlos Ari Sundfeld e outro (coords.), *As Leis de Procedimento Administrativo*, cit., pp. 75-93, especificamente à p. 90, nota 35.

morada comunicação: meados da segunda década do século passado. Era e é um tanto incontornável daí asserir que a noção de tempo dos nossos antepassados de primórdios do século XX dista em muito daquela necessária e pertinente aos tempos atuais, de uma sociedade urbanizada e de um mundo de comunicação facilitada, de informações televisionadas em tempo real. Perante esse contexto, a aplicação ampla da prescrição vintenária para estabilização dos atos administrativos significava, quando menos, uma solução *anacrônica* — e ocioso, aqui, citar ampla doutrina que propugna ao intérprete da lei o dever de contextualizá-la diante do seu entorno social... A propósito, outro não é o mandamento da Lei de Introdução ao Código Civil, art. 5º.[23]

Antes de tudo, notemos a presença de regra hermenêutica incontornável para o uso da analogia como método integrativo, a saber: *na procura da norma a ser aplicada como recurso analógico para integração da lacuna identificada, deve o exegeta principiar sua busca nos campos jurídicos que guardem maior proximidade principiológica com aquele setor do ordenamento em que percebida a lacuna.*[24]

Em atenção a isso, a pesquisa por normas que possam servir ao procedimento analógico, *in casu*, deve iniciar-se pelas disposições normativas que compõem o direito público, *notadamente aquelas que integram normações materialmente mais próximas do setor em que sentida a lacuna*. Nesse diapasão, bem antes do antigo art. 177 do CC e mesmo do atual art. 205 do Código em vigor, devem avultar aos olhos do intérprete as disposições contidas no Código Civil (Lei 3.071, de 1.1.1916), art. 178, § 10, VI,[25] nisto confirmado e ampliado pelo Decreto 20.910, de 6.1.1932, art. 1º,[26] e pelo Decreto-lei 4.952, de

23. Apenas a título de ilustração, valem, por todos, esse excerto de Caio Tácito, que, por sempre luminosa pena, escreve em termos particularmente oportunos: "A chamada interpretação sociológica desenvolve o conceito social da lei, para extrair a filiação da norma jurídica com as condições sociais que motivam, em cada época, a elaboração e a evolução do Direito. A sua expressão, no direito norte-americano, através da *sociological jurisprudence* (Pound, Lewillyn, Holmes), levou a interpretação constitucional aos extremos salutares da construção (*construction*), permitindo *o lento e constante ajustamento do texto da Carta de Filadélfia, elaborada, como já se disse, à luz de candeeiros, para uma jovem nação agrícola de três milhões de habitantes, de modo a permitir a sua vigência no século da eletricidade, à mais poderosa organização industrial do mundo contemporâneo*. A interpretação da norma jurídica não se poderá fazer, em suma, senão em consonância com a sua causalidade social, ou, na terminologia atual do direito brasileiro, segundo os 'fins sociais a que ela se dirige e as exigências do bem comum' (art. 5º da Lei de Introdução ao Código Civil). A tal método se subordina a interpretação da norma administrativa (...)" ("Interpretação da norma administrativa. Métodos. Analogia. Eqüidade", in *Temas de Direito Público* I/503, Rio de Janeiro, Renovar, 1997; destaque acrescido).

24. Na lição imorredoura de Carlos Maximiliano (*Hermenêutica e Aplicação do Direito*, 18ª ed., Rio de Janeiro, Forense, 2000, p. 212; destaque acrescido): "(...) cumpre também fazer prevalecer, quanto à analogia, o preceito clássico, impreterível: *não se aplica uma norma jurídica senão à ordem de coisas para a qual foi estabelecida. Não é lícito pôr de lado a natureza da lei, nem o ramo do Direito a que pertence a regra tomada por base no processo analógico*. Quantas vezes se não verifica o nenhum cabimento do emprego de um preceito fixado para o comércio, e transplantado afoitamente para os domínios da legislação civil, ou da criminal, possibilidade esta mais duvidosa ainda! Decide-se com presumível acerto desde que se procurem e confrontem *casos análogos subordinados a leis análogas*".

25. "Art. 178. Prescreve: (...). § 10. Em 5 (cinco) anos: (...). VI — As dívidas passivas da União, dos Estados e dos Municípios, e bem assim toda que qualquer ação contra a Fazenda federal, estadual ou municipal; devendo o prazo da prescrição correr da data do ato ou fato do qual se originar a mesma ação."

26. "As dívidas passivas da União, dos Estados e dos Municípios, bem assim todo e qualquer direito ou ação contra a Fazenda Federal, estadual ou municipal, seja qual for a sua natureza, prescrevem em cinco anos contados da data do ato ou fato

19.8.1942, art. 2º;[27] a Lei 4.717, de 29.6.1965, art. 21.[28] Em todas elas, o prazo prescritivo em indagação é de cinco anos.[29] Assim também quanto aos lançamentos tributários — consoante depreende-se do Código Tributário Nacional (Lei 5.172, de 25.10.1966), arts. 168[30] e 174.[31] Regrando o prazo decadencial para punição em exercício de poder de polícia administrativa federal, a Lei 9.873, de 23.11.1999, art. 1º, prevê o mesmo prazo (cinco anos).[32]

5. *Para uma tentativa de sistematização das soluções ofertáveis ao problema em foco*

A) A estabilização dos atos administrativos viciados se dá com a operação da prescrição: primeiro fundamento

Primeiramente, firmemos que a estabilização dos atos administrativos viciados pelo decurso temporal observa como marco último o prazo previsto de acesso ao Judiciário para o pleito de invalidação do ato. Em palavras mais diretas: *uma vez não mais possível acorrer ao Judiciário para invalidar um ato administrativo porque transcurso o prazo último instituído para tanto, **não mais persiste a competência estatal para em sede administrativa, de ofício ou por provocação, procedê-lo**.*[33]

do qual se originarem". Mediante este diploma, extrai-se nítida intenção em definir o prazo de um lustro como interregno temporal *máximo* para a prescrição à época, consoante seu art. 10, que determinava: "O disposto nos artigos anteriores não altera as prescrições de menor prazo, constantes das leis e regulamentos as quais ficam subordinadas às mesmas regras". Obviamente, tal disposição não vincula o legislador hodierno, apenas sublinha a clareza com que o sistema normativo d'então regulou o tema.

27. "O Decreto 20.910, de 6.1.1932, que regula a prescrição qüinqüenal, abrange as dívidas passivas das autarquias, ou entidades e órgãos paraestatais, criados por lei e mantidos mediante impostos, taxas ou quaisquer contribuições, exigidas em virtude de lei federal, estadual ou municipal, bem como a todo e qualquer direito e ação contra os mesmos."

28. "A ação prevista nesta lei prescreve em 5 (cinco) anos."

29. Desta forma, não pecasse já pela ausência de seus pressupostos constitucionais (CF, art. 62), a Medida Provisória 2.102-28, de 23.2.2001, pecaria pela desnecessária repetição ao determinar inclusão de novo art. 1º-C na Lei 9.494/1997 com seguinte texto: "Prescreverá em cinco anos o direito de obter indenização dos danos causados por agentes de pessoas jurídicas de direito público e de pessoas jurídicas de direito privado prestadoras de serviços públicos". Seja ainda permitida a digressão: aos vícios referidos, seja acrescido outro, de conotações perversas tão ou mais piores que a sublinhada inconstitucionalidade. É que a Medida Provisória em comento consiste verdadeira deturpação dos fins para que instituída a competência presidencial do art. 62, à medida que revela o uso do poder normativo pela Presidência da República para instituir privilégios processuais para a Administração quando levada a Juízo. Referido desvio de poder estampa-se ainda mais quando observado que o texto dessa Medida Provisória foi elaborado pelo Advogado-Geral da União, provavelmente furibundo com os "empecilhos" que a legalidade estava impondo ao ofício seu e de seus subordinados de defender a União Federal.

30. "Art. 168. O direito de pleitear a restituição extingue-se com o decurso do prazo de 5 (cinco) anos, contados (...)."

31. "Art. 174. A ação para a cobrança do crédito tributário prescreve em 5 (cinco) anos, contados da data da sua constituição definitiva."

32. "Art. 1º. Prescreve em cinco anos a ação punitiva da Administração Pública Federal, direta e indireta, no exercício do poder de polícia, objetivando apurar infração à legislação em vigor, contados da data da prática do ato ou, no caso de infração permanente ou continuada, do dia em que tiver cessado."

33. Observemos que o prazo de acesso ao Judiciário para invalidação dos atos administrativos pode encontrar diferentes marcos a depender da via processual manejável. Assim, o prazo do mandado de segurança (120 dias) e o prazo genérico das ações ordinárias para esse fim (5 anos). Em face disso, quando penso em transcurso do prazo de acesso ao Judiciário como marco temporal de estabilização dos atos administrativos, a referência certamente é feita ao *prazo maior*.

Essa conclusão escora-se em duas ordens de fundamento: uma, de natureza sintática; outra, face à repartição de funções fundamentais entre os Poderes vigentes em nosso Texto Constitucional. Principiemos por esse segundo fundamento.

A positivação do mecanismo da separação de poderes entre nós deu-se, desde longa tradição, incumbindo-se o Judiciário do exercício do papel de *máximo, último* intérprete e aplicador do ordenamento jurídico, criando, por assim dizer, uma hierarquia entre os órgãos fundamentais do Estado nos seguintes termos: *quanto ao encontro e criação de significações normativas a partir do ordenamento jurídico, mormente dos Textos Constitucional e Legal, o Judiciário profere a manifestação prevalecente quando instado a tanto*. Nessa assertiva, nada mais se faz que esclarecer o que inserto no cânone da inafastabilidade da Jurisdição (CF, art. 5º, XXXV) e da coisa julgada (CF, art. 5º, XXXVI).[34]

Nosso Ordenamento Constitucional, diferentemente do Ordenamento francês, entre outros, não instituiu a chamada Jurisdição Administrativa, mediante a qual os atos administrativos submetem-se ao crivo de validade exclusivamente no âmbito da organização administrativa, o que ensejaria à Administração a posição, nesses estritos casos (controle de validade dos atos administrativos em sentido amplo), de órgão hierarquicamente qualificado para interpretar e aplicar o ordenamento jurídico.

Ao contrário, vigendo entre nós a unidade da Jurisdição, essa função não é repartida entre os poderes estatais, restando todos submetidos ao último crivo de *juridicidade* de seus atos pelo Poder Judiciário, nem que seja apenas para que este, sindicando dado ato ou fato jurídico, cinja-se a, averiguando requisitos extrínsecos de validade, controle o mérito cabível à decisão d'outro poder apenas (e assim deve ser) em face da verificação de *irrazoabilidade* patente ou *desvio de poder* (desse modo, respeita o Judiciário o campo decisório potencial em que se exerce a função d'outro poder).

Perante nosso Ordenamento Constitucional, cabendo ao Judiciário a função de intérprete e aplicador do direito hierarquicamente qualificado diante do Estado-administrador,[35] *seria sistematicamente incoe-*

34. Pelas palavras de Cândido Rangel Dinamarco ("Litisconsórcio necessário — Controle jurisdicional do ato administrativo", in *Revista Forense* 333/187, Rio de Janeiro, Forense; destaque acrescido): "O Judiciário é o guarda da Constituição, *com a última palavra* sobre a compatibilidade constitucional das leis elaboradas nas casas legislativas, e só o que ele pronuncia tem '*final enforcing power*' *inclusive sobre atos de Governo*".

35. Nas páginas célebres dos *Princípios Gerais de Direito Constitucional dos Estados Unidos da América* (trad. Alcidez Cruz, 2ª ed., São Paulo, Ed. RT, 1982, pp. 165-166; destaque acrescido), encontra-se essa secular lição de Thomas Cooley, voltada sobre um sistema de jurisdição una como o nosso: "(...) *o Poder Judiciário é a autoridade suprema na interpretação da Constituição e na interpretação das leis*, e as suas interpretações devem ser acceitas e observadas pelos outros departamentos. *Isto é o que resulta da natureza da sua jurisdição*; as questões de interpretação surgidas nas controvérsias legaes e resolvidas pelos tribunaes, uma vez resolvidas, têm estes autoridade para fazer effectivas as suas resoluções. *Suas sentenças tornam-se leis do país* nos pontos decididos por elles, e a desobediencia ou desattenção que soframm, tanto de um simples particular como de um funccionario publico, produzirá nova controvérsia que em *última instancia virá a ser decidida da mesma maneira pelo Poder Judiciário*". E o verbo fulgente de Seabra Fagundes (*O Controle dos Atos Administrativos pelo Poder Judiciário*, Rio de Janeiro, Freitas Bastos, 1941, pp. 87-88; destaque acrescido) encarece a importância dessa preeminência do Judiciário sobre a Administração sobretudo em regimes presidencialistas como o nosso: "Nos países de regime presidencial, como o nosso, ficando o Executivo, praticamente, acima das intervenções do Parlamento (...), cresce de importancia a interferencia jurisdicional no exame da atividade administrativa. Torna-se indispensavel dar-lhe estrutura e desenvolvimento correspondentes ao seu relevante papel no vinculamento da função administrativa á ordem juridica. *Na realidade, é só por ele que se*

rente supor poder a Administração permanecer no gozo da competência invalidante de seus atos administrativos, quando o Judiciário já não mais o pudesse; é dizer, quando o órgão máximo da aplicação do direito em nosso sistema jurídico não mais tivesse a competência para constituir a invalidade de um ato administrativo supostamente viciado. Em outras palavras, se o órgão mais qualificado para produzir o juízo de validade quanto a quaisquer atos jurídicos, inclusive os atos administrativos, não mais o pode fazer diante de um específico ato administrativo porque operada a prescrição (ou decadência, para Amorim Filho[36]), impõe-se concluir que muito menos o pode um outro órgão menos qualificado (a Administração Pública, no que atina com a função em causa), *diante do próprio ordenamento jurídico tal qual positivado entre nós*, para proceder ao juízo de validade face ao direito positivo.

Repisemos, pois: transcurso o prazo de acesso ao Judiciário para invalidação de um ato administrativo supostamente viciado, sua estabilização por decurso temporal estará operada, pois à Administração não mais resta a competência invalidante.[37] Em síntese: *é o prazo de acesso ao Judiciário que regra o marco temporal de estabilização dos atos administrativos supostamente viciados.*

B) A estabilização dos atos administrativos viciados se dá com a operação da prescrição: o segundo fundamento

Cabe, agora, apresentar a segunda ordem de fundamento para a conclusão de que o prazo de acesso ao Judiciário para invalidação dos atos administrativos supostamente viciados constitui o marco temporal da estabilização desses atos jurídicos, independentemente do manejo da convalidação. Trata-se este, como antes dito, de um fundamento defluído da organização sintática das normas jurídicas. Vejamo-lo.

As normas jurídicas, unidades de significação prescritiva de condutas qualificadas pela institucionalização da sanção em face de seu descumprimento, estruturam-se, como ensinam Kelsen[38] e Lourival Vilanova

confina, dentro da Constituição e das leis, o exercício do Poder Executivo, que colocado acima do contrôle eficiente do Parlamento, só na atuação do Poder Judiciario pôde encontrar limitação eficaz do ponto de vista jurídico".

36. Talvez a melhor sistematização sobre prescrição e decadência tenha sido feita em brilhante estudo de Agnelo Amorim Filho, denominado "Critério científico para distinguir a prescrição da decadência e para identificar as ações imprescritíveis" (in *Revista Forense* 193/30-49, Rio de Janeiro, Forense, 1961). Nele, o Professor da Faculdade de Direito da Universidade da Paraíba, primeiramente criticando a distinção entre os dois institutos com base nos seus efeitos (extinção da relação material ou formal, cf. p. 31 de seu trabalho) e, assim, criticando Câmara Leal pelo empirismo de seu critério distintivo ("(...) o autor não fixou, em bases científicas, uma norma para identificar aquelas situações em que o direito nasce, ou não, concomitantemente com a ação, pois é este seu ponto de partida para distinção entre os dois institutos", p. 31), averbou que a apartação deve ser feita com base na categoria dos direitos tutelados mediante ação. Assim, os prazos de judiciabilidade dos "*direitos a uma prestação* (direitos reais e pessoais)" são *prescritivos*, enquanto aqueles correlacionados aos *direitos potestativos* ("aquêles podêres que a lei confere a determinadas pessoas de influírem, com uma declaração de vontade, sôbre situações jurídicas de outras, sem o concurso da vontade destas", cf. p. 32 do mesmo trabalho), *decadenciais*. Daí o autor concluir: 1) "tôdas as ações condenatórias (e sòmente elas) estão sujeitas a prescrição" (p. 38); 2) "os únicos direitos para os quais podem ser fixados prazos de decadência são os direitos potestativos. E, assim, as únicas ações ligadas ao instituto de decadência são as ações constitutivas que têm prazo especial de exercício fixado em lei" (p. 40); 3) "são perpétuas (ou imprescritíveis) tôdas as ações declaratórias, e também aquelas ações constitutivas para as quais a lei não fixa prazo especial de exercício" (p. 47).

37. Em igual sentido, Celso Antônio Bandeira de Mello (*Curso*..., 13ª ed., p. 208).

38. *Teoria Geral das Normas*, trad. José Florentino Duarte, Porto Alegre, Sergio Antonio Fabris editor, 1986, pp. 181-183.

va,[39] no plano de suas formas lógicas, como composições bimembres, onde, por sua vez, cada membro similarmente integra-se por duas porções.

A primeira decomposição da estrutura bimembre das normas jurídicas é identificada como as subestruturas "norma primária" e "norma secundária". Esta prevê a relação jurídica sancionadora que haverá vez na hipótese de descumprimento do dever jurídico previsto na norma primária. Notemos, pois, novamente com Kelsen e Lourival Vilanova, que a norma secundária justamente peculiariza a juridicidade da norma jurídica: sem a norma secundária, prescritiva da relação processual (institucional) de aplicação da sanção, o dever e o direito material ou processual previstos na norma primária não apresentam nenhum atributo especial que permita distingui-los de outros deveres e direitos derivados de normas pertencentes a outros subsistemas deônticos (moral, religião, bons costumes etc.). Di-lo, irretorquivelmente, Lourival Vilanova: "Se de uma norma jurídica suprime-se a norma secundária sancionadora da norma primária, fica a norma primária desprovida de juridicidade. Poderá permanecer como norma do uso, do costume, como norma social, desjuridicizando-se assim".[40]

Podemos descrevê-las, em linguagem parcialmente formal, do seguinte modo:

Dado um fato F, deve-ser uma relação jurídica R, onde a X caberá o dever de executar em favor de Y uma dada prestação P; caso ocorrido F, surgida a relação R e descumprida a prestação P, deverá-ser uma relação processual RP, onde Y terá direito ao acesso ao Judiciário (órgão sancionador último) para pedir a observância forçada da prestação P por X ou do sucedâneo jurídico dessa prestação (geralmente, ressarcimento).

Nada obstante, inapelavelmente sintéticas, essas considerações já permitem perceber que, acaso impedida a aplicação da norma secundária (que prevê a relação jurídica processual com o Judiciário para aplicação da sanção pelo descumprimento do dever contido na norma primária), a parcela restante da norma jurídica (sua porção primária) não mais é favorecida por um mecanismo de aplicação forçada institucional e, portanto, deixa de ser um *dever jurídico*. Assim descaracterizada enquanto norma jurídica a porção primária pela impossibilidade (p. ex., devido à prescrição) da operação da norma secundária, deflui que aquilo antes produzido com desobservância de uma dada norma primária, já agora não mais encontra nenhuma norma concreta com que se incompatibilize (a norma concreta que dava fundamento jurídico à possibilidade de questionamento do descumprimento de um dever inscrito na norma primária não subsiste à inoperância — extinção face à prescrição — de sua correspectiva norma secundária).

Ora, se esse "aquilo antes produzido com desobservância de uma norma primária" se tratar de um ato administrativo viciado, a descaracterização da juridicidade dessa norma primária pela extinção da sua correlata secundária importará na estabilização do ato administrativo supostamente viciado tal como produzido. Daí, afirmar que o prazo de acesso ao Judiciário (decadencial ou prescritivo, consoante respectivamente nos atermos ou não à sistematização de Amorim Filho) consubstancia o prazo de estabilização dos atos administrativos viciados, *prevalecendo sobre eventuais distintos prazos previstos para a invalidação administrativa dos atos administrativos supostamente viciados.*

C) Competência legislativa da União Federal e correlações com as competências legislativas do demais entes federativos

Como, entre nós, o regramento do marco temporal de acessibilidade ao Judiciá-

39. *Causalidade e Relação no Direito*, 2ª ed., São Paulo, Saraiva, 1989, pp. 112-114.

40. Ob. cit., p. 113.

rio, tema de direito processual, insere-se na competência legislativa da União Federal (CF, art. 22, I), serão normas federais que regrarão o tema para todas as esferas governamentais. Disso resulta que, se uma lei de ente da federação distinto da União Federal prever prazo a maior que aquele abstratamente prescrito pela legislação federal para invalidação administrativa de seus atos administrativos supostamente viciados, a competência administrativa invalidante somente permanecerá *enquanto* não transcorrido o prazo previsto para prescrição (acesso ao Judiciário temporalmente definido pela Lei Federal).

Em outra mão, a legislação de outros entes federativos distintos da União Federal pode prever prazo menor para estabilização dos seus atos administrativos perante a própria Administração. Nesse caso, a competência legislativa dos demais entes federativos prevalece por cingir-se ao regramento da atuação da Administração pública dentro de seu próprio âmbito sem colidir com o exercício da função fundamental posta ao Judiciário.

D) Os prazos

O prazo geral é o *qüinqüenal*, consoante defluído de reiteradas manifestações normativas. De fato, desde o antigo Código Civil (Lei 3.071, de 1.1.1916), art. 178, § 10, VI,[41] nisto confirmado e ampliado pelo Decreto 20.910, de 6.1.1932, art. 1º,[42] e pelo Decreto-lei 4.952, de 19.8.1942, art. 2º;[43] a Lei 4.717, de 29.6.1965, art. 21,[44] o prazo prescritivo em indagação é de cinco anos.[45] Assim também quanto aos lançamentos tributários — consoante depreende-se do Código Tributário Nacional (Lei 5.172, de 25.10.1966), arts. 168[46] e 174.[47] Regrando o prazo decadencial para punição em exercício de poder de polícia administrativa federal, a Lei 9.873, de 23.11.1999, art. 1º, prevê o mesmo prazo (cinco anos).[48-49]

A Lei 9.784/1992, art. 54, prevê similarmente o prazo *qüinqüenal* para a invalidação administrativa de *atos administrativos viciados favoráveis aos administrados produzidos em boa-fé*. Do seu texto, fica a nítida impressão de dever-se encontrar prazo *maior* para as hipóteses, *favoráveis ou desfavoráveis*, de atos administrativos eivados de *má-fé* (intencionalidade e consciência de praticar o ilícito). Todavia não indica o dispositivo em consideração que prazo seria esse, impondo que o exegeta forceje por encontrar no sistema o regramento cabível.

Antes de continuar, uma questão merece esclarecimento: por que o disposto pelo art. 54, da Lei 9.784/1999, teria relevância normativa (não por expediente integrativo, mas por direta incidência) para o regramento da estabilização dos atos administrativos *supostamente* viciados produzidos por entes federativos distintos da União Federal?

O esclarecimento se faz com remissão ao que constatado anteriormente: *é normação federal aquela competente para dispor sobre o prazo de acesso ao Judiciário* (tema de direito processual) *para o fito de invalidação de atos administrativos supostamente viciados*, daí a relevância do disposto pelo art. 54 da Lei 9.784/1999 sobre o tema aqui investigado. Resta, entretanto, ainda um detalhe: o dispositivo legal em consideração

41. Art. 178, § 10, VI — v. nota 25, *supra*.
42. V. nota 26, *supra*.
43. V. nota 27, *supra*.
44. V. nota 28, *supra*.
45. V. nota 29, *supra*.

46. V. nota 30, *supra*.
47. V. nota 31, *supra*.
48. V. nota 32, *supra*.
49. Com outro tema em foco — prazo prescritivo para interposição de ação pela Administração contra administrado — Celso Antônio Bandeira de Mello (*Curso...*, 13ª ed., pp. 210-211) e sua singular agudez também conclui que, ainda presente uma lacuna específica, tal seria mesmo o *qüinqüenal* em face de sua reiterada referência em várias normas especificamente voltadas ao Direito Público.

regula o prazo de invalidação *pela própria Administração* de atos administrativos viciados, regra, pois, o período de vigência da possibilidade do exercício da autotutela pela Administração Federal, donde a pergunta: *o que permitiria estender essa normação ao prazo de acesso ao Judiciário para invalidação dos atos administrativos?*

A resposta está no fato de que, sendo o legislador federal o único competente para regrar o prazo de acesso ao Judiciário (prescrição ou decadência, consoante a linha doutrinária adotada), a externação — ainda que incompleta — em disposição legal *federal* prescritiva de um prazo *maior* que o comum (qüinqüenal) para invalidação de certos atos administrativos *implicitamente* aponta que também o prazo de acesso ao Judiciário (*o qual não pode ser menor que o previsto para exercício da autotutela*) seja expandido em mesma medida. Isso, notemos, é possível concluir porque as determinações do legislador federal sobre o tema podem, dada sua competência para legislar acerca de processo civil (CF, art. 22, I), repercutir na normação do prazo de acesso ao Judiciário para o pleito de invalidação de atos administrativos.[50]

Feitos os esclarecimentos devidos, voltemos à interpretação do art. 54 da Lei 9.784/1999 quanto ao prazo para invalidação dos atos administrativos viciados *supostamente* por má-fé. Não sendo o caso de *imprescritibilidade* (pois, consoante visto, a regra geral é a da prescritibilidade), podem ser ofertadas duas soluções. Uma, seria reler o art. 54 em questão e concluir que, em caso de *má-fé*, o prazo *qüinqüenal* seria contado da ciência desse vício pelos legitimados à proposição de pleitos judiciais de invalidação. Essa solução — se tem a vantagem de fundar-se no próprio dispositivo sob interpretação — oferece a desvantagem de dificultar o encontro do *dies a quo* para contagem do prazo prescritivo, *porquanto sempre será de tormentosa prova a verificação da data em que o autor de uma demanda tomou conhecimento da suposta má-fé para daí contar-se o lustro prescritivo*.

Outra solução mais direta e, por isso mesmo, preferível, nada obstante socorrer-se de outra disposição para integração analógica (mas isto, certamente, é um mal menor ou mesmo mal nenhum), encontra-se na aplicação do prazo prescritivo previsto para o questionamento dos atos administrativos *supostamente* viciados pela improbidade administrativa, consoante a previsão da Lei 8.429/1992, art. 23, I.[51] Esta solução ganha em

50. Com efeito, proviesse de outro ente federativo uma disposição semelhante à do art. 54 da Lei 9.784/1999 e nenhuma conseqüência ensejaria ao regramento da vigência do direito de acesso ao Judiciário para invalidação dos atos administrativos viciados. Aliás, exemplo concreto disso, temos na Lei Paulista de Processo Administrativo, Lei 10.177, de 30.12.1998, art. 10, I, que, prevendo um prazo de 10 anos para exercício da competência administrativa de invalidação dos atos administrativos estaduais *supostamente* viciados, *não* enseja sobrevida à essa competência uma vez transcorrido o prazo de acesso ao Judiciário para a invalidação desses mesmos atos.

51. Após esse período, olhando para o alto, talvez encontrasse o sobrolho repreensivo de Pontes de Miranda (*Tratado de Direito Privado*, t. VI, Rio de Janeiro, Borsói, 1955, p. 126): "As regras jurídicas sôbre prescrição hão de ser interpretadas estritamente, repelindo-se a própria interpretação analógica". Não enfrento, aqui, os fundamentos de tal assertiva peremptória e mesmo compreendo a gravidade e os riscos prováveis se os operadores do sistema jurídico saíssem por aí afora a construir prazos prescritivos por analogia. Contudo, a solução para a ausência de prazo específico seria a utilização do prazo geral, consoante a obviedade de que, na ausência de norma especial, aplica-se a geral. Daí provavelmente ter Pontes de Miranda sentido-se confortável em fazer sua proclamação, reparando (aqui, conjeturo) mais de perto o *sub*-sistema jurídico composto pelo Código Civil. Entretanto, por várias razões (*supra* expostas) tenho que o prazo prescritivo comum do Código Civil não pode ser usado no caso, ao menos como prazo prescritivo comum. D'outro bordo, o que seria o prazo prescritivo comum no direito público — *cinco anos* — justamente não pode ser empregado aqui, visto estar em pauta hipótese (ato administrativo *suposta-*

satisfatoriedade perante o sistema positivo *quando notado que a má-fé, tirante exageros literais do texto da Lei 8.429/1992, é característica intrínseca, ao menos por um viés semântico razoável e historicamente trilhado, à noção de "improbidade"*. Temos aí, portanto, uma disposição normativa regrando o tema da prescrição, a qual subjaz um juízo político, *juridicamente positivado*, sobre o prazo idôneo para acesso ao Judiciário em torno de hipótese em que *supostamente* presente a má-fé. Donde a idoneidade normativa e integrativa do art. 23, I, para reger a estabilização dos atos administrativos viciados *supostamente por má-fé*. A propósito é o texto do dispositivo em comento:

> Art. 23. As ações destinadas a levar a efeito as sanções previstas nesta Lei podem ser propostas:
>
> I — até 5 (cinco) anos após o término do exercício de mandato, de cargo em comissão ou de função de confiança;

Integrativamente, compreendamos o prazo de estabilização dos atos administrativos *supostamente* viciados por má-fé como de *cinco anos a contar da saída do agente público ocupante do cargo ou emprego público no qual produziu o ato administrativo que se pretende questionar*. Para que se aplique esse prazo, é *imprescindível* que a vestibular traga *razoáveis indícios* — lembro que a parte final do art. 54 da Lei 9.784/1999 emprega a voz "*comprovada* má-fé" para definir o âmbito da ressalva ao prazo comum *qüinqüenal* — que permitam já numa apreciação perfunctória decidir — certamente não o mérito da demanda — mas, sim, se, no *casu*, avulta-se *justificável* o afastamento do prazo prescritivo *comum*. *O que* ***não*** *pode valer, por óbvio, é* ***a mera alegação, em sede exclusivamente discursiva, da suposta*** *presença de má-fé*. Do contrário, sabido que papel aceita tudo, estaria ensejado ao autor, i.é, à parte prejudicada pela *prescrição* (a quem *interessa*, pois, a decretação de sua *não* intercorrência), definir o prazo prescritivo a que submeteria a sua pretensão anulatória (se *qüinqüenal* simples ou pela regra da Lei 8.429/1992, art. 23, I).

A solução, todavia, oferta ainda uma dificuldade: se vários agentes públicos participaram da edição do ato administrativo *supostamente viciado por má-fé* que se pretende invalidar, põe-se o problema de identificar qual será o *dies a quo* para contagem do prazo prescritivo? Em outras palavras: a partir da saída de qual dos agentes públicos em questão contar-se-ia o prazo de estabilização desse hipotético ato administrativo?

Seja ainda aumentado o problema, envolvendo na hipótese construída o comparecimento de outros sujeitos de direito, favorecidos de alguma forma pelo ato administrativo (pode ser considerar aí, ato em sentido amplo, abarcando assim os bilaterais, notadamente *os contratos administrativos*).

Muito bem. Várias respostas poderiam ser dadas, a princípio: uma, a partir da data em que ocorrer a *primeira* saída do cargo por quaisquer dos agentes públicos envolvidos; outra, a partir da data em que o *último* agente sair do cargo ou emprego público no exercício do qual produziu o ato administrativo; outra ainda, a partir do momento que o *terceiro* agente público deixar o cargo respectivo e assim por diante...

Obviamente, propender por uma ou por outra, requer uma opção justificável.

Ora, uma premissa sobressai incontornável: *para estabilização de um mesmo ato administrativo (unilateral ou bilateral) pelo decurso de tempo, o prazo prescritivo a ser considerado* ***não*** *pode variar de pessoa a outra. Deve ser único*. A estabilização é do ato administrativo e *em face dele* deve ser

mente viciado com má-fé) que, não somente o art. 54 da Lei 9.784/1999, mas também a boa-fé administrativa, a razoabilidade e a proporcionalidade jurídicas indicam requerer *prazo prescritivo específico maior*. Como sair dessa verdadeira *sinuca de bico*: não encontro outra solução substancialmente — i.é, em face da boa-fé, da razoabilidade e da proporcionalidade jurídicas — satisfatória, senão o recurso à analogia. *A necessidade é mãe da ciência... e da ressalva também!*

considerada. Impõe-se como *único* o prazo prescritivo ainda por decorrência de princípio jurídico próprio ao instituto da prescrição: *o da continuidade*, segundo o qual tem ela "uma continuidade indivisível: os seus efeitos ativos ou passivos não sofrem solução de continuidade pela substituição de prescribentes ou titulares, em virtude da sucessão universal ou singular".[52]

A idéia *normativa* daí defluida é que *não* se podem imaginar operáveis distintos prazos prescritivos em relação às várias pessoas que, de alguma forma, participaram da produção de um ato administrativo *supostamente* viciado ou, de alguma forma, tiveram daí alargado seu patrimônio jurídico ou sofrido um gravame. A anulação do ato administrativo submete-se a um *único* prazo prescritivo. A *suposição* ou *indício* de presença de má-fé, no caso, somente se apresenta relevante no que indicado pelo art. 54 da Lei 9.784/1999, merecer a hipótese a incidência de *um* prazo prescritivo mais largo — ***não de vários, nem, muito menos**, vários individualmente estimados em face de cada um dos eventuais réus* em demandas anulatórias (exclusivas ou cumuladas com outras, como no caso das *ações de improbidade administrativa*).[53]

Só podendo ser *um* o prazo em consideração e, a princípio, por um relance d'olhos, podendo-se identificar *vários* possíveis prazos em vista do, no mínimo, *esdrúxulo* regramento feito pela Lei 8.429/1992, art. 23, I, os mesmos fundamentos *substanciais éticos e de Justiça* que informam os fundamentos do instituto da prescrição não desaparecem na hipótese em causa e, portanto, determinam que a escolha *exegética* em apreço faça-se *fundamentadamente medeada por um juízo de **Justiça***. E nisso de defender-se um prazo prescritivo único, a ser identificado operando-se o valor de *Justiça* (eqüidade), para as hipóteses de atos administrativos *supostamente* produzidos mediante *má-fé* não vai nenhum paradoxo. Também nenhum escândalo pode ser flagrado em se afirmar que aqui comparecem os mesmos princípios *substanciais éticos* (segurança das relações jurídicas, estabilidade do direito) que subjazem ao instituto em causa. A razão é simples: não há má-fé presumida, não há má-fé que *preexista a uma decisão estatal precedida de **devido processo legal***; antes disso, há só *indício*, *suposição*, *hipótese*. Demais, por força da natureza *abstrata* da ação, o fato de sua proposição, o direito de sua proposição, enfim, *em nada diz sobre sua procedência* (verificação jurisdicional positiva da configuração dos fundamentos da pretensão posta na vestibular).

De meu lado, propendo por adotar, como *dies a quo, a data em que o último agente envolvido na produção do ato administrativo que se pretenda invalidar tenha desocupado o cargo ou emprego público que ocupava ao tempo em que expedido o ato administrativo supostamente viciado*. Justifico a opção exegética por assim ensejando mais tempo para que os órgãos do sistema jurídico manifestem-se sobre os casos concretos lhes submetidos — já a adoção do prazo (mais precisamente *dies a quo*) do art. 23, I, da Lei 9.784/1992, enseja na imensa maioria dos casos a fluência de um prazo superior ao *qüinqüenal*: entre a interpretação que impede a produção de decisão pelo sistema jurídico e outra que, observado um prazo razoável, enseja a persistência da capacidade do sistema jurídico de decidir, esta última parece ser a escolha mais adequada, sobretudo porque referida exegese é construída para o *prazo de estabilização do ato ad-*

52. Antônio Luís da Câmara Leal, *Da Prescrição e da Decadência*, 2ª ed., Rio de Janeiro, Forense, 1959, p. 48.

53. E assim se daria mesmo que tentada alguma aproximação com o instituto da prescrição *penal*, visto que também neste o prazo prescritivo conta-se em relação *ao fato idealmente tipicável como crime*, sendo *um só fato-crime*, em face de cada *um*, somente poderá correr *um* prazo prescritivo. É o que decorre da própria regência do tema pelos arts. 110 e 111 do Código Penal.

ministrativo e, *não*, para o prazo prescritivo da ação de improbidade administrativa.[54]

Cabe, entretanto, apontar um prazo último que impeça a perpetuidade da invalidação dos atos administrativos *supostamente* viciados, sob pena de sacrifício da segurança jurídica (princípio igualmente caro ao sistema jurídico; aqui o juízo medeado pela *eqüidade*). *Esse papel de prazo último (e, aqui, tão-somente esse papel) para estabilização poderia ser bem desempenhado pelo antigo prazo vintenário inscrito no CC, art. 177, que, entrado em vigor o novo Código Civil, tornou-se* ***decenário, contado a partir da edição do ato administrativo*** *supostamente* viciado por má-fé.[55]

Quanto aos casos de *atos administrativos desfavoráveis aos administrados produzidos em boa-fé*, estes podem ter o regramento da extinção temporal do acesso ao Judiciário para o fito de sua invalidação remitido ao prazo geral: *cinco anos a contar da edição do ato administrativo*; aliás, essa é a tônica do Decreto 20.910/1932, art. 1º.

Há também hipóteses específicas, identificadas em face de previsões explícitas e estritas. É o caso da imprescritibilidade de atos administrativos que *supostamente* apresentem vícios concernentes à *prática de racismo* (CF, art. 5º, XLII), *à ação de grupos armados contra a ordem constitucional e o Estado Democrático* (CF, art. 5º, XLIV) e atos administrativos de registro concernentes *ao estado das pessoas físicas* (em decorrência de uma principiologia própria desenvolvida em torno dos direitos personalíssimos). Específicos também são os prazos de estabilização previstos no CTN, art. 169 (decisões administrativas irrecorríveis que deneguem a repetição de indébito tributário; prazo de dois anos) e na Lei 8.036/1990, art. 23, § 5º (prescrição trintenária para questionamento de atos administrativos de gestão do FGTS). E certamente outros prazos específicos podem existir por aí ou vir a ser inscritos por normação *específica*.

Quanto aos atos administrativos configuradores de crimes — aqueles rotulados por Weida Zancaner como *absolutamente insanáveis* —, em rigor, o tema da estabilização por decurso temporal não os toca por uma razão singela: *assim considerados, externam-se esses ditos atos não como atos administrativos (porquanto incapazes de ser interpretados e operados como normas jurídicas), mas como fatos administrativos ou, melhor, pura e simplesmente fatos jurídicos em tese criminosos.* Ora, os fatos não são invalidáveis nem convalidáveis — fenômenos operáveis exclusivamente com atos jurídicos[56] — e, portanto, sequer há sentido em se discutir sua estabilização (impedimento da invalidação) pelo decurso temporal: como dito, o tema que nos ocupa não os toca.

6. Enfim...

Eis as soluções encontradas e *desenvolvidas* — sim, *desenvolvidas*, pois, a exegese de qualquer porção do sistema jurídico não é mero ofício de *descobrir* verdades lá já existentes e encobertas; tem disso, mas justamente nos casos em que a *praxis* se acotovela em dificuldades, *é que tem mais de construção* — para as inconsistências doutrinárias e jurisprudenciais identificadas em apertadíssima síntese face ao espaço compatível com um artigo. Cabe apenas dizer mais o seguinte: partir do encontro de posições

54. Para este, outra há que ser a exegese do dispositivo legal em comento, uma vez consideradas as *graves* implicações *sancionatórias* envolvidas nessa *actio*. Para o que deverá ser a exegese também construída com intercedência de juízos de *Justiça* ou *Eqüidade*.

55. Prazo que caíra para *dez* anos a partir da vigência do novo Código Civil e seu art. 205.

56. Bem o observa Celso Antônio Bandeira de Mello (*Curso...*, 13ª ed., p. 340): "atos administrativos podem ser anulados e revogados, dentro dos limites do Direito; fatos administrativos não são nem anuláveis, nem revogáveis (...)".

jurisprudenciais e doutrinárias que me pareciam insatisfatórias e propor algumas novas posições longe está de afirmar que estas novas afirmações me soem plenamente satisfatórias. Certamente parecem-me menos inconsistentes que aquelas divergidas, daí melhores — razão porque as sustento. A insatisfação, entrementes, permanece e é mesmo pressuposto para aprofundamento e progresso da investigação científica.

PRINCÍPIO DA LEGALIDADE E PODER REGULAMENTAR NO ESTADO CONTEMPORÂNEO*

ALEXANDRE SANTOS DE ARAGÃO

Procurador do Estado do Rio de Janeiro. Professor Contratado de Direito Administrativo da Universidade do Estado do Rio de Janeiro — UERJ e da Universidade Estácio de Sá. Membro das Comissões de Direito Administrativo e de Direito Constitucional do Instituto dos Advogados Brasileiros — IAB. Mestrando em Direito Público pela UERJ

I — Princípio da separação dos Poderes. II — Princípio da legalidade. III — O exercício de funções normativas pela Administração Pública. III — 1. Delegificação. IV — Conclusão.

"On ne voit rien de juste ou d'injuste qui ne change de qualité en changeant de climat; trois degrés d'élévation du pôle renversent toute la jurisprudence; une méridien décide de la verité... le droit a ses époques... plaisante justice qu'une rivière borne, verité en deça des Pyrénées, erreur au dela!" (Pascal).[1]

Um dos pontos do Direito Público que mais tem desafiado os juristas e operadores do Direito no mundo contemporâneo é a multiplicação das normas genéricas e abstratas editadas por órgãos e entidades não integrantes do Poder Legislativo, que, se por um lado, nos leva à reavaliação dos contornos das funções que este hoje possui, por outro, faz com que procedamos à revisão conceitual do próprio Poder Executivo, historicamente concebido como um gestor dos assuntos públicos, subalterno e executor das decisões do Parlamento.[2]

Já em 1965, Vicente Ráo[3] reconhecia que não havia "como se desconhecer que a

* Texto elaborado a partir da transcrição de palestra proferida sob o mesmo título na Pontifícia Universidade Católica do Rio de Janeiro — PUC/RJ, em 12 de abril de 2000.

1. In *Pensées*, t. I, Ed. Jacques Chevalier, 1925, p. 126.

2. Javier García Fernández, "El gobierno en acción", in *Cuadernos y Debates* 57/50-51, Madri, Boletín Oficial del Estado, Centro de Estudios Constitucionales, 1995.

3. *As Delegações Legislativas no Parlamentarismo e no Presidencialismo*, São Paulo, Max Limonad, 1966, pp. 16 a 18.

maior extensão dos deveres do Estado moderno, para além da ordem estritamente jurídica, exige-se-lhe confiram novos poderes, para o exercício dos quais há de se apresentar instrumentalmente aparelhado, a fim de poder exercer as suas funções a tempo e com eficiência. (...) Tem-se sustentado ser necessário que o Governo possua e mantenha em atividade um sistema adequado de meios e instrumentos de disciplina equacionado com a especialização e a complexidade crescente dos problemas sociais e particularmente dos problemas econômicos contemporâneos. E mais se tem dito e vem dizendo que esses meios e instrumentos devem possuir flexibilidade bastante para prevenir ou remediar tempestivamente as crises ocorrentes, o que jamais se conseguiria obter se a ação do Estado devesse depender só e sempre das insuficiências e das delongas dos processos legislativos tradicionais, ou seja, das assembléias constituídas por centenas de membros em sua maior parte desprovida de conhecimentos técnicos especializados e atentos, as mais das vezes, aos interesses das forças que os elegeram do que às necessidades reais da nação".

Ao adentrar no tema, não menosprezaremos a importância dos princípios da separação dos Poderes e da legalidade, mas tentaremos libertá-los do véu mítico que às vezes os encobre.[4]

I — Princípio da separação dos Poderes

Marcadamente após a 2ª Guerra Mundial, quando as atividades estatais adquiriram, frente a uma realidade tecnicizada e cambiante, inédita complexidade, a normatização social passou a ser crescentemente exercida por órgãos não integrantes do Poder Legislativo, mormente por órgãos e entidades da Administração Pública.

O panorama é amplíssimo, abrangendo desde órgãos centralizados da Administração direta e antigas instituições, como as universidades, até as recentes agências reguladoras.

Os poderes regulamentares conferidos à Administração Pública não apenas são inúmeros, abrangendo a maior parte dos setores da vida social, como, pelos termos bastante genéricos em que são conferidos, são exercidos com elevado grau de liberdade.

Mais uma vez confirma-se a assertiva de que toda importante questão de direito público chega, mais cedo ou mais tarde, ao, tão antigo quanto polêmico, princípio da separação dos Poderes.[5]

Por ora, devemos observar que a Teoria de Montesquieu, historicamente contextualizada nos séculos XVII e XVIII, além de ter sido objeto de interpretações radicais e absolutas, não contempladas pelo próprio autor, nunca foi aplicada em sua inteireza.[6]

Em primeiro lugar, não existe *uma* separação de Poderes, mas muitas, variáveis segundo cada Direito positivo e cada momento histórico.[7]

Se retirarmos o caráter dogmático e sacramental impingido ao princípio, ele pode-

4. O tema implica na abordagem de inúmeros aspectos de relevância para a Teoria Geral do Estado. Não será o caso, todavia, de esgotá-los. Os temas periféricos serão tratados de maneira instrumental à compreensão do objeto principal do estudo. Buscaremos, no entanto, sugerir alguma bibliografia que possa auxiliar no aprofundamento das abordagens feitas.

5. "Malgré l'apparente précision des textes, il ne faut croire que la fameuse théorie de Montesquieu sur la séparation des pouvoirs soit parfaitement claire et facilement intelligible. La meilleure preuve qu'il n'en rien, c'est qu'elle a donné e donne encore matière à des discussions passionés et à des interprétations innombrables. (...) Bien rares sont les études pleinement objectives et exemptes de toute préocupation tendancieuse" (Marcel de la Bigne de Villeneuve, *La Fin du Principe de Séparation des Pouvoirs*, Sirey, 1934, p. 9).

6. Cf. Reinhold Zippelius, *Teoria Geral do Estado*, trad. Karin Praefke-Aires Coutinho, coord. J. J. Gomes Canotilho, 3ª ed., Fundação Calouste Gulbenkian, 1997, p. 416.

7. Ibid.

rá, mantendo a substância, ser colocado em seus devidos termos, ou seja, como divisão das atribuições do Estado entre órgãos distintos, ensejando uma salutar divisão de trabalho e um empecilho à historicamente perigosa concentração de Poderes.

Ele não é capaz, contudo, de levar à conclusão de que cada um destes distintos órgãos-Poderes só possa exercer uma das três funções tradicionalmente consideradas — legislativa, executiva e judicial. E mais, também não é capaz de fazer com que todas as funções do Estado devam necessariamente se subsumir a apenas uma destas três principais espécies classificatórias de funções estatais.

As considerações de Karl Loewenstein[8] a respeito da forma com que o princípio da separação dos Poderes deve ser hodiernamente enfocado são muito esclarecedoras: "O que na realidade significa a assim chamada 'separação de poderes', não é, nada mais nada menos, que o reconhecimento de que, por um lado, o Estado tem que cumprir determinadas funções — o problema técnico da divisão do trabalho — e que, por outro, os destinatários do poder sejam beneficiados se estas funções forem realizadas por diferentes órgãos: a liberdade é o *telos* ideológico da teoria da separação de poderes. (...) O que, comumente, ainda que erroneamente, se costuma denominar como a separação dos poderes estatais, é na verdade a distribuição de determinadas funções estatais a diferentes órgãos do Estado. O conceito de 'poderes', apesar de estar profundamente enraizado, deve ser entendido neste contexto de uma maneira meramente figurativa. Na exposição a seguir se preferirá a expressão 'separação de funções' a de 'separação de poderes'".

Prossegue o constitucionalista, observando que "é necessário ter bem claro que o princípio da necessária separação das funções estatais segundo seus diversos elementos substanciais e sua distribuição entre diferentes detentores, não é nem essencial para o exercício do poder político, nem se apresenta como uma verdade evidente e válida para todo tempo. O descobrimento ou invenção da teoria da separação de funções foi determinada pelo tempo e pelas circunstâncias como um protesto ideológico do liberalismo político contra o absolutismo monolítico da monarquia nos séculos XVII e XVIII".

Similar tratamento à separação de poderes é dado por Reinhold Zippelius[9] ao afirmar que a "'clássica' divisão dos poderes assenta na distinção entre os âmbitos funcionais mais importantes do Estado. Os objetivos supremos da actividade do Estado devem ser permanentemente elaborados, revistos, harmonizados entre eles, e modificados na medida do necessário. (...) Desta maneira se projectam antecipadamente futuros modelos de ordenação e planos de acção relativos à política interna e externa. Tudo isto, que vai para além da mera execução das leis, é tarefa do governo que, como suprema actividade directiva do Estado, não se encaixa, portanto, sem problemas no esquema 'legislação, jurisdição e poder executivo'".

Com efeito, "na atualidade o sistema de divisão e limitação dos poderes se desenvolveu a partir de vários pontos de vista, não apenas na conhecida e tradicional trindade da divisão horizontal de acordo com as funções mais importantes: legislativo, executivo e judicial. Mas também entram em jogo a configuração de unidades de decisão e órgãos coletivos, a autonomização de instituições específicas não submetidas a instruções, e a constituição ainda de instâncias de controle tampouco submetidas a instruções, a margem da divisão tripartite 'clássica'".[10]

8. *Teoría de la Constitución*, trad. Alfredo Gallego Anabitarte, Ariel, 1986, pp. 55-56.

9. Ob. cit., p. 412.

10. Klaus Stern, *Derecho del Estado de la República Federal Alemana*, trad. Javier Pérez Royo e Pedro Cruz Villalón, Centro de Estudios Constitucionales, 1987, p. 236.

A separação de poderes deve ser vista atualmente sob o prisma do pluralismo da nossa sociedade, que "tem o significado de colocar perante várias instâncias da máquina estadual as reclamações ou o apoio de vozes diferentes. E assim resulta numa potenciação da divisão de poderes organizatória interna do Estado, que ganha outra vez o valor duma divisão política. Só que em vez da fórmula do século XIX de uma separação taxante entre pretendentes ao poder, cada um com o seu veículo de expressão numa 'função' do Estado, vamos encontrar um sistema bem mais complexo e subtil (...). O pluralismo social vem assim a integrar-se num quadro alargado de separação de poderes, e representa uma função positiva na organização dum estado moderno".[11]

Na doutrina brasileira, Bilac Pinto,[12] em obra pioneira, asseverou que "o fato da outorga, pelo Estado moderno, de funções normativas e jurisdicionais a outros órgãos além dos que as monopolizaram, até o fim do século passado (Poder Legislativo e Poder Judiciário), constitui fenômeno universal, cujas proporções se avolumam cada vez mais".

Com escusas pelas citações, acreditamos ter demonstrado que, se relativizada a idéia "clássica" e absoluta de separação dos Poderes, o amplo poder regulamentar dos órgãos e entidades da Administração Pública em nada contraria a divisão de funções estabelecida pelas Constituições contemporâneas e *os valores do Estado de Direito*, que, afinal, *constituem o principal parâmetro da admissibilidade ou não do exercício de distintas funções estatais pelo mesmo órgão-Poder*.[13]

Espancando quaisquer perplexidades, o clássico Jean Dabin,[14] com percuciência, asseverou: "Se idealmente fundada a distribuição de funções entre instituições ou órgãos distintos e independentes, ela *não possui, todavia, senão um valor de meio, não de um dogma*, o que vale dizer que o princípio comporta uma série de exceções. As exceções serão justificadas, em primeiro lugar, toda vez que razões de interesse geral as imponham. A hipótese é bastante freqüente, mas sempre especial. Normalmente, por outro lado, do ponto de vista teórico, a solução derrogatória é aplicada ou pela história das instituições ou por considerações de oportunidade".

II — Princípio da legalidade

A determinação do âmbito do poder normativo dos órgãos não integrantes do Poder Legislativo pressupõe a definição do que se entende por Estado de Direito, separação de Poderes, princípio da legalidade e discricionariedade.

À complexidade destas matérias agrega-se o fato de que parte da doutrina brasileira mantém a respeito delas uma concepção ainda apegada às suas origens mais remotas, totalmente diversas da realidade do Estado contemporâneo.

O princípio da legalidade tem a sua origem na noção liberal oitocentista de separação de Poderes. A classe burguesa, prevenindo-se das medidas que até então lhe eram impingidas pela realeza absolutista, estabeleceu, pelo menos teoricamente, um mecanismo pelo qual toda medida jurídica seria mera decorrência, simples subsunção ou execução, de normas jurídicas adredemente estabelecidas por seus representantes de maneira genérica, abstrata e exaustiva. Ao ad-

11. Rogério Guilherme Ehrhardt Soares, *Direito Público e Sociedade Técnica*, Coimbra, Atlântica Ed., 1969, p. 160.

12. *Regulamentação Efetiva dos Serviços de Utilidade Pública*, Ed. Revista Forense, 1941, p. 107.

13. Em outras palavras, não serão as acumulações de poderes sempre constitucionais, mas, certamente o serão, se privilegiarem os valores do Estado de Direito.

14. *Doctrine Générale de l'État*, Bruxelas/Paris, Bruylant/Sirey, 1939, pp. 284-285, destacamos.

ministrador e ao juiz incumbiria, portanto, apenas a execução da lei, tendo funções meramente cognitivas, nunca volitivas.

À lei do parlamento foi, então, impingido um valor sacramental, fundado na noção de "vontade nacional" ou "popular", e nas idéias racionalistas e humanistas predominantes na época.[15] Qualquer ato administrativo ou judicial que não representasse única e exclusivamente a concreção da vontade previamente estabelecida pelo legislador seria um atentado à vontade do novo soberano, o "povo-rei", sendo, assim, ilegítima.

A "vontade popular", até hoje invocada para fundamentar a defesa da subordinação absoluta do administrador e do juiz à lei deve, no entanto, ser relativizada.

O homem sempre precisou de normas estáveis e previsíveis pelas quais pudesse pautar o seu comportamento, tendo criado ao longo da história os mais diversos fundamentos para que se conformasse às limitações impostas à sua liberdade.

Até à consolidação política da cristianização na Europa, os grupos humanos possuíam uma estrutura jurídica simples, geralmente fundada na autoridade do chefe do clã. O surgimento da lei, ainda não parlamentar, mas já com suas características de certeza, abstração e generalidade, surgiu apenas com a sedentarização e aglomeração dos grupos humanos nas cidades que começavam a surgir. A convivência de diversos grupos sociais no mesmo espaço territorial urbano impossibilitou a subsistência de uma ordem jurídica semiconsensual, passando a ser exigida uma disciplina jurídica uniforme que fosse considerada legítima por todos os grupos.

O que havia de comum entre estes diversos grupamentos humanos reunidos nas cidades era a fé católica. Desta forma, o ordenamento jurídico global impôs-se fundado na vontade de Deus, manifestada através dos clérigos ou do Rei. Mais tarde, em virtude da Reforma Protestante, que quebrou o consenso religioso até então existente, a vontade do Rei passou a legitimar-se por si própria.

Com a Revolução Francesa, apenas houve uma mudança no ícone legitimador da lei, que passou a fundamentar-se na, não menos mítica, "vontade popular".

Observa-se que as eleições eram censitárias e que, tal "vontade", derivava não "da nação" ou "do povo", mas da maioria dos seus representantes, eleitos pela parcela da população que pagava uma certa quantia mínima em tributos.

Também o voto dos representantes não era (e não é) necessariamente motivado apenas pelo interesse público, deixando-se influenciar muitas vezes por grupos sociais específicos, na maioria das vezes dotados de grande poder econômico.[16]

A lei parlamentar é, no fundo, dentre outros teoricamente possíveis, um dos procedimentos técnicos de formulação de normas jurídicas.[17] A "vontade popular", tal como a "vontade de Deus" ou "do Rei", é ape-

15. "O idealismo do iluminismo se traduziu, já no século XVIII, numa certa idéia do homem, por aspiração à felicidade e ao progresso. O pensamento liberal burguês da época revolucionária, movido por uma inspiração filosoficamente heterogênea, celebrou ao mesmo tempo os 'prodígios da lei' promulgada pelo Poder e as virtudes dos 'Direitos-liberdades' oponíveis ao Poder" (Simone Goyard-Fabre, *Os Princípios do Direito Político Moderno*, trad. Irene A. Paternot, Martins Fontes, 1999, p. 309).

16. São clássicas as lições de Carl Schmitt a respeito da manipulação da lei para a satisfação de interesses políticos ou econômicos não muito nobres e a sua "apropriação" por setores parciais da sociedade (*Du Politique — Legalité et Legitimité et Autres Essais*, trad. coletiva não especificada, Puiseaux, Ed. Pardès, 1990, pp. 39-80 e 215-224).

17. Francos Geny, *Science et Technique en Droit Privé Positif*, t. III, *apud* Henri de Page, *De l'Interprétation des Lois — Contribution à la Recherche d'une Méthode Positive et Théories en Présence*, Bruxelas, Librarie Payot & Cie., 1925, p. 25.

nas um fundamento metafísico que é, ao mesmo tempo, imposto e criado pelos destinatários das normas.

A verdadeira essência da lei não reside nos variados fundamentos oriundos de especulações filosóficas ou teológicas que encontraram eco na psique humana ao longo da história. Decorre, ao revés, da necessidade prática de segurança jurídica, de sabermos, com algum grau de pré-determinação, o que podemos e o que não podemos fazer e, em caso de inobservância, que conseqüências poderemos sofrer.

Merece, pela sua profundidade e erudição, ser trazida à baila a lição de Henri de Page[18] na qual observa que "na prática diária, com serena cegueira, lidamos com uma noção vazia de sentido, e que, no entanto, fez uma revolução: A Soberania popular. (...) A solução do problema, depurada dos elementos heterogêneos que a poluem, reside na compreensão de uma situação de fato, de um estágio sociológico determinado. (...) Desvestimo-nos do velho homem. Examinando as coisas mais friamente, livrando a noção de lei desta ganga de moral e de preconceitos de toda espécie que, por si próprios, criaram o seu hieratismo, tratando-a como um fato social qualquer, *como uma coisa* e não como a obra de uma vontade divina ou humana, alcançaremos realidades e potencialidades mais fecundas e proveitosas. (...)

"A lei já foi a expressão da vontade de Deus, depois a vontade do príncipe. Atualmente, acreditamos que seja a expressão da soberania do povo. Estas são as qualificações morais, sentimentais, que destorcem a sua noção essencial, a ser buscada apenas no seu fundamento obrigatório. Religiosa ou laica, hipostasiada na vontade de Deus ou dos homens, a lei sempre foi o fenômeno social que acabamos de descrever, cumprindo uma finalidade histórica imutável. As formas 'morais' da vontade divina ou humana não são nada além de adereços superficiais, aparências imaginadas por sucessivas ilusões metafísicas. O importante é encontrar a justificação de todos estes fenômenos históricos direcionados à 'legislação', e nos objetivos perseguidos por todos os legisladores. Ditado por Jeovah, Moisés gravou em doze tábuas de pedra, símbolos de imobilização e de estabilidade durável, os princípios de uma religião até então fluidos e incertos, cristalizando a sua aplicação em dez preceitos que os englobava totalmente. Em Roma, os antigos magistrados — decênviros — fixaram, sob doze tábuas, as regras pelas quais patrícios e plebeus deveriam a partir de então viver e agir. (...) E as codificações modernas, produzidas normalmente após uma unificação política ou social, tiveram como principal função resumir o direito aplicável, e enquadrar a sua totalidade em uma carta solene e definitiva. *Pode-se concluir claramente que a estrutura lei constitui uma tentativa de localização, de fixação, de imobilização das forças esparsas e fugidias, independentemente de ter como fundamento Deus, a consciência ou os fatos, captadas pelos textos e destinadas, por consolidação, a tornar-se um programa, uma disciplina da atividade social.*"[19]

Colocado o fenômeno "lei do parlamento" de maneira realista, sem jamais desmerecer os seus inegáveis méritos e a função de estabilização social que desempenha, podemos passar a tratar a matéria com a objetividade necessária.

Inicialmente, devemos destacar que o objetivo almejado pelo liberalismo do século XVIII, do absoluto império da lei, nunca foi atingido. Logo foi verificada a incompletude das leis, o que exigiu, tanto no Direito privado, como no público, uma progressiva construção jurisprudencial, criadora até

18. Ob. cit., t. I, pp. 24-28 (destacamos).

19. Maurice Hauriou discorreu sobre o mesmo fenômeno em termos semelhantes, afirmando que, o que verdadeiramente importa para a lei, é que ela seja escrita, pública, geral, abstrata e racional (*Aux Sources du Droit*, Paris, Librarie Bloud & Gay, 1933, pp. 182 e ss.).

mesmo de novos institutos jurídicos (teoria da imprevisão, vedação do enriquecimento sem causa, responsabilidade civil do Estado, abuso de direito, desvio de finalidade etc.).

No que diz respeito exclusivamente ao desenvolvimento das atividades administrativas, também não demorou a ser constatada a impossibilidade da lei estabelecer prévia e exaustivamente todos os atos que o administrador deveria, de forma autômata, praticar para proteger o interesse público.

Impôs-se ao legislador que, na impraticabilidade de prever todas as situações que demandariam a atuação do Poder Público, concedesse à Administração certa liberdade para determinar o conteúdo dos seus preceitos. As leis passaram então a ser mais gerais e menos determinadas. Essa técnica legislativa recebeu o nome de discricionariedade.[20]

Tratando do momento histórico da afirmação da discricionariedade, Maurice Hauriou[21] afirmou: "A lei foi colocada sob um pedestal e uma teoria jurídica foi construída para reconduzir todo o direito à regra de direito e para subordinar a esta todo o poder, recusando ao poder discricionário qualquer relevância jurídica. Para responder a estes exageros, será suficiente recordar que mesmo na França pós-revolucionária, a supremacia da lei escrita lentamente declinou e que, por um movimento inverso, restaurou-se lentamente o poder dos juízos discricionários, a ponto que fosse restabelecido, entre os dois domínios, um novo equilíbrio".

Devemos ir um pouco mais além: a própria vinculação administrativa, tida como um conceito oposto ao de discricionariedade, não deve ser entendida em termos absolutos. Como explicitado por Bartolomé A. Fiorini, para uma correta distinção entre atos administrativos vinculados e discricionários "é necessário excluir do pensamento jurídico o sentido absoluto pretendido pela clássica definição, ao considerar a administração como a execução direta da lei. Esta, que teve sua origem nos estudos de Rousseau no seu *Contrato Social*, foi propagada logo, sem maior análise, o que desviou muitos juristas. (...) Ao fazer tal consideração, excluem o trecho fecundo onde a administração pode manifestar distintos atos sem sair do cerco fechado da norma denominada lei. Não têm em conta que os atos, as normas administrativas, como a própria lei, só vinculam momentos jurídicos dos interesses coletivos em sua relação com a vida real".[22]

Após a discricionariedade, o princípio da legalidade teve a sua concepção originária e, como visto, apenas ideal, ainda mais atenuada pela concessão de poderes normativos à Administração Pública a fim de que, ela própria — não o Poder Legislativo —, estabelecesse normas gerais e abstratas, ou seja, criasse Direito positivo.

Se este fenômeno já havia se imposto no início do Estado liberal, essencialmente absenteísta, teve e tem a sua importância e âmbito multiplicados com o advento do Estado social,[23] gestor de inúmeras atividades econômicas ou, mais recentemente, delas preponderantemente regulador.[24]

20. Malgrado não ser inteiramente coincidente a que adotamos, é notável a conceituação de discricionariedade de Karl Engisch, constante do seu *Introdução ao Pensamento Jurídico* (trad. J. Baptista Machado, 7ª ed., Fundação Calouste Gulbenkian, 1997, pp. 115-274). Quanto à preponderância das razões de ordem prática no surgimento da discricionariedade, v. André de Laubadère, *Traité de Droit Administratif*, 15ª ed., t. 1, Paris, LGDJ, 1999, p. 693.

21. Ob. cit., pp. 184 e 185.

22. *La Discricionariedad en la Administración Pública*, Buenos Aires, Editorial Alfa, 1948, pp. 46-47. No mesmo matiz, Maurice Hauriou (ob. cit., pp. 183-184) afirmou que "a própria lei escrita, para ser aplicada, necessita da atuação das autoridades que administram o direito".

23. Cf. Vezio Crisafulli, *La Costituzione e le sue Disposizione di Principio*, Dott. A. Giuffrè Editore, 1952; José Afonso da Silva, *Aplicabilidade das Normas Constitucionais*, 3ª ed., Malheiros Editores, 1998.

24. Cf. o nosso "Cofiguração do Estado social brasileiro na Constituição de 1988 — Refle-

Portanto, logo após a vitória da concepção originária da separação absoluta dos Poderes, iniciou-se com impressionante rapidez o que Eros Roberto Grau[25] chamou de processo de "transformação (na verdade, involução)" do princípio da legalidade, que "originariamente implicava em que todo elemento de um ato da Administração deveria estar expressamente previsto como elemento de alguma hipótese normativa, devendo a norma fixar poderes, direitos, deveres etc., modos e seqüência dos procedimentos, atos e efeitos de cada um dos seus componentes e requisitos de cada ato — do que resultava a concepção do Poder Executivo como *administração* e da administração como *execução*".

A denominação do "Poder *Executivo*", denotadora de uma concepção que o considera como mero executor das normas do Poder Legislativo,[26] passou então a ser duramente criticada, dando-se preferência à expressão "Governo". Esta expressão é, sem dúvida, tecnicamente mais correta por não escamotear a função fortemente política que possui, isto é, de que tal como os demais Poderes, também estabelece diretrizes e normas do Estado. Podemos até continuar a usar, por costume e tradição, a expressão "Poder Executivo", mas desde que tenhamos em mente a sua inexatidão terminológica.

*O fato do Poder Legislativo não monopolizar toda a função normativa estatal, não implica, todavia, em desatenção ao Estado **de** Direito*. Este não se confunde com o Estado legal ou Estado ***do*** Direito.[27]

A pedra de cal no ideal legalista do iluminismo, segundo o qual as leis (do Parlamento) seriam necessariamente justas e racionais, foi a série de iniqüidades por elas veiculadas ao longo da história (nazismo, fascismo etc.). Deu-se o que Louis Favoreu[28] qualificou como a "dessacralização da lei": tendo-se percebido que poderia perfeitamente "causar danos às liberdades e direitos fundamentais dos indivíduos; é, portanto, necessário proteger-se também contra ela e não mais exclusivamente contra os atos do poder executivo; a lei não está mais no centro do sistema normativo".

Ademais, é, *d.v.*, ingênua a posição segundo a qual o Poder Legislativo deve concentrar todo o poder normativo do Estado. O caráter lento e pouco técnico do processo legislativo inviabilizaria o desempenho das funções estatais na realidade contemporânea, cada vez mais complexa e dinâmica. Limitar as formas de atuação e organização estatal àquelas do século XVIII, ao invés de, como afirmado pelos autores mais tradicionais, proteger os direitos dos indivíduos e da sociedade, retira-lhes a possibilidade de regulamentação e atuação efetiva dos seus interesses.

O que devemos é buscar a realização dos valores de justiça e eqüidade do Estado de Direito por parte de qualquer poder esta-

xos na despublicização da atuação estatal", constante da obra coletiva *Temas de Direito Constitucional — Estudos em Homenagem ao Advogado André Franco Montoro*, org. Guilherme José Purvin de Figueiredo e José Nuzzi Neto, Rio de Janeiro, Ed. Esplanada — ADCOAS/IBAP, 2000, pp. 21-58.

25. "Algumas notas para a reconstrução do princípio da legalidade", *Revista de Direito da Faculdade de Direito da USP* 78.

26. Cf. M. S. Giannini, *Diritto Amministrativo*, 1º v., 3ª ed., Milão, Giuffrè Editore, 1993. À p. 88, o autor afirma: "Questa concezione rigida del principio di legalità corrispondeva alla concezione del potere amministrativo come potere esecutivo, e quindi dell'amministrazione come esecuzione. Siccome in tal modo le amministrazioni pubbliche non avrebbero potuto funzionare, si trovarono due valvole, nella discrezionalità amministrativa, e in taluni atti amministrativi da adottare solo in circostanze straordinarie, che erano le "ordinanze di necessità".

27. Cf. Redor Marie-Joëlle na obra, eloqüente pelo seu próprio título, *De l'État Légal à l'État de Droit*, Ed. Economica, 1992.

28. In "A evolução e a mutação do Direito Constitucional francês", constante da obra coletiva *Direito Constitucional — Estudos em Homenagem a Manoel Gonçalves Ferreira Filho*, Dialética, 1999, p. 215.

tal.[29] É mais importante satisfazê-los do que garantir a competência deste ou daquele Órgão Estatal/Poder.[30]

O mero Estado legal ou ***do*** Direito consiste apenas no estabelecimento de uma regra de competência atributiva de sobrepujança do Poder Legislativo sobre os demais Poderes. O Estado ***de*** Direito, ao revés, consubstancia-se numa ordem axiológica global.[31] "Se o Estado ***do*** Direito se caracteriza essencialmente por suas formas e suas estruturas jurídicas, é, no Estado ***de*** Direito, a participação ideológica que prevalece sobre a arquitetônica jurídica e liga a esperança da liberdade à sua realização".[32]

Prevenindo-nos contra quaisquer perplexidades, Carlos Ari Sundfeld[33] explica "porque a adoção de um amplo sistema de regulamentos autônomos ou o controle da produção legislativa pelo Executivo não eliminou o Estado de Direito: ainda que a norma a aplicar (lei, regulamento, diretiva comunitária, não importa) não os favoreça ou induza, sua aplicação há de seguir um 'catálogo de mandamentos' que excluirá o arbítrio. (...) Em termos exclusivamente lógicos, o Estado de Direito pode prescindir da subordinação do ato administrativo à lei e do Executivo ao Legislativo. Basta preservar em vigor o dogma de que o ato da Administração não pode ser fruto do capricho (mesmo que não haja uma lei a sujeitá-lo)".

III — O exercício de funções normativas pela Administração Pública

Dentro da perspectiva dos tópicos anteriores, desenvolveremos a apreciação do poder normativo da Administração Pública, cuja compreensão é sobremaneira dificultada pelo conservadorismo de alguns, que têm verdadeira ojeriza à simples menção ao termo "regulamento autônomo". Podem até dar o nome de "executivo" a atos normativos que, indubitavelmente, sejam daquela espécie, mas, falar "autônomo", jamais.[34]

O trato da matéria é estorvado também pelos que, apesar de terem uma visão mais atualizada e realista da matéria,[35] adotam no-

29. "Les principes sont l'arme preferée des juristes. C'est grâce à eux que ces Prudents exercent leur magistère, tantôt en faveur de la jurisprudence, tantôt en faveur de la loi. A l'époque actuelle, ils sont, par la force des choses, poussés vers la jurisprudence plutôt que vers la loi" (Maurice Hauriou, ob. cit., pp. 188-189).

30. Giorgio Del Vecchio, criticando os cépticos e realistas empíricos, afirma que eles "identificam justiça com legalidade, justiça com comando. Fácil é mostrar que semelhante interpretação é própria das fases primitivas da evolução da sociedade ou do homem. Só a sociedade primitiva, ou a criança, são incapazes de distinguir entre o estatuído como justo e a justiça" (*Lições de Filosofia do Direito*, trad. Antônio José Brandão, Coimbra, 1979, p. 546).

31. Redor Marie-Joëlle, ob. cit., p. 389.

32. Simone Goyard-Fabre, ob. cit., p. 322.

33. In "A Administração Pública na era do direito global", constante da obra coletiva *Direito Global*, Max Limonad, 1999, p. 167.

34. Esta era, como observa Javier García Fernández, a postura do Conselho de Estado francês: "A execução da lei significava, para o Conselho de Estado, assegurar o funcionamento dos serviços públicos e a manutenção da ordem pública, o que habilitava o Executivo a ditar regulamentos *praeter legem. Nesta doutrina estava implícita a função de governo, mas, todavia, o Conselho de Estado não saía do fetichismo da lei soberana, o que tornou tanto mais necessária uma doutrina que rompesse explicitamente com esta concepção*" (ob. cit., p. 64, destacamos).

35. Podemos citar neste campo, por exemplo, Eros Roberto Grau (*O Direito Posto e o Direito Pressuposto*, 2ª ed., Malheiros Editores, 1998, Capítulo 10), que entende que, além dos regulamentos de mera execução, dos excepcionais, existentes apenas em caso de estado de necessidade pública, e dos de simples organização interna, podem ser emitidos regulamentos autorizados (os casos em que a lei simplesmente dispõe que "O Poder Executivo regulamentará tal matéria" — chamados pela doutrina tradicional, que não os admite, de delegados — Eros entende que não há delegação porque a competência exercida é do próprio Poder Executivo) e autônomos, quando a lei não trata em absoluto da matéria, mas o ordenamento jurídico como

menclatura diversa e confusa: regulamentos meramente executivos, executivos, interpretativos, autônomos, independentes, delegados, organizativos, livres, integrativos, de necessidade etc. Denominam as mesmas espécies regulamentares de maneira diferente, subdividem-nas, equiparam-nas, e assim em diante.[36]

Para sair desse emaranhado estéril, preferimos priorizar as distintas situações normativas das quais podem advir os regulamentos, não dando maior relevo às suas diversas denominações específicas, até porque, como poderemos concluir mais adiante, em última análise, a diferença entre elas concerne apenas ao grau, à amplitude, com que a discricionariedade ou o poder normativo é conferido.[37]

Vejamos, pois, diante de que situações normativas os regulamentos são editados:[38]

a) Leis de densidade normativa exaustiva, normalmente impostas por reserva absoluta de lei: a reserva absoluta de lei formal, vigente em nosso ordenamento para a instituição de tributos, de crimes e das respectivas penas (arts. 150, I, e 5º, XXXIX, CF), segundo a doutrina tradicional, com a qual, neste aspecto, em parte concordamos, obriga o legislador a dispor sobre a matéria de forma completa, sendo-lhe vedado deixar qualquer espaço para juízos discricionários, sejam eles administrativos ou judiciais.

A assertiva é, até certo ponto, correta, mas sabemos que o caráter exaustivo da lei, pretensamente excludente de qualquer subjetividade por parte do seu concretizador, é uma idealização irrealizável na prática. Basta vermos a grande quantidade de divergências doutrinárias e judiciais existentes em matéria tributária e criminal, com posições jurídicas diversas, todas plausíveis.

Concordamos, todavia, com esta doutrina, se ela for concebida no sentido de que a lei deve ser formulada nos termos mais

um todo, explícita ou implicitamente, dá esteio à atuação regulamentar do Poder Executivo. O autor considera que, o que a doutrina tradicional chama de reserva relativa de lei, é, na verdade, "reserva de norma", decorrente, sobretudo, das elevadas e complexas funções da Administração Pública no Estado social.

36. Sobre a descrita confusão doutrinária, v. Lorenza Calassare, *Regolamenti dell'Esecutivo e Principio di Legalità*, Cedam, 1966, pp. 175 e ss. Focando o Direito brasileiro, com ampla e atualizada narrativa das diversas correntes existentes, podemos citar Simone Lahourgue Nunes, *Os Fundamentos e os Limites do Poder Regulamentar no Âmbito do Mercado Financeiro*, Renovar, 2000, pp. 83-142.

37. Os principais fundamentos do poder regulamentar, a respeito dos quais mais diverge a doutrina, são justamente o poder discricionário e a atribuição constitucional ou legal de competência (cf. Diógenes Gasparini, "Poder regulamentar", Tese de Mestrado mimeo., apresentada à PUC/SP, pp. 14-23). A diferença entre estes dois conceitos só é concebível, no entanto, para os que adotam um conceito de discricionariedade bastante restrito, necessariamente ligado apenas à intencional outorga pela lei de liberdade de escolha entre várias opções legítimas. Adotamos, ao revés, o conceito amplo de discricionariedade, defendido por, entre outros, Claudio Luzzati (*La Vaghezza delle Norme*, Giuffrè Editore, 1990, pp. 347-348). Com grande eloqüência, Joan Prats i Catalá também denota que "a metáfora do direito como regras do jogo é válida, mas sob a condição de aceitar que *as normas fazem parte do próprio jogo*, já que os atores, *ainda que orientados e limitados pelas normas, mantém espaços de liberdade de ação cuja interação pode resultar a evolução e mudança das próprias normas*. Se o Direito pode ser analisado como marco institucional e como instrumento, como constrição e como recurso, é precisamente porque a sua utilização está sempre sujeita a uma apreciação subjetiva" (*Derecho y Management en las Administraciones Públicas — Notas sobre la Crisis y Renovación de los Respectivos Paradigmas*, p. 3, <www.crad.org.vê>, destaques nossos).

38. Apesar de não terem empregado a metodologia ora proposta, e, por vezes, sequer tratado propriamente do poder regulamentar, nos foram de grande valia as considerações de Gérard Timsit acerca dos diversos âmbitos de liberdade da atuação judicial (*Gouverner ou Juger — Blasons de la Legalité*, PUF, 1995, p. 61) e a análise feita por Federico Cammeo no seu *Corso di Diritto Amministrativo*, Cedam, 1960, pp. 109 a 112.

completos possíveis, não podendo, ao menos deliberadamente, deixar espaço para juízos discricionários.

Nota-se que, mesmo entre os que adotam esta doutrina em sua versão mais tradicional, há os que, sem, contudo, abandonar o fetiche da "lei soberana" (cf. nota 34), admitem a existência de regulamentos no âmbito da reserva absoluta de lei, mas desde que contenham apenas normas executivas (*sarebbe inoltre sempre necessario che contenesse soltanto norme esecutive*[39]), conceito este, todavia, bastante obscuro.

De nossa parte, entendemos que, em qualquer hipótese, mesmo na de reserva absoluta de lei, os regulamentos interpretativos são plenamente admissíveis. As leis, por mais que tentem buscar a completude absoluta, não têm como fazê-lo a ponto de não deixar qualquer margem de apreciação ao órgão concretizador do direito.[40]

Como afirma Hans Kelsen, tão mal ou pouco lido quanto mal compreendido,[41] "na medida em que uma norma é estabelecida através do ato, ela é um ato criador de Direito, mesmo se a função do órgão criador do Direito for determinada em alto grau pela norma superior. (...) A questão de saber se um ato é criação ou aplicação do Direito é, na verdade, de todo independente da questão de saber em que grau o órgão atuante é obrigado pela ordem jurídica. Apenas os atos pelos quais não se estabelece norma alguma podem ser mera aplicação do Direito".[42]

Sendo assim, os regulamentos interpretativos em matéria de reserva absoluta de lei, desde que a esta seja a mais exaustiva possível, não agridem os valores do Estado de Direito, mas, ao contrário, potencializa-os ao uniformizar a interpretação a ser dada à lei pelos diversos agentes da Administra-

39. Lorenza Calassare, ob. cit., p. 220.

40. Quanto ao caráter, ao mesmo tempo livre e vinculado de qualquer atuação jurídica inferior ao poder constituinte originário, Claudio Luzzati (*La Vaghezza delle Norme*, cit., pp. 347-348), vê a existência de certo grau de liberdade, desde a atuação do juiz diante de normas pretensamente exaustivas ("Il giudice assai raramente perviene a una soluzione esatta o univoca: nella maggioranza dei casi, invece, il giudice fedele al senso della legge può solo esercitare una scelta latamente politica tra una 'rosa' di soluzioni compatibili con tale senso"), até o exercício do poder legislativo ("Neppure la libertà d'azione del legislatore è così assoluta come pare, dato che il Parlamento non può uscire dai limiti segnati dalla Costituzione"). Podemos resumir a posição do autor com a transcrição do seguinte excerto: "*Ciò che varia è soltanto l'ampiezza della sfera lasciata alla discrezionalità: questa si riduce progressivamente man mano che si discende verso atti di livello più basso*" (destaques nossos). Certamente existem leis que, em tese, não possibilitam um número muito grande de interpretações, número este que, no entanto, pode ser bastante aumentado em virtude da complexidade e dos conflitos de valores existentes nos casos concretos com os quais o intérprete se depara.

41. O Ministro Sepúlveda Pertence, em palestra proferida na Procuradoria-Geral do Estado do Rio de Janeiro, sob o título "Atualidade do Pensamento de Kelsen", afirmou: "Digo mais, que esta prática forense, após alguns anos de estudo de Kelsen alicerçou em mim a convicção de que nós, práticos do direito, somos todos mais ou menos kelsenianos. O que há é que poucos confessam, tal a carga — tal a massa de preconceitos — que vem alimentando uma crítica implacável, que atravessa as décadas, ao grande teórico; e devo dizer, muitas delas de quem não o leu, outras tantas de quem leu, e não entendeu, e muitas outras de quem leu, entendeu, mas não quis entender. (...) A razão da maior das críticas radicais a Hans Kelsen está em exigir da Teoria Pura do Direito que seja o que, declaradamente, não pretende ser; ou que dê aquilo que jamais se propôs a dar ao estudioso: seja uma valoração — uma apreciação livremente axiológica do conteúdo de uma ordem jurídica determinada (...)" (transcrição na *RDPGE-RJ* 50/31-46).

42. *Teoria Geral do Direito e do Estado*, trad. Luís Carlos Borges, Martins Fontes, 1998, p. 195. Observa-se que, ao se referir a "normas", o autor está tratando tanto das abstratas, como das concretas, emitidas, via de regra, pelo administrador ou pelo juiz. Para ele não teriam qualquer conteúdo criativo de direito apenas os atos de execução material de decisões jurídicas anteriormente tomadas (ex.: demolições, prisões, apreensões etc.).

ção Pública, dando, desta forma, maior eficácia aos princípios da igualdade e da transparência administrativa.[43]

Nesta senda, Bernard Schwartz[44] afirma que nada impede que, além do poder regulamentar comum, seja sempre possível à Administração, independentemente de qualquer autorização específica, expedir regulamentos interpretativos das normas que tem que aplicar. Noticia ainda o autor que a Suprema Corte norte-americana não apenas admite os regulamentos interpretativos, como, salvo se implausíveis, lhes dá preferência frente às demais interpretações possíveis.

b) *Leis de grande densidade normativa*: pela doutrina mais tradicional, toda lei já deveria, *de per se*, normatizar suficientemente a matéria, a fim de que os regulamentos apenas detalhassem as obrigações por ela previamente estabelecidas. Sendo assim, para essa corrente doutrinária, apenas poderiam ser emitidos os ditos "regulamentos meramente executivos".[45]

Verifica-se, no entanto, uma contradição nos próprios termos utilizados por estes autores: se, para eles, a lei, por si própria, já estabelece a obrigação, o que deveria significar a pré-determinação dos seus sujeitos e objeto — de todos os elementos da prestação devida —, não haveria espaço para regulamento algum que não consistisse na mera repetição da lei. Os, por eles chamados, "regulamentos de execução" seriam, destarte, necessariamente inócuos.

O que, no entanto, segundo esta doutrina, haveria em tais casos, seria a concessão de discricionariedade à autoridade administrativa regulamentadora para detalhar o conteúdo da obrigação já estabelecida em lei. Ora, se há detalhamento da obrigação, há criação, mesmo que moderada — não mera execução — de alguns aspectos dos elementos da prestação; se foi concedida discricionariedade, há juízo de conveniência e oportunidade administrativa na determinação do exato conteúdo da obrigação imposta.

Sendo assim, apenas a adoção do termo "execução" em sentido lato, compreensivo, como sabemos (cf. nota 40), também dos atos criadores de direito, poderia servir para denominar adequadamente esses regulamentos.

c) *Leis de baixa densidade normativa*: nas situações descritas no subitem *b*, *supra*, a lei chega a iniciar — sem pretender esgotar — a normatização da matéria de maneira bem detalhada. Na hipótese ora tratada, ao revés, a lei estabelece apenas parâmetros bem gerais da regulamentação a ser efetuada pela Administração Pública. Trata-se das leis-quadro (*lois-cadre*) ou standartizadas, próprias das matérias de grande complexidade técnica ou suscetíveis de constantes mudanças.

Detalhando a necessidade destas leis, Giuseppe Abbamonte[46] adverte que diante de uma realidade de grande complexidade, decorrente da crescente concentração dos centros de poder econômico, se requer ações capazes de identificar e individuar obrigações, acompanhar o seu cumprimento, fixando, inclusive, regras de comportamento, inserindo-se na realidade, guiando-a e, possi-

43. A distinção feita entre regulamentos interpretativos e criadores de direito deve ser tomada em termos, vez que, afinal, toda interpretação é, já vimos, em maior ou em menor escala, tanto criação como aplicação do Direito (cf., entre outros, Hans Kelsen, ob. e p. cits.; Mauro Cappelletti, *Juízes Legisladores?*, trad. Carlos Alberto Álvaro de Oliveira, Sérgio Antonio Fabris Editor, 1999; e Maurice Hauriou, ob. cit., pp. 183-184).

44. *American Administrative Law*, Londres, Sir Isaac Pitman & Sons Ltda., 1950, pp. 34-35.

45. Na doutrina brasileira, Luciano Ferreira Leite defende com brilhantismo tal posição (*O Regulamento no Direito Brasileiro*, Ed. RT, 1986). O mesmo é feito por Diógenes Gasparini, que ressalva apenas alguns regulamentos, por ele chamados de autônomos, admitidos excepcionalmente pela Constituição (cf. ob. cit.).

46. *Gli Enti Pubblici — L'Amministrazione per Settori Organici*, que constitui o v. 8º do *Trattato di Diritto Amministrativo*, dirigido por Giuseppe Santaniello, Pádua, Cedam, 1990, p. 87.

velmente, corrigindo-a, ou, ao menos, reequilibrando as tendências desestabilizadoras.

Estas leis, em processo de franca proliferação, não dão maiores elementos pelos quais o administrador deva pautar a sua atuação ou regulamentação, referindo-se, genericamente, a valores morais, políticos e econômicos existentes na sociedade (saúde pública, utilidade pública, competição no mercado, universalização do ensino, preços abusivos, continuidade dos serviços públicos, regionalização etc.).

O administrador terá grande poder de integração do conteúdo da vontade do legislador, já que o objetivo das leis assim formuladas é exatamente "introduzir uma vagueza que permita o trato de fenômenos sociais, muito fugazes para se prestarem ao aprisionamento em uma regra precisa".[47]

Destaque-se que, ao empregarmos a expressão "quadros estabelecidos pela lei", não estamos tratando apenas de determinado diploma legislativo, mas do conjunto do ordenamento jurídico (a própria Constituição, leis e demais atos com força de lei), que, explícita ou implicitamente, em seu sistema, confira poder regulamentar sobre determinada matéria, não nos sendo dado ficar presos à letra da lei para definirmos a sua existência ou não.[48]

É de se destacar, para este efeito, o grande âmbito do poder regulamentar implicitamente atribuído pelo conjunto do ordenamento jurídico, âmbito no qual, muitas vezes, a Administração tem poder regulamentar implicitamente conferido pela própria Constituição (porquê haveria poder para regulamentar leis ordinárias e não a própria lei constitucional?), poder regulamentar este que pode vir a ser extraído até mesmo das normas constitucionais programáticas.[49] Se, por exemplo, a Constituição estabelece que a Administração Pública deve prestar determinado serviço público (fim), não teria sentido que ela, independentemente da existência de lei ordinária, não pudesse regulamentar a sua prestação (meio).[50] Nestas circunstâncias, aquelas competências só alcançarão os seus propósitos se estas (regulamentares) forem admitidas.

Com isto, não estamos "forçando" o conteúdo da Constituição, mas apenas aplicando o vetusto princípio dos *implied powers*, por Marshall concebido nos seguintes termos: "legítimo o fim e, dentro da esfera da Constituição, todos os meios que sejam convenientes, que plenamente se adaptem a este fim e que não estejam proibidos, mas que sejam compatíveis com a letra e o espírito da Constituição, são constitucionais".[51]

Neste sentido, o Supremo Tribunal Federal, em recente acórdão relatado pelo Ministro Carlos Velloso, inferiu da competência conferida pelo art. 237 da Constituição Federal ao Ministério da Fazenda para "a fiscalização e o controle sobre o comércio exterior, essenciais à defesa dos interesses

47. Danièle Bourcier, *La Décision Artificielle*, PUF, 1995, p. 61. Maurice Hauriou destaca a grande importância desta técnica legislativa no direito administrativo, vez que "*o 'standard', flexível e mutável, representa no direito o elemento de mobilidade*" (ob. cit., pp. 150-151, grifamos).

48. A respeito da pobreza da interpretação meramente literal, vale citar a espirituosa passagem do voto proferido pelo Ministro Luiz Galloti trazido à lume por Luís Roberto Barroso: "De todas, a interpretação literal é a pior. Foi por ela que Cléia, na *Chartreuse de Parme*, de Stendhal, havendo feito um voto a Nossa Senhora de que não mais veria seu amante Fabrício, passou a recebê-lo na mais absoluta escuridão, supondo que assim estaria cumprindo o compromisso" (*apud* Luís Roberto Barroso, *Interpretação e Aplicação da Constituição*, Saraiva, 1996, p. 120).

49. Roberto Bin, *Atti Normativi e Norme Programatiche*, Giuffrè Editore, 1988, *passim*.

50. Cf. Eros Roberto Grau, *O Direito Posto e o Direito Pressuposto*, 2ª ed., cit., p. 188. Somos levados a esta conclusão até mesmo em razão da utilização pela nossa Lei Maior (art. 5º, II) da locução "em virtude de lei", sendo ilógico considerar que ela própria teria se excluído.

51. *Apud* Rodolfo Bledel, *Introducción al Estudio del Derecho Publico Anglosajón*, Buenos Aires, Depalma, 1947, p. 57.

fazendários nacionais", a possibilidade deste, independentemente da "existência de lei formal", vedar a importação de pneumáticos usados.[52]

Não basta, todavia, que o poder normativo possua fundamento, explícito ou implícito, no ordenamento jurídico. Mister se faz também que este forneça parâmetros suficientes para que a legalidade e/ou a constitucionalidade do regulamento a ser expedido possa ser aferida. Do contrário, estaríamos impossibilitando qualquer forma de controle sobre tais atos, o que não se coadunaria com o Estado de Direito.

Tais balizamentos podem ser extraídos tanto da letra de alguma disposição do ordenamento jurídico, como do seu espírito como um todo. Neste sentido, a Suprema Corte norte-americana já decidiu que o simples parâmetro que impõe ao regulamento a realização do "interesse público" pode, dependendo do caso, ser legítimo: "O termo 'interesse público', tal como empregado, não é um conceito desvestido de critérios, mas possui relação direta com a adequação dos serviços de transporte, com as suas condições essenciais de economia e eficiência (...)".[53]

Do que já expomos no presente tópico, infere-se que os poderes regulamentares tratados neste subitem e nos dois anteriores são essencialmente os mesmos, havendo apenas uma variação nos seus respectivos graus de amplitude, para os quais deve o intérprete estar atento, já que nem sempre são facilmente distinguíveis.

Assim, se adotarmos um conceito de "execução" amplo, consistente no desenvolvimento de normas preestabelecidas, todos os regulamentos acima analisados serão "de execução",[54] o que deverá satisfazer aqueles apegados à interpretação meramente literal do art. 84, IV, *in fine*, da Constituição Federal ("decretos e regulamentos para a fiel *execução* da lei").

Por outro lado, se tivermos em mente que, salvo em raríssimas hipóteses, as atividades do administrador público, ou mesmo do juiz, também são criadoras de Direito, já que não há como se limitarem à mera execução da lei,[55] todos os regulamentos serão, *em certa e em variável medida*, "autônomos" ou "independentes", a depender da nomenclatura adotada.

III — 1. Delegificação

O instituto da delegificação constitui fenômeno inteiramente distinto das manifestações de poder regulamentar, acima analisadas, nas quais o legislador, no uso da sua

52. *Cadernos de Direito Constitucional e Ciência Política* 26/291-294, Ed. RT. Temos, no entanto, algumas reservas a esta decisão, tendo em vista que as razões da vedação da importação de pneus usados são de índole primordialmente ambiental, ao passo que a competência prevista no art. 237 foi, claramente, conferida para finalidades fazendárias.

53. *Apud* Bernard Schwartz, ob. cit., p. 26.

54. "Mesmo os regulamentos independentes não têm fundamento distinto daquele dos outros regulamentos, (...) vez que servem, como os outros regulamentos, à execução de uma lei: particularmente daquelas leis que atribuem à Administração um determinado poder, mesmo que sem discipliná-lo sequer em suas linhas gerais. Nos regulamentos de execução, a maior parte das normas concernentes a uma determinada matéria já se encontra disciplinada na lei, de maneira que o regulamento não tem outra finalidade além de acrescentar novas disposições, e a matéria permanece regulada principalmente pela lei e subsidiariamente pelo regulamento; nos regulamentos independentes, ao revés, a parte principal da disciplina da matéria é assumida pelo regulamento dada a exigüidade da norma legislativa" (Carlo Saltelli, *Potere Esecutivo e Norme Giuridiche*, Roma, Mantellate, 1926, pp. 103-104).

55. "Todo jurista sabe a larga margem de arbítrio que as formulações do direito positivo deixam ao intérprete, e como todo sistema jurídico, embora aparentemente 'fechado', tem na realidade as suas válvulas, os seus meios naturais de renovação, transformação e desenvolvimento" (Giorgio Del Vecchio, ob. cit., p. 588). A respeito v., tb., as notas 37 e 40, *supra*.

liberdade para dispor sobre determinada matéria, atribui um maior ou menor campo de atuação normativa à Administração, que permanece, em todo caso, subordinada às leis formais preexistentes e aos balizamentos por elas formulados. Os regulamentos assim expedidos não podem revogar leis anteriores e são revogáveis por leis posteriores. Por isto, entendemos que não podem ser impugnados mediante o argumento de ter havido delegação de poder legislativo — integram o Direito Positivo, mas não possuem força de lei.

De maneira diversa, a delegificação consiste, nas palavras de Diogo de Figueiredo Moreira Neto,[56] primeiro a, entre nós, tratar da matéria, na "retirada, pelo próprio legislador, de certas matérias, do domínio da lei (*domaine de la loi*) passando-as ao domínio do regulamento (*domaine de l'ordonnance*)".

O Mestre Eduardo García de Enterría[57] conceitua a delegificação ou deslegalização como "a operação efetuada por uma lei que, sem entrar na regulação material do tema, até então regulado por uma lei anterior, abre tal tema à disponibilidade do poder regulamentar da Administração. Mediante o princípio do *contrarius actus*, quando uma matéria está regulada por determinada lei se produz o que chamamos de 'congelamento do grau hierárquico' normativo que regula a matéria, de modo que apenas por outra lei contrária poderá ser inovada dita regulação. Uma lei de deslegalização opera como *contrarius actus* da anterior lei de regulação material, porém, não para inovar diretamente esta regulação, mas para degradar formalmente o grau hierárquico da mesma de modo que, a partir de então, possa vir a ser regulada por simples regulamentos. Deste modo, simples regulamentos poderão inovar e, portanto, revogar leis formais anteriores, operação que, obviamente, não seria possível se não existisse previamente a lei degradadora".

Mais adiante, destaca que a lei de deslegalização "não é uma lei de regulação material, não é uma norma diretamente aplicável como *norma agendi*, não é uma lei cujo conteúdo deva simplesmente ser completado; é uma lei que limita seus efeitos a abrir aos regulamentos a possibilidade de entrar em uma matéria até então regulada por lei",[58] ressalvadas as matérias resguardadas por reserva absoluta de lei formal, como são, entre nós, os tributos e os crimes.[59]

Por este entendimento, não haveria qualquer inconstitucionalidade na delegificação, que não consistiria propriamente em uma transferência de poderes legislativos, mas apenas na adoção, pelo próprio legislador, de uma política legislativa pela qual transfere a uma outra sede normativa a regulação de determinada matéria. E, com efeito, se este tem poder para revogar uma lei anterior, por que não o teria para, simplesmente, rebaixar o seu grau hierárquico? Por que teria que direta e imediatamente revogá-la, deixando um vazio normativo até que fosse expedido o regulamento, ao invés de, ao degradar a sua hierarquia, deixar a revogação para um momento posterior, a critério da Administração Pública, que tem maiores condições de acompanhar e avaliar a cambiante e complexa realidade econômica e social?

Há, contudo, opiniões que sustentam que tal deslocamento de sede normativa só pode ser operado pela própria Constituição, isto é, que a liberdade do legislador, num regime de Constituição rígida, não pode chegar a ponto de abrir mão dos seus poderes, delegando-os. Para a correção desta assertiva, pouco importaria se a Constituição veda ou não expressamente a delegação de poderes. Esta vedação já decorreria da própria divisão constitucional de competências.

56. *Mutações do Direito Administrativo*, Renovar, 2000, p. 166.

57. *Legislación Delegada, Potestad Reglamentaria y Control Judicial*, 3ª ed., Madri, Civitas, 1998, pp. 220-221.

58. Ibid.

59. Autor e ob. cits., pp. 223-224.

Sendo assim, para esta corrente doutrinária, a admissão da delegificação por via legislativa implicaria na derrogação infraconstitucional de competências fixadas pelo Poder Constituinte.[60]

Vezio Crisafulli,[61] cuja inestimável contribuição à teoria da aplicabilidade das normas constitucionais tantas marcas deixou no Direito brasileiro, expressa a sua opinião neste sentido ao afirmar que "o fenômeno consistiria, então, na desqualificação, disposta expressamente pela lei, de determinada norma, originariamente legislativa, a qual viria a ser atribuída estatura regulamentar: de maneira que, não seria o regulamento sucessivo que adquiriria (inadmissivelmente) força de lei, mas as normas delegificadas que viriam a ter força passiva de fontes regulamentares. A reconstrução gera, todavia, perplexidade, porque, desqualificando algumas de suas próprias disposições ou de outra lei, a lei estaria em substância, demitindo-se da força que por natureza lhe é própria, contrastando com as normas constitucionais que a disciplinam enquanto lei".

Refutando este argumento, Eduardo García de Enterría observa que "um setor da doutrina italiana, tratando sempre do conceito de delegação como transferência de poder tem, sob este pressuposto, visto a delegação como transferência do poder ab-rogatório da lei. Porém, o argumento, que é sutil, não, é todavia, correto. A ab-rogação da lei anterior por norma deslegalizada não é um poder próprio, mas uma simples conseqüência da degradação normativa legalmente operada. Por outro lado, a Administração se utiliza da delegação ínsita na deslegalização não apenas no momento do primeiro exercício da mesma, como também posteriormente, quando substitui esta primeira norma por outras igualmente regulamentares, momento no qual é evidente que não está ab-rogando ou inovando leis, mas suas próprias disposições regulamentares anteriores. A técnica da deslegalização se limita a esse plano formal de manipulação sobre o grau hierárquico (manipulação que também se conhece em sentido contrário, com uma elevação da hierarquia normativa de uma regulação regulamentar)",[62] devendo ser ressaltado também que o legislador pode, naturalmente, retomando a normatização da matéria, revogar a lei delegificadora.

Ressaltamos que, mesmo para os que não acolhem a delegificação por via legislativa, o instituto tem grande importância no Direito Positivo brasileiro, já que, em diversos casos, é a própria Constituição que opera a delegificação em favor de entidades estatais e até não estatais: em favor das entidades desportivas privadas (art. 217, I),[63] dos órgãos reguladores da prestação dos serviços de telecomunicações (art. 21, XI) e da exploração do petróleo (art. 177, § 2º, III),[64] das universidades em geral (art. 207)[65] etc.[66]

60. Apesar de não assumir expressamente uma posição neste sentido, Giuseppe de Vergottini ("A delegificação e a sua incidência no sistema de fontes do Direito", trad. Fernando Aurélio Zilveti, constante da citada obra coletiva *Direito Constitucional — Estudos em Homenagem a Manoel Gonçalves Ferreira Filho*), expõe de forma minuciosa o entendimento dos autores italianos que sustentam a inconstitucionalidade das delegificações infraconstitucionais, e, ao final do seu texto, conclui: "A importância de tal deslocamento, se por um lado é indício da revigoração do poder do Executivo, por outro lado impõe que mudanças assim radicais da forma de governo não possam ser confiadas à intervenção contingente do legislador, mas se traduzem numa revisão das normas constitucionais relativas à distribuição dos poderes normativos entre Parlamento e Governo" (p. 176).

61. *Lezione di Diritto Costituzionale*, II, 1, Cedam, 1993, pp. 154-155.

62. Ob. cit., p. 221.

63. Cf. Álvaro Melo Filho, *Desporto na Nova Constituição*, Sergio Fabris, 1990, *passim*.

64. Cf. Diogo de Figueiredo Moreira Neto, ob. cit., pp. 170-171.

65. Cf. Nina Ranieri, *Autonomia Universitária*, EDUSP, 1994, *passim*.

66. Para um desenvolvimento do tema versado no presente artigo sob o ponto de vista específi-

Em todas essas hipóteses, por sua sede constitucional, temos uma reserva inquestionavelmente legítima de poder normativo deslegificado em favor de órgãos ou entidades estranhas ao Poder Legislativo. E mais, como essas esferas normativas autônomas fundamentam-se diretamente no Poder Constituinte, estão protegidas contra as ingerências que a elas venham a ser impostas, ressalvada, naturalmente, a incidência de normas da própria Constituição e a possibilidade de ponderação legislativa entre as várias normas e valores constitucionais pertinentes.[67]

IV — Conclusão

Grande parte dos nossos esforços visou à necessária desmistificação da lei formal, sem o que não poderíamos ter a dimensão exata do amplo e multifacetário poder normativo atribuído à Administração Pública no Estado contemporâneo.

Entendemos que, apesar de certos aspectos da matéria, principalmente a delegificação, ainda causarem alguma perplexidade aos setores da doutrina e da jurisprudência contumazmente infensos a mudanças de posições tradicionais, a necessidade prática de uma regulação social ágil e eficiente irá, sem maior demora e desde que observados os canônes do Estado de Direito, levar à majoritária aceitação dos largos termos em que hoje, de fato, já se encontra o poder normativo da Administração Pública.[68]

O Poder Legislativo e a própria Constituição, face à complexidade, dinamismo e tecnicização da sociedade, têm destacado os aspectos políticos da normatização social, retendo-os em sua esfera competencial, mas, consciente das suas naturais limitações, têm transpassando a outros órgãos ou entidades grande parte da competência normativa estatal, resguardando sempre, porém, como não poderia deixar de ser, o seu balizamento e coordenação.

co das agências reguladoras independentes, aplicando-se a elas a Teoria dos Ordenamentos Setoriais de Massimo Severo Giannini (ob. cit., pp. 171-175), ver o nosso "Os ordenamentos setoriais e as agências reguladoras independentes", constante da obra coletiva *Direito Político*, org. Diogo de Figueiredo Moreira Neto, Rio de Janeiro, Lumen Juris/APERJ, 2000.

67. Tratando do Direito português, mas em lição analogamente aplicável ao nosso Direito Público, Jorge Reis Novais assim expõe a proteção jurídica das autonomias constitucionalmente asseguradas: "Trata-se, em todos estes casos, nomeadamente no que respeita às autarquias locais, universidades e associações públicas, de autonomia, em grande medida, sob reserva de lei, pelo que a Assembleia da República tem aí uma ampla margem de decisão legislativa. Porém, na medida em que aquela autonomia tem igualmente um apoio constitucional, a margem de decisão da Assembleia da República não é ilimitada. (...) O legislador não pode, também aqui, afectar o núcleo essencial desta autonomia, sob pena de violação das garantias institucionais que estes valores constituem", o que revela o "significado da autonomia e da descentralização como limites ao poder da maioria democrática" (*Separação de Poderes e Limites da Competência Legislativa da Assembleia da República*, Lisboa, Ed. Lex, 1997, pp. 71-72).

68. Como exemplo de novos institutos jurídicos que, em um primeiro momento geram perplexidades, mas que, posteriormente, passam a ser aceitos sem maiores discussões, podemos citar o caso da Federação, que, no momento em que surgiu, era considerada pela maioria da doutrina como um verdadeiro atentado à indivisibilidade da soberania, mas que, hoje, é matéria tranqüila (cf. João Barbalho, in edição fac-similar dos *Comentários à Constituição Federal de 1891*, Secretaria de Documentação e Informação do Senado Federal, 1992, p. 10).

DA PERDA E SUSPENSÃO DOS DIREITOS POLÍTICOS

Edilson Pereira Nobre Júnior

Juiz Federal. Juiz do Tribunal Regional Eleitoral do Rio Grande do Norte.
Professor do Curso de Direito da UFRN e Mestrando da UFPE

1. Breve introdução. 2. O princípio da universalidade e os requisitos inerentes à cidadania. 3. A universalidade do sufrágio, a perda e a suspensão dos direitos políticos. 4. Cancelamento judicial de naturalização. 5. Incapacidade civil absoluta. 6. Condenação criminal irrecorrível. 7. Escusa de consciência. 8. Improbidade administrativa. 9. O conscrito. 10. Palavras finais. 11. Bibliografia.

1. Breve introdução

Emergindo vitorioso da renhida disputa travada com o Papado e os senhores feudais, o rei, amparado pela idéia de soberania, passou a centralizar, em torno de sua pessoa, todos os atributos do poder político. Esse cenário representava a integral e ilimitada subjugação dos indivíduos ao cetro real, equivalendo à supressão de qualquer liberdade ou direito individual diante do Estado.

Irresignado com a realidade então vigorante, o ideário liberal do Século das Luzes passou a recomendar, com retórica persuasiva, a limitação das competências do monarca, prestigiando, dentre outros postulados, a idéia de soberania popular.

Albergando por embrião a realidade vivenciada pela *polis* grega, os manifestos jurídicos dos movimentos políticos ocorridos há duas centúrias, fortemente apegados ao iluminismo de Rousseau, passaram a alvitrar a impostergável implantação do sistema representativo, fazendo deslocar, em prol do povo, a crença do poder divinatório da monarquia absoluta. Colhe-se, na Seção II, da Declaração de Direitos do Bom Povo da Virgínia, de 16 de junho de 1776: "Todo poder reside no povo e, por conseqüência, deriva do povo; os magistrados são seus mandatários e servidores e responsáveis a todo o tempo perante ele". Editada poucos dias após, a Declaração de Independência dos Estados Unidos da América, de 4 de julho do mesmo ano, asseverava: "(...) Os governos são estabelecidos entre os homens para assegurar estes direitos e os seus justos poderes derivam do consentimento dos governados; quando qualquer forma de governo se torna ofensiva destes fins, é direito do povo alterá-la ou aboli-la, e instituir um novo governo, baseando-o nos princípios e organizando os seus poderes pela forma que lhe pareça mais adequada a promover a sua segurança e felicidade". Não destoante o toque de universalidade da França Revolucionária de 26 de agosto de 1789: "O princípio de toda a soberania reside essencialmente na Nação. Nenhuma corporação, nenhum indivíduo pode exercer autoridade que daquela não emane expressamente" (art. 3º). Substituiu-se, então, o alvedrio do rei pelo consenso coletivo, cristalizado no sufrágio.

O Estado brasileiro, surgido no apagar do primeiro quartel do século XIX, não passou despercebido aos eflúvios da *volonté générale*. O art. 12 da Carta Magna de 25 de março de 1824 proclamava: "Todos estes Poderes no Império do Brazil são delegações da Nação". A tendência obtivera continuidade nas Leis Fundamentais que se seguiram: 1891 (art. 1º), 1934 (art. 2º), 1937 (art. 1º), 1946 (art. 1º), 1967 (art. 1º, § 1º) e 1969 (art. 1º).

Na busca de positivar a democracia representativa, surgiu o que se pode denominar de direitos políticos. Conceituando a entidade jurídica, há duas vertentes. A primeira delas, voltada a descortinar o seu sentido lato. Entende a expressão como a utilização, pelo cidadão, dos direitos fundamentais que a democracia lhe assegura. Direito político, acentua Carlos Fayt, compreende "o estudo da estrutura dinâmica, da organização política e suas relações com a sociedade, a ordem e a atividade política, incorporando o método sociológico e político, sem abandonar o jurídico, inerente à disciplina, pela relação funcional do Direito com os demais elementos da estrutura da organização política".[1]

Por sua vez, procedendo-se à análise em busca do seu sentido restrito, ou menos extenso, aporta-se na juridicização do direito de voto pelos cidadãos, na qualidade de titulares da soberania.[2] Compreende duas vertentes principais: a cidadania ativa (direito de escolher os governantes) e a cidadania passiva (direito de ser eleito). Essa concepção, mais estreita, usufrui aqui de preferência, em virtude de melhor harmonizar-se aos propósitos desta célere pesquisa, voltada aos condicionamentos necessários a que o Estado retire do cidadão o atributo de eleger e ser eleito.

2. O princípio da universalidade e os requisitos inerentes à cidadania

Corolário da democracia contemporânea, a universalidade do sufrágio implica o reconhecimento do direito de votar e, em conseqüência, do de ser votado, a todos os indivíduos de um Estado. Fundamenta-o a dignidade da pessoa humana.

Traduz a proscrição do sufrágio restritivo, de maneira que todos os indivíduos podem escolher os seus governantes, salvo quando não preencham os requisitos gerais de capacidade previstos no ordenamento jurídico e, ao mesmo tempo, não se encontrem atingidos por um estado de incompatibilidade previsto normativamente.

Exaltando tal cânon como vetor da democracia contemporânea, diz Antônio D'Atena: "O valor comum sobre o qual estão fundadas tais regras é constituído pela igualdade dos cidadãos: pelo assunto, quer

1. *Derecho Político*, t. I, p. 42: "el estudio de la estructura dinámica de la organización política y sus relaciones con la sociedad, el orden y la actividad política, incorporando el método sociológico y político, sin abandonar el jurídico, inherente a la disciplina, por la relación funcional del Derecho con los demás elementos de la estructura de la organización política".

2. Essa acepção é adotada por Oscar Dias Corrêa ("Nacionalidade e direitos políticos", in *A Constituição Brasileira 1988, Interpretações*, p. 52). Idem Pontes de Miranda (*Comentários à Constituição de 1967, com a Emenda n. 1, de 1969*, t. IV, p. 573), embora proceda a pequeno alargamento, para considerar não só o direito de votar e ser votado, mas toda e qualquer faculdade de participar da organização e funcionamento do Estado, como também a faculdade de ser chamado a ocupar os cargos políticos para os quais não se faça necessário eleição.

dizer, que a habilidade para adotar decisões políticas (ou de concorrer para a adoção delas) não seja apanágio de elites ou aristocracias, mas patrimônio de todos os membros da comunidade governamental. Daqui, a universidade do voto (como princípio de legitimação dos modernos sistemas democráticos)".[3]

O postulado logrou acolhida no art. 14, *caput*, §§ 1º e 2º, da Lei Fundamental de 1988, representando tendência majoritária no plano da comparação espacial. Consta de previsão na XV Emenda da Constituição dos Estados Unidos da América, de 27 de fevereiro de 1869, onde se lê: "Nenhum cidadão dos Estados Unidos poderá ser privado do direito de voto pela União ou por qualquer outro Estado com fundamento na raça, na cor ou na anterior condição de escravo". Malgrado essa solene declaração, não se pode deixar de realçar o grandioso papel da Suprema Corte norte-americana ao forçar a sua implementação fática. Em 1915, no *case Guinn vs. United States*, 238 US 347, foi reconhecida a inconstitucionalidade da cláusula avoenga (*Grandfather Clause*), inscrita em várias leis estaduais, por intermédio da qual as pessoas eleitoras, ou descendentes de eleitores a 1º de janeiro de 1867, eram dispensadas da prova de saber ler e escrever. Com isso, muitos brancos iletrados conquistaram o direito de votar, em flagrante desigualdade com os negros, que não poderiam se valer daquela disposição, necessitando serem alfabetizados para votarem. Passados dois anos, invalidou-se regulamento municipal estabelecendo zonas residenciais segregadas para pessoas de cor (*Buchanan vs. Warley*, 245 US 60). Uma década mais tarde, em 1927, nulificou lei do Texas que alija os negros das eleições primárias (*Nixon vs. Herndon*, 273 US 536), e outra posterior que, com o mesmo intento, circunscrevia a votação nas eleições primárias aos membros dos partidos políticos estaduais (*Nixon vs. Condon*, 286 US 73). Não obstante, a recusa, emanada do próprio partido político, em aceitar a participação dos negros nas eleições primárias não fora reputada atentado ao *due process of law*,[4] em sua feição substantiva, por este somente proteger o cidadão diante dos atos estatais (*Grovey vs. Townsend*, 295 US 45).

Seguindo o exemplo da grande nação da América do Norte, a Constituição italiana dispõe, em seu art. 48, § 2º: "O direito de voto não pode ser limitado, exceto por incapacidade civil ou por efeito de sentença penal irrevogável ou nos casos de indignidade moral, indicados pela Lei". O mesmo exemplo é oferecido pela Portuguesa de 1976: "Têm direito de sufrágio todos os cidadãos maiores de dezoito anos, ressalvadas as incapacidades previstas na lei em geral". Idem a França: "O sufrágio pode ser direto ou indireto nos termos previstos pela Constituição. É sempre universal, igual e secreto. São eleitores, nas condições determinadas pela lei, todos os nacionais franceses, maiores, de ambos os sexos, no gozo de direitos civis e políticos" (art. 3º, ns. 2 e 3, da Constituição de 5.10.1958).

Adentrando na província dos requisitos gerais para o sufrágio, podemos elencá-los em três grandes espécies. O primeiro deles diz respeito à nacionalidade. Assim somente podem votar e ser votados aqueles que detêm, por fato natural ou voluntário, a condição de nacional de determinado Esta-

3. *Il Principio Democratico nel Sistema dei Principi Costituzionali*, p. 438: "Il comume valore su cui tali regole si fondano è constituito dall'eguaglianza dei cittadini: dall'assunto, cioè, che la capacità di adottare decisioni politiche (o di concorrere alla loro adozione) non sai appannaggio di *élites* od aristocrazie, ma patrimonio di tutti membri della comunità statale. Di qui, l'università del suffragio (come principio di legittimazione dei moderni sistemi democratici)".

4. Excelente estudo sobre o devido processo legal é o de Charles D. Cole, Professor da Universidade Samford, Alabama, EUA ("O devido processo legal na cultura jurídica dos Estados Unidos: passado, presente e futuro"), publicado na *Revista AJUFE* 56/33 e ss.

do. Nessa linha, o art. 14, § 2º, da Norma Ápice, é claro em suster não poderem se alistar como eleitores os estrangeiros.

Fustel de Coulanges[5] demonstrara recuar aos tempos mais antigos de Grécia e Roma a vedação da cidadania aos adventícios, inspirada por motivos religiosos. A qualidade de cidadão decorria da participação do homem no culto da cidade, de onde provinham todos os direitos civis e políticos, exigindo os romanos assistisse o indivíduo à cerimônia da lustração. Contrariamente o estrangeiro seria aquele que não tem acesso ao culto, a quem os deuses da cidade não protegem e que não possuem o direito de invocá-los. Essa concepção teocrática, que preponderara na Antigüidade, interditava os estrangeiros da cidadania.

Numa posição mais ampla, há quem, como Gomes Canotilho,[6] a alvitrar que o princípio da universalidade alberga o condão de, progressivamente, trilhar pela extensão do direito de voto aos cidadãos estrangeiros.

Outro condicionante é o etário. Considerando-se que o ato de votar implica a escolha dos destinos da sociedade, fixam as legislações uma idade a partir da qual se presume o ser humano consciente para o exercício do sufrágio.

A maior parte dos ordenamentos perfilha, na atualidade, a idade de 18 anos como representativa da maioridade eleitoral. Exemplo disso pode-se constatar na Grã-Bretanha (1969), Alemanha Federal, Luxemburgo, Países Baixos (1970); Estados Unidos (Emenda XXVI, 1971), Irlanda (1972), França (1974), Itália (1975), a extinta URSS (1977) e a China (1975). Nossa atual Constituição, mantendo a orientação do art. 108 da Lei Magna de 1934, que reduzira o limite mínimo de 21 anos de 1891 (art. 70), consagrou a idade de 18 anos como a obrigatória para o exercício do voto. Em inovação, objeto de censuras, permitiu a outorga, a título de faculdade, do voto aos 16 anos.

Para a definição de qual a idade indicada para o desempenho do direito de voto, concordo com Celso Antônio Bandeira de Mello, ao afirmar que somente poderá ocorrer quando o eleitor possuir as maioridades penal e civil. São as suas palavras: "Com efeito, não faz sentido considerar que alguém, por falta de maturidade, é inapto para praticar, por si mesmo e sem assistência alheia, atos relativos à sua vida civil, pessoal, particular — e que, inclusive, não a possui sequer para responder por comportamentos gravemente anti-sociais que pratique (crimes) —, mas que, contraditoriamente, está apto para praticar ato de relevância magna, qual o de eleger os que tomarão decisões que afetarão não apenas a si próprio, mas também aos demais membros da Sociedade".[7] Imprescindível, portanto, a uniformidade entre as idades indicadoras da capacidade política, civil e penal.

Em terceiro lugar, há a inscrição eleitoral, consistente em ficar o candidato a eleitor inscrito como apto a votar em delimitada circunscrição territorial. Está prevista no art. 14, § 1º, da Lei Mor, ao falar no alistamento como operação apta a tornar o nacional cidadão.

Durante vários anos, a Democracia Representativa conviveu com o dilema do voto feminino, funcionando outrora o sexo como elementar genérica da aptidão de votar.

O reconhecimento inicial da participação das mulheres nas votações constou de Lei Estadual americana de 1869, cujo anseio fora, meio século depois, captado pela

5. *A Cidade Antiga*, pp. 155-157.

6. *Direito Constitucional*, p. 436. Da mesma maneira, José Alfredo de Oliveira Baracho ("A teoria geral do direito eleitoral e seus reflexos", in *Perspectivas Constitucionais nos 20 Anos da Constituição de 1976*, v. II, p. 517) noticia a existência, na literatura política francesa, de vários debates em prol do voto dos estrangeiros.

7. "Representatividade e democracia", in *Direito Eleitoral*, p. 42.

Emenda XIX, de 5.6.1919, ratificada em 26.8.1920, ao solenizar: "Nenhum cidadão dos Estados Unidos poderá ser privado do direito de voto pela União ou por qualquer Estado com fundamento no seu sexo". A tendência logo foi seguida pela Dinamarca (1915), Grã-Bretanha (1918), URSS (1918), Alemanha (1919), Espanha (1931), França (1944), Itália (1945), Argentina (1947), Bélgica (1948), Suíça (1971) e Liechetenstein (1984).

No solo patrial, alegra-nos a circunstância de haver a Assembléia Legislativa do Estado do Rio Grande do Norte, no uso de competência residual que lhe conferia o art. 65, § 2º, da Constituição de 1891, aprovado emenda proposta pelo Deputado Adauto da Câmara, alçando-se pioneiramente no ideal de igualdade política entre os sexos. A proposta transformou-se no art. 77 das Disposições Gerais da Lei Estadual Eleitoral, assim redigido: "No Rio Grande do Norte, poderão votar e ser votados, sem distinção de sexos, todos os cidadãos que reunirem as condições exigidas por esta lei".[8] Depois, a conquista veio a figurar no Código Eleitoral aprovado pelo Decreto 21.076, de 24.2.1934, passando a habitar o art.108, *caput*, da Lei Máxima de 1934.

3. *A universalidade do sufrágio, a perda e a suspensão dos direitos políticos*

Permitindo a imposição de requisitos gerais à cidadania, o sufrágio universal destinou-se, como visto, a servir de importante mecanismo de combate à experiência do sufrágio restrito, ou qualificado, reservado a pessoas portadoras de algumas qualidades distintivas da maioria, tais como riqueza (sufrágio censitário) e certo grau de instrução (sufrágio capacitário).[9] Sobre essa mudança no modo de participação dos cidadãos no governo, verificada na Península Itálica depois de 1945, afirma Fausto Cuocolo: "Mas a passagem do sufrágio restrito ao sufrágio universal não tem somente uma relevância quantitativa; tem também um evidente significado qualitativo e assinala a etapa da passagem do Estado oligárquico do primeiro constitucionalismo ao Estado democrático contemporâneo".[10]

Isso não quer dizer que não se admita a vedação a certos sujeitos, em razão de suas condições de saúde, ou de seu proceder na comunidade, do acesso ao exercício dos direitos às cidadanias ativa e passiva.

Em contrapartida, duas advertências não podem ser desprezadas por força do arquétipo moldado pela consagração do sufrágio universal. Não perder de vista, inicialmente, que a proclamação inserida no pórtico do art. 15 da Constituição, denotando, de regra, ser proscrita a cassação dos direitos políticos, faz com que a interpretação das causas de perda e suspensão seja desenvolvida restritivamente, sem ampliações capazes de cercear o *status* de cidadão.

Exemplo recente dessa tendência se acha retratado na ADInMC 1.805-DF, na qual se questionara o art. 14, § 5º, da Constituição Federal, recentemente alterado pela Emenda Constitucional 16/1997, para permitir a reeleição, por mais um só mandato, dos chefes dos Poderes Executivo da União, Estados e Municípios. O Supremo Tribunal Federal, ao depois de conhecer da ação, asseverando que a fiscalização abstrata da

8. Mais informes sobre este antecedente histórico da vida política nacional, consultar Adauto da Câmara (*História de Nísia Floresta*, p. 58).

9. A Constituição do Império privilegiara a condição econômica do eleitor, ao excluir do voto os criados de servir e os que não tiverem certa renda líquida anual (arts. 92, III, 94, I, 95, I). Igualmente, até a Emenda Constitucional 25, de 16.5.1985, não se permitia a voto do analfabeto.

10. *Principi di Diritto Costituzionale*, p. 423: "Ma il passaggio dal suffragio ristretto al suffragio universale non ha solo una rilevanza quantitativa; ha anche un evidente significato qualitativo e segna le tappe del passaggio dallo Stato oligarchico del primo costituzionalismo allo Stato democratico contemporaneo".

constitucionalidade de emenda ao texto magno só é admitida na hipótese de violação ao seu art. 60, § 4º, indeferiu medida liminar, requerida com a finalidade de se aplicar o dispositivo questionado em harmonia com a cláusula de renúncia prevista no imediatamente posterior § 6º. Ponderou o Excelso Pretório, à primeira vista, ser inadmissível interpretar-se a Constituição de maneira a criar limitação de direito político (cidadania passiva) não acolhida expressamente.[11]

Em segundo lugar, compete ao legislador, quando a sua intervenção complementar for requestada, atuar em compasso com o *standard* da proporcionalidade, evitando cerceios ou restrições desnecessárias.

As causas de perda e suspensão dos direitos políticos constituem o objeto principal deste breve ensaio. Gozando, sem ressalva, de foro constitucional, são elas o(a): a) cancelamento da naturalização por sentença transitada em julgado; b) incapacidade civil absoluta; c) condenação criminal transitada em julgado, enquanto durarem os seus efeitos; d) recusa de cumprir obrigação a todos imposta ou prestação alternativa, nos termos do art. 5º, VIII; e) improbidade administrativa.

Os termos perda e suspensão diferem por a primeira ser definitiva, representando privação absoluta, enquanto a segunda é temporária, podendo ser chamada de privação relativa. A Constituição, ao contrário dos ordenamentos de 1934, 1937 e 1946, não indicou quais as circunstâncias de perda ou de suspensão. Partindo-se da natureza de cada uma delas, podemos, principalmente depois da Lei 8.239/1991, sustentar que, com exceção do cancelamento de naturalização, todo o elenco do art. 15, III, configura supressão provisória da capacidade política.

11. Pleno, m.v., Rel. Ministro Néri da Silveira, j. 26.3.1998, *Informativo* 104/3. Instrutiva também a lembrança da inteligência do Tribunal Superior Eleitoral na consulta 5543-DF, relatada pelo Ministro Arthur Marinho (*Boletim Eleitoral* 78/335).

Passemos, nas próximas linhas, ao exame em separado de cada uma das hipóteses acima.

4. Cancelamento judicial de naturalização

De início, há perda dos direitos políticos quando estrangeiro, por sentença passada em julgado, tem cancelada a sua naturalização.

Reputada requisito genérico da capacidade política, a perda da condição de nacional sempre consistiu, entre nós, em causa de supressão daquela. Assim dispunha o art. 7º, I, da Carta Imperial, sobre aquele que se naturalizar em país estrangeiro. Posteriormente, a Constituição de 1934, no seu art. 111, *a*, previa tal medida para aqueles que, por manifestação de sua vontade, viessem a adquirir outra nacionalidade, aceitassem pensão, emprego ou comissão remunerados de governo estrangeiro, sem autorização do Presidente da República, ou tivessem por judicialmente cancelada a sua naturalização, por exercer atividade social ou política nociva ao interesse nacional. Foi seguida pelas Constituições de 1937 (art. 118, *a*), de 1946 (art. 135, § 2º, I), 1967 (art. 144, II, *a*), e sua Emenda Constitucional 1/1969 (art. 149, § 1º, *a*, e § 2º, *a*).

A Lei Básica em vigor, contrariamente, não elencou, como motivo para a perda da cidadania, a aquisição de outra nacionalidade, fora das exceções do seu art. 12, § 4º, II (reconhecimento de nacionalidade originária pela lei brasileira e naturalização forçada), que, por igual, é reputada como hipótese de perda da condição de nacional.

Sem embargo dessa omissão quanto ao art. 15 do escrito sobranceiro, sou da opinião de que ela desemboca, igualmente, na privação absoluta dos direitos políticos. Isso porque, às expressas, o constituinte excluiu da cidadania os estrangeiros (art. 14, §§ 2º e 3º, I). Cai por terra, assim, o argumento de sustentar-se a permanência dos direitos de votar e ser votado porque a sua extinção adviria implicitamente de labor exegético. Da mesma forma, a posterior prova da nulidade da naturalização, obtida por falsidade ideológica ou material, também importará no mesmo resultado.

Disciplinando o procedimento judicial aplicável ao cancelamento da naturalização, vigora, recepcionada pelas várias experiências constitucionais que lhe sucederam, a Lei 818, de 18.9.1949.

Àquele precede inquérito, instaurado mediante requisição[12] do Ministro da Justiça, ou representação de qualquer pessoa, dirigidos à autoridade policial. Em ambas as situações, é necessária a descrição pormenorizada da atividade reputada detrimentosa ao interesse público.

Concluído o informativo, será remetido ao Judiciário, sendo competente o Juízo Federal do domicílio do representado, cujo titular determinará a abertura de vista ao Ministério Público Federal que, no prazo de cinco dias, decidirá pela instauração do feito, ou por requerer o arquivamento das peças. Nesta hipótese, havendo discordância do julgador, os autos serão remetidos ao Procurador-Geral da República, a fim de ratificar a manifestação anterior, ou indicar outro membro do *Parquet* para iniciar a ação.

Recebida a inicial, que a lei denomina de denúncia, designar-se-á dia e hora para a qualificação do réu, o qual será citado pessoalmente, tendo lugar, caso não encontrado, a expedição de edital com o prazo de 15 dias. Não comparecendo injustificadamente, prosseguir-se-á o feito à sua revelia, com a nomeação de curador.[13]

Uma vez qualificado, o denunciado terá o prazo de cinco dias, independente de nova intimação, para apresentar defesa, oportunidade em que poderá protestar pela produção das provas que julgar necessárias. O contraditório e a ampla defesa recomendam aqui que o dirigente do feito não se adstrinja à mera qualificação do réu, através do conhecimento dos seus dados pessoais, o que já pode haver sido diligenciado com a exordial, mas a lídimo interrogatório, auscultando-lhe sobre os fatos que lhe são imputados.

Nos vinte dias seguintes, o juiz passará à fase de colheita das provas cuja produção for deferida, ou determinada *ex officio* pelo magistrado, inclusive com a inquirição de testemunhas, findo o que as partes ainda poderão requerer diligências suplementares em 48 horas.

Ultimada a instrução, será, sucessivamente, aberta vista dos autos às partes pelo prazo de três dias, indo, em seguida, os autos conclusos ao magistrado que, dentro do decêndio imediatamente posterior, procederá em audiência, com a presença das partes, à leitura da sentença.

A decisão que importar no cancelamento da naturalização desafiará apelação, sem efeito suspensivo, a ser interposta no prazo de quinze dias da audiência onde ocorreu a sua leitura. Embora fale a lei no recebimento do inconformismo apenas com eficácia devolutiva, a extinção dos direitos políticos ainda terá de aguardar o trânsito em julgado, *ex vi* de injunção constitucional. Improcedente o pedido, igual direito caberá ao Ministério Público Federal.

Ocorrendo o trânsito em julgado, remeter-se-á cópia da decisão ao Ministério da Justiça, a fim de ser apostilada a circunstância em livro especial de registro, bem como ao Juízo Eleitoral em que inscrito o réu, dado que deverá, para maior presteza, ser colhido quando da sua qualificação. Remata-

12. O vocábulo *solicitação*, contido no texto legal (art. 24), é imprestável para exprimir o color hierárquico de tão séria comunicação entre o Ministro da Justiça e as autoridades integrantes da polícia judiciária da União.

13. As designações legais *denúncia* e *denunciado* refletem, mais uma vez, impropriedade, talvez escusada pela época da criação legislativa. Cuida-se a hipótese de ação cível desconstitutiva, de rito sumário especial, não havendo aqui de cogitar-se do manuseio dos termos mais afeiçoados ao processo penal.

se possuir a sentença valor por si mesma, sendo desnecessária nova ação para estender-lhe os seus efeitos no plano político.

Cuida-se de perda de direitos políticos, ao invés de sua mera suspensão, porquanto, transitada em julgado a sentença, o retorno ao estado anterior dependerá unicamente da procedência de ulterior ação rescisória, cujo prazo de propositura se esgota em dois anos.

Por sua vez, diz o art. 35, §§ 1º e 2º, da Lei 818/1949, que a nulidade do ato de naturalização será buscada em ação, com o rito anteriormente descrito, a ser promovida, no prazo de quatro anos[14] a partir da entrega do certificado, pelo Ministério Público Federal ou por qualquer cidadão.

5. *Incapacidade civil absoluta*

Em segundo lugar, vem a incapacidade civil absoluta. Bastante razoável o propósito da tradição de nossa história constitucional, tendo em vista que uma pessoa que não se encontre, por motivos físicos ou mentais, com o discernimento médio para o exercício pessoal dos atos da vida civil, obviamente está incapacitada de decidir os destinos do todo.

Fora prevista, originariamente, pela Constituição de 1824 com a denominação de *incapacidade physica* (art. 8º, I), passando, com mudança de nomenclatura, às pósteras de 1934 (art. 110, *a*), 1937 (art. 118, *a*), 1946 (art. 135, § 1º, I), 1967 (art. 144, I, *a*) e Emenda Constitucional 1/1969 (art. 149, § 2º, *a*).

De nenhuma importância prática quanto aos menores de dezesseis anos, por se situarem fora da idade de votar, o relevo do inciso volta-se aos portadores de doença mental e aos surdos-mudos.

Quanto aos primeiros, impende salientar que o art. 5º, II, do Código Civil, ao utilizar a infeliz expressão *loucos de todo o gênero*, causadora de acerbas críticas doutrinárias, sofrera modificação com o Decreto 24.559, de 3.7.1934. Com este diploma, o enfermo não é, por tal condição, reputado absolutamente incapaz. Atento ao seu art. 26, o magistrado, louvado na prova pericial, poderá considerá-lo como absoluta ou relativamente incapaz.[15]

A suspensão dos direitos políticos dependerá, exclusivamente, dos limites contidos na sentença de interdição. No Direito português, diversamente, estão proibidos de votar tanto os interditados por sentença com trânsito em julgado como os de demência notoriamente reconhecida, mesmo não julgados interditos por ato judicial, desde que internados em estabelecimento psiquiátrico ou como tais declarados por uma junta de dois médicos.

Não possuindo educação suficiente para manifestar a sua vontade, o surdo-mudo se encontra inserido no art. 5º, III, do Código Civil, como incapaz para os atos da vida civil, sendo passível de interdição. Apesar de rotulado como titular de incapacidade absoluta, não se pode perder de vista o art. 451 do mesmo diploma, ao mencionar que o juiz, segundo o desenvolvimento mental do interditando, assinará os limites da curatela. Isso implica dizer que a interdição poderá ser parcial e, caso não haja referência à impossibilidade de votar, descabe a privação dos seus direitos políticos.

Questão interessante é a de saber quando começa a incapacidade. Melhor dizendo: qual o momento em que ocorre a restrição imposta pela Constituição, o da prolação da sentença, ou o do surgimento do mal incapacitante? A primeira opção se nos afigura

14. A referência a prazo de prescrição, demais de infeliz, por a hipótese, diferentemente do cancelamento de naturalização, ser de cunho declaratório, colide com a circunstância de a nacionalidade integrar, pela vontade constitucional, o estado da pessoa humana.

15. A favor da revogação do art. 5º, II, do Código Civil, pelo Decreto 24.559/1934, há a sempre valiosa opinião de Vicente Rao (*O Direito e a Vida dos Direitos*, v. 2, 3ª ed. anotada e atualizada por Ovídio Rocha Barros Sandoval, Ed. RT, p. 607).

correta. É certo vir a jurisprudência, não obstante a consideração, a princípio, do caráter constitutivo negativo da decisão, conferindo a esta componente eficacial *ex tunc*, para reconhecer a nulidade de atos jurídicos praticados pelo interditando, desde que demonstrada a sua contemporaneidade com a enfermidade.[16] Porém, tal se justifica apenas quando estiver em jogo postura de disposição patrimonial, apresentando-se descabida no que concerne à capacidade eleitoral por importar na ampliação tácita das ressalva desta, gizadas somente em casos expressos pela Constituição. Essa solução, informara Pontes de Miranda,[17] mereceu a preferência do saudoso Superior Tribunal de Justiça Eleitoral no recurso eleitoral 250, de junho de 1937.

Não se faz necessário o trânsito em julgado, incidindo a redação do art. 1.184, primeira parte, do CPC. A produção de efeitos imediatos se justifica pela possibilidade do demente, ou surdo-mudo, ainda apresentando-se titular de cidadania passiva, assumir cargo em virtude de eleição, causando sérios prejuízos à comunidade. Ademais, a Constituição falou em incapacidade, capaz de ocorrer com o distúrbio mental ou a surdo-mudez, não exigindo a mudança de estado pela interdição. Neste particular, o extinto Tribunal Federal de Recursos, na AC 44.627-MG,[18] deliberou que a sentença de interdição, defluente de processo no qual é preservado o contraditório, produz efeitos imediatos e *erga omnes*, inclusive perante a Administração Pública, a fim de acobertar a presunção *juris et de jure* de nulidade dos atos posteriormente levados a cabo pelo funcionário interdito.

16. STF, 2ª T., ac. un., RE 82.311-BA, Rel. Ministro Cordeiro Guerra, *Jurisp. e Doutr.* 109/76; STF, 1ª T., ac. un., RE 81.198-MG, Rel. Ministro Antônio Néder, *RTJ* 83/425.

17. *Comentários à Constituição de 1967*, cit., p. 574.

18. 2ª T., ac. un., Rel. Ministro Paulo Laitano Távora, *DJU* 22.11.1977, p. 8.348.

A ausência, também catalogada como figura de incapacidade absoluta, não tem relevância para o direito eleitoral. A sua regulação pela legislação civil é restrita aos aspectos patrimoniais, não chegando sequer a refletir-se no plano familiar. Da mesma forma, não deve servir de empecilho a que o ausente vote ou seja votado. O fato de não mais se fazer presente no local onde antes se estabelecia, em nada impede que venha a sufragar noutra circunscrição deste país de extensão continental.

A incapacidade gera a suspensão dos direitos políticos, a qual cessará com o levantamento da interdição.

6. Condenação criminal irrecorrível

A condenação por infração penal é sinal idôneo a expressar comportamento reprovável do cidadão, suficiente para torná-lo provisoriamente indigno da gestão dos negócios públicos. Calha à fiveleta dito de José Alfredo de Oliveira Baracho: "A privação do direito de votar pode assentar-se no comportamento indigno e irresponsável. Ocorre o impedimento quando a pessoa é condenada por crimes ou certos delitos do direito comum. É excluído temporariamente do corpo eleitoral".[19]

A causa constou de todas as nossas Constituições. A de 1824 (art. 8º, II) enunciava, a título de suspensão do exercício dos direitos políticos, a condenação à prisão, ou degredo. As Constituições de 1891 (art. 71, § 1º, *b*), 1934 (art. 110, *b*), 1937 (art. 118, *b*), 1946 (art. 135, § 1º, II), 1967 (art. 144, I, *b*), e Emenda Constitucional 1/1969 (art. 149, § 2º, *c*), sem exceção, falavam em condenação criminal, enquanto durarem os seus efeitos. A atual foi expressa em incluir a expressão transitada em julgado, muito embora tal se depreendesse do princípio da presunção de inocência, integrante do sistema de direitos individuais implícitos, inaugurado,

19. Loc. e p. cits.

entre nós, pelo art. 150, § 35, da Lei Maior de 1967.

Tormentosa contenda tem a ver com a pertinência da medida às condenações acompanhadas de *sursis*, tendo assomado ao proscênio largo debate jurisprudencial. Alterando posição que mantinha antes da Emenda Constitucional 1/1969, responsável pela referência, no art. 149, § 3º, da necessidade de lei complementar como necessária para dispor sobre a especificação, o gozo, o exercício, a perda ou suspensão de todos e de parte dos direitos políticos, o Supremo Tribunal Federal firmou posição no sentido da impossibilidade da condenação, na qual o condenado fora beneficiado com a suspensão condicional da pena, importar o desprestígio da condição de cidadão, por o dispositivo que preveria tal sanção não ser auto-aplicável.[20]

Ao depois da promulgação da Constituição de 1988, novamente a indagação passou a render controvérsias. Às voltas com o problema, o Tribunal Superior Eleitoral, no recurso 11.562-SP[21] entendeu, a despeito da diversidade de fundamentos de seus membros, pelo afastamento da restrição nas condenações criminais em que o *sursis* está presente. De início, o Relator originário, Ministro Carlos Velloso, acatando parecer ministerial, lançado em compasso com a decisão vergastada, advinda do Tribunal Regional Eleitoral de São Paulo, destacou a aplicação plena e automática do art. 15, III, da CF. Divergindo, o Ministro Marco Aurélio assentou que, estando-se em jogo direito inerente à cidadania, não se concebia emprestar ao dispositivo constitucional analisado alcance elástico, mas sim restrito. Por isso, somente enxergava razoável acarretar o julgamento criminal a suspensão dos direitos políticos quando, em conseqüência, importasse na custódia do condenado. Traçando paralelo com a CLT, advogara que aqui dever-se-ia aplicar o mesmo entendimento que influenciara o legislador celetário a plasmar a justa causa do seu art. 482, *d*. Tornando maioria a discordância, manifestaram-se a esta adesão os Ministros Antônio de Pádua Ribeiro, Sepúlveda Pertence e Diniz de Andrada.

Noutra assentada, reproduziu o Tribunal Superior Eleitoral, já agora sem discrepâncias, o mesmo ponto de vista no agravo de instrumento 12.537-PR,[22] movendo-se tanto em face da antinomia entre a suspensão condicional da pena e o art. 15, III, da Lei Máxima, quanto por este não prescindir de regulamentação.

Submetido o assunto ao Supremo Tribunal Federal no RE 179502-SP, foi proferida a seguinte deliberação: "Condição de elegibilidade. Cassação de diploma de candidato eleito vereador, porque fora ele condenado, com trânsito em julgado, por crime eleitoral contra a honra, estando em curso a suspensão condicional da pena. Em face do disposto no art. 15, III, da Constituição Federal, a suspensão dos direitos políticos se dá ainda quando, com referência ao condenado por sentença criminal transitada em julgado, esteja em curso o período da suspensão condicional da pena. Recurso extraordinário conhecido e provido".[23]

20. Conferir as decisões publicadas na *RTJ* 61/581 e 82/647.

21. M.v., *DJU* de 10.2.1995. Eis a ementa do julgado: "*Direitos políticos. Suspensão. Condenação criminal. 'Sursis'. Afastamento da restrição. Fundamentos diversos.* Tem-se como descabida a incidência do preceito extravagante do inc. III do art. 15 da Constituição Federal, quando a maioria assim é formada, embora com dispersão de fundamentos, a saber: uma corrente no sentido de somente reconhecer a suspensão quando os efeitos da sentença criminal alcançam a custódia do condenado; outra afastando-a diante da suspensão condicional da pena e a terceira tendo-a por imprópria por não reconhecer no preceito aplicação imediata".

22. Rel. Ministro Torquato Jardim, *DJU* 8.9.1995. A exemplo do mencionado no recurso 11.562-SP, foram elencados vários precedentes da Corte.

23. Pleno, m.v., Rel. Ministro Moreira Alves, *DJU* 8.9.1995.

Preponderaram os argumentos do voto do digno Relator, espancando, de uma só vez, as dúvidas existentes em torno da incidência do art. 15, III, da CF, ante as sentenças penais que contêm suspensão condicional. Frisara S. Exa. que os votos que conduziram à maioria do dispositivo contido no aresto impugnado resultaram da manifestação de teses díspares, engendradas pelos Ministros Sepúlveda Pertence e Marco Aurélio. O primeiro pôs-se a sustentar a necessidade de combinação entre os arts. 15, III, e o 55, IV e VI, e §§ 2º e 3º, da Lei Magna, para, ao depois de conciliá-los sistematicamente, concluir pelo caráter *non self executing* daquele.

Segundo o Ministro Sepúlveda Pertence, a circunstância do art. 55, ao disciplinar as causas de perda do mandato parlamentar, inseridas dentre estas a perda dos direitos políticos (inc. IV) e a condenação criminal com trânsito em julgado (inc. VI), remetendo a sua efetivação mediante a declaração da Mesa da Casa respectiva, ou da maioria absoluta da Câmara ou do Senado, desnaturaria a natureza de aplicabilidade plena do art. 15, III, tornando indispensável admitir que a lei federal prevista no art. 22, XIII, venha a "prever hipóteses conforme a natureza e a gravidade da infração penal e da pena aplicada, em que a condenação criminal não acarretará a suspensão de direitos, nem conseqüentemente a perda automática do mandato eletivo, que acaso detenha o condenado".[24]

Em contradita, o Relator afirmara que o problema posto emanava de aparente conflito de normas propiciado pela generalidade do art. 15, III, diante da especialidade do art. 55, IV e VI, §§ 2º e 3º. Sendo assim, louvado na ensinança de Norberto Bobbio, ministrado em sua *Teoria Geral do Ordenamento Jurídico*, propôs, ante a existência de antinomia total-parcial, a adoção do critério da especialidade, em face do qual a norma especial circunscreve, nos limites de seu âmbito, a abrangência da lei geral. Portanto, não há que se duvidar da auto-aplicabilidade do art. 15, III, cuja imperatividade é afastada tão-somente nos casos do art. 55, IV e VI, de alcance restrito a parlamentares.

Doutro lado, afastou-se a escusa suscitada pelo Ministro Marco Aurélio, voltada à compreensão de que, por imperativo lógico, a suspensão de direitos políticos decorrente de condenação criminal somente deveria ocorrer quando houvesse o efetivo cumprimento da pena, com a clausura do condenado, tornando-se sem sentido na hipótese de *sursis*.

Embasara-se o Relator no fato de que, já agora influenciado pelas lições de Pontes de Miranda (loc. cit., pp. 575-576) e de Frederico Marques (*Tratado de Direito Penal*, v. III, 2ª ed., pp. 161-162), a *ratio essendi* da sanção política não se centrava na privação da liberdade, como acontecia na Constituição Imperial, ao referir-se à condenação, à prisão ou ao degredo.[25] Diferentemente, moveu-se o Constituinte de 1988 por razões de ordem ética, tomando o condenado indigno, pelo tempo em que expiar a pena, do *jus suffragii*.

Aduzira, igualmente, ser essa, conforme se nota de referências contidas no julgado publicado na *RTJ* 61/581, a orientação tanto do Supremo Tribunal Federal quanto do Tribunal Superior Eleitoral[26] antes do advento da Emenda Constitucional 1/1969, que exigira, no art. 149, § 3º, do Texto Magno, lei complementar à espécie.

24. Voto-vista do Ministro Sepúlveda Pertence (STF, Pleno, RE 179.502-SP, m.v., Rel. Ministro Moreira Alves, j. 31.5.1995).

25. Aliás, a Constituição de 1824 também previu a impossibilidade de votar, nas eleições primárias, dos religiosos que vivessem em comunidade claustral.

26. RE 18.861, *DJU* 2.2.1953, pp. 297-298; TSE, *Boletim Eleitoral*, mai. 1952, p. 7; *Boletim Eleitoral*, ago. 1952, p. 487. Demais dos precedentes ali citados, conferir: REsp 1.245-MG, Rel. Ministro Frederico Sussekind, *Boletim Eleitoral* 43/305; REsp 2.651-SP, m.v., Rel. desig. Ministro Antônio Vieira Braga, *Boletim Eleitoral* 96/758.

O entendimento firmado no RE 179502-SP merecera ratificação pela Corte Excelsa no ag. reg. no recurso em mandado de segurança 22470-SP: "*Suspensão de direitos políticos. Condenação penal irrecorrível. Subsistência de seus efeitos. Auto-aplicabilidade do art. 15, III, da Constituição.* A norma inscrita no art. 15, III, da Constituição reveste-se de auto-aplicabilidade, independendo, para efeito de sua imediata incidência, de qualquer ato de intermediação legislativa. Essa circunstância legitima as decisões da Justiça Eleitoral que declarara aplicável, nos casos de condenação penal irrecorrível — e enquanto durarem os seus efeitos, como ocorre na vigência do período de prova do *sursis* —, a sanção constitucional concernente à privação de direitos políticos do sentenciado. Precedente: RE 179.502-SP (pleno), Rel. Ministro Moreira Alves. Doutrina".[27]

Manifestando opinião sobre a matéria, tenho por correto falar na aplicação imediata do art. 15, III, da CF, por este dispensar, ao contrário do art. 149, § 3º, da Constituição pretérita, a *interpositio legislatoris*. Igualmente, por não se encontrar indissoluvelmente vinculado ao art. 22, XIII, que se cinge a outorgar competência à União para suplementar a obra do constituinte nas omissões concernentes à cidadania e nacionalidade, do que não se ressente a hipótese, visto portar compleição de conteúdo.

A despeito disso, guardo reservas em parte à orientação da Corte Suprema, principalmente por sensibilizar-me, à luz de norte exegético indicado pela universidade do sufrágio, o raciocínio tecido pelo Ministro Marco Aurélio, voltado à direção de que, embora auto-aplicável, o art. 15, III, da Lei Maior, deve ter seu raio de ação contido em função da gravidade da transgressão à paz social, provocada pelo condenado.

Somente discordo de S. Exa. num ponto: a suspensão condicional não deve constituir discrímen para se aferir a menor reprovação do comportamento do eleitor diante da comunidade, afastando a mácula ética que o tornaria indigno de eleger os seus governantes, ou de representar os seus concidadãos. Isso por uma razão: vários delitos, entre os quais os perpetrados contra a fé pública e a administração pública (arts. 289 a 359), pela cominação de pena mínima inferior a dois anos, são suscetíveis de *sursis*, sem embargo de, doutro lado, quebrantarem de tal modo a confiança da sociedade em seus agentes, de modo a revesti-los da condição de indignidade incompatível com a participação no governo, quer direta ou indiretamente. À guisa de exemplo, ter-se-ia que alguém que fabricasse, para terceiros, aparelho destinado à falsificação de moeda (art. 291), ou cometesse as ações tipificadas como falsidade de documento público (art. 297), falsidade ideológica (art. 299), emprego irregular de verbas ou rendas públicas (art. 315), concussão (art. 316), corrupção passiva (art. 317) etc., poderia, vindo a beneficiar-se com a suspensão da pena, votar e ser votado, podendo, em tese, assumir cargos no Executivo e no Parlamento.

Alvitro, portanto, que, demais da natureza de aplicabilidade plena de que é portador, o art. 15, III, da Lei Fundamental, deve ter o seu alcance reduzido, excluindo-se do seu âmbito os crimes praticados com culpa *stricto sensu*, uma vez que a postura do seu autor não se reveste de ultraje inconciliável com a condução da boa gerência da coisa pública, por ausente o expressivo escopo de delinqüir.

O postulado da universalidade do sufrágio, como visto, constitui diretriz impostergável a conduzir o exegeta na interpretação das causas de sua privação, a recomendar, quando do cotejo da *fattispecie* constitucional com os institutos complementares da legislação ordinária, a abolição de inteligências que descurem da regra da proporcionalidade. Imperioso, destarte, afastar-se os despojamentos desnecessários e desarrazoados.

A província da medida extrema deverá, então, adstringir-se aos crimes dolosos,

27. 1ª T., ac. un., Rel. Ministro Celso de Mello, *DJU* 27.9.1996.

em cuja perpetração permeia a intenção do autor em querer o resultado (dolo direto) ou de assumir o risco de produzi-lo (dolo eventual). Somente nestas hipóteses emerge o padrão de reprochável apto a justificar fique alguém afastado da condução dos negócios políticos.

Também de ser afastada a sanção quando se estiver diante de contravenções, ou de crimes que, apesar de dolosos, a pena máxima cominada não superar um ano, porquanto o art. 61 da Lei 9.099, de 26.9.1995, seguindo recomendação constitucional (art. 98, I, CF), reputou-os como infrações penais de menor potencial ofensivo. Isso implica corretamente afastar da perda da capacidade política a condenação a penas restritivas de direitos (arts. 43 e 44, CP) e multa substitutiva (art. 60, § 2º, CP).

Nessas situações, a condenação não induzirá a suspensão dos direitos políticos, ainda que acompanhada da suspensão condicional da pena, não em razão desta, mas pelo pequeno grau de reprovabilidade do eleitor.

A concessão, ao depois da aceitação do acusado de proposta do Ministério Público, da suspensão do processo, prevista na citada Lei 9.099/1995 (art. 89), em nada poderá afetar os direitos da cidadania pelo simples fato de ocorrer antes do proferimento de sentença condenatória.

A suspensão de direitos políticos, na forma do art. 15, III, da Norma Ápice, não se confunde com o efeito específico da condenação, referido pelo art. 92, I, letras *a* e *b*, do Código Penal. Em primeiro lugar, por aquele não depender de menção específica e motivada no corpo da decisão, ao contrário do que, quanto ao último, dispõe o parágrafo único do art. 92 do Estatuto repressivo. Para a sanção constitucional basta a decisão condenatória, sendo despiciendo se o juiz declare ou não a suspensão dos direitos políticos. Doutro lado, o instituto infraconstitucional possui campo de incidência menor, conforme os crimes e penas aplicadas a que se refere. Em terceiro lugar, enquanto a norma magna reporta-se às cidadanias ativa (direito de votar) e passiva (direito de ser votado), com a conseqüente perda do mandato eletivo, a legislação penal produz apenas a perda do cargo ou função pública, ou do mandato eletivo, com a observação, quanto a esse, da formalidade exigida pelo art. 55, § 2º, da Constituição.

A concreção do art. 15, III, depende unicamente do édito judicial condenatório. Mister, no entanto, o seu trânsito em julgado. Excepcionalmente o Supremo Tribunal Federal, vislumbrando o caráter eminentemente procrastinatório de embargos de declaração, interpostos reiterada e injustificadamente, subsumiu como inadequado o comportamento processual do condenado e permitiu, de conseguinte, a imediata execução do aresto hostilizado, tanto no que concerne à privação da liberdade de locomoção quanto à supressão temporária dos direitos políticos, inclusive com a perda do mandato eletivo por aquele titularizado.[28]

Nenhuma dúvida resta a saber, na hipótese de o condenado criminalmente exercer mandato legislativo federal, estadual ou municipal, no que concerne à competência do órgão parlamentar para a decretação da perda do mandato, logo após receber do Judiciário a devida comunicação. A este respeito é expresso o art. 55, § 2º, da CF, cuja extensão aos Estados e Municípios é determinada pelos seus arts. 27, § 1º, e 29, IX.

Impende indagar, por sua vez, se tal atribuição do Legislativo também permanece no tocante à perda do mandato de exercente de cargo no Executivo, ou se a decisão da Justiça, ao suspender os direitos políticos do condenado, seria suficiente, só por só, para implicar o efeito mencionado. A incerteza ganhou maior densidade após a decisão unânime do Tribunal Superior Eleitoral no REsp 15.108-GO.[29] Nessa oportunidade, discutia-se acerca da legitimidade da

28. 1ª T., AGAEDS 177313-MG, ac. un., Rel. Ministro Celso de Mello, *DJU* 14.11.1996, p. 44.488.

29. *DJU* 5.12.1997, p. 64.002.

acolhida, pelo Tribunal Regional de Goiás, de recurso contra a diplomação interposto pelo fato de o diplomado haver sofrido condenação criminal, pelo prazo de quatro anos de reclusão, em face do cometimento do delito de homicídio. O relator, Ministro Maurício Corrêa, levando em consideração cediça jurisprudência, ora indicada pelo recorrente, ora referida no seu voto, acolheu a diretriz de que a inelegibilidade superveniente somente tem sua suscitação admissível quando verificada ao depois do registro e antes da diplomação.[30] Dessa maneira, como a condenação somente transitara em julgado posteriormente ao recurso, este não poderia restar provido, haja vista não ser possível falar-se em vício da diplomação quando à época desta aquele ainda não existia. Em vista disso, o dispositivo do acórdão, conforme moldado pela relatoria, foi pelo conhecimento e provimento da irresignação, com a finalidade de reformar a decisão *a quo*. Ao final de seu voto, S. Exa. teceu fundamentação, consoante a qual, forte na singularidade do trânsito em julgado da sentença após a diplomação e a posse, faleceria ao Poder Judiciário a competência para a cassação do mandato, a teor do disposto no art. 55, § 2º, da CF, cuja eficácia deveria operar em razão de simetria a ser preservada, de boa ordem, no âmbito dos entes federados. Por isso, tocaria à Câmara Municipal decidir da perda do mandato de Prefeito do recorrente.

Algumas ponderações comporta esse entendimento. Apesar de o conhecimento e provimento do recurso, a fim de manter-se a diplomação pelo não reconhecimento de inelegibilidade posterior, haver resultado do consenso dos membros do Tribunal Superior Eleitoral, no particular do segundo fundamento invocado, surgiram discordâncias.

30. REsp 8.550-SP, Rel. Ministro Miguel Ferrante, *DJU* de 20.2.1990; recurso 4.124, Rel. Ministro Barros Barreto, *Boletim Eleitoral* 284-01/126; recurso 11.539, Rel. Ministro Carlos Mário Velloso, *DJU* de 7.10.1994.

A primeira delas foi a do Ministro Eduardo Alckmin que, a despeito de acompanhar o voto do relator, absteve-se de adentar no exame da competência da Câmara Municipal para a decretação da perda de mandato. Depois, veio a lume a do Ministro Ilmar Galvão, ao asseverar a não existência de norma, seja constitucional, ou legal, a atribuir ao Legislativo o poder de decidir a perda de mandato do Poder Executivo, a exemplo do que ocorre com os demais membros do Parlamento. Esse ponto de vista — acentue-se — está em sintonia com o voto-condutor do Ministro Moreira Alves no já citado RE 179502-6-SP, ao proclamar que a norma do art. 55, § 2º, da Lei Maior, é específica ante o comando genérico do art. 15, III, do mesmo diploma, somente regulando a perda de mandato de parlamentares em razão de condenação criminal.

Noutro passo, a lição doutrinária de José Afonso da Silva (*Curso de Direito Constitucional Positivo*, 12ª ed., Malheiros Editores, p. 516), invocada pelo Ministro Maurício Corrêa, com a merecida vênia, não se presta para a explicação do problema. Transcorria o ilustre professor sobre o poder-dever de aplicar a sanção do art. 83 da CF, ao vedar o Presidente e o Vice-Presidente da República de se ausentarem do país por mais de quinze dias, sem licença do Congresso Nacional, pena de perda do cargo. Entendia, ante a omissão da Constituição, que, por tratar-se de questão política, a verificação do cumprimento da regra seria apanágio natural do Parlamento, porque este é o órgão competente para a autorização exigida.

Cuida-se de situação absolutamente diferente a do art. 15, III, representativa de conseqüência automática de julgamento do Poder Judiciário, sem necessidade, salvo a especificidade do art. 55, § 2º, de ulterior pronunciamento do Legislativo. Por aquela atingir também a cidadania passiva, infere-se logo que contamina irremediavelmente o mandato desempenhado pelo condenado. Essa tendência se reflete na deliberação tomada no referido AGAEDS 177313-MG, tendo o digno Relator, Ministro Celso de Mello, em mais de uma passagem de seu luzido voto, ofertado maior relevo ao automatismo da decisão final condenatória, requerendo unicamente a comunicação formal ao Poder Legislativo de que o titular do Poder Executivo não mais se acha constitucionalmente habilitado, durante o intervalo de tempo de produção dos efeitos da sentença, a exercer os seus direitos políticos e, de conseguinte, a cumprir o seu mandato (1908-1909 e 1911).

Não há que se falar em simetria (conceito a pressupor similitude de situações fáticas), a ser adotada pelos entes federados, Estados e Municípios, à medida que a norma do art. 55, § 2º, tem sua província eficacial contida nos lindes legislativos, não se espraiando ao território do Poder Executivo.

7. Escusa de consciência

Considera o art. 15, IV, da CF, como capaz de propiciar a privação dos direitos políticos a recusa de cumprir obrigação imposta a todos ou prestação alternativa, tendo sido inicialmente prevista no art. 111, *b*, da Constituição de 1934, mantendo-se nas de 1937 (art. 119, *b*), 1946 (art. 135, § 2º, II), 1967 (art. 144, II, *b*) e Emenda Constitucional 1/1969 (art. 149, *b*).

Não obstante a Lei Mor garantir a livre manifestação de crença religiosa, ou de convicções filosóficas ou políticas (art. 5º, VIII), adiciona-lhe uma exceção ao afirmar que tal liberdade não poderá ser invocada para que alguém venha a se exonerar de obrigação a todos imposta e o argüente, uma vez obrigado a cumprir obrigação alternativa, venha novamente a manifestar sua recusa.

Exemplo disso está no serviço militar obrigatório, em que o art. 143, § 1º, da Lei Básica, afirma competir às Forças Armadas, nos termos da lei, atribuir serviço alternativo aos que, em tempo de paz, após alistados, exprimirem a impossibilidade de prestar atividades essencialmente castrenses por imperativo de consciência, decorrente de religião ou de convicção filosófica ou política.

Faz-se necessário, de início, a existência de obrigação a todos imposta, por lei, em benefício da sociedade, como é o caso do serviço militar. Ao depois, a privação definitiva dos direitos políticos penderá não somente da negativa em cumpri-la, sendo imprescindível que, em instante prévio, exija-se, de acordo com lei própria, o cumprimento de prestação alternativa, supridora do encargo geral. Somente com a nova rejeição, relativa à obrigação substitutiva, é que se poderá falar na instauração de procedimento para a suspensão da capacidade política.

Outrora dispositivo constitucional *non self executing*, a Lei 8.239, de 4.10.1991, regulamentada pela Portaria 2.681-COSEMI, de 28.7.1992, estabeleceu, em atenção ao art. 142, § 1º, a imposição de prestação alternativa ao serviço militar obrigatório.

Considera-se serviço alternativo o desempenho de atividades de caráter administrativo, assistencial, filantrópico, ou mesmo produtivo, no lugar das atividades tipicamente militares. Deverá ser prestado em organizações militares, órgãos de formação de reservas das Forças Armadas, ou, desde que haja convênios, em órgãos subordinados ao Ministérios Civis.

Transcorridos dois anos do período em que deveria findar o serviço alternativo, a recusa em prestá-lo implicará a suspensão dos direitos políticos do inadimplente, que os readquirirá quando, a qualquer tempo, regularizar a sua situação.

Dúvida poderá persistir quanto à autoridade competente para a decretação da perda do *jus suffragii*. Ao instante da Constituição revogada consistia função do Presidente da República. Atualmente, em face da omissão do Constituinte, e também da Lei 8.239/1991, melhor apropriado conferir-se tal atributo ao Poder Judiciário, terceiro imparcial, apto para dirimir a questão ante os casos concretos, com a observância do devido processo. O conhecimento da ação, a ser proposta pela União, em virtude da titularidade da condução administrativa do serviço eleitoral, pertence à Justiça Federal (art. 109, I).

8. *Improbidade administrativa*

À derradeira, aponta a Constituição a improbidade administrativa como causa a afastar o indivíduo da cidadania. Ocupa-se de privação temporária (suspensão), nos termos de ditamento expresso do seu art. 37, § 4º, tomando aqui como complemento. Constitui novidade, não contida nas Leis Fundamentais anteriores.

Aurélio Buarque de Holanda, no verbete alusivo à improbidade, atribui-lhe o significado de: "1. Falta de probidade; mau caráter; desonestidade. 2. Maldade, perversidade". Sinalizando a acepção jurídica do vocábulo, adornado pelo adjetivo *administrativa*, Flávio Sátiro Fernandes, ao depois de elevá-lo a gênero, no qual se insere a moralidade, enuncia: "A improbidade, por sua vez, significa a má qualidade de uma administração, pela prática de atos que implicam em enriquecimento ilícito do agente ou em prejuízo do erário ou, ainda, em violação aos princípios que orientam a pública administração. Em suma, podemos dizer que todo ato contrário à moralidade administrativa é ato configurador de improbidade. Porém, nem todo ato de improbidade administrativa representa violação à moralidade administrativa".[31]

O preceito, antes dependendo de norma integradora,[32] passou a operar sua força cogente com a Lei 8.429, de 2.6.1992. Ao depois de definir o imenso universo das pessoas cujas atividades as tornam suscetíveis da medida (arts. 1º a 3º), consagra três modalidades pelas quais a improbidade pode manifestar-se, elencando, para cada uma delas, copioso rosário de condutas. São elas: os atos que importem enriquecimento ilícito (art. 9º, I a XII), causem prejuízo ao erário (art. 10, I a XIII), ou atentem contra os princípios da Administração Pública (art. 11, I a VII).

A materialização das sanções decorrentes do atuar ímprobo decorre de ação proposta pelo Ministério Público, ou pela pessoa jurídica interessada, a tramitar mediante a adoção do rito ordinário. Àquela poderá preceder procedimento administrativo de cunho informativo, a ser instaurado a partir de representação a cargo de qualquer pessoa, e medida judicial de seqüestro de bens, na hipótese de enriquecimento ilícito ou de danos ao patrimônio público.

Conforme a categoria em que se encontra inserido o acusado de ato de improbidade, variará o tempo de suspensão dos direitos políticos. Destarte, na hipótese de enriquecimento ilícito será de oito a dez anos, na de dano ao erário, de cinco a oito anos, e, por último, quando versar atentado a princípios da administração, de três a cinco anos. Na fixação desse interregno, o magistrado sopesará, entre outras circunstâncias, a extensão do dano causado, bem como o proveito obtido pelo agente.

9. *O conscrito*

Embora não expressamente contida no rol do art. 15, pode-se, da análise sistemática do Capítulo IV, do Título II, da CF, extrair a conscrição como fator hábil para, igualmente, proporcionar uma restrição, de natureza temporária, à cidadania.

O art. 14, § 2º, da Lei Máxima, veda, às expressas, a cidadania ativa do conscrito, enquanto recrutado para prestar serviço militar obrigatório. O dispositivo representa progresso, porquanto o regime passado, na forma prescrita pela Emenda Constitucional 1/1969 (art. 147, § 2º), somente permitia o alistamento eleitoral dos militares con-

31. *Improbidade Administrativa*, p. 4.

32. Cf. TSE, RO 12056-SC, ac. un., Rel. Ministro Carlos Mário da Silva Velloso, *RJTSE* v. 6, t. 4, p. 163.

tanto que integrantes do oficialato, aspirantes a oficial, guardas-marinhas, subtenentes ou suboficiais, sargentos ou alunos das escolas de formação de oficiais. Atualmente, os praças têm garantida a sua capacidade política, o que não ocorria no passado.

A vinculação ao serviço militar obrigatório implica também a ausência temporária do direito de ser votado, a requerer a plenitude do exercício dos direitos políticos (art. 14, § 3º, CF).

Sem embargo de a Constituição vedar o próprio alistamento, a jurisprudência, corroborando a validade do art. 6º, II, *c*, do Código Eleitoral, vem, na prática, aceitando a possibilidade de continuidade da inscrição do eleitor que, posteriormente, venha a se incorporar ao serviço militar obrigatório, a qual permanece suspensa enquanto durar tal condição.[33]

10. Palavras finais

Tecidas as considerações retro, penso haver procedido ao estudo anatômico dos motivos capazes de respaldar a supressão do valioso direito de participar da administração da coisa pública, ora escolhendo os governantes, ora podendo se apresentar como alternativa à condução da coletividade. Serviu de prestimoso condutor para nosso trabalho, vocacionado à abordagem das peculiaridades que cercam as razões enunciadas pelo art. 15 da Constituição, a premissa, inafastável da democracia hodierna, da universalidade do sufrágio. Este representa a medida, melhor dizendo, o toque de proporcionalidade, imprescindível para conter as ações estatais destinadas a cercear a capacidade eleitoral do cidadão, que não poderão fundar-se em motivação desnecessária e injustificável, ficando salvaguardada a plenitude da vontade daqueles em influenciar na obtenção, pelos seus pares, da titularidade do exercício do poder político.

11. Bibliografia

BANDEIRA DE MELLO, Celso Antônio. "Representatividade e democracia", in VELLOSO, Carlos Mário da Silva e ROCHA, Cármen Lúcia Antunes (coords.). *Direito Eleitoral*. Belo Horizonte, Del Rey, 1996, pp. 41-62.

CÂMARA, Adauto da. *História de Nísia Floresta*. 2ª ed., Natal, Departamento Estadual de Imprensa, 1997, 162 pp.

CANOTILHO, José Joaquim Gomes. *Direito Constitucional*. Coimbra, Livraria Almedina, 1992, 1.214 pp.

COLE, Charles D. "O devido processo legal na cultura jurídica dos Estados Unidos: passado, presente e futuro", *Revista da Associação dos Juízes Federais do Brasil* 16 (56)/33-43, São Paulo, ago.-set. 1997.

CORRÊA, Oscar Dias. "Nacionalidade e direitos políticos", in CRETELLA JÚNIOR, José *et al.* (coord.). *A Constituição Brasileira de 1988: Interpretações*. Rio de Janeiro, Forense Universitária, Fundação Dom Cabral, Academia Internacional de Direito e Economia, 1988, pp. 48-61.

CUOCOLO, Fausto. *Principi di Diritto Costituzionale*. Milão, Giuffrè Editore, 1996, 802 pp.

D'ATENA, Antonio. "Il principio democratico nel sistema dei principi costituzionali", in MIRANDA, Jorge. *Perspectivas Constitucionais*. Coimbra, Coimbra Editora, 1996, pp. 437-456.

FAYT, Carlos S. *Derecho Político*. Buenos Aires, Ediciones Depalma, 1988, 393 pp.

FUSTEL DE COULANGES, Numa Denis. *A Cidade Antiga: Estudos sobre o Culto, o Direito as Instituições da Grécia e de Roma*. Trad. Jonas Camargo Leite e Eduardo Fonseca. São Paulo, Hemus, 1975, 312 pp.

MIRANDA, Jorge. *Constituições de Diversos Países*. vs. I e II, Lisboa, Imprensa Nacional — Casa da Moeda, 1979.

33. Processo 9.881-SP, ac. un., Rel. Ministro Sydney Sanches, *DJU* 25.7.1989; consulta 9.923-SE, ac. un., Rel. Ministro Vilas Boas, *DJU* de 13.9.1989.

PROCESSO ADMINISTRATIVO, DEVIDO PROCESSO LEGAL E A LEI 9.784/1999[1]

RAFAEL MUNHOZ DE MELLO

Mestrando em Direito Administrativo na PUC/SP.
Advogado em Curitiba

1. Introdução

1.1 O tema do processo administrativo, no Brasil, encontra-se, ainda hoje, no início do século XXI, enormemente descurado. A razão parece óbvia: o atraso do legislador federal em editar um diploma legal contendo normas de processo administrativo aplicáveis à atividade administrativa em geral.

Com efeito, apenas em 1999 tal lacuna foi preenchida — e de modo muito satisfatório, saliente-se — em nosso ordenamento jurídico, com a edição da Lei 9.784, de 29 de janeiro. Atraso impressionante, se observada a realidade de outros Estados que adotaram leis gerais de processo administrativo já há décadas. É o caso da Áustria (1925), Espanha (1958), Alemanha (1978), Uruguai (1966) e Argentina (1972), para citar alguns.

Dúvida não há que o atraso do legislador teve reflexos na jurisprudência e doutrina pátrias, que vinham tratando o processo administrativo de modo casuístico e assistemático, não raro sem a observância dos princípios que regem a atividade administrativa e o fenômeno processual. É certo que há em nossa doutrina obras de muito valor sobre o tema, mas é preciso reconhecer que representam uma quantidade pequeníssima, especialmente se considerada a importância do processo administrativo no atual estágio do Direito Administrativo. Cabe aqui uma justa homenagem aos juristas paranaenses, que há muito têm contribuído de modo notável com o desenvolvimento do tema, como é o caso dos professores Manoel de Oliveira Franco Sobrinho, Romeu Felipe Bacellar Filho e, mais recentemente, Egon Bockmann Moreira.[2]

O tema, após a edição da Lei 9.784/1999, vem sofrendo rápida evolução, e tem sido objeto de ampla discussão em congressos e simpósios que se realizaram nos últimos anos. E é importante ressaltar que alguns Estados brasileiros já editaram também

1. Palestra proferida em painel sobre processo administrativo no II Simpósio Paranaense de Direito Administrativo, promovido pelo Instituto Paranaense de Direito Administrativo no mês de outubro de 2001, em Curitiba, sob os auspícios do Professor Doutor Romeu Felipe Bacellar Filho, à qual foram acrescidas notas.

2. Respectivamente: *Introdução ao Direito Processual Administrativo*, *Princípios Constitucionais do Processo Administrativo Disciplinar* e *Processo Administrativo — Princípios Constitucionais e a Lei 9.784/1999*.

leis sobre processo administrativo — como São Paulo (Lei 10.177, de 30.12.1998) — enquanto outros têm em funcionamento comissões com tal objetivo.

1.2 O processo administrativo ocupa hoje posição de destaque na teoria do Direito Administrativo. Há quem sustente que atualmente, num Estado Social e Democrático de Direito, o processo administrativo seja mesmo o conceito central do Direito Administrativo, ocupando o espaço que foi reservado durante muito tempo ao ato administrativo.[3]

O ato administrativo, tal qual concebido pela doutrina clássica do Direito Administrativo, tornou-se insuficiente para explicar todas as manifestações da Administração Pública, que aumentaram de modo notável com o advento do chamado Estado Social de Direito. Daí a crescente relevância do processo administrativo, fenômeno presente em toda manifestação da função administrativa, independentemente da natureza do ato final produzido no seu exercício. Como afirma o insigne Agustín Gordillo, "toda actividad estatal de tipo administrativo se manifestará a través del procedimiento administrativo, y por ello existe una coincidencia entre el concepto de función administrativa y el de procedimiento administrativo".[4]

A conveniência da análise do processo administrativo parece indiscutível. O ato administrativo é o resultado de uma atividade que se desenvolve através do processo administrativo. O estudo do ato administrativo é estático, analisando o agir da Administração Pública num único e determinado momento. Mas a atividade administrativa não se resume ao ato final, por óbvio, pois "nessuna decisione è 'one shot'", nas espirituosas palavras do jurista italiano Sabino Cassese.[5] Já o estudo do processo administrativo é dinâmico, abrangendo toda a cadeia de atos e fatos que culminam com a edição da decisão administrativa. Análise, portanto, mais completa e abrangente, permitindo uma melhor compreensão — e, mais importante, um maior controle — da atividade desenvolvida pela Administração Pública.

2. Processo administrativo e Estado Democrático de Direito: participação e controle

2.1 Há nítida relação entre Estado Democrático de Direito e a figura do processo administrativo. Pode-se dizer que o processo administrativo é instrumento de concretização da opção constitucional por um Estado Democrático de Direito, pois permite não só um maior controle sobre o exercício da função administrativa,[6] como também a par-

3. A posição é especialmente defendida na doutrina italiana, por autores como Mario Nigro, Giovanni Pugliese, Francesca Trimarchi, Mario Chiti, Enzo Cardi. Na doutrina alemã também prevalece a tese de que o conceito central do Direito Administrativo, no Estado contemporâneo, não é mais o do ato administrativo; para os alemães, contudo, tal posição seria hoje ocupada pela relação jurídica administrativa. Sobre ambas as posições, consultar a tese de doutoramento de Vasco Manuel Pascoal Dias Pereira da Silva, *Em Busca do Acto Administrativo Perdido* (em especial, caps. I, II e III), que considera possível aproximá-las.

4. *Tratado de Derecho Administrativo*, t. II, p. VIII-6. Em sentido semelhante é a lição de Sérgio Ferraz e Adilson Abreu Dallari: "a fórmula 'processo administrativo' traduz uma série de atos, lógica e juridicamente concatenados, com o propósito de ensejar a manifestação de vontade da Administração. Múltiplas serão as faces de tal manifestação. Assim, tanto poderá ser ela a formulação de uma política administrativa, quanto a dirimência de um litígio. Pouco importa: no campo da licitude, apenas os atos instantâneos ou urgentíssimos (*v.g.*, extinção de um incêndio, prevenção de um desabamento iminente) ou os não-imediatamente conectados a uma volição (*v.g.*, a passagem de um sinal luminoso do amarelo para o vermelho) independem de prévia processualização. Fora daí, administração e processo administrativo serão conceitos sinônimos" (*Processo Administrativo*, p. 25).

5. *Le Basi del Diritto Amministrativo*, p. 305.

6. "Perante uma Administração Pública que não cessa de crescer em termos de intervenção e de autonomia, o incremento da participação dos priva-

ticipação popular no *iter* de formação do ato administrativo.[7] Controle e participação, portanto, são as principais finalidades do processo administrativo, essenciais para a efetivação do princípio democrático.

2.2 O controle da formação do ato administrativo, através do processo, nem sempre foi priorizado. Durante certo período a preocupação estava voltada à análise do ato final, sobre o qual era exercido o controle. Os atos que o antecediam, entretanto, não mereciam a mesma atenção.[8]

Ora, a formação da vontade estatal não é livre, ao contrário do que ocorre nas relações privadas. Pelo contrário, o agente administrativo está vinculado a normas e princípios jurídicos, que disciplinam o modo de formação do ato que por ele será editado.[9]

Isso porque o ato administrativo não é manifestação de vontade do próprio agente que o pratica, mas sim do ente estatal. E mais: o interesse que se busca alcançar através do ato tampouco é do agente administrativo que o edita, mas sim de toda a coletividade. A vontade é estatal, e o interesse é público. Logo, a formação da vontade do agente administrativo deve ser disciplinada e controlada, impedindo-se que o agente se afaste da finalidade legal.

Como se sabe, os agentes estatais exercem função. Ou seja, agem para tutelar interesses que não são próprios, mas de terceiros. Para tanto, utilizam-se de poderes que lhes permitem desempenhar seu papel de modo satisfatório. Poderes instrumentais, que *devem* ser exercidos com o objetivo de alcançar a finalidade que justificou a própria outorga legal de prerrogativas ao agente. Daí falar Celso Antônio Bandeira de Mello em *deveres-poderes*: os agentes têm o dever de utilizar seus poderes da forma mais adequada à finalidade legal.[10]

A finalidade legal é o interesse público que o legislador vinculou à competência atribuída a um determinado agente administrativo.[11] Todo ato administrativo deve perseguir a finalidade estipulada pelo legislador, sob pena de incorrer em vício de desvio de finalidade.

O processo administrativo impede que o agente se afaste da finalidade que está na gênese de sua competência, ao permitir o controle da formação do ato administrati-

dos na tomada de decisões administrativas representa uma importante forma de controlo e de limitação do poder administrativo" (Vasco Pereira da Silva, ob. cit., p. 401).

7. Nas palavras de Romeu Felipe Bacellar Filho, "a procedimentalização do agir administrativo, isto é, a fixação de regras para o modo como a Administração deve atuar na sociedade e resolver os conflitos configura, assim, condição indispensável para a concretização da democracia" (ob. cit., p. 130).

8. Sobre o controle *a posteriori* do ato administrativo, Carlos Ari Sundfeld tem passagem bastante ilustrativa: "Se nos for permitida uma figura, a teoria do Direito Administrativo parece visualizar a Administração ainda como um castelo fortificado e inexpugnável, à volta do qual os indivíduos distribuem suas parcas armas, para se defenderem de qualquer agressão. Vinda esta, providencia-se uma expedição corretiva. Mas a gerência do castelo, seu funcionamento íntimo, persiste sem controle jurídico possível. Os indivíduos podem escolher o castelão-mor e mais alguns conselheiros. Não podem, porém, derrubar muralhas e portões para examinar o que se passa lá dentro antes que alguma agressão seja intentada. Em outras palavras: pode-se reagir contra o ato ilegal, mas pouco ou nada se pode fazer para que ele não seja ilegal" (*A Importância do Procedimento Administrativo*, p. 65).

9. "Tra le sequenze o flussi di decisioni propri di uma organizzazione privata e quelli di um'amministrazione pubblica c'e una differenza fondamentale. Che mentre la prima non e disciplinata dall'ordinamento giuridico, la seconda e sottoposta ad una rica legislazione che dispone chi debba essere sentito e che cosa accertare, nel corso della sequenza. A questo punto, ci si è resi conto che la seconda e giuridicamente rilevante e le si e dato il nome di procedimento" (Sabino Cassese, ob. cit., p. 306).

10. *Curso de Direito Administrativo*, p. 32.

11. "O fim é aquêle interêsse público cuja realização a lei tem em vista ao conceder a determinada autoridade certo poder de agir", conforme a lição do mestre português Afonso Rodrigues Queiró (*A Teoria do Desvio de Poder em Direito Administrativo*, pp. 69-70).

vo. Ou, nas palavras de Carlos Ari Sundfeld, "o processo garante que a vontade funcional, que se expressará no ato, não seja empolgada pela vontade do agente".[12]

Cabe aqui especial menção à motivação do ato administrativo, obrigatória no processo de formação da vontade da Administração Pública, como adiante será analisado.

2.3 Além do controle da formação da vontade do agente administrativo, o processo administrativo é importante instrumento de participação popular no *iter* de criação do ato administrativo, cada vez mais presente em ordenamentos jurídicos democráticos, já que "el poder ejercido democráticamente no puede jurídicamente manifestarse en úkases unilaterales sin previa oportunidad de debate público".[13]

Não se está aqui a mencionar, obviamente, a participação dos indivíduos em processos nos quais os mesmos podem ter direitos individuais atingidos, através, por exemplo, da aplicação de alguma sanção administrativa. Em tais casos já há muito se reconhece o direito à participação no processo, como fruto dos princípios do devido processo legal, ampla defesa e contraditório.

A inovação que cada dia mais se faz presente na realidade de Estados democráticos é a participação popular na formação de atos administrativos que atingem toda a coletividade, ou ao menos um grupo de indivíduos que possuem um interesse comum (moradores de uma determinada região, por exemplo). Está-se aqui no campo dos chamados interesses difusos e coletivos.

A necessidade de instauração de processos administrativos, com ativa participação da sociedade, previamente a decisões com impacto relevante na coletividade, é uma marca da democratização da Administração Pública.[14] Entende-se, atualmente, que os particulares podem contribuir para o melhor atendimento do interesse público que se busca através da edição do ato administrativo.[15] E é natural que seja assim: se a Administração Pública, através do exercício de sua competência, tem o dever de atingir de maneira ótima um determinado interesse, que pertence à coletividade, nada mais lógico — e democrático — que dar a membros dessa coletividade a oportunidade de participar na formação do ato, participação que somente pode ocorrer através do processo administrativo.

Daí surgirem no ordenamento jurídico formas de participação da sociedade na formação de atos administrativos de grande repercussão. A Lei 9.784/1999, por exemplo, prevê que em casos de "interesse geral" poderão ser realizadas consultas públicas ou instaladas audiências públicas, ou ainda "outros meios de participação de administrados" (arts. 31-33). Há ainda previsão de consultas ou audiências públicas na Lei das Licitações e Contratos Administrativos (Lei 8.666/1993, art. 39), na Lei 9.472/1997, que disciplina o serviço de telecomunicações (art. 42), e na Lei 9.427/1996, que trata do regime jurídico das concessões de energia elétrica (art. 4º, § 3º).

Muito embora a Lei 9.784/1999 não tenha determinado de modo categórico a necessidade de adoção de consultas e audiências públicas, previamente à edição de atos administrativos com inegável repercussão social, parece claro que haverá o dever de

12. Ob. cit., p. 67.

13. Agustín Gordillo, ob. cit., p. VIII-14.

14. Como ensina Caio Tácito, "o Direito Administrativo contemporâneo tende ao abandono da vertente autoritária para valorizar a participação de seus destinatários finais quanto à formação da conduta administrativa" (*Direito Administrativo Participativo*, p. 25).

15. "El principio de oír al interesado y al público antes de decidir algo que los va a afectar no es solamente un principio de justicia: es también un principio de eficacia; porque indudablemente asegura un mejor conocimiento de tos hechos y por lo tanto ayuda a una mejor administración además de a una más justa decisión, con menor o ningún costo político" (Agustín Gordillo, ob. cit., p. VIII-18).

utilização de tais formas de participação social sempre que o interesse público o exigir.[16] De fato, ainda que a competência aqui seja discricionária, hipóteses haverá em que a discricionariedade desaparecerá no caso concreto, desde que se afigure indispensável a participação pública para a adequada tutela do interesse público.[17]

Mas não basta a mera realização de consulta ou audiência pública. Não se deve aceitar que a Administração Pública realize tais atos de modo desidioso, apenas para ultrapassar uma incômoda fase processual. Essencial é não só a realização da consulta ou audiência pública, como também a existência de condições que permitam a efetiva participação da coletividade, que deve exigir da Administração Pública o espaço e tempo adequados para a discussão.

E mais importante: no momento da edição do ato administrativo é preciso que as sugestões e críticas apresentadas pela coletividade sejam levadas em consideração pela autoridade competente, que sobre as mesmas deverá se manifestar expressamente, sob pena de invalidade do ato administrativo. Aliás, a Lei 9.784/1999 expressamente dispõe que os interessados que participarem de consulta pública — e o mesmo vale para a audiência pública, obviamente — têm o "direito de obter da Administração resposta fundamentada" (art. 31, § 2º).

Cabe aqui uma importante ressalva. A participação dos cidadãos na formação do ato administrativo, através de consultas e audiências públicas ou outras formas previstas no ordenamento jurídico, em regra não torna obrigatória a adoção, pela Administração Pública, das opiniões apresentadas.[18]

A competência para edição do ato administrativo é da Administração Pública. O agente competente é quem deve e pode (*dever-poder*)[19] o legalmente, editar o ato com o conteúdo que melhor corresponder ao interesse público tutelado pela norma jurídica. As sugestões e críticas apresentadas pelos particulares devem ser levadas em consideração na motivação do ato. Mas se o agente competente entender que tais sugestões e críticas não correspondem ao interesse público, deve editar o ato administrativo sem observá-las, sujeitando-se ao controle do Poder Judiciário, como sói acontecer com as manifestações da função administrativa.

Tal situação pode facilmente ocorrer. Os particulares tendem a ter uma visão mais imediatista do interesse público, confundindo-o com o interesse da coletividade num determinado momento. A Administração Pública, por sua vez, deve editar suas decisões com a preocupação de atender ao interesse público no presente e no futuro, afastando o imediatismo que, não raras vezes, representa oportunismo e populismo. Imagine-se, por exemplo, audiência pública para discutir o preço de pedágio. É mesmo natural que os particulares pleiteiem radical redução do valor cobrado pelo concessionário.

16. O Mestre argentino Agustín Gordillo, que dedica especial atenção ao tema ora tratado, afirma que há para a Administração Pública o dever de "realizar audiencias públicas en todos los demás casos en que tos efectos de la decisión excedan del caso particular y en que objetivamente sea necesario realizar el procedimiento para el ejercicio del derecho de defensa de los usuarios y afectados" (ob. cit., pp. X-12/13).

17. Celso Antônio Bandeira de Mello ensina: "A existência da discricionariedade ao nível da norma não significa, pois, que a discricionariedade existirá com a mesma amplitude perante o caso concreto e nem sequer que existirá em face de qualquer situação que ocorra, pois a compostura do caso concreto excluirá obrigatoriamente algumas das soluções admitidas *in abstrato* na regra e, eventualmente, tornará evidente que uma única medida seria apta a cumprir-lhe a finalidade" (ob. cit., p. 776).

18. É evidente que se a legislação determinar à Administração Pública a adoção da conduta sugerida pelos particulares, de modo vinculante, não restará ao agente administrativo alternativa outra que praticar o ato tal qual desejado pela população. Disposição de tal natureza, entretanto, não é recomendável, ao menos em regra.

19. Celso Antônio Bandeira de Mello, ob. cit., p. 32.

Mas nem sempre a redução corresponderá ao interesse público. Não corresponderá, certamente, se tiver por conseqüência o sucateamento das rodovias, que demandará, no futuro, obras de grande vulto que tornarão necessária a cobrança, de uma geração futura de usuários, de pedágio em valor muito mais elevado.

Assim, pode-se afirmar que a participação da sociedade na formação do ato administrativo é marca da democratização da Administração Pública, e pode ter por conseqüência a edição de atos mais adequados ao interesse público. Os agentes administrativos, entretanto, sendo legalmente competentes para a edição dos atos administrativos, devem se afastar dos resultados das consultas públicas sempre que entenderem que a solução proposta não seja adequada à finalidade legal, desde que sua adoção não seja obrigatória por lei. Será sempre necessário, porém, motivar o ato que se afasta da opinião dos interessados que encaminharam sugestões e críticas à Administração, sob pena de se tornarem letra morta as previsões legislativas de tais institutos.

3. *O princípio do devido processo legal*

3.1 O princípio do devido processo legal tem origem remotíssima, na Carta Magna inglesa de 1215, no seio da qual surge como garantia eminentemente formal. Desde então sofreu o *due process of law* notável evolução, tanto na Inglaterra como nos Estados Unidos, país no qual se desenvolveu, por força da jurisprudência, o aspecto material do princípio.[20]

No Brasil, o devido processo legal surge, ao menos de modo expresso, na Constituição Federal de 1988, que em seu art. 5º, LIV, dispõe que "ninguém será privado da liberdade ou de seus bens sem o devido processo legal".

Abordando o princípio do ponto de vista estritamente formal, pode-se afirmar que o devido processo legal está na base de todos os demais princípios processuais. De fato, o *due process of law* impõe a utilização de um processo prévio para que bens de particulares sejam atingidos pelo Estado, sob pena de invalidade do ato praticado. E não será obviamente qualquer processo, mas apenas o que, previsto em lei, assegure aos cidadãos efetiva participação, através do exercício de diversas garantias processuais.

Assim, o devido processo legal exige não a adoção de qualquer processo, mas sim a adoção de um determinado processo, que respeite as garantias processuais dos indivíduos. Bem por isso ensina Nelson Nery Junior: "bastaria a norma constitucional haver adotado o princípio do *due process of law* para que daí decorressem todas as conseqüências processuais que garantiriam aos litigantes o direito a um processo e a uma sentença justa".[21]

O princípio do devido processo legal, na síntese perfeita de Egon Bockmann Moreira, significa que a liberdade e os bens dos cidadãos não podem sofrer qualquer aviltamento ou ataque "sem *processo*, que deverá ser *adequadamente desenvolvido*, tal como *predefinido em lei*".[22] Há, portanto, três aspectos do princípio — "devido", "processo", "legal" — que podem ser analisados

20. Sobre o princípio do devido processo legal, notadamente em seu aspecto material, v. Carlos Roberto Siqueira de Castro, *O Devido Processo Legal e a Razoabilidade das Leis na Nova Constituição do Brasil*. V., ainda, completo estudo sobre o princípio em Egon Bockmann Moreira, ob. cit., pp. 156-224. Sobre a evolução do *due process of law* no direito norte-americano e sua relação com a Administração Pública, v. Vera Scarpinella Bueno, *Devido Processo Legal e a Administração Pública no Direito Norte-Americano*.

21. *Princípios do Processo Civil na Constituição Federal*, p. 30. O raciocínio do autor, desenvolvido na seara do direito processual civil, é certamente aplicável ao processo administrativo, pois o devido processo legal não se restringe à esfera da função jurisdicional.

22. Ob. cit., p. 213.

em separado, tal qual o faz o mencionado autor (unicamente para fins didáticos, evidentemente).

3.2 O vocábulo "processo" do princípio ora em comento diz respeito à necessidade de que todo ato estatal que se volte contra a liberdade e os bens dos particulares deva ser precedido de processo, no qual os interessados poderão exercer as garantias processuais previstas no ordenamento jurídico. Sem processo não pode ser editado ato administrativo que atinja o patrimônio dos particulares. Daí afirmarem Sérgio Ferraz e Adilson Abreu Dallari, com acerto, que o devido processo legal é o "principal fator determinante" do processo.[23]

De fato, reza o *due process of law* que sem prévio processo não é possível a edição de qualquer ato estatal que atinja, ainda que minimamente, o patrimônio dos particulares, entendido aqui em acepção latíssima. Nas palavras de Celso Antônio Bandeira de Mello, o princípio exige "um processo formal regular para que sejam atingidas a liberdade e a propriedade de quem quer que seja".[24]

O princípio, entretanto, não pode ser interpretado de modo desarrazoado, impedindo em casos de absoluta urgência e necessidade a edição, sem prévio processo administrativo, de atos administrativos que atinjam o patrimônio dos particulares. Se assim o fosse o interesse público restaria prejudicado, pois há medidas que se fazem necessárias de imediato, mormente as decorrentes do poder de polícia.

Não seria razoável, por exemplo, exigir da autoridade administrativa a instauração de um processo prévio para desconstituir passeata que se realize em desconformidade com as regras de ordem pública. Ou ainda, para vedar o acesso de pessoas a construção que apresente risco iminente de desabamento. Em casos dessa natureza a exigência de prévio processo tornaria inútil a providência administrativa, que só seria adequada ao interesse público se praticada de imediato.

Veja-se que a própria Lei 9.784/1999 prevê a adoção de "providências acauteladoras", desde que praticadas "em caso de risco iminente", hipótese em que é dispensada a "prévia manifestação do interessado" (art. 45).

À exceção de tais casos de medidas acauteladoras, atos que atinjam o patrimônio dos particulares não podem dispensar a prévia tramitação de processo. Assim, sanção administrativa e outros atos administrativos restritivos de direitos não podem ser aplicados sem que o devido processo legal seja instaurado.[25]

3.3 O princípio do *due process of law* exige ainda que o processo a ser instaurado pela Administração Pública, previamente à edição de ato que atinja o patrimônio dos particulares, esteja previsto em lei. É o processo *legal* que deve ser adotado, de acordo com a cláusula ora comentada.

Havendo em nosso ordenamento jurídico lei formal dispondo sobre processo administrativo, ao menos na esfera federal, não pode a Administração Pública adotar normas processuais veiculadas através de regulamentos administrativos ou outros atos infralegais que sejam contrárias às normas legais. A função administrativa, na lição de

23. Ob. cit., p. 51.

24. Ob. cit., p. 85.

25. A distinção entre medidas de polícia e sanção administrativa foi muito bem exposta por Daniel Ferreira: "Ao suspender a execução material da conduta incompatível com o interesse público, se também reconhecida como ilícito, o agente está a realizar, em verdade, tão-somente uma medida de polícia, não deixando que a conduta em si traga mais prejuízos à coletividade, desde logo obstaculizando-a. Quanto à sanção como decorrência desse mesmo ilícito, haverá a mesma de ser imposta, todavia somente após o anterior implemento do devido processo legal. Daí que tudo o que o aparato estatal impuser antes de deferido o prévio contraditório e ampla defesa válida sanção não pode ser" (*Sanções Administrativas*, p. 24).

Renato Alessi, é subordinada à legislativa, de modo que não é lícito o ato administrativo praticado sem amparo legal.[26]

No silêncio do legislador, a Administração Pública deverá aplicar analogicamente outras normas processuais sempre que desejar praticar ato que atinja o patrimônio dos particulares.[27] Normas que, obviamente, deverão respeitar o princípio do devido processo legal, com as garantias processuais que lhe são inerentes.

3.4 De nada adiantaria a instauração prévia de processo administrativo, em conformidade com normas processuais veiculadas em lei formal, se tais normas pudessem dispor livremente sobre a relação processual, sem vinculação a valores que impõem a efetiva participação dos particulares no processo.

De conseqüência, o princípio do devido processo legal não se limita a exigir a instauração de um processo preestabelecido em lei, previamente à atuação administrativa que cause danos aos particulares. Mais do que isso: o processo a ser instaurado deve permitir que os indivíduos que poderão ser afetados pelo ato administrativo tenham oportunidade de exercer uma série de garantias processuais, as quais têm por escopo protegê-los da arbitrariedade da Administração Pública.

Assim, não basta a instauração de um processo legal qualquer. O princípio em exame exige a instauração de um *devido* processo legal, coisa bem diferente.

Para definir o *devido* processo legal é preciso recorrer, primeiramente, à idéia de Estado de Direito,[28] entendido não simplesmente como um Estado submetido a um ordenamento jurídico qualquer, mas sim como o ente estatal cuja ordem jurídica confere certos direitos e garantias aos particulares, oponíveis inclusive contra o próprio Estado.[29]

Dentre tais garantias essenciais num ordenamento jurídico de um Estado de Direito estão, indubitavelmente, as garantias processuais. É a opinião do constitucionalista lusitano Gomes Canotilho, para quem são corolários da opção constitucional por um Estado de Direito o princípio da legalidade, o princípio da segurança jurídica, o princípio da proibição do excesso e, finalmente, o princípio da proteção jurídica e das garantias processuais.[30]

O devido processo legal, desde sua origem, representa um óbice ao exercício arbitrário do poder estatal. Seu objetivo é impedir a arbitrariedade estatal, missão que, do ponto de vista formal, é exercida através da concessão de certas garantias processuais aos particulares, que assegurem apreciação legal, justa e razoável da questão em discussão no processo.

Para arrolar tais garantias é preciso recorrer a outros princípios constitucionais, expressos ou não, que no âmbito do processo representam obstáculo à arbitrariedade estatal. Como se disse no início, o devido processo legal está na origem dos demais princípios processuais. A assertiva não significa, por óbvio, que tais subprincípios não possuam autonomia ou importância próprias. Significa apenas que sua origem remonta ao *due process of law*, da mesma forma como a deste remonta à idéia de Estado de Direito.

No próximo capítulo tais garantias serão abordadas de modo detalhado, à luz da recente Lei 9.784/1999.

26. *Principi di Diritto Amministrativo*, t. I, p. 16.

27. Egon Bockmann Moreira, ob. cit., pp. 219-220.

28. Sobre o tema, v. Lúcia Valle Figueiredo, *Estado de Direito e Devido Processo Legal.*

29. "Stato di diritto è quello fiel quale non solo ogni autorità è subordinata al diritto, ma il diritto ha determinati contenuti, riconoscendosi ai cittadini le libertà civili e diritti pubblici subiettivi esperibili e tutelabilli giurisdizionalmente anche nei confronti dello Stato" (Fausto Cuocolo, *Istituzioni di Diritto Pubblico*, p. 92).

30. *Direito Constitucional*, pp. 239-275.

4. Devido processo legal e a Lei 9.784/1999

4.1 Pode-se iniciar o rol das garantias processuais com os princípios da ampla defesa e do contraditório, previstos no texto constitucional brasileiro em seu art. 5º, LV. Os princípios, aplicáveis a toda espécie de processo por expressa dicção constitucional, exigem a comunicação aos interessados da existência e dos termos do processo, bem como a concessão de oportunidade para que sejam apresentadas alegações e produzidas provas previamente à decisão. Exigem mais: todos os atos praticados no curso do processo devem ser comunicados às partes, dando-lhes oportunidade de oferecer novas alegações, contraditando as que tenham sido apresentadas pela outra parte ou por terceiros (perito, p. ex.). Enfim, a ampla defesa e o contraditório não se reduzem à fase inicial do processo, mas, pelo contrário, têm aplicação durante todo o seu trâmite, até a decisão final.

Os princípios em comento podem ser reduzidos ao binômio informação-reação: a parte deve ser informada da existência do processo, bem como dos atos praticados em seu curso; a informação permite à parte reagir, ao menos potencialmente, defendendo-se, apresentando alegações e produzindo provas.[31]

A Lei 9.784/1999 privilegiou os princípios da ampla defesa e do contraditório, dedicando-lhes atenção em diversos dispositivos, a começar pelo *caput* do art. 2º, que os arrola entre os princípios que devem ser observados pela Administração Pública. O referido dispositivo ainda assegura aos particulares, de modo genérico, o direito à comunicação, à apresentação de alegações finais e à produção de provas (parágrafo único, X), essenciais à fiel observância da ampla defesa e do contraditório.

31. Cândido Rangel Dinamarco, *Fundamentos do Processo Civil Moderno*, p. 127.

Em relação à primeira parte do binômio acima referido — informação —, o art. 3º da Lei 9.784/1999 dispõe ser direito do administrado "ter ciência da tramitação dos processos administrativos em que tenha a condição de interessado, ter vista dos autos, obter cópia de documentos nele contidos e conhecer as decisões proferidas" (inciso II). E o art. 28 assegura que as partes devem ser intimadas dos atos processuais que resultem "em imposição de deveres, ônus, sanções ou restrição ao exercício de direitos e atividades", bem como dos que "de outra maneira" sejam "de seu interesse". É dizer, todo ato proferido no curso do processo que seja "de interesse" das partes deve ser objeto de intimação.

Assegurada a informação, trata a Lei 9.784/1999 de garantir os meios de reação, prevendo já em seu art. 3º o direito de "formular alegações e apresentar documentos antes da decisão, os quais serão objeto de consideração pelo órgão competente" (inciso III).

Ainda no art. 3º encontra-se direito dos mais relevantes para o princípio da ampla defesa, qual seja, o da parte se fazer assistir no processo por advogado (inciso IV). Trata-se da chamada defesa técnica, realizada por profissional habilitado para exercer, em nome de seu constituinte, a defesa em sua plenitude, seja de mérito ou processual.

O direito à prova foi detalhado no art. 38 do referido diploma legal, que permite ao interessado "juntar documentos e pareceres, requerer diligências e perícias". E mais: as provas requeridas pela parte somente poderão ser indeferidas, "mediante decisão fundamentada", "quando sejam ilícitas, impertinentes, desnecessárias ou protelatórias" (idem, § 2º).

Considerando-se que em processos administrativos a prova que interessa ao particular normalmente estará em poder da própria Administração Pública, o legislador previu que em tais hipóteses "o órgão competente para a instrução proverá, de ofício, à obtenção dos documentos ou das respectivas cópias" (art. 37). Evita-se, assim, que o particular fique à mercê da boa vontade do agente administrativo, que por diversos motivos pode não ter interesse no regular desenvolvimento do feito.

Por fim, cabe mencionar o direito à apresentação de alegações finais, a ser exercido após o encerramento da instrução do processo (art. 44). A parte deve ser intimada para apresentar suas alegações finais quando todos os atos de instrução já tiverem sido praticados, incluindo aqui pareceres e laudos técnicos proferidos por órgãos da própria Administração. É dizer, ao elaborar suas alegações finais o particular deve ter acesso aos autos com todos os elementos que serão objeto de apreciação pela autoridade julgadora. Caso seja determinada, pela autoridade julgadora, a realização de alguma diligência que venha a trazer elemento novo aos autos, outra oportunidade deve ser concedida à parte para oferecimento de novas alegações finais.

4.2 O princípio constitucional da igualdade (art. 5º, *caput*) constitui também relevante garantia processual, mormente no processo administrativo, no qual não raramente uma das partes é a própria Administração Pública, que também proferirá decisão. Não se pode permitir que as partes do processo sejam tratadas de modo desigual: as oportunidades concedidas a uma devem ser estendidas à outra; os ônus e deveres processuais devem ser distribuídos de modo isonômico e equilibrado, de modo que uma das partes não fique sobrecarregada.

Deve-se atentar, porém, para o verdadeiro sentido do princípio da isonomia: tratar igualmente os iguais e de modo desigual os desiguais. Assim, havendo notória desigualdade entre as partes, caberá à Administração Pública, na condução do processo, a adoção das medidas legais que tenham por objetivo diminuir tal situação, sempre com respeito às normas constitucionais.[32]

Nos processos em que a Administração Pública figure também como parte, além de órgão julgador, haverá evidente desigualdade em relação ao particular. Deve-se abrandar a indesejável situação através de expedientes que separem as atividades próprias da Administração-parte das típicas da Administração-juiz. Assim, o ideal é que haja um órgão administrativo encarregado de agir como parte, apresentando alegações, requerendo a produção de provas etc., e outro competente para proferir as decisões. De tal modo a igualdade estará mantida, sem que os particulares sejam prejudicados pela "dupla personalidade" da Administração Pública no processo, que pode levar ao "quadro paranóico" a que alude o processualista italiano Franco Cordero.[33]

Infelizmente, a Lei 9.784/1999 não adotou tal solução como regra nos processos administrativos, muito embora haja referência a processos em que a autoridade julgadora não se confunde com o órgão responsável pela instrução (art. 47). Mera referência, entretanto, não norma de aplicação cogente.

Outro ponto em que a Lei 9.784/1999 foi tímida, e que representaria importante instrumento para equilibrar a posição dos particulares e da Administração Pública no processo, diz respeito à inversão do ônus da prova nos casos em que ato administrativo seja atacado pela parte atingida por seus efeitos.

É natural que a Administração Pública goze de prerrogativas essenciais à sua atividade, dentre as quais se destaca a presunção de legalidade dos atos administrativos, que a coloca em inegável posição de superioridade em relação ao particular. A presun-

32. Exemplo de regra processual que tem por objetivo diminuir a desigualdade entre as partes, ainda que no âmbito do processo civil, é a que determina a inversão do ônus da prova nos processos em que se discutam relações de consumo (Lei 8.078/1990, art. 6º, VIII). V., sobre o princípio da isonomia, a obra de Celso Antônio Bandeira de Mello, *O Conteúdo Jurídico do Princípio da Igualdade*.

33. *Procedura Penale*, p. 21.

ção, obviamente, não pode servir de escudo de ilegalidades praticadas pela Administração Pública. Daí sustentar a doutrina, já há muito, que a presunção de legalidade dos atos administrativos não é absoluta, mas sim relativa, *juris tantum*, permitindo prova em contrário.

Mas não basta relativizar a presunção de legalidade, permitindo que prova em contrário a elimine. Ocorre que em muitos casos não poderá o particular prejudicado pelo ato comprovar a sua ilegalidade, seja por não ter acesso a elementos de prova que se encontram em poder do próprio ente estatal, seja porque a ilegalidade simplesmente não pode ser comprovada, como ocorre com freqüência nos casos de desvio de poder.

É necessário, portanto, ir adiante, e inverter o ônus da prova nos processos em que a legalidade de ato administrativo seja questionada por particular. É tarefa da Administração Pública comprovar que agiu em conformidade com o ordenamento jurídico, exercendo sua competência nos estritos limites legais. Cabe à Administração, e não ao particular, demonstrar que estavam presentes os pressupostos fáticos que autorizavam a edição do ato administrativo impugnado, e que a sua adoção foi a melhor solução para o atendimento do interesse público.[34]

É mais fácil que tal prova seja produzida pelos agentes administrativos, pois os elementos necessários à constatação da legalidade do ato devem ter sido analisados antes de sua edição, como assinala Lúcia Valle Figueiredo: "caberá à Administração provar a estrita conformidade do ato à lei, porque ela (Administração) é quem detém a comprovação de todos os atos e fatos que culminaram com a emanação do provimento administrativo contestado".[35] Ou seja, os agentes administrativos sempre devem ter condições de demonstrar objetivamente a legalidade do ato praticado, pois tal análise é essencial à edição do ato administrativo.

O silêncio da Lei 9.784/1999, ressalte-se, não afasta a possibilidade de inversão do ônus da prova em favor do administrado. Parece óbvio, afinal, que em um Estado de Direito a Administração Pública deva, sempre que questionada, comprovar que sua competência foi exercida nos estritos limites legais, já que sua atuação somente é lícita se não forem extrapolados os ditames do legislador.

4.3 Igualmente relevante é a garantia da publicidade dos atos processuais, que impede a existência de processos secretos. Aliás, não há atividade administrativa secreta, sendo o princípio da publicidade um dos retores do agir da Administração Pública (Constituição Federal, art. 37).

As hipóteses de restrição à publicidade dos atos processuais estão previstas no próprio texto constitucional, em seu art. 5º, LX, que permite o sigilo quando "a defesa da intimidade ou o interesse social o exigirem". É à luz de tal dispositivo constitucional que deve ser interpretado o inciso V do parágrafo único do art. 2º da Lei 9.784/1999, que assegura "a divulgação oficial dos atos administrativos, ressalvadas as hipóteses de sigilo previstas na Constituição".

A norma constitucional, evidentemente, não se aplica aos particulares que podem ser atingidos pelo ato administrativo a ser praticado ao final do processo; estes sempre deverão ter acesso aos autos, facultando-se-lhes a apresentação de defesa. É dizer, a restrição à publicidade somente pode ocorrer em relação a terceiros estranhos ao processo, jamais em face das partes da rela-

34. Sérgio Ferraz e Adilson Abreu Dallari ensinam: "A presunção de legalidade vale até o momento em que o ato for impugnado. Havendo impugnação, em sede administrativa ou judicial, inverte-se o ônus da prova, porque, diferentemente dos particulares, que podem fazer tudo aquilo que a lei não proíbe, a Administração Pública somente pode fazer o que a lei autoriza ou determina. Sendo assim, sempre cabe à Administração o dever de demonstrar que atuou de maneira conforme à lei" (*Processo Administrativo*, pp. 137-138).

35. *Curso de Direito Administrativo*, p. 172.

ção processual, para as quais não pode haver ato processual sigiloso.[36] A garantia da ampla defesa e do contraditório não admite que o acesso a determinados elementos constantes dos autos seja vedado às partes que sofrerão os efeitos do ato a ser editado.

A regra é a publicidade dos atos processuais. Os atos sigilosos são a exceção, e o sigilo deve ser determinado por decisão administrativa motivada que demonstre de modo cabal estarem configuradas as hipóteses constitucionais que o autorizam. Tal decisão, obviamente, poderá sofrer o crivo do Poder Judiciário, como ocorre com os atos administrativos em geral.

Seguindo adiante na análise do princípio, há importante previsão no inciso X do parágrafo único do já aludido art. 2º ("garantia dos direitos à comunicação"), bem como no inciso II do art. 3º, que reza ser direito dos administrados "ter ciência da tramitação dos processos administrativos em que tenha a condição de interessado, ter vista dos autos, obter cópia de documentos neles contidos e conhecer as decisões proferidas".

Cabe fazer referência, ainda, ao art. 46 do diploma legal referido, que assegura aos interessados o "direito à vista do processo e a obter certidões ou cópias reprográficas dos dados e documentos que o integram". Interessado, aqui, deve ser interpretado de modo amplíssimo, abrangendo qualquer pessoa que deseje obter informações ou cópias dos autos, seja ou não parte da relação processual. É a única interpretação possível à luz do inciso LX do art. 5º da Constituição Federal.[37] Os terceiros só não poderão ter vista dos autos e obter certidões e cópias de documentos se o processo tramitar em sigilo, nos casos de "defesa da intimidade e [d]o interesse social", hipótese em que apenas as partes podem a ele ter acesso. Fora daí, o acesso aos autos deve ser livre.

4.4 Outra relevante garantia processual que constitui óbice à arbitrariedade da Administração Pública é o princípio da motivação, que impõe aos agentes administrativos o dever de fundamentar seus atos, indicando os pressupostos legais e de fato que justificaram o exercício da competência.

O fundamento constitucional do princípio da motivação está no inciso X do art. 93 da Constituição Federal, que dispõe que "as decisões administrativas dos tribunais serão motivadas". Ora, não é razoável que apenas as decisões administrativas dos tribunais tenham tal requisito de validade, pois nada as difere das decisões administrativas editadas pelos demais Poderes. Decisões administrativas são proferidas no exercício da função administrativa, seja no seio do Judiciário, seja no seio do Executivo e do Legislativo. Do ponto de vista formal, que leva em consideração o regime jurídico, nada diferem umas das outras. Sendo o regime jurídico o mesmo, a exigência de motivação aplica-se a todas as decisões administrativas, por analogia e por força do princípio da máxima efetividade das normas constitucionais.[38]

De qualquer modo, o dever de motivação é um corolário da opção constitucional por um Estado de Direito. De fato, reza o

36. "Para a própria parte no processo não há qualquer ato sigiloso ou documento secreto. Quando muito, as informações serão prestadas mediante compromisso de sigilo absoluto por parte do particular" (Egon Bockmann Moreira, ob. cit., p. 101).

37. Sérgio Ferraz e Adilson de Abreu Dallari, comentando o dispositivo aludido, ensinam que "interessado é quem tem interesse, é qualquer pessoa" (ob. cit., p. 143).

38. Gomes Canotilho, ob. cit., p. 1.149. No mesmo sentido é a lição de Lúcia Valle Figueiredo: "Ora, se as decisões administrativas do Judiciário devem ser motivadas, claro está que também a motivação é necessária para as decisões do Executivo. Deveras, o Judiciário exercita função administrativa de maneira atípica, pois, tipicamente, sua função é a judicial. Procedendo-se à interpretação sistemática, não seria de se supor que os tribunais devessem motivar suas decisões administrativas e não fossem a isso obrigados os administradores, a quem cabe expressamente a função administrativa, portanto, de maneira típica" (ob. cit., pp. 40-41).

princípio da legalidade que a Administração Pública somente pode agir quando expressamente autorizada pela lei, através da outorga legal de competência aos agentes administrativos. No silêncio legal não há atividade administrativa lícita. Daí afirmar Renato Alessi que a função administrativa é subordinada à legislativa.[39]

Se a licitude da atuação administrativa depende da prévia atribuição legal de competência ao agente, sob pena de invalidade do ato praticado, é necessário que a Administração Pública demonstre que no caso concreto estão presentes os pressupostos fáticos que autorizam o exercício da competência administrativa. É dizer, o agente administrativo deve comprovar que está agindo dentro da esfera de competência que a lei lhe outorgou, pois do contrário competência não há e a atuação administrativa é ilegal.[40]

Tal demonstração ocorre através da motivação do ato administrativo, na qual o agente justifica a edição do ato, comprovando que estão presentes no caso os pressupostos legais que lhe autorizam exercer a competência outorgada por lei.[41]

Portanto, é indispensável a motivação dos atos administrativos, como regra. Excetuam-se, no curso de processo administrativo, os despachos de mero expediente. No mais, a ausência de motivação conduzirá à invalidação do ato administrativo.

De conseqüência, o art. 50 da Lei 9.784/1999 deve ser interpretado de modo extensivo, ampliando-se a exigência da motivação a todos os atos administrativos. Aliás, o inciso I do citado dispositivo legal permite tal compreensão, ao impor a motivação dos atos que "neguem, limitem ou afetem direitos ou interesses", previsão que pode abarcar todas as manifestações da Administração Pública relevantes para os particulares, que sempre atingem um determinado direito ou interesse.

Ademais, o parágrafo único do art. 2º do citado diploma legal prevê de modo categórico que é princípio dos processos administrativos a "indicação dos pressupostos de fato e de direito que determinarem a decisão" (inciso VII), que nada mais é do que a motivação. Ora, se é um "critério" a ser aplicado nos processos administrativos, como consta do texto legal, a motivação não pode ser restrita a apenas algumas espécies de atos administrativos.

Sendo assim, a interpretação mais adequada da Lei 9.784/1999, sob o enfoque do

39. "Tale subordinazione, che concreta il principio della necessaria legalità dell'attività amministrativa, va intesa anzitutto in senso negativo: vale a dite nel senso che l'attività amministrativa trova un limite formalmente insuperabile nella legge, la quale può porre divieti a determinate attività, tanto per quello che concerne le finalità da raggiungere, quanto per quello che riguarda i mezzi e le forme da seguirsi a tale scopo; ma va intesa, anche e soprattutto, in senso positivo: e questo non soltanto nel senso che la legge può vincolare positivamente l'attività amministrativa a detenninate fmalità od a detenninate mezzi o determinate forme, ma altresi nel senso che (...) l'amministrazione, particolarmente per quanto conceme l'attività di carattere giuridico, può fale soltanto cio che la legge consente" (*Principi di Diritto Amministrativo*, p. 16).

40. Competência aqui entendida em sentido lato, abrangendo todos os pressupostos legais do ato administrativo, pois "não há competência — em última instância — senão quando concorrerem todos os requisitos legais que lhe delineiam a concreta compostura" (Celso Antônio Bandeira de Mello, *Discricionariedade e Controle Jurisdicional*, pp. 61-62).

41. O raciocínio foi desenvolvido à perfeição pelo jurista uruguaio Alberto Ramon Real, que ensina: "Es natural que se exija a las autoridades justificar su competencia, invocar la norma que les atribuye el poder jurídico ejercido. Y es natural que se les exija, además, demostrar que se dan, en el caso concreto, los requisitos de motivo y finalidad que condicionan la validez del ejercicio de ese poder. El derecho del administrado — que ha dejado de ser el súbdito del príncipe para volverse, como ciudadano, participe de la formación de la voluntad del estado — requiere la justificación legal de la competencia y de su ejercicio racional" (*Fundamentación del Acto Administrativo*, p. 13).

sistema constitucional brasileiro, é a de que é obrigatória a motivação dos atos administrativos em geral.[42] Obrigatoriedade que, saliente-se, já existia por força da disposição constitucional acima mencionada e do próprio sistema jurídico vigente, que é o de um Estado de Direito.

Espera-se que a previsão infraconstitucional, mais objetiva e detalhada, mude o hábito de não motivar os atos administrativos até aqui enraizado em nossa Administração Pública, resquício de um período autoritário de nossa história, já superado.

4.5 Há que se mencionar, ainda, a garantia da autoridade administrativa natural, correlata à do juiz natural que se aplica ao processo judicial. Inerente à idéia de devido processo legal,[43] o princípio veda a criação de tribunais de exceção, instituídos *post facto* para julgar um determinado e específico caso.[44]

Salta aos olhos que a arbitrariedade teria grande espaço para florescer se fosse dado ao Estado designar, após a ocorrência do fato, a autoridade encarregada do julgamento. Conforme os interesses do momento, seria constituído órgão julgador mais rigoroso (para os inimigos) ou mais benevolente (para os apaniguados). Daí a necessidade de que a competência para proferir julgamento em processo administrativo esteja definida em lei anterior à ocorrência do fato.

A Constituição Federal de 1988 acolhe o princípio do juiz natural nos incisos XXXVII ("não haverá juízo ou tribunal de exceção") e LIII ("ninguém será processado nem sentenciado senão pela autoridade competente") do art. 5º. As disposições são plenamente aplicáveis aos processos administrativos, nos quais é proferido "juízo" sobre determinada questão atinente a alguém que é "processado" perante a Administração Pública.[45] E o já referido princípio da máxima efetividade das normas constitucionais veda qualquer restrição que se pretenda fazer dos dispositivos acima mencionados.

A Lei 9.784/1999 não adotou de modo expresso o princípio da autoridade natural, sequer arrolando-o entre os aplicáveis ao processo administrativo.

42. Celso Antônio Bandeira de Mello considera a restrição da motivação às hipóteses arroladas no art. 50 da Lei 9.784/1999 inconstitucional (*Curso de Direito Administrativo*, p. 459). A interpretação ora proposta, calcada em dispositivos da própria Lei 9.784/1999 (art. 2º, parágrafo único, VII, e art. 50, I), afasta a inconstitucionalidade do art. 50. Trata-se de interpretação conforme a constituição, técnica hermenêutica amplamente aceita pela doutrina (Gomes Canotilho, ob. cit., p. 1.151).

43. "De acordo com os postulados resumidos nesta fecunda expressão *[due process of law]*, prenhe de conteúdo constitucional, os direitos à vida, liberdade e propriedade são protegidos contra o poder por um processo ordenado, leal e adequado, segundo o Direito; isto veio a significar, hodiernamente: processo contraditório, no qual as partes são tratadas com igualdade, na forma de normas adjetivas claras, aplicando-se lei prévia, mediante a autoridade imparcial e independente de um *juiz natural*. Tal é a garantia que nos oferece o direito constitucional positivo brasileiro" (Geraldo Ataliba, *República e Constituição*, p. 121).

44. "O que é o juiz natural? É o juiz competente, o juiz que tenha competência antes do fato acontecido; não o juiz designado para determinada controvérsia. Então, juiz natural é o juiz competente para o feito. Conseqüentemente, também não pode haver administrador denominado *ad hoc*, ou órgão colegiado *post facto*" (Lúcia Valle Figueiredo, *Curso de Direito Administrativo*, p. 409). Cite-se ainda a lição de Sérgio Ferraz e Adilson de Abreu Dallari (ob. cit., p. 110): "à idéia de juiz natural opõe-se a de juiz de exceção (i.e., aquele designado adrede para um determinado litígio ou segmento de litígios)".

45. "A expressão 'juízo', como assinalado, comporta o sentido de julgamento que ocorre em sede de processo administrativo disciplinar, onde há um juízo administrativo. A expressão 'tribunal', a seu turno, mesmo entendida no sentido técnico, não é sinônimo de tribunal judiciário. Prova disto, a previsão constitucional do 'Tribunal de Contas' (art. 71), não integrado ao Poder Judiciário. A expressão 'processado' engloba o processo administrativo disciplinar, tendo em vista a afirmação constitucional expressa do 'processo administrativo' no art. 5º, inciso LV. O termo 'autoridade competente' põe às claras o sentido amplo dos enunciados in-

Tratando-se de princípio constitucional, entretanto, o silêncio do legislador não constitui óbice à sua aplicação. A norma infraconstitucional, por óbvio, deverá ser interpretada e aplicada de modo a não contrariar a garantia constitucional.

O art. 17 do citado diploma legal institui norma geral de competência para os processos administrativos, que "deverá ser iniciado perante a autoridade de menor grau hierárquico para decidir", desde que não haja "competência legal específica". É dizer, a autoridade natural competente é em regra a "de menor grau hierárquico para decidir", excetuando-se as hipóteses em que haja previsão legal — e deve ser acentuada a palavra *legal* — atribuindo a competência a autoridade de maior grau hierárquico, que será, no caso específico, a autoridade natural competente.

A estrutura hierarquizada da Administração Pública permite uma aplicação mais amena do princípio da autoridade natural, inaceitável na seara da função jurisdicional. Como se sabe, no Poder Judiciário não há hierarquia[46] entre os órgãos jurisdicionais, sendo certo que os de primeiro grau têm ampla liberdade de decidir, independentemente da posição adotada pelos tribunais de segundo grau. O mesmo ocorre entre estes e os tribunais superiores. Não há, enfim, entre órgãos jurisdicionais, no exercício de sua função típica, qualquer relação de subordinação.[47]

O mesmo não ocorre na seara da Administração Pública, na qual o órgão de menor grau hierárquico é subordinado ao imediatamente superior, até o topo da pirâmide administrativa. Há, nas palavras de Alessi, um poder de direção conferido aos órgãos administrativos, que podem impor sua vontade a seus subordinados, seja através de normas gerais e abstratas (portarias etc.), seja através de atos individuais e concretos (ordens propriamente ditas).[48]

Se a autoridade superior pode impor sua vontade à imediatamente inferior, é admissível que a competência seja delegada ou avocada, desde que numa mesma cadeia hierárquica. Tanto uma como outra hipótese foram previstas na Lei 9.784/1999 (arts. 11-15), muito embora a delegação tenha sido admitida mesmo a "órgãos ou titulares" que não sejam hierarquicamente subordinados à autoridade delegante, previsão que não se coaduna com o princípio constitucional da autoridade competente. Mais adequada, do ponto de vista constitucional, foi a disposição da Lei 10.177/1998, do Estado de São Paulo, que apenas autorizou a delegação a autoridades subordinadas à que delega (art. 19).

De qualquer modo, a Lei 9.784/1999 disciplinou as figuras da delegação e avocação de modo minudente, salientando seu caráter absolutamente excepcional. De fato, dispõe o diploma legal em análise que a de-

formadores do princípio" (Romeu Felipe Bacellar Filho, ob. cit., pp. 298-299).

46. "Hierarquia pode ser definida como o vínculo de autoridade que une órgãos e agentes, através de escalões sucessivos, numa relação de autoridade, de superior a inferior, de hierarca a subalterno. Os poderes do hierarca conferem-lhe uma contínua a permanente autoridade sobre toda a atividade administrativa dos subordinados" (Celso Antônio Bandeira de Mello, *Curso de Direito Administrativo*, p. 116).

47. Na lição de Frederico Marques, "no exercício de suas funções, o juiz não está prêso a veículos hierárquicos. Para Adolf Merkl, o traço específico da magistratura reside justamente nessa situação de independência de cada juiz em relação aos outros órgãos judiciários. Na Administração, existe a subordinação que decorre da hierarquia orgânica; na Justiça, a coordenação, tão-somente, que resulta da independência funcional de cada magistrado. A independência judicial consiste, sobretudo na inadmissibilidade e falta de obrigatoriedade de quaisquer instruções superiores relativas ao exercício da atividade judiciária, mesmo que desçam tais instruções de tribunais de instância mais elevada" (*Instituições de Direito Processual Civil*, v. I, p. 148).

48. Ob. cit., p. 115. No mesmo sentido, Celso Antônio Bandeira de Mello, *Curso de Direito Administrativo*, pp. 116-117.

legação é possível apenas quando atender a interesse de "índole técnica, social, econômica, jurídica ou territorial" (art. 12), sendo certo, ainda, que há competências indelegáveis (art. 13) e que a delegação será sempre limitada e precária (art. 14). Já a avocação somente "será permitida em caráter excepcional e por motivos relevantes devidamente justificados" (art. 15).

Tanto numa hipótese como na outra o ato será passível de controle jurisdicional, não havendo, obviamente, liberdade de atuação do agente administrativo.

4.6 Deve-se fazer referência, por fim, ao princípio da revisibilidade (ou duplo grau de jurisdição administrativa),[49] que consiste na garantia de apresentar recurso de decisões proferidas em processo administrativo. Trata-se de relevante obstáculo à arbitrariedade, contra a qual se volta o *due process of law*.[50]

O recurso permite ao particular prejudicado pelo ato administrativo submeter a questão à apreciação de outro órgão, hierarquicamente superior, que poderá modificar a decisão, em caso de ilegalidade. Assim, eventuais desacertos da decisão poderão ser corrigidos pela própria Administração Pública, sem que seja necessário recorrer ao Poder Judiciário. O particular, de conseqüência, não fica à mercê de um único agente administrativo, situação que dá margem a atuações abusivas de funcionários mal-intencionados.

Ademais, a possibilidade de que a decisão venha a ser revista por órgão hierarquicamente superior cerceia a atuação do agente administrativo que age desidiosamente ou de má-fé. A falta de controle é convite ao abuso e à arbitrariedade, sendo a potencial interposição de recurso a órgão hierarquicamente superior um constante incentivo à atuação proba das autoridades estatais.

No caso do processo administrativo, o princípio da revisibilidade é imposição lógica que decorre da estrutura hierarquizada da Administração Pública. O órgão administrativo superior deve rever os atos do inferior, se ilegais. Trata-se de *dever-poder* que não pode ser descurado pelo agente administrativo.[51]

Por outro lado, a Constituição Federal garante aos particulares o direito de petição (art. 5º, XXXIV, *a*), que deverá desencadear a instauração de um processo e a prolação de uma decisão. Deste modo, a parte que se sentir lesada por ato praticado em processo administrativo tem o direito de encaminhar petição ao órgão superior, que o invalidará se estiver configurada ilegalidade,[52] não sendo possível a convalidação.[53]

49. Utilizam a expressão "princípio da revisibilidade", ente outros, os professores Celso Antônio Bandeira de Mello (*Curso de Direito Administrativo*, p. 448) e Lúcia Valle Figueiredo (*Curso de Direito Administrativo*, p. 415). A opção dos insignes autores parece a mais acertada, pois no ordenamento constitucional brasileiro vige o sistema de jurisdição única, exercida pelos órgãos do Poder Judiciário. Não é tecnicamente adequado, portanto, utilizar a expressão "jurisdição administrativa".

50. Daí ensinarem Adilson de Abreu Dallari e Sérgio Ferraz, "o direito ao reexame de uma decisão parece e, efetivamente, é elementar ao devido processo legal" (ob. cit., p. 87).

51. Weida Zancaner, com acerto, sustenta que "a Administração deve invalidar quando o ato não comportar convalidação. Deve convalidar sempre que o ato comportá-la" (*Da Convalidação e da Invalidação dos Atos Administrativos*, p. 57). Ou seja, há dois deveres: convalidar o ato, se possível; não o sendo, invalidá-lo.

52. Falando sobre o direito de petição e o princípio da revisibilidade, Celso Antônio Bandeira de Mello aduz que "tal direito presume uma atuação administrativa que o cidadão repute desconforme com a ordem jurídica. Assim, peticionará a revisão dela, tanto mais porque a Administração se estrutura hierarquicamente, no que vai implícito um princípio de revisibilidade" (*Curso de Direito Administrativo*, p. 453).

53. Nos termos do art. 55 da Lei 9.784/1999, cabe convalidação dos atos administrativos "que apresentarem defeitos sanáveis", desde que não cause "lesão ao interesse público nem prejuízo a terceiros".

A Lei 9.784/1999 expressamente adotou o princípio da revisibilidade, ainda que de modo restritivo, garantindo o "direito à interposição de recursos, nos processos em que possam resultar sanções e nas situações de litígio" (art. 2º, parágrafo único, X).

A restrição legal não impede a interposição de recursos em processos que não estejam abrangidos pelo dispositivo acima transcrito. Como dito, o princípio da revisibilidade é decorrência direta do devido processo legal, expressamente acolhido pela Constituição Federal. Ademais, o direito constitucional de petição garante ao particular lesado por ato administrativo a faculdade de se dirigir ao órgão hierarquicamente superior, que terá o dever-poder de apreciar a legalidade do ato praticado por seu subordinado. De conseqüência, como salientam Sérgio Ferraz e Adilson Abreu Dallari, "o cabimento do recurso dirigido ao superior hierárquico imediato independe de expressa previsão legal".[54]

5. *Conclusão*

A Lei 9.784/1999, apesar de ter sido proferida com décadas de atraso em relação a outros ordenamentos jurídicos, supriu de modo muito satisfatório a intolerável lacuna que até sua edição havia no direito administrativo brasileiro.[55]

De fato, no referido diploma legal encontram-se normas que impõem a observância das garantias processuais que decorrem do princípio do devido processo legal, ao lado de outras que disciplinam minudentemente a edição de atos administrativos pela Administração Pública Federal, permitindo aos particulares um melhor controle sobre o exercício da função administrativa. Deve-se destacar, ainda, a já mencionada previsão de formas de participação popular no processo de formação do ato administrativo, através de audiências e consultas públicas, circunstância que coloca a nossa legislação nos trilhos da moderna doutrina do Direito Administrativo.

Espera-se que a Lei 9.784/1999, bem explorada pela doutrina e jurisprudência pátrias, afaste os últimos sinais de autoritarismo que ainda podem ser encontrados na atuação da Administração Pública, concretizando em definitivo o Estado Democrático de Direito no Brasil.

54. Ob. cit., p. 176.

55. A comissão que elaborou o anteprojeto que deu origem ao diploma legal referido, coordenada pelo Professor Caio Tácito, era composta pelos Professores Inocêncio Mártires Coelho, Diogo de Figueiredo Moreira Neto, Almiro do Couto e Silva, José Carlos Barbosa Moreira, Odete Medauar, Maria Sylvia Zanella Di Pietro, Adilson Abreu Dallari, José Joaquim Calmon de Passos, Paulo Garrido Modesto e Cármen Lúcia Antunes Rocha.

6. *Referências bibliográficas*

ALESSI, Renato. *Principi di Diritto Amministrativo*. t. I, 3ª ed., Milão, Giuffrè, 1974.

ATALIBA, Geraldo. *República e Constituição*. 2ª ed. atualizada por Rosolea Miranda Folgosi, São Paulo, Malheiros Editores, 1998.

BACELLAR FILHO, Romeu Felipe. *Princípios Constitucionais do Processo Administrativo Disciplinar*. São Paulo, Max Limonad, 1998.

BANDEIRA DE MELLO, Celso Antônio. *O Conteúdo Jurídico do Princípio da Igualdade*. 3ª ed., São Paulo, Malheiros Editores, 1993.

_____. *Discricionariedade e Controle Jurisdicional*. 2ª ed., São Paulo, Malheiros Editores, 1998.

_____. *Curso de Direito Administrativo*. 13ª ed., São Paulo, Malheiros Editores, 2001.

BUENO, Vera Scarpinella. "Devido processo legal e a Administração Pública no direito administrativo norte-americano", in FIGUEIREDO, Lúcia Valle (coord.). *Devido Processo Legal na Administração Pública*. São Paulo, Max Limonad, 2001, pp. 13-80.

CANOTILHO, José Joaquim Gomes. *Direito Constitucional*. 3ª ed., Coimbra, Almedina, 1999.

CASSESE, Sabino. *Le Basi del Diritto Amministrativo*. 6ª ed., Milão, Garzanti, 2000.

CASTRO, Carlos Roberto Siqueira de. *O Devido Processo Legal e a Razoabilidade das Leis na*

Nova Constituição do Brasil. Rio de Janeiro, Forense, 1989.

CORDERO, Franco. *Procedura Penale*. 2ª ed., Milão, Giuffrè, 1993.

CUOCOLO, Fausto. *Istituzioni di Diritto Pubblico*. 10ª ed., Milão, Giuffre, 1998.

DINAMARCO, Cândido. *Fundamentos do Processo Civil Moderno*. t. I, 3ª ed., São Paulo, Malheiros Editores, 2000.

FERRAZ, Sérgio; DALLARI, Adilson Abreu. *Processo Administrativo*. São Paulo, Malheiros Editores, 2001.

FERREIRA, Daniel. *Sanções Administrativas*. São Paulo, Malheiros Editores, 2001.

FIGUEIREDO, Lúcia Valle. "Estado de Direito e devido processo legal", in *RTDP* 15/35-44, São Paulo, Malheiros Editores, 1996.

_____. *Curso de Direito Administrativo*. 4ª ed., São Paulo, Malheiros Editores, 2000.

FRANCO SOBRINHO, Manoel de Oliveira. *Introdução do Direito Processual Administrativo*. São Paulo, Ed. RT, 1971.

GORDILLO, Agustín. *Tratado de Derecho Administrativo*. t. 2, 2ª ed., Buenos Aires, Fundación de Derecho Administrativo, 1998.

MARQUES, José Frederico. *Instituições de Direito Processual Civil*. 4ª ed., Rio de Janeiro, Forense, 1971.

MOREIRA, Egon Bockmann. *Processo Administrativo — Princípios Constitucionais e a Lei 9.784/1999*. São Paulo, Malheiros Editores, 2000.

NERY JÚNIOR, Nelson. *Princípios do Processo Civil na Constituição Federal*. 6ª ed., São Paulo, Ed. RT, 2000.

QUEIRÓ, Afonso Rodrigues. "A teoria do 'desvio de poder' em direito administrativo", in *Revista de Direito Administrativo* VII/52-80, Rio de Janeiro, Fundação Getúlio Vargas, jan.-mar. 1947.

REAL, Alberto Ramon. "Fundamentación del acto administrativo", in *Revista de Direito Público* 62/5-20, São Paulo, Ed. RT, abr.-jun. 1982.

SUNDFELD, Carlos Ari. "A importância do procedimento administrativo", in *Revista de Direito Público* 84/64-74, São Paulo, Ed. RT, out.-dez. 1987.

SILVA, Vasco Manuel Pascoal Dias Pereira da. *Em Busca do Acto Administrativo Perdido*. Coimbra, Almedina, 1998.

TÁCITO, Caio. "Direito administrativo participativo", in *RTDP* 15/24-28, São Paulo, Malheiros Editores, 1996.

ZANCANER, Weida. *Da Convalidação e da Invalidação dos Atos Administrativos*. 2ª ed., São Paulo, Malheiros Editores, 1996.

ARRENDAMENTO. PRORROGAÇÃO E ALTERAÇÃO DE CONTRATO POSSÍVEIS

Eros Roberto Grau

Professor Titular da Faculdade de Direito da USP.
Professor Visitante da Faculdade de Direito da Universidade de Montpellier I (França) (1995-1996)

A Citrosuco Paulista S/A encaminhou-me a seguinte

Consulta

"Em data de 25 de janeiro de 1991 foi celebrado um 'termo de compromisso coletivo' entre a Empresa Brasileira de Planejamento de Transporte — GEIPOT, a Companhia Docas do Estado de São Paulo — CODESP e as empresas usuárias do Corredor de Exportação I do Porto de Santos, entre as quais a CITROSUCO PAULISTA S/A. Aludido termo destinava-se a reger o relacionamento entre as partes, tendo em vista a exportação de granéis de origem vegetal ou animal através daquele Corredor de Exportação.

"Esse termo previa a celebração, entre a CODESP e as empresas usuárias daquele Corredor (chamadas simplesmente de EXPORTADORAS), de contratos específicos, regendo condições de arrendamento, de execução de operações portuárias e de realização de investimento nos armazéns integrantes do chamado Corredor I do Porto — CE-I, tudo tendo-se em vista a otimização das operações de exportação de granéis de origem vegetal ou animal através do Porto de Santos, de modo a atingir o movimento anual de 1.000.000t (um milhão de toneladas) por armazém.

"Assim, na mesma data — 25 de janeiro de 1991 — tendo em vista as condições pactuadas no 'termo de compromisso coletivo', a Companhia Docas do Estado de São Paulo — CODESP celebrou contrato operacional, com arrendamento de área e participação financeira em empreendimento, com a CITROSUCO PAULISTA S/A, contrato que compreende um arrendamento a longo prazo de armazém, nos termos do art. 108 do Decreto 59.832/1966.

"Esse contrato tem por objeto a movimentação, no Porto de Santos, de produtos a granel de origem vegetal ou animal, com a utilização do Armazém XL, bem assim a participação da CITROSUCO na modernização e ampliação das instalações que servem o citado armazém, de modo a possibilitar o movimento de 1.000.000t (um milhão de toneladas) de mercadorias por ano por esse mesmo armazém.

"A cláusula 7ª desse contrato estabelece como de dez anos o prazo de sua vigência, admitindo, o seu § 1º, possa ele se prorrogado, nas condições estabelecidas pelo parágrafo único do art. 111 do Decreto 59.832, de 21 de dezembro de 1966, desde que haja interesse de ambas as partes.

"Ainda que esse prazo de dez anos não tenha expirado, há interesse, de ambas as partes, na alteração de determinadas cláusulas do contrato, sem que seja, contudo, desnaturada a sua essência, definindo-se na mesma ocasião a sua prorrogação pelo período de mais dez anos. A alteração de cláusulas contratuais se impõe, ademais, em razão do disposto no art. 48 da Lei 8.630/1993.

"Como, no entanto, posteriormente à celebração do contrato datado de 25 de janeiro de 1991 sobreveio a Lei 8.630, de 25 de fevereiro de 1993, formulamos a presente consulta a V. Sa., indagando o quanto segue:

"1) Permanece vigente a disposição contida no § 1º da cláusula 7ª do instrumento de contrato, sendo, portanto, juridicamente possível a prorrogação contratual ali prevista?

"2) Pode ser desde logo contratada a prorrogação do contrato por mais dez anos apesar de a contratação não ter sido antecedida de licitação?

"3) A prorrogação do prazo do contrato por mais 10 (dez) anos seria contada do termo final de vigência do atual contrato?"

Parecer

1. O art. 21, XII, *f*, da Constituição de 1988 define como atividade de serviço público a exploração dos portos marítimos, fluviais e lacustres. A prestação desse serviço público incumbe à União, diretamente ou sob regime de concessão ou permissão, diz o art. 175 da Constituição.

Nada impede, contudo, a concessão de uso — ou de direito real de uso — a locação ou o arrendamento de área do domínio público, inclusive localizada em zona portuária. Nenhuma delas, contudo — seja a concessão de uso, sejam a locação ou o arrendamento de bem público — se confunde com concessão de serviço público, como bem há de saber qualquer estudante de direito. Importa observarmos que o contrato de arrendamento — tanto o previsto no art. 4º, I, da Lei 8.630/1993,[1] quanto o de que tratavam os arts. 107 e ss. do Decreto 59.832, de 21 de dezembro de 1966 — não consubstancia uma subconcessão ou uma concessão disfarçada, como poderia parecer ao leigo. Trata-se de arrendamento de terrenos, armazéns e outras instalações portuárias.

2. O art. 175 da Constituição de 1988 exige licitação para a outorga de concessão de serviço público.

Não a exige, contudo, para a outorga de concessão de uso de bem público, como também não a exige para sua locação ou arrendamento. Note-se bem que o inciso XXI do seu art. 37 não as menciona expressamente.

Por isso não se justificaria qualquer cuidado maior em torno da circunstância de a celebração do contrato de arrendamento referido na consulta não ter sido precedida de licitação.

O contrato de arrendamento de que se cuida foi celebrado na vigência do Decreto-lei 2.300, de 21 de novembro de 1986, que, nos termos do disposto em seu art. 2º, sujeitava a licitação as obras, serviços, compras e alienações da Administração, quando contratadas com terceiros, mas não as concessões, as locações e os arrendamentos.

Também não exigia prévia licitação à contratação da locação ou arrendamento dos

1. O § 4º do art. 4º da lei define as cláusulas essenciais do contrato de arrendamento, nenhuma das quais poderá ser tida, aliás, como excepcional em relação à generalidade das contempladas nas relações de arrendamento. À cláusula da reversão dos bens aplicados no serviço (inciso VII desse § 4º) corresponde a avença de retenção das benfeitorias executadas no terreno arrendado, de ordinário contratada nesses negócios.

terrenos, armazéns e outras instalações portuárias o Decreto-lei 5, de 4 de abril de 1966.[2]

Fazia-o, é certo, o Decreto 59.832, de 21 de dezembro de 1966.[3] Mas esse decreto, embora crie deveres para a Administração, não vincula os particulares, visto que o Executivo não foi autorizado, pelo Decreto-lei 5/1966, a dispor sobre essa matéria. Os particulares apenas estariam vinculados pela exigência de licitação se ela houvesse sido imposta em virtude de lei.[4]

Daí porque seria descabido qualquer questionamento, estruturado desde a circunstância de não ter sido ele precedido de licitação, a propósito da validade do contrato de arrendamento de que se trata. Ainda que se sustentasse a exigência de licitação como decorrente do princípio republicano, ainda assim seria necessária, para que na hipótese se pudesse justificar a invalidação da contratação, a demonstração de que a contratação implicou na preterição de algum direito de terceiro ou em improbidade, o que no caso não se deu.

3. Diz o art. 48 da Lei 8.630/1993:

> Art. 48. Os atuais contratos de exploração de terminais ou embarcadouros de uso privativo deverão ser adaptados, no prazo de até cento e oitenta dias, às disposições desta Lei, assegurado aos titulares o direito de opção por qualquer das formas de exploração previstas no inciso II do § 2º do art. 4º desta Lei.

O contrato de que se cuida, que compreende um arrendamento a longo prazo de armazém, nos termos do art. 108 do Decreto 59.832/1966, instrumenta a exploração de instalação portuária de uso privativo, segundo me esclareceu a consulente.

Por isso efetivamente se impunha a alteração de determinadas cláusulas do contrato, a fim de que fosse ele adaptado às disposições da Lei 8.630/1993. Não obstante, isso não foi providenciado no termo estabelecido pelo preceito legal, cento e oitenta dias a partir da sua vigência.

Ainda que seja assim, entretanto, pode agora essa adaptação ser procedida, mesmo porque, além de não ter sido prevista qualquer sanção para o descumprimento desse prazo, ela (adaptação) é reclamada pelo interesse público e a consulente há, por força do disposto naquele art. 48, o direito de opção por qualquer das formas de exploração previstas no inciso II do § 2º do art. 4º da Lei 8.630/1993.

Fica bem claro, destarte, que as circunstâncias de o contrato originário não ter sido precedido de licitação e de não se ter observado o prazo de cento e oitenta dias a partir da vigência da lei nova para a sua adaptação não comprometem a sua validade (dele, contrato), nem impedem seja essa adaptação procedida somente agora.

Cumpre a esta altura indagarmos, pois, da vigência da disposição contida no § 1º da cláusula 7ª do instrumento de contrato, o que importaria em que resulte juridicamente possível a prorrogação contratual nesse parágrafo prevista.

4. Note-se bem, inicialmente, que, em relação aos contratos celebrados anteriormente a sua vigência, o art. 48 da Lei 8.630/1993 exige unicamente sejam adaptados às suas disposições, incumbindo aos contratados, repito, a opção por qualquer das formas de exploração previstas no inciso II do § 2º do art. 4º.

Daí a conclusão de que essa mesma lei admite permaneçam em vigência plena esses contratos. Insista-se em que esse art. 48 reconhece a validade dos contratos de arrendamento celebrados nos termos do art. 108 do Decreto 59.832/1966.

O art. 5º, XXXVI, da Constituição de 1988 define como expressão de um direito fundamental que "a lei não prejudicará o direito adquirido, o ato jurídico perfeito e a coisa julgada".

2. Art. 27.

3. Arts. 113 e ss.

4. V. meu *O Direito Posto e o Direito Pressuposto*, São Paulo, Malheiros Editores, 1996, pp. 167 e ss., especialmente 182-184.

A tutela constitucional colhe situações que se manifestam nos três planos de análise dos negócios jurídicos (existência, validade e eficácia).

Assim, ao cuidar do ato jurídico perfeito, o dispositivo constitucional está a referir situações existentes e válidas (mesmo que ainda não eficazes), do que fazem exemplos o testamento formalizado no regime da lei anterior, enquanto vivo o testador, e, de forma geral, os negócios jurídicos sujeitos a condição suspensiva.

Nesses casos, verificados os pressupostos da existência e os elementos da validade, os negócios mantêm-se íntegros, a salvo de eventuais modificações, no direito positivo, que incidam sobre tais pressupostos e elementos. Note-se não se tratar, então, de direito adquirido, mas de ato jurídico perfeito — os contemplados pelo testamento feito no regime da lei anterior (enquanto vivo o testador), ou os contratantes que se vincularam sob condição suspensiva (enquanto esta não se verifica), não são titulares de "direito adquirido".

Afirmando-o, pretendo deixar bem nítida a distinção entre direito adquirido e ato jurídico perfeito, o que importa sejam diversos, também, os regimes jurídicos aplicáveis às distintas situações que se amoldam a um e a outro conceito. Cumpre exorcizarmos as análises, superficiais e apressadas, tantas vezes reproduzidas, que conduzem à confusão entre ambos (direito adquirido e ato jurídico perfeito), submetendo o primeiro ao segundo, e vice-versa.[5]

O que ora importa enfatizarmos é a afirmação de que a lei não prejudicará o ato jurídico perfeito, do que decorre a inarredável conclusão de que a Lei 8.630/1993 não compromete a plena vigência do contrato de arrendamento celebrado em data de 25 de janeiro de 1991, que se encontra em pleno vigor.

5. No mais, o contrato originariamente estabeleceu, no § 1º da sua cláusula 7ª, a possibilidade de prorrogação do seu prazo de vigência por mais dez anos, desde que houvesse interesse de ambas as partes, de conformidade com o disposto no art. 111 do Decreto 59.832/1966, com a redação que lhe foi atribuída pelo Decreto 98.139, de 13 de setembro de 1989.

Outrossim, o § 2º dessa mesma cláusula estabelece que "a proposição de prorrogação deverá ser encaminhada, pela CITROSUCO à CODESP, por escrito, com a antecedência mínima de 60 (sessenta) dias do término do prazo estipulado no *caput* desta cláusula", ou seja, do término do prazo originário de arrendamento, de dez anos.

Note-se bem que a estipulação de um termo final para o exercício do direito à prorrogação do prazo contratual importa em que a qualquer tempo, desde que anteriormente àquele termo, possa ser proposta a prorrogação. No caso, considerado o período de carência definido no § 2º da cláusula 4ª do contrato, o prazo para que a prorrogação seja proposta extinguir-se-á em 25 de julho de 2002, ou seja, sessenta dias antes do término do prazo originário do contrato.

Daí porque será inquestionável a validade do termo de prorrogação do prazo contratual que venha ser celebrado até aquela data (25 de julho de 2002), decorrente do disposto em cláusula constante de ato jurídico perfeito.

O termo de prorrogação do prazo contratual, de dez anos, evidentemente será contado a partir da data final de vigência do contrato originário, em setembro de 2002. Essa contagem dessa data partirá porque, como observei, a consulente há direito à prorrogação do prazo contratual pelo termo de dez anos, embora esteja ele condicio-

5. Exatamente por conta disso desejo deixar bem vincado o fato de existir direito adquirido que não se funda em ato jurídico perfeito (os direitos do nascituro, *v.g.*) e ato jurídico perfeito que não implica direito adquirido (justamente os negócios sujeitos a condição suspensiva e o testamento, em ambos os casos enquanto, respectivamente, não verificada a condição, ou vivo o testador).

nado, é verdade, à existência de interesse de ambas as partes.

6. Em face de todo o exposto dou as seguintes respostas aos quesitos propostos na consulta:

1) *sim*; a disposição contida no § 1º da cláusula 7ª do instrumento de contrato permanece vigente, sendo, portanto, juridicamente possível a prorrogação contratual ali prevista;

2) *sim*; pode ser desde logo contratada a prorrogação do contrato por mais dez anos, apesar de a contratação não ter sido antecedida de licitação;

3) *sim*; a prorrogação do prazo do contrato por mais 10 (dez) anos deve ser contada a partir do termo final de vigência do atual contrato.

É o que me parece.

São Paulo, 11 de janeiro de 1999.

CONCESSÃO DE SERVIÇO PÚBLICO

Reestruturação do sistema tarifário. Equilíbrio econômico-financeiro. Obrigação de indenizar

CELSO ANTÔNIO BANDEIRA DE MELLO

Titular da Pontifícia Universidade Católica de São Paulo — PUC/SP

A empresa *XXXXX* expõe-nos o que segue formulando, ao depois

Consulta

1. A Consulente é concessionária de serviço público. O Poder concedente intenta efetuar modificação no modelo das tarifas que remuneram o serviço, o que irá afetar a estrutura de preços ora vigentes. Uma vez que a Consulente tem contratos, que firmou por prazos de até cinco anos, com grandes consumidores do segmento industrial, a superveniência do novo modelo tarifário poderá acarretar prejuízos significativos para qualquer das partes.

2. A Consulente não pretende auferir, em conseqüência da nova situação, qualquer vantagem, assim como também não quer sofrer qualquer prejuízo, desejando tão-só a mantença do mesmo equilíbrio ora vigorante e que foi concertado na conformidade do regime tarifário vigente desde o início da concessão até o presente.

3. Ante o exposto, pergunta:

Ao proceder à revisão tarifária qüinqüenal, o órgão regulador deve editar regra de transição que ressalve do novo regime os contratos que a Consulente travou em condições especiais com grandes consumidores do segmento industrial, ofertando-lhes descontos, enquanto ditos contratos ainda estiverem dentro de seus prazos de vigência?

À indagação respondo nos termos que seguem.

Parecer

1. É sabido e ressabido que a equação econômico-financeira dos contratos administrativos é intangível. Vezes sem conta, a doutrina, a jurisprudência e a própria legislação têm afirmado com toda clareza e explicitude esta noção curial da qual, portanto, ninguém duvida. É igualmente notório que a concessão de serviço público é tida e havida, entre nós, como um contrato administrativo, pois, até mesmo a Constituição, no art. 175, parágrafo único, I, a ela se refere com a sobredita qualificação.

Entende-se por equação econômico-financeira da concessão a relação de igualdade, de equivalência, originariamente estabelecida, entre os encargos que o concessionário assumirá e os correlatos direitos de ordem patrimonial então reconhecidos como forma de remuneração idônea de sua atividade. Este termo de igualdade fixado inicialmente não pode ser descomposto por ação unilateral de uma das partes e terá de vigorar incólume ao longo de todo o período da concessão.

Marcel Waline caracteriza o equilíbrio econômico-financeiro nos seguintes termos: "(...) o equilíbrio econômico e financeiro do contrato é uma relação que foi estabelecida pelas próprias partes contratantes no momento da conclusão do contrato, entre um conjunto de direitos do contratado e um conjunto de encargos deste, que pareceram equivalentes, *donde o nome de equação; desde então esta equivalência não mais pode ser alterada*" (*Droit Administratif*, 5ª ed., Sirey, 1963, p. 618 — o destaque é nosso).

Marcello Caetano, no mesmo sentido, proferiu a seguinte averbação: "O contrato assenta, pois, numa determinada equação financeira (o valor em dinheiro dos encargos assumidos por um dos contraentes deve equivaler à vantagens prometidas pelo outro) e as *relações contratuais têm de desenvolver-se na base do equilíbrio estabelecido no ato de estipulação*" (*Princípios Fundamentais de Direito Administrativo*, Forense, 1977, pp. 255-256).

2. Com efeito, na concessão, como nos contratos administrativos em geral, existe uma parte considerada mutável e uma parte imutável. A parte mutável é a que concerne às condições de prestação do serviço, que o Poder Público sempre poderá ajustar às conveniências públicas, ainda que, nos termos de nossa legislação, deva se conter no interior de certos limites; a parte imutável é a que respeita aos interesses econômicos de sua contraparte que haverão de permanecer indenes segundo os termos do ajuste inicial. Georges Pequignot, um clássico em tema de contrato administrativo, formulou com perfeição este esquema ao dizer:

"Já tivemos ocasião de distinguir duas espécies de cláusulas no contrato administrativo:

"1º. Umas regulam a participação do contratante no serviço público; determinam as prestações que o contratante deve cumprir no interesse do serviço.

"2º. Outras constituem condições, vantagens, garantias (...) etc., que determinaram o contratante a trazer sua colaboração à Administração.

"*O poder modificador da Administração não se poderá exercitar senão sobre as primeiras destas cláusulas*" (*Théorie Générale du Contract Administratif*, Paris, Ed. A. Pédone, 1945, p. 374 — destaques são nossos).

Páginas adiante averbou: "Vimos que a Administração tinha o direito de modificar unilateralmente o contrato quando, movida por um interesse público, agir sobre uma cláusula relativa ao serviço. Cada vez que ela tente ultrapassar estes limites, o contratante poderá opor-lhe seu contrato, que será, então, para ela, um limite intransponível: quando a Administração não pode se apoiar sobre o fim que legitima seus poderes, ela não possui mais direito que o particular; ela se encontra colocada sob o mesmo regime que ele" (ob. cit., p. 433).

Daí as seguintes assertivas no que concerne aos aspectos patrimoniais da avença:

"O contratado tem direito à remuneração inscrita em seu contrato. É o princípio da fixidez do contrato. Ele não consentiu seu concurso senão na esperança de um certo lucro. Aceitou tomar a seu cargo trabalhos e áleas que, se não houvesse querido contratar, seriam suportados pela Administração. É normal que seja remunerado por isto.

"Além disto, seria contrário à regra da boa-fé, contrário também a qualquer segurança dos negócios, e, portanto, perigoso para o estado social e econômico que a Administração pudesse modificar, especialmente reduzir esta remuneração" (*Théorie Générale du Contract Administratif*, A. Pedone, 1945, pp. 434-435).

3. Na França, país de onde provém a teoria do contrato administrativo, tão boamente recepcionada entre nós, encontram-se ao respeito excertos que, por sua precisão, merecem ser colacionados. Jean Rivero, referindo-se à remuneração do contratado anotou:

"As disposições relativas à remuneração escapam do poder de modificação unilateral da administração. Mas, além disto, o elemento de associação já assinalado se manifesta neste ponto com uma força particular: é o princípio do equilíbrio financeiro do contrato, *que é uma das características essenciais do contrato administrativo* e a contrapartida das prerrogativas da administração" (*Droit Administratif*, 3ª ed., Dalloz, 1965, p. 111).

Assim também, Georges Vedel enunciou as seguintes observações: "A administração pode, dentro de certos limites, modificar o peso das obrigações que, em um prato de balança, estão ao encargo de seu contratante, mas deve logo colocar no outro prato as compensações pecuniárias correspondentes" (*Droit Administratif*, 3ª ed., Presses Universitaires de France, 1964, p. 639).

De resto, se ao Poder Público fosse dado desconhecer os interesses econômicos da contraparte "é bem evidente que a Administração não encontraria contratantes", conforme inobjetável comentário de Benoît (*Le Droit Administratif Français*, Dalloz, 1968, p. 558). Aliás, a isto cabe acrescer: se os encontrasse, não poderia com eles contratar, pois haveriam de ser ou irresponsáveis ou sujeitos de má-fé. Ora, à Administração é defeso contrair vínculos com tais pessoas. Só alguém pouco sério aceitaria a realização de um engajamento despido da aludida garantia, pois o que motiva o particular a contratar é uma pretensão de ordem econômica, em contraste com os objetivos do contratante governamental, ou, como resumido lapidarmente por Hely Lopes Meirelles: "O contrato administrativo, por parte da Administração, destina-se ao atendimento de necessidades públicas, mas, por parte do contratado, objetiva um lucro, através da remuneração consubstanciada nas cláusulas econômicas e financeiras" (*Licitação e Contrato Administrativo*, 7ª ed., Ed. RT, 1987, p. 161).

4. Aduza-se que o contrato seja ele de direito privado, seja de direito público, é uma composição consensual de interesses; uma pacífica harmonização deles. De conseguinte, o contrato gera um vínculo assentado nas premissas de lealdade e boa-fé, vez que as partes não estariam obrigadas a se relacionar; se o fazem é precisamente expectantes de que seus objetivos podem ser satisfeitos pela ação da parte contraposta e de que se-lo-ão, dada a normal conduta do co-obrigado, ou seja, dado o correto proceder do contratante.

Assim, é da índole dos contratos o respeito à boa-fé e, por isso mesmo, interpretam-se tais vínculos levando em conta esta natural presunção dos contratantes. Bem observou Orlando Gomes que entre os princípios sobre os quais se assenta o direito dos contratos está o da boa-fé (*Contratos*, Forense, p. 46). Na medida em que uma relação comutativa e onerosa se instaura, deve-se entender que as partes buscaram prestações contrapostas que se equilibram. Vale dizer, considera-se que os sujeitos, tendo em pauta os respectivos interesses, sopesando-os, bem como aos recíprocos engajamentos, procuraram um termo de equivalência justificador do enlace a ser travado. O mesmo se diga em relação ao contrato no direito administrativo.

Na Argentina, Agustín Gordillo, registra sua importância, nesta esfera, assinalando: "Se dice así que los contratos administrativos son *esencialmente* de buena fe, lo que lleva a que la Administración no deba actuar como si se tratara de un negocio lucrativo, ni a tratar de obtener ganancias ilegitimas a costa del contratista, ni a aprovecharse de circunstancias legales o fácticas que la favorezcan en perjuicio del contratista" (*Derecho Administrativo de la Economía*, Ed. Macchi, 1967, p. 340).

5. Ressalte-se que o dever de agir com deferência ao princípio da boa-fé possui particular importância na órbita do direito administrativo e se impõe notadamente às entidades governamentais que devem ser respeitosas guardiãs desta pauta de conduta.

Em monografia preciosa sobre o princípio da boa-fé *em direito administrativo*, o eminente jurista espanhol Jesús Gonzáles Pérez observou que tal princípio vige com especial relevo no Direito Administrativo:

"El principio general de la buena fe no solo tiene aplicación en el Derecho Administrativo, sino que en este ámbito adquiere especial relevancia (...).

"Porque, en efecto, la presencia de los valores de lealtad, honestidad y moralidad que su aplicación comporta es especialmente necesaria en el mundo de las relaciones de la Administración con los administrados" (*El Principio General de la Buena Fe en el Derecho Administrativo*, Madri, 1983, p. 31).

Assinalada a importância deste princípio e sua aplicação ao Direito Administrativo, veja-se, acompanhando a lição do alumiado jurista, o conteúdo deste princípio: "La buena fe, a cuyas exigencias han de ajustar su actuación todos los miembros de la comunidad, sólo puede predicarse, en sus recíprocas relaciones, de la actitud de uno en relación con otro. Significa — dice La Cruz — que este otro, según la estimación habitual de la gente, puede esperar determinada conducta del uno, o determinadas consecuencias de su conducta, o que no ha de tener otras distintas o perjudiciales. La jurisprudencia civil ha delimitado correctamente su ámbito de aplicación. Como en la sentencia de 24 de junio de 1969 (Ponente: Bonet), al decir que la buena fe *significa confianza, seguridad y honorabilidad basadas en ella*, por lo que se refieren sobre todo al cumplimento de la palabra dada; especialmente, la palabra fe, fidelidad, *quiere decir que una de las partes se entrega confiadamente a la conducta leal de otra en el comportamiento de sus obligaciones, fiado en que ésta no le engañara*" (ob. cit., p. 40 — destaques nossos).

Com efeito, por força mesmo de sua posição jurídica peculiar, as pessoas jurídicas de direito público estão adscritas ao dever de manterem comportamentos sintônicos com suas funções e naturezas. Deveras, o Poder Público e seus coadjuvantes perseguem e só podem perseguir fins lícitos. Demais disso, só podem persegui-los atuando pelos meios lícitos, *no que está implicado o pleno respeito aos direitos alheios.*

Ademais, como averbou o precitado Benoît, no contrato administrativo Administração e contratado estão ambos engajados em uma relação que visa o interesse da coletividade; não se apresentam como "*lutadores*" que se confrontam, cada qual "procurando encontrar as fraquezas do outro, quais contratantes do direito privado, *mas como colaboradores cooperando em um mesmo empreendimento*" (ob. cit., p. 592 — destaques são nossos).

6. A legislação brasileira, a começar da Constituição, proclama a intangibilidade do equilíbrio econômico-financeiro original do contrato. Deveras o art. 37, XXI, da Lei Magna dispõe que "(...) obras, serviços, compras e alienações serão contratados, mediante processo de licitação pública que assegure igualdade de condições a todos os concorrentes, com cláusulas que estabeleçam obrigações de pagamento *mantidas as condições efetivas da proposta* (...)".

O versículo em apreço, como consta de sua dicção, estabeleceu uma correspondência entre as obrigações de pagamento e as condições efetivas da proposta. Dado que as partes se obrigarão em face daquelas condições *efetivas*, os pagamentos devidos ao contratado haverão de correlacionar-se às bases do negócio, uma vez que presidiram a oferta e se substanciaram em sua real compostura. Assim, tais pagamentos, para atenderem à previsão constitucional, necessitam resguardar a correlação estratificada sobre as condições efetivas em vista das quais se assentaram as partes, *o que equivale a dizer que terão que ser reequilibrados* se houver supervenientes desconcertos.

É, dessarte, no próprio texto constitucional que se assenta o resguardo daquilo que, em direito administrativo, é denominado "equilíbrio econômico-financeiro do contrato administrativo", com os decorrentes reajustes e revisões.

7. A nível infraconstitucional, o equilíbrio econômico-financeiro também se encontra enfatizado pelo direito positivo. Desde logo, a Lei 8.666, de 21.6.1993, que veicula regras gerais sobre licitação e contratos, consagra sua incolumidade em numerosas passagens. Basta referir as disposições que se estampam no art. 5º, § 1º; no art. 7º, § 7º; no art. 40, XI e XIV, *c*; no art. 57, § 1º; no art. 58, §§ 1º e 2º; e 65, II, *d*, assim como em seu § 5º.

É certo, além disto, que a Lei de Concessões, Lei 8.987, de 13.2.1995, também encarece a proteção a equação econômico-financeira e exige-lhe a persistência ao longo da relação instaurada. Com efeito, seu art. 9º estatui que a tarifa do serviço concedido "*será preservada pelas regras de revisão*".

O mesmo intuito de preservação do equilíbrio estipulado de início reaparece estampadamente nos §§ 2º, 3º e 4º do mesmo artigo, ao estabelecerem, respectivamente, que: "Os contratos poderão estabelecer mecanismos de revisão das tarifas, a fim de manter-se o equilíbrio econômico e financeiro"; que: "Ressalvados os impostos sobre a renda, a criação, alteração ou extinção de quaisquer tributos ou encargos legais, após a apresentação da proposta, quando comprovado seu impacto, implicará a revisão da tarifa para mais ou para menos, conforme o caso" e que: "Em havendo alteração unilateral do contrato que afete o seu inicial equilíbrio econômico-financeiro, o poder concedente deverá restabelecê-lo, concomitantemente à alteração".

O art. 18 da mesma lei dispõe que: "O edital de licitação será elaborado pelo poder concedente, observados, no que couber, os critérios e as normas gerais da legislação própria sobre licitações e contratos e conterá, especialmente: (...) VIII — os critérios de reajuste e revisão das tarifas".

O art. 23, entre as cláusulas categorizadas como essenciais ao contrato de concessão, em seu inciso IV, inclui as relativas "ao preço do serviço e aos critérios e procedimentos para o reajuste e a revisão das tarifas".

É inquestionável, pois, que a legislação de concessão de serviços públicos, tanto como a de contratos administrativos em geral — e os princípios gerais destes se aplicam às licitações para concessão de serviços públicos, como o declara seu art. 18 — consagram insistentemente a garantia do equilíbrio econômico-financeiro, tanto pelo instituto da revisão, quanto dos reajustes.

Tudo isto está a revelar, inobjetavelmente, a decidida orientação legislativa de assegurar o equilíbrio econômico-financeiro do contrato administrativo.

8. No caso "sub consulta" está em pauta uma relação jurídica travada entre o Poder Público na qualidade de concedente e a Consulente na qualidade de concessionária de serviço público. Por ocasião do travamento do vínculo vigorava uma dada estrutura tarifária e foi sob a égide dela que a Consulente consertou contratos por prazo determinado, com grandes consumidores, aos quais outorgou vantagens econômicas atrativas, a fim de captar-lhes o interesse em se utilizarem a energia extraível do gás natural, em substituição a que até então usavam.

Vale dizer: a Consulente estruturou contratos com terceiros estribada nas regras tarifárias então vigentes, as quais lhe ofereciam suporte jurídico e econômico para entreter com os referidos consumidores os vínculos de direito que veio a travar. O *equilíbrio econômico-financeiro* da concessão atrelava-se a um determinado regime, a uma determinada estrutura tarifária, aquela então vigente quando da outorga da concessão. Foi em vista dela que a Consulente relacionou-se com terceiros nos termos em que o fez, pois, evidentemente, não tinha como fazê-lo em função de alguma hipotética futura estrutura tarifária inexistente, desconhecida e que, à época, certamente, não era sequer imaginada nem mesmo pelo próprio poder concedente.

Ou seja: ao travar com terceiros os vínculos que travou podia tranqüilamente fazêlo, resguardada que estava pelas disposições normativas e contratuais. Dessarte, tinha o direito de esperar que por elas continuaria amparada, sem o que, obviamente, jamais se abalançaria a assumir compromissos tais como os que assumiu.

Cumpre, uma vez mais, referir que o art. 37, XXI, da Lei Magna dispõe que "(...) obras, serviços, compras e alienações serão contratados, mediante processo de licitação pública que assegure igualdade de condições a todos os concorrentes, com cláusulas que estabeleçam obrigações de pagamento *mantidas as condições efetivas da proposta* (...)".

Embora o texto fale em "obrigações de pagamento", o que faria presumir desembolsos do Poder Público — que é o que ocorre em todos os contratos que não sejam concessões, pois nestas o contratado se remunera cobrando diretamente dos usuários (salvo nas de rádio e televisão em que se remunera vendendo publicidade aos interessados) — não padece a menor dúvida ou entredúvida de que o que está subjacente no dispositivo em apreço é a garantia de que as autoridades terão de manter a mesma correlação econômica inicialmente assentada e que se compôs sobre os termos que o Poder Público estabeleceu bem como sobre as condições que ele e o contratado tinham em mira, os quais serviram de base para a oferta.

9. Não há negar que o Poder Público, no exercício da competência que lhe permite estabelecer alterações unilaterais no contrato podia e pode promover alterações na estrutura tarifária. O que não é possível, todavia, é que ditas alterações desconcertem o equilíbrio contratual acarretando perdas econômicas para o concessionário. É o que estabelece o precitado art. 9º, § 4º, da Lei de Concessões (Lei 8.987, de 13.2.1995), segundo cujos termos: "Em havendo alteração unilateral do contrato que afete o seu equilíbrio econômico-financeiro, o poder concedente deverá restabelecê-lo, concomitantemente à alteração".

Sendo assim, o normal é que o concedente, ao estabelecer a reestruturação do sistema tarifário, mediante regra de transição, ressalve do novo regime os contratos que a Consulente travou em condições especiais com grandes consumidores, enquanto ditos contratos ainda estiverem dentro de seus prazos de vigência. Esta é a forma prática de evitar um desequilíbrio na equação econômico-financeira com a conseqüente irrefragável obrigação do Poder Público desembolsar, concomitantemente ao desequilíbrio, as importâncias necessárias para salvaguarda de prejuízos à Consulente.

10. Aliás, mesmo se já não bastassem exigências oriundas do dever administrativo de respeitar a equação econômico-financeira do contrato, cumpriria ressaltar, ainda, que a Administração, sempre que possível, está obrigada a evitar que sua providência cause ao administrado um incômodo, um agravo, um prejuízo que poderia ser evadido e, se inevitável, há de empenhar-se em produzir o menor dano possível. Veja-se, ao respeito, as preciosas lições de Capaccioli, que calhariam à fiveleta para a hipótese vertente. "Si deve, tuttavia, tener presente che, come vedremo, il potere discrezionale va sempre esercitato in modo che, fatta salva la soddisfazione dell'interesse pubblico per cui il potere è stato dalla legge conferito all'amministrazione (denominato interesse primario), *gli interessi confliggenti con tale interesse (detti secondari) debbono essere sacrificato il meno possibile, siano pubblici o privati*: questa regola è utilizzabile a fini interpretativi" (Enzo Cappacioli, *Manuale di Diritto Amministrativo*, v. I, Pádua, Cedam, 1980, p. 158 — o destaque é nosso).

De seu turno, Augusto Cerri, opondo o que na Itália se considera princípio da "imparcialidade", isto é, ausência de facciosismo, de sectarismo, mas fidelidade pura e simples ao interesse público, isto é, levando em conta todos os interesses protegidos no sistema normativo, em oposição a uma censurável "parcialidade", assim expõe o pensamento de U. Allegretti: "La parzialità consisterebbe nel curare e nel perseguire alcuni soltanto fra i fini contemplati dal diritto positivo, la imparzialità nell'esigenza de considerarli e contemperarli tutti. La pubblica amministrazione sarebbe parte imparziale dal momento che, pur essendo sollecitata ad agire dalla necessità di perseguire un interesse primario specifico, dovrebbe, al tempo stesso, aprirsi alla considerazione di tutti altri valori protetti dall'ordinamento di cui possono esseri titolari sia i soggetti privati sia altri enti od organi pubblici, al fine di realizzare, fra l'interesse di cui è portatrice in via primaria e tutti gli altri, una qualche forma di contemperamento. Così, ad es., *la P.A., nel tener conto degli interessi privati, dovrebbe agire in guisa da recare ad essi il minor danno possibile, compatibilmente, appunto, col raggiungimento dei suoi scopi principali.* L'ordinamento complessivo, viceversa, sarebbe, per definizione, imparziale in quanto espressione di tutti i valori giuridicamente protetti" (*Imparzialità ed Indirizzo Politico nella Pubblica Amministrazione*, Pádua, Cedam, 1973, pp. 71-72 — o destaque é nosso).

11. Isto tudo posto e considerado, às indagações da Consulta respondo:

Ao efetuar a revisão tarifária qüinqüenal, o órgão regulador, para respeito à equação econômico-financeira da concessão, deverá editar regra de transição que ressalve do novo regime os contratos que a Consulente travou em condições especiais com grandes consumidores do segmento industrial, ofertando-lhes descontos, enquanto ditos contratos ainda estiverem dentro de seus prazos de vigência.

É o meu parecer.

LIMITAÇÕES AO "JUS PUNIENDI" ESCOLAR: INCONSTITUCIONALIDADE DA PUNIÇÃO COLETIVA

EDUARDO FORTUNATO BIM

Advogado em São Paulo

1. Introdução. 2. O poder disciplinar das instituições de ensino. 3. A eficácia horizontal dos direitos fundamentais. 4. A natureza e as limitações do poder disciplinar ("jus puniendi") escolar. 5. O Estado Democrático de Direito e seus corolários. 6. Os corolários da dignidade da pessoa humana e o devido processo legal. 7. A igualdade e seus corolários. 8. O processo disciplinar sancionador. 9. Alguns princípios do processo sancionador: 9.1 O princípio da incontagiabilidade ou personalidade da pena; 9.2 O princípio da individualização da pena; 9.3 O princípio da ampla defesa e do contraditório: 9.3.1 Inadmissibilidade de analogia com a verdade sabida. 10. Conclusão. 11. Referências bibliográficas.

1. Introdução

D. H., aluna da turma de engenharia civil da Universidade XXX[1] — Instituição de Ensino Superior particular — nos consultou acerca da licitude de eventual conduta do Diretor da Faculdade de Engenharia em punir disciplinarmente toda a classe, indiscriminadamente, com pena de suspensão por 3 (três) dias, sob a alegação de "algazarra geral".

Expôs a Consulente que o i. Diretor daquela Faculdade privada ameaçou os alunos com uma punição coletiva sumária.

Indaga-nos sobre a licitude de eventual conduta tendente a punir sumária e indiscriminadamente todos os alunos, como ameaçou o Diretor.

2. O poder disciplinar das instituições de ensino

O poder disciplinar escolar tem a finalidade de preservar a ordem interna da instituição superior de ensino, para que as suas atividades possam ser realizadas sem perturbações, dentro da harmonia que deve imperar na convivência acadêmica. O poder disciplinar que têm determinados órgãos das instituições de ensino é embasado na liberdade que a Constituição dá a essas instituições de se auto-regulamentarem. Esse poder de auto-regramento está implícito no art.

1. O teor deste Parecer foi ligeiramente alterado para manter a privacidade da Consulente, bem como a da Instituição de Ensino Superior envolvida.

207 da Constituição, que prevê a autonomia administrativa conferida às universidades[2] e, de maneira mais ampla, no "poder normativo dos grupos sociais".

Maria Helena Diniz — Catedrática da PUC/SP — define o "poder normativo dos grupos sociais" como sendo o "poder de cada grupo social de elaborar suas normas, para garantir a consecução dos fins que pretendem atingir e reger a sua vida interna. Há uma legislação canônica da Igreja Católica; há uma *legislação corporativa de entidades* públicas ou *privadas, com objetivos culturais*, econômicos, políticos ou desportivos, obrigatórios para todos os seus componentes, sujeitando-os a sanções, inclusive de caráter penal".[3]

Quem se matricula em instituição de ensino superior, mesmo que privada, deve sujeitar-se a seu regulamento, subordinando-se, conseqüentemente, ao poder estabelecido em seu Estatuto. Esse poder disciplinar conferido pelo estatuto é pressuposto para que se mantenha a ordem, a disciplina na instituição de ensino; por isso mesmo, é um poder imanente a qualquer organização social. Assim, é perfeitamente legítimo e lícito o poder outorgado ao Diretor de instituição de ensino de punir os alunos para manter a disciplina[4] escolar.

Ressaltamos, porém, que esse poder não pode estar em descompasso com nosso pacto fundador. Foi isso que Maria Helena Diniz, ao comentar sobre o poder normativo dos grupos sociais, quis ressaltar.[5] Destarte, esses "microssistemas normativos" não podem desrespeitar nossa Magna Carta, especialmente os direitos fundamentais,[6] fruto de um processo histórico de amadurecimento sobre a própria existência do homem. Isso porque é o ordenamento jurídico que defere ao indivíduo e as instituições o poder de se auto-regular; assim, nada mais óbvio que a primeira grande limitação a esse poder resulta da necessidade de seu reconhecimento pelo ordenamento.

3. A eficácia horizontal dos direitos fundamentais

Os direitos fundamentais têm eficácia horizontal e vertical. Esta surte na relação do indivíduo-Estado; aquela na relação indivíduo-indivíduo. Isso porque — como lecionam Canotilho e Vital Moreira — os direitos fundamentais "vinculam as *entidades públicas e privadas* (art. 18º, 1, 2ª parte), ou seja, impõem-se não apenas nas relações entre os particulares e os poderes públicos, mas também nas próprias relações entre os parti-

2. "A apuração de infrações praticadas por alunos, através de sindicância, é um poder decorrente da autonomia administrativa da Universidade" (*RSTJ* 110/74). "(...) 3. Gozando as universidades de autonomia didático-científica, administrativa e de gestão financeira e patrimonial (Constituição, art. 207), cabe-lhes dispor em seus regimentos ou estatutos sobre os instrumentos para a apuração da prática de atos faltosos" (TRF-3ª R., 4ª T., AMS 95.03.083133-4-SP, Rel. Juiz Homar Cais, v.u., j. 13.3.1996, *DJU* 11.6.1996, p. 39.669, *RTRF* 27/352).

3. Maria Helena Diniz, *Dicionário Jurídico*, v. 3, p. 619, verbete "poder normativo dos grupos sociais" — destacamos,

4. Assim como definido pelo Aurélio: "2. Ordem que convém ao funcionamento regular duma organização (militar, escolar etc.)" (Aurélio Buarque de Holanda Ferreira, *Novo Dicionário Aurélio Eletrônico*, verbete "disciplina").

5. "(...) que tais normas de instituições menores têm sua juridicidade apoiada na ordenação da sociedade política" (Maria Helena Diniz, *Dicionário Jurídico*, v. 3, p. 619, verbete "poder normativo dos grupos sociais").

6. Por isso, o TRF da 2ª Região já decidiu: "*Educação. Ensino superior. Autonomia universitária.* I — Autonomia universitária não significa poder arbitrário, não podendo instituição particular, por mera suspeita e sem contraditório, negar a renovação de matrícula a aluno regularmente cursando a instituição. Princípio do devido processo legal substantivo. II — Remessa improvida" (TRF-2ª R., 1ª T., REO 98.02.40252-4-RJ, Rel. Juiz Guilherme Couto, v.u., j. 23.2.1999, *DJU* 15.4.1999, sem página de publicação).

culares entre si (o chamado 'efeito externo', 'em relação a terceiros', ou 'horizontal' dos direitos fundamentais), *o que é particularmente relevante nas relações de dependência ou de subordinação privadas*".[7]

Os alunos, embora se submetam ao poder disciplinar da instituição de ensino, devem ter seus direitos fundamentais respeitados. Isso porque são homens, e estes valem o que valem seus direitos! Eventual exegese reducionista dos direitos dos alunos levaria a conclusão de que não são homens porque não têm direitos fundamentais. E se até os criminosos não perdem a condição de cidadãos, *a fortiori*, os alunos. Em suma, além da eficácia externa dos direitos fundamentais, os alunos não devem receber pior trato que os criminosos.

Andou bem a Constituição portuguesa de 1976 que, em seu art. 18, 1, deixa claro que os direitos e garantias vinculam também entidades privadas.[8] Essas disposições só confirmam o óbvio ululante: que a autonomia seja a da vontade ou a universitária (CF, art. 207), está limitada pelos direitos fundamentais;[9] toda e qualquer manifestação de poder (público e/ou privada) deve respeitar esse limite inalienável do homem. É imperativo que os direitos humanos sejam eficazes em relação aos particulares porque, como ressaltou Canotilho, "a agressão aos direitos, liberdades e garantias, pode resultar não apenas dos poderes públicos, mas, também de '*poderes sociais*' ou '*privados*' (associações, empresas, igrejas, partidos *[universidades]*)".[10]

Segundo Jorge de Miranda, "não se compreenderiam uma sociedade e uma ordem jurídica em que o respeito da dignidade e da autonomia da pessoa fosse procurado apenas nas relações com o Estado e deixasse de ser nas relações das pessoas entre si. Não basta, pois, limitar o poder político; *é preciso também assegurar o respeito das liberdades de cada pessoa pelas demais pessoas*".[11]

José Afonso da Silva[12] e Alexandre de Moraes[13] parecem reconhecer a chamada eficácia horizontal quando definem os direitos fundamentais. Tratam-se de direitos que, tendo surgido historicamente frente ao Poder Público, adquiriram também sentido frente a particulares, daí sua eficácia horizontal.

4. A natureza e as limitações do poder disciplinar ("jus puniendi") escolar

É imprescindível não perder de vista que o poder disciplinar é um poder reconhecido e limitado pela Constituição, mais especificamente pelos direitos humanos fundamentais. Ora, sabemos que os direitos fundamentais surgiram para proteger o cidadão do Estado, mas também para proteger o cidadão do outro cidadão (eficácia horizontal).

7. Vital Moreira e J. J. Gomes Canotilho, *Fundamentos da Constituição*, p. 121, destacamos.

8. De forma mais tímida, porém incisiva, é a redação da Constituição do México, de 31.1.1917, ao prever em seu art. 4º que "O Estado não pode permitir que se leve a efeito qualquer contrato, pacto ou acordo que tenha por objecto a diminuição, a perda ou o irrevogável sacrifício da liberdade do homem, seja por causa do trabalho, por causa da educação ou por voto religioso".

9. "Desta directa eficácia resulta o óbvio limite negativo à autonomia privada que se traduz na nulidade dos negócios contrários aos direitos fundamentais" (Ana Prata, *A Tutela Constitucional da Autonomia Privada*, p. 138).

10. J. J. Gomes Canotilho, *Direito Constitucional*, 6ª ed., pp. 598-599.

11. Jorge Miranda, *Manual de Direito Constitucional* (t. IV — *Direitos Fundamentais*), 2ª ed., p. 288, sem destaques no original. Constantino Mortati anota que "a Constituição ao conferir o caráter de 'inviolabilidade' aos direitos da pessoa, pretendeu subtraí-los a qualquer atentado, seja qual for a sua proveniência" (*Istituzioni di Diritto Pubblico*, t. II, 9ª ed., p. 1.026 — tradução livre).

12. *Curso de Direito Constitucional Positivo*, 13ª ed., p. 188.

13. *Direito Constitucional*, p. 48.

O poder disciplinar conferido às Instituições de Ensino Superior não é soberano, independente, uma ilha no ordenamento constitucional. Esse poder só é reconhecido como jurídico porque outro *poder*, esse sim, soberano,[14] aquele que se exprime no pacto fundante, o autoriza a isso.

Mas qual é a natureza do produto do poder disciplinar das universidades?

Embora exista para manter a ordem e a paz na academia, trata-se de produto com natureza punitiva, já que se utilizam técnicas sancionatórias para tanto. Desta maneira, como seu produto é sempre algum tipo de penalidade, não podemos negar a sua natureza sancionatória. Por ter natureza sancionatória, deve sujeitar-se às limitações constitucionais, ou seja, aos princípios do direito sancionador insculpidos em nossa Lei Suprema.

O importante é deixar consignado que há princípios que, apesar de desenvolvidos e comumentemente aplicados em determinado ramo do Direito, e aqui falamos, principalmente, do Penal e do Administrativo Sancionador, são típicos do Direito Punitivo, inclusive do Direito Disciplinar Escolar; isso porque eles fazem parte de um direito mais geral, que engloba todos esses ramos quando tratam de matéria punitiva. São os princípios do Direito Sancionador.

Os princípios do Direito Sancionador, bastante desenvolvidos pelo Direito Penal e, em menor escala, pelo Direito Administrativo Sancionador, são extensíveis, porque descendentes do mesmo tronco, ao Direito Escolar que inflige penas, porque aqueles regulam a disciplina jurídica das penalidades onde quer que elas ocorram.

De tudo isso, pode-se concluir que a Instituição de Ensino Superior, mesmo que privada, não pode fazer uso de seu poder disciplinar no espaço de proteção outorgado pelos direitos fundamentais.

5. *O Estado Democrático de Direito e seus corolários*

O Estado de Direito não se define mais como sendo aquele que se submete ao seu ordenamento jurídico; esta visão formal não pode ser mais vista de maneira solitária. Há novos elementos que o constituem e que não devem ser descartados, pois se "a forma é importante (Estado de Direito formal), ela não pode ser uma cobertura acrítica de qualquer conteúdo. Na indagação deste conteúdo (justiça, socialidade, *pessoa humana*) se concentram hoje os esforços da teoria do Estado de Direito material e da teoria do Estado Social do Direito".[15]

Canotilho, depois de afirmar que o Estado de Direito é composto pela (1) juridicidade, (2) constitucionalidade e (3) direitos fundamentais, ao comentar o tópico 3 (direitos fundamentais), não deixa dúvidas que a CRP tem uma base antropológica constitucionalmente estruturante do Estado de Direito.[16] Virgílio de Jesus Miranda Carvalho também pondera que uma das dimensões normativo-materiais fundamental da Constituição é a dignidade da pessoa huma-

14. Embora não seja tão soberano e ilimitado a ponto de poder desprezar os direitos humanos fundamentais (Luzia Marques da Silva Cabral Pinto, *Os Limites do Poder Constituinte e a Legitimidade Material da Constituição* e Paulo Thadeu Gomes da Silva, *Poder Constituinte Originário e sua Limitação Material pelos Direitos Humanos*). Sob esta ótica, o Direito juridifica o poder, institucionalizando-o, e acaba, *ipso facto*, conferindo limites ao seu exercício; portanto, se o poder constituinte originário está limitado pelo respeito aos direitos humanos, *a fortiori*, estará o poder constituído, no caso, o *jus puniendi* reconhecido às Instituições de Ensino Superior.

15. J. J. Gomes Canotilho, *Direito Constitucional*, cit., p. 349, destacamos. Parece também ser a lição de Régis Fernandes de Oliveira, *Receitas Públicas Originárias*, p. 12.

16. Ob. cit., p. 362. "A pessoa humana tornou-se o epicentro do constitucionalismo brasileiro" (Cleber Francisco Alves, *O Princípio Constitucional da Dignidade da Pessoa Humana*, p. 140).

na.[17] Lição mais que válida para nosso Ordenamento Jurídico, principalmente tendo em vista o art. 1º, III, da CF.

Pois bem, nosso Estado Democrático de Direito tem como fundamentos o princípio da dignidade da pessoa humana (CF/1988, art. 1º, III), o da igualdade (CF/1988, art. 5º, *caput*) e o do devido processo legal, em sua feição substantiva e processual (CF/1988, art. 5º, LIV), com todos os seus corolários.

Por isso, quem viver dentro do Estado que prevê a dignidade humana, a isonomia e o respeito ao devido processo legal (*substantial due process* e *procedural due process of law*) — como é o caso do Brasil — deverá respeitar seus limites, inclusive quando falarmos em direito disciplinar (*jus puniendi*) escolar.

Assim como o Estado, o particular também deve respeitar os direitos fundamentais previstos em nossa Constituição. Embora o Diretor da Faculdade seja detentor de um poder de punir (*jus puniendi*), esse poder é limitado pela Constituição, não pode extravasar os limites impostos por esta a todos que se submetem à ordem jurídica brasileira.

6. Os corolários da dignidade da pessoa humana e o devido processo legal

José Afonso da Silva nos alerta que a dignidade da pessoa humana é princípio "que atrai a realização dos direitos fundamentais do homem".[18]

"Esse princípio, ainda que seja de pouca densidade normativa, deve ter uma proeminência absoluta, presidindo todo o trabalho de interpretação e implementação efetiva das demais normas constitucionais e infraconstitucionais, *podendo servir de fundamento autônomo e bastante, por si só, para embasar decisões que reconhecem a inconstitucionalidade de preceitos que venham a afrontá-lo*".[19]

As pessoas nunca devem ser instrumentalizadas ou coisificadas! Barbosa de Melo ressalta que "deve imperar, sem quebras, a norma primordial segundo a qual *ninguém deve instrumentalizar ninguém*. Esta é a 'norma fundamental' (*Grundnorm*) da ordem jurídica e social da democracia".[20] Este é o substrato do princípio da dignidade da pessoa: a não instrumentalização, coisificação do homem.[21]

Por isso, Carlos Alberto Álvaro de Oliveira sustenta, ao tratar do princípio do contraditório e da ampla defesa, que "a faculdade concedida aos litigantes de pronunciarem-se e intervirem ativamente no processo impede, outrossim, que se sujeitem passivamente à definição jurídica ou fática da causa efetuada pelo órgão judicial, *e exclui*, por outro lado, *o tratamento da parte como simples 'objeto'* de pronunciamento judicial, garantido o seu direito de atuar de modo crítico e construtivo sobre o andamento do processo e seu resultado, desenvolvendo antes da decisão a defesa das suas razões. *A matéria vincula-se ao próprio respeito à dignidade da pessoa humana* e aos valores intrínse-

17. Virgílio de Jesus Miranda Carvalho, *Os Valores Constitucionais Fundamentais: Esboço de uma Análise Axiológico-Normativa*, p. 10. Para Miguel Angel Alegre Martínez (*La Dignidad de la Persona como Fundamento del Ordenamiento Constitucional Español*, p. 14) a dignidade da pessoa humana não necessita de reconhecimento jurídico para existir e fazer-se obrigatória.

18. "A dignidade da pessoa humana como valor supremo da democracia", *RDA* 212/94.

19. Cleber Francisco Alves, *O Princípio Constitucional...*, cit., pp. 176-177.

20. A. Barbosa de Melo, "Democracia e utopia — Reflexões", separata da revista *Humanística e Teologia*, Porto, 1980 *apud* Virgílio de Jesus Miranda Carvalho, *Os Valores Constitucionais...*, cit., p. 23.

21. Jesús González Pérez, *La Dignidad de la Persona*, p. 115; Fernando Ferreira dos Santos, *Princípio Constitucional da Dignidade da Pessoa Humana*, p. 27; Cleber Francisco Alves, *O Princípio Constitucional...*, cit., p. 23.

cos da democracia".[22] Jorge Miranda também assevera que um dos fundamentos do princípio do *direito à defesa* é a dignidade da pessoa humana.[23]

Mas não é só a ampla defesa que decorre da dignidade. O Tribunal Constitucional português reconhece que o princípio do *nulla poena sine culpa* também é seu corolário.[24]

Outro princípio que decorre do Estado Democrático de Direito é o do devido processo legal (CF, art. 5º, LIV). Este tem como corolários a ampla defesa[25] e, na sua feição material (*substantial due process*), dentre outros, o princípio da igualdade.[26]

Em suma, a ampla defesa decorre do princípio da dignidade da pessoa e do devido processo legal; o *nulla poena sine culpa* somente do princípio da dignidade; e a igualdade do devido processo legal material e, como veremos adiante, da própria concepção de democracia.

7. *A igualdade e seus corolários*

A isonomia é um dos princípios estruturantes da ordem democrática,[27] derramando seu conteúdo em diversos setores do ordenamento,[28] inclusive sobre o poder disciplinar conferido aos diretores de instituição de ensino sobre seus alunos.

Por este princípio não deve haver discriminações desarrazoadas em relação aos que se encontram em situações idênticas. Assim, grande avanço ocorreu no direito penal quando este previu que a pena deverá ajustar-se a cada um (princípio da *individualização da pena*) para evitar tratamentos estigmatizados, que renunciassem às peculiaridades de cada um. Se o ser humano não pode ser tratado como objeto (tem dignidade), deve-se levar em conta suas individualidades, evitando tratar de forma igual seres humanos diferentes.

8. *O processo disciplinar sancionador*

Existem dois tipos de processos disciplinares administrativos, seja ele público ou

22. Carlos Alberto Álvaro de Oliveira, "A garantia do contraditório", in José Rogério Cruz e Tucci (coord.), *Garantias Constitucionais do Processo Civil*, 1ª ed., 2ª tir., p. 139, sem destaques no original.

23. Jorge Miranda, *Manual...*, t. IV, cit., p. 170. Jessé Torres Pereira Júnior (*O Direito à Defesa na Constituição de 1988*, p. 84) também entende que o direito à defesa decorre da dignidade da pessoa humana.

24. Jorge Miranda, ob. cit., p. 170. Sendo o princípio da dignidade da pessoa humana um sustentáculo do Estado de Direito (CF, art. 1º, III), seu conteúdo impede o coisificação do homem, a sua instrumentalização. Quando se prescinde do elemento subjetivo (dolo ou culpa), punindo alguém de boa-fé, viola-se esse princípio que fundamenta o Estado de Direito porque trata-o como um objeto, prescindindo de sua razão e consciência, ou seja, da sua dignidade como pessoa humana. Este também foi o fundamento do voto-vogal, no HC 11.231-MA (6ª T., Rel. Ministro Hamilton Carvalhido, v.u., j. 3.8.2000, *DJU* 13.11.2000, p. 158), do Ministro Fontes de Alencar, no qual se declarou a inconstitucionalidade da responsabilidade objetiva no direito penal.

25. Alexandre Moraes, *Direito Constitucional*, p. 100.

26. Delosmar Mendonça Júnior, *Princípios da Ampla Defesa e da Efetividade no Processo Civil Brasileiro*, p. 33.

27. José Afonso da Silva, *Curso...*, cit, p. 206; J. J. Gomes Canotilho e Vital Moreira, *Fundamentos...*, cit., p. 80; Daniel Coelho de Sousa, *Interpretação e Democracia*, 2ª ed., p. 147; José Pedro Galvão de Souza, *Iniciação à Teoria do Estado*, 2ª ed., p. 66; Alex Tocquevile, *O Que É Democracia?*, 2ª ed., p. 104; Wolgran Junqueira Ferreira, *Direitos e Garantias Individuais: Comentários ao Art. 5º da Constituição Federal de 1988*, p. 20.

28. Nos ensinam Celso Bastos e Ives Gandra que "sua função *[princípio da igualdade]* é a de um verdadeiro princípio a informar e condicionar todo o restante do direito. É como se tivesse dito: assegura-se o direito de liberdade de expressão do pensamento, respeitada a igualdade de todos perante o direito (...). A igualdade é, portanto, o mais vasto dos princípios constitucionais, não vendo recanto

privado: o que aplica penas (*punitivo*) e o que não pune (meramente *investigatório*, comumentemente chamado de *sindicância*). Este é o processo "que tem por escopo esclarecer uma ocorrência. Não tem acusado formal. Não terá, por conseqüência, fase de contraditório e defesa. E, por fim, dela não resultará diretamente a aplicação de qualquer penalidade".[29] Aquele tem natureza punitiva e não dispensa a observância ao devido processo legal com todos os seus corolários. O critério que deve ser utilizado para se diferenciar um do outro é a existência ou não de pena. Havendo pena há necessidade de observância do *due process of law* (CF/1988, art. 5º, LIV); se não houver pena, dispensada estará essa garantia constitucional. Aqui, como o Diretor ameaça punir os alunos, obviamente estamos diante de um processo punitivo, na qual devem ser observados todos os princípios a ele aplicáveis.

9. Alguns princípios do processo sancionador

Os princípios abaixo relacionados são princípios do Direito Sancionador e aplicam-se ao presente caso por serem desdobramentos de princípios estruturantes do Estado Democrático de Direito, quais sejam: dignidade da pessoa, igualdade e devido processo legal.[30]

Se o processo for punitivo, aplica-se a ele estes princípios:

1. *Incontagiabilidade* (ou *personalidade*) *da pena* (CF/1988, art. 5º, XLV);

2. *Igualdade*, com seu desdobramento na *individualização da pena* (CF/1988, art. 5º, XLVI); e do

3. *Contraditório* e *ampla defesa* (CF/1988, art. 5º, LV).

Há inúmeros vícios em eventual processo que se pune indiscriminada e sumariamente uma coletividade, no caso, a classe inteira da turma de engenharia civil. Vários princípios do direito sancionador são violados quando em presença da punição coletiva exposta na Consulta.

9.1 O princípio da incontagiabilidade ou personalidade da pena

O primeiro desses princípios que é violado é o *princípio da incontagiabilidade da pena*. Reza nossa Constituição em seu art. 5º, XLV: "*nenhuma pena passará da pessoa do condenado*". Já a Constituição da República portuguesa (1976), ainda em vigor, prescreve: "*As penas são insusceptíveis de transmissão*".

Segundo esse princípio a aplicação da pena a determinada pessoa não poderá ser transmitida a terceiros não participantes do ato ou fato.[31] É um truísmo necessário. "A pena é o mal da sanção ao mal do crime. Há nela o aspecto retributivo. Conseqüentemente, só deve recair sobre aquele que praticou o mal".[32] Proíbe-se, assim, a transmissão da

onde ela não seja impositiva" (Celso Ribeiro Bastos e Ives Gandra da Silva Martins, *Comentários à Constituição do Brasil*, p. 13). Fazendo nossas as palavras dos constitucionalistas citados, diríamos que assegura-se o poder disciplinar dos diretores das instituições de ensino, respeitada a igualdade na sua aplicação. Igualdade que, como veremos, se desdobra no princípio da individualização da pena.

29. Léo da Silva Alves, *As Teses da Defesa na Sindicância e no Processo Disciplinar*, p. 30.

30. Não temos aqui a pretensão de esgotar o rol de princípios que norteiam o direito sancionador escolar, apenas abordaremos alguns (que, obviamente, não excluem os outros) que achamos pertinentes e suficientes para responder a Consulta.

31. Wolgran Junqueira Ferreira, *Direitos e Garantias...*, cit., p. 345; Celso Ribeiro Bastos e Ives Gandra da Silva Martins, *Comentários...*, cit., p. 231.

32. Ylves José de Miranda Guimarães, *Comentários à Constituição: Direitos e Garantias Individuais e Coletivas*, 2ª ed., p. 71. Como dizem Shecaira e Corrêa Júnior, "ninguém responderá por um crime se não o tiver cometido ou ao menos colaborado com a sua consumação" (Alceu Corrêa Jú-

pena para colegas de classe que nada fizeram ou que nem estavam na sala de aula nos dias da "algazarra geral". Não se tolera a responsabilidade por fato de outrem![33]

Assim é que Alcino Pinto Falcão, embasado na doutrina alemã (Drs. Georg August Zinn e Erwin Stein), lecionou: "A proibição do inciso tem outro alcance ainda: proibir as punições coletivas (*Kollektiveschulden*)".[34]

Quando se pune a classe inteira, uns poucos ou muitos (não importa!) inocentes pagarão por um fato que não cometeram, serão apenados pela conduta de terceiros, o que é vedado por esse dispositivo. Além do mais, punir alguém por fato de outrem é retornar com a medieval e proscrita responsabilidade objetiva na seara sancionatória,[35] violando, desta maneira, a dignidade da pessoa humana. Por isso, se aplica o brocardo: *Nocentem absolvere satius est quam innocentem damnare* (É preferível absolver um culpado que condenar um inocente).

Nem se argumente que esse dispositivo tem como destinatário somente o Estado; na verdade é endereçado tanto ao Estado como ao particular, por decorrer de um princípio geral de direito que não pode haver pena se não houver fato ou vantagem imputáveis a determinada pessoa e ser, *ipso facto*, direito fundamental (CF, art. 5º, XLV) com eficácia horizontal. E na dúvida sobre essa vantagem ou fato, devemos nos inclinar a favor dos réus (*In dubio pro reu*), que, segundo entendimento do Tribunal Supremo espanhol,[36] foi "fagocitado" pelo princípio constitucional da presunção de inocência (CF/1988, art. 5º, LVI).

9.2 O princípio da individualização da pena

O segundo princípio que é ferido é o da isonomia ou igualdade no tratamento dos punidos (lembramos que a igualdade é postulado que decorre da Democracia). Não se pode punir de forma igual pessoas que tiveram comportamentos diversificados. No moderno direito punitivo ou sancionador (seja ele penal, administrativo ou de outras instâncias de poder) há um princípio constitucional imperativo a todas as pessoas submetidas à ordem jurídica brasileira: é o da *individualização da pena* (CF/1988, art. 5º, XLVI).

Esse princípio, corolário da igualdade, manda aplicar a pena observando vários critérios diferenciadores que foram muito bem resumidos pelo art. 59 do Código Penal:[37] culpabilidade do agente, seus antecedentes, a conduta em si, a sua personalidade, aos motivos, às circunstâncias do fato, o comportamento da vítima. Vejamos a lição do Superior Tribunal de Justiça: "Ao proceder a individualização da pena, o juiz, após aferir um leque de circunstâncias de natureza subjetiva — culpabilidade, antecedentes, conduta social e personalidade do agente — e de natureza objetiva — motivos, circunstâncias e conseqüências do crime —, fixará aquela aplicável dentre as cominadas, em quantidade que for necessária e suficiente para reprovação e prevenção do delito".[38]

nior e Sérgio Salomão Shecaira, *Pena e Constituição*, p. 29).

33. *RSTJ* 107/394.

34. Fernando Whitaker da Cunha e outros, *Comentários à Constituição* (1º v. — *Arts. 1º ao 7º*), p. 277.

35. Defendendo o princípio da culpabilidade como sendo princípio do Direito Sancionador, cf. José María Quirós Lobo, *Principios de Derecho Sancionador*, pp. 47-50.

36. José Maria Quirós Lobo, ob. cit., p. 85.

37. "(...) 2. O Juiz encontra no art. 59 do CP os parâmetros necessários para o dimensionamento e individualização da pena (...)" (TRF-3ª R., 5ª T., ACR 95.03.066199-4-SP, Rela. Juíza Ramza Tartuce, j. 26.4.1999, *DJU* 15.6.1999, p. 890).

38. 6ª T., HC 4.487/SP, Rel. p/ac. Ministro Vicente Leal, j. 28.61996, *DJU* 7.10.1996, p. 37.686, in <www.stj.gov.br/jurisprudência>. A doutrina acompanha este posicionamento: "A pena objetiva a reeducação do indivíduo e de sua recuperação; tem uma finalidade utilitária, levando em con-

Esse princípio vige tanto para o Estado como para os particulares, pois é decorrência da aplicação do princípio da Igualdade (que permeia todas as manifestações de poder dentro do Estado) e o da Justiça. Da Igualdade porque tratar com a mesma pena pessoas que são diferentes, que tiveram motivos diferentes, que agiram diferentes (pelo menos na intensidade) é violentar o postulado da isonomia.[39] Da Justiça, porque ao se violentar a igualdade se estará, *ipso facto*, sendo injusto. Por isso, Manoel Gonçalves Ferreira Filho disse que "personalizada a pena, cumpria individualizá-la, a fim de se atender à Justiça. Esta exige a correspondência entre a responsabilidade e a punição. Assim, reclama que a pena seja ajustada, graduada, segundo essa responsabilidade".[40] Obviamente que esta responsabilidade varia de pessoa para pessoa da classe, nunca sendo igual para duas pessoas.

Como se punir uma classe com a mesma pena se as pessoas que lá estão têm antecedentes, motivos e personalidades diferentes? Como individualizar a pena se provavelmente (o Diretor ameaçou com punição sumária) não haverá contraditório, que sabemos ser indispensável para a boa colheita de provas?[41] E aqueles que não foram à aula todos os dias que ocorreu a alegada "algazarra geral" na sala de aula?[42]

"Se cada ser humano é um indivíduo, cada infrator deve receber um tratamento individualizado, particular",[43] o que, obviamente, é impossível com a espécie punição pretendida pelo Diretor.

9.3 O princípio da ampla defesa e do contraditório

Outro princípio de magnitude constitucional, que inevitavelmente seria violado pela punição indiscriminada e *sumária* de todos os alunos é o da *ampla defesa e do contraditório* (CF, art. 5º, LV).

Preliminarmente é preciso eliminar o preconceito de dizer que o contraditório e a ampla defesa só se aplicam na relação dos particulares com o Estado ou seus prepostos. Esse direito fundamental também tem eficácia horizontal. Jessé Torres Pereira Júnior, o maior estudioso deste princípio no Direito brasileiro, nos ensina:

ta as condições endógenas, próprias do criminoso e, até, as exógenas, resultantes do ambiente social. Forçoso, pois, a individualização, que transcende do aspecto puramente retributivo da sanção. É nesse sentido o exposto no art. 59 do Código Penal" (Ylves José de Miranda Guimarães, *Comentários...*, 2ª ed., cit., p. 72).

39. Por isso, o STJ já decidiu: "*Penal. Concurso de agentes. Pena-base comum a todos. Nulidade. Existência.* 1. Na hipótese de concurso de agentes, a análise das circunstâncias judiciais do art. 59, do CP não pode ser coletiva, mas individualizada para cada co-réu. Precedente desta Corte. 2. Ordem concedida" (STJ, 6ª T., HC 15.143-PR, Rel. Ministro Fernando Gonçalves, j. 20.3.2001, *DJU* 2.4.2001, p. 342).

40. *Comentários à Constituição Brasileira de 1988*, v. I, p. 61.

41. Alceu Corrêa Júnior e Sérgio Salomão Shecaira, comentando sobre os critérios para a correta individualização da pena, lecionam que o exame das circunstâncias previstas no art. 59 do CP (que servem de base para a correta e não arbitrária individualização de eventual pena imposta pelo Diretor) "dependem de uma boa colheita de provas na fase instrutória. Muitas das questões que, posteriormente, servirão para fundar o *quantum* da pena fixada dependem de um eficiente interrogatório (art. 188 do CPP), o que nem sempre é feito. *Como saber-se, por exemplo, sobre a conduta social prévia do agente do crime se o próprio agente e as testemunhas arroladas não o disserem?*" (*Pena e Constituição*, p. 178, destacamos).

42. Se o aluno não foi nenhum dia, o princípio da pessoalidade ou incontagiabilidade da pena (CF, art. 5º, XLV) é o aplicável, inviável, pois, falar-se em pena.

43. Fábio Medina Osório, *Direito Administrativo Sancionador*, p. 342. "(...) 2. Bem explicitadas as circunstâncias judiciais comuns e individuais a cada um dos apenados, determinante da moderada exasperação, não há falar-se em violação do princípio da individualização da pena" (TRF-3ª R., 2ª T., EDACR 94.03.094246-0-SP, Rela. Juíza Sylvia Steiner, j. 17.12.1996, *DJU* 19.2.1997, p. 7.532).

"(...) o direito à defesa não socorre o cidadão apenas quando litiga com ou perante o Estado (...); *quer a Constituição pôr o cidadão recato também quando defrontado com o arbítrio de outras instâncias de poder, cujos atos sejam dotados de cogência suficiente para submetê-lo unilateralmente a seus desígnios. Relações jurídicas dessa índole resultam das chamadas normas estatutárias*, a que estão sujeitos, para alinhar as *situações mais evidentes*, os sócios de clubes e associações, *os integrantes do corpo discente das Universidades*, os filiados aos entes controladores do exercício profissional, entre outros.

"(...).

"O poder de impor, unilateralmente, penalidades e normas de conduta *interna corporis*, inerente aos regimes estatutários, confere aos órgãos que o detêm (conselhos e *diretores*) manifesta supremacia em face dos associados, *alunos* e profissionais inscritos, a qual há de encontrar no direito à defesa o fator de equilíbrio jurídico quando estes forem acusados de transgressões às normas estatutárias.

"Esses são os 'acusados em geral' a que se alude o art. 5º, LV, da Constituição Federal, o que se ajusta aos lindes do Estado de Democrático de Direito porque o direito à defesa atua na estimulação de uma cultura democrática à qual repugna toda forma de arbítrio, quer se localize entre os Poderes do Estado ou nas estruturas da organização social. A formação de hábitos e costumes democráticos não depende apenas da postura que se exija das autoridades públicas, se não que, igualmente, dos comportamentos que a sociedade reconheça e pratique no dia-a-dia das relações interpessoais e coletivas, também na esfera privada."[44]

Por isso já decidiu o TRF da 1ª Região: "Prescrevendo o art. 5º, LV, da Constituição Federal que aos acusados sejam assegurados o contraditório e ampla defesa em processo judicial ou administrativo, *ilídima a suspensão de integrante do corpo discente de estabelecimento de ensino, quando precedida de sindicância em que não lhe foram garantidos prazos para defesa e recurso*".[45]

Um dos aspectos deste princípio é o que garante aos acusados a oportunidade de apresentar sua *prévia* defesa. Para Augustín Gordillo "toda a decisão que seja suscetível de afetar os direitos ou interesses de uma pessoa deve ser ditada havendo ouvido *previamente* a pessoa alcançada pelo ato".[46]

44. Jessé Torres Pereira Júnior, *O Direito à Defesa...*, cit., pp. 37-38, destacamos. Por isso que a Bíblia já nos iluminava com duas passagens que prestigiam o referido princípio: "Porventura condena a nossa lei um homem sem primeiro ouvir e ter conhecimento de que fez?" (*João* 7:51); "Aos quais respondi não ser costume dos romanos entregar algum homem à morte, sem que o acusado tenha presentes os seus acusadores, e possa defender-se da acusação" (*Atos* 25:16). Nos relata Augustín Gordillo que, em 1724, uma corte inglesa se pronunciou no famoso caso Dr. Bentley: "Até Deus não sentenciou Adão antes de chamá-lo a fazer sua defesa. Adão — disse Deus — onde estavas tú? Não comeu da árvore de que não devia fazê-lo? (Wade y Philips, *Constitucional Law*, 3ª ed., Londres, 1946, p. 276)" (Augustín A. Gordillo, "La garantía de defensa como principio de eficacia en el procedimiento administrativo", *RDP* 10/17, tradução livre). Tão arraigado está este princípio no ordenamento jurídico brasileiro, que ele não passa de mero corolário do direito à informação e da participação política (cf. Fernão Borba Franco, "A fórmula do devido processo legal", *RP* 94/81, 84 e 101).

45. TRF-1ª R., 1ª T., AMS 91.01.09971-0-BA, Rel. Juiz Catão Alves, j. 21.11.1995, *DJU* 2.9.1996, p. 63.473, destacamos. No mesmo sentido: TRF-1ª R., 1ª T., AC 94.01.29226-4-MG, Rel. Juiz Catão Alves, j. 13.8.1997, *DJU* 27.10.1997, p. 89.536. O TRF-5ª R. trilha o mesmo caminho: "(...) Viola os princípios constitucionais da ampla defesa e do contraditório, ato de diretor de instituição de ensino superior consubstanciado em pena disciplinar de suspensão de aluno sem apuração sumária da falta, através de sindicância administrativa, não observando, assim, o devido processo legal" (1ª T., AMS 61.027-PE, Rel. Juiz Abdias Patrício Oliveira, v.u., j. 16.10.1997, *DJU* 21.11.1997, p. 100.538).

46. Augustín A. Gordillo, "La garantía...", cit., *RDP* 10/22, tradução livre.

Se defender pressupõe uma série de atos no processo disciplinar (ou sindicância), tais como: (1) *ser notificado* (aqui devem ser expostos com clareza a acusação, ou seja, os fatos imputados à pessoa notificada além do prazo para apresentação da defesa); (2) *poder apresentar provas* (testemunhas, documentos etc. que infirmem a acusação) *e contraprovas*; (3) inquirir as *testemunhas e impugná-las* (caso de testemunha inidônea ou suspeita, isto é, que tenha algum interesse no resultado da sindicância); (4) direito de ver suas *razões apreciadas motivadamente* (de nada valeria ter a chance de se defender se não houvesse obrigação do julgador examinar, um a um, os motivos da defesa motivadamente, ou seja, dizendo o por quê da aceitação ou refutação das teses da defesa). É o núcleo essencial (intangível, irredutível, duro) do direito de defesa.

Os alunos, como vimos, também têm direito à ampla defesa. Nas palavras de Geraldo Ataliba: "*Ninguém, portanto, deixa de gozar do direito público subjetivo à ampla defesa, seja quem for a outra parte*".[47] Para Gordillo, "o princípio cardeal do procedimento administrativo, *como em qualquer outro procedimento, através do qual se há de exercer poder sobre um indivíduo*, é o devido processo",[48] que sabemos ser um dos fundamentos da ampla defesa e do contraditório. Sindicância que não intime aluno por aluno a apresentar sua defesa, possibilitando a pertinente produção de provas, estará eivada de nulidade insanável por desrespeitar imperativos constitucionais (art. 5º, LV).[49] Não que haja obrigatoriedade de se defender, isto ficará a critério de cada um. Mas a oportunidade de fazê-lo não pode faltar.

Este princípio, aliado com o da presunção de inocência,[50] também veda que haja penalidade de caráter cautelar,[51] ou seja, antes de concluído o processo administrativo (sindicância ou outro meio que assegure a ampla defesa dos acusados).

9.3.1 Inadmissibilidade de analogia com a verdade sabida

Muitos poderiam pensar que eventual conduta do diretor se assemelharia ao instituto da verdade sabida, autorizando uma analogia com este. Há muito tempo, quando o espírito democrático jazia sobre o cano do fuzil, havia uma forma de aplicação sumária de penalidades: a verdade sabida. Por ela, quando o superior competente para a aplicação da pena tivesse presenciado o cometimento da infração (que teria que ser leve), poderia aplicar a punição imediatamente, sem que houvesse possibilidade de defesa.

Queremos ressaltar que além deste não ser o caso (não consta que o Diretor da Faculdade tivesse presenciado a "algazarra ge-

47. "República, igualdade e ampla defesa: o caso 'Folha'", *RT* 661/236, destaques no original.

48. Agustín A. Gordillo, "La garantía...", cit., *RDP* 10/18, tradução livre.

49. "*Mandado de segurança. Ensino superior. PUC. Sindicância. Necessidade de observância do devido processo legal.* 1. A Sindicância é meio hábil para a imposição de penalidades administrativas a corpo discente. 2. Servindo a Sindicância de instrumento de imposição de pena, devem-se observar as garantias do contraditório e da ampla defesa, insculpidas no art. 5º, LV, da Constituição Federal. 3. Sindicância anulada, por inobservância do devido processo legal e seus apanágios" (TRF-3ª R., 6ª T., AMS 95.03.075506-9-SP, Rel. Juiz Américo Lacombe, v.u., j. 4.3.1996, *DJU* 10.4.1996, p. 23.069, *RTRF* 27/294). No mesmo sentido: Agustín A. Gordillo, "La garantía...", cit., *RDP* 10/23.

50. Indubitavelmente princípio de direito sancionador (José María Quirós Lobo, *Princípios...*, cit., pp. 91-96).

51. "*Administrativo. Ensino superior. Suspensão de rematrícula. Punição sumária. Ausência de ampla defesa. Efeitos da medida liminar confirmada em sentença. Fato consumado.* Aplicada a penalidade antes de encerrado o processo administrativo, como medida cautelar, violados os princípios previstos nos incisos 46, 56 e 55 do art. 5º da CF/1988" (TRF-4ª R., 4ª T., REO 95.04.22883-6-RS, Rela. Juíza Silvia Goraieb, v.u., j. 28.4.1998, *DJU* 1.7.1998, p. 737, destacamos).

ral" na sala), este método de punição foi banido de nosso ordenamento por absoluta incompatibilidade com o Estado Democrático de Direito. O instituto da verdade sabida é repelido pela doutrina[52] e jurisprudência[53] por seu total descompasso com o princípio da ampla defesa. Esta exige a prévia defesa, aquela que existe antes de um ato prejudicial aos acusados. Inviável, deste modo, a comparação de eventual punição dos alunos com este alijador instituto do direito fundamental à defesa.

10. Conclusão

Conclui-se, pelo exposto, que:

a) as Instituições de Ensino Superior têm o poder de punir disciplinarmente seus alunos pelas faltas cometidas por estes; esse poder decorre da autonomia universitária (art. 207 da CF) e do poder normativo dos grupos sociais;

b) os direitos fundamentais, embora tenham surgido historicamente frente ao Estado, adquiriram também sentido frente a particulares (eficácia horizontal);

c) a natureza do poder disciplinar escolar é sancionatória, devendo respeitar os direitos fundamentais do homem nesta seara, ou seja, é limitado pelos princípios de direito sancionador;

d) o Estado de Direito não se define mais como sendo aquele que se submete ao seu ordenamento jurídico. Esta visão formal não pode ser mais vista de maneira solitária. Há novos elementos que o constituem e que não devem ser descartados, um deles é o respeito aos direitos fundamentais, *v.g.*, dignidade da pessoa humana, a igualdade e o respeito ao devido processo legal, com todos os seus apanágios;

e) a dignidade da pessoa humana é princípio plurissignificativo; no entanto, a doutrina é unânime em concordar que ela impede o tratamento do homem como um objeto, uma coisa. Daí decorre que ela fundamenta a responsabilidade subjetiva na seara sancionatória — impedindo a responsabilidade por fato de terceiro — e o princípio da ampla defesa. Portanto, é inviável falar-se em pena coletiva, porque ressuscita a medieval responsabilidade objetiva (por fato de outrem), desprezando a razão e a consciência dos alunos da turma de engenharia, de maneira que aqueles que nada fizeram pagarão pelos atos de terceiros "desordeiros";

f) a isonomia — base do regime democrático e corolário do devido processo legal substantivo — veda que pessoas desiguais sejam punidas de forma igual, por isso a nossa Constituição prevê o princípio da individualização da pena como garantia fundamental (art. 5ª, XLVI). Esse princípio veda a punição de uma coletividade com a mesma pena;

g) o processo disciplinar que aplica penas, chame-o de sindicância ou de processo administrativo disciplinar, deve respeitar os

52. Odete Medauar, *Direito Administrativo Moderno*, 2ª ed., p. 189; Maria Sylvia Zanella Di Pietro, *Direito Administrativo*, 10ª ed., p. 447; Diógenes Gasparini, *Direito Administrativo*, 4ª ed., pp. 573 e 585; Léo da Silva Alves, *As Teses...*, cit., p. 27; Cármen Lúcia Antunes Rocha, *Princípios Constitucionais dos Servidores Públicos*, p. 485; Egon Bockmann Moreira, *Processo Administrativo*, p. 254.

53. Cf., exemplificadamente, STJ, *JSTJ e TRFs-Lex* 84/381. TFR, 1ª T., AMS 102.203-SP, Rel. Ministro Costa Leite, v.u., j. 7.10.1986, *DJU* 18.12.1986, sem página de publicação. TRF-1ª R., 2ª T., REO 91.01.17099-6-DF, Rel. Juiz Jirair A. Meguerian, *DJU* 15.4.1996, p. 23.954. TJSP, *RJTJSP* 16/297, *JTJ-Lex* 243/64, 191/84, 181/42, 188/156. TJRJ, 4ª C.Cív., AC 1995.001.06567, Rel. Desembargador Wilson Marques, v.u., j. 30.9.1997; 3ª C.Cív., AC 1995.001.05972, Rel. Desembargador Antonio Eduardo F. Duarte, j. 4.3.1997, in <www.tj.rj.gov.br>. TJRS, 4ª C.Cív., APC 70000368514, Rel. Desembargador Vasco Della Giustina, j. 12.4.2000; 3ª C.Cív., APC 70000346783, Rel. Desembargador Nelson Antonio Monteiro Pacheco, j. 6.4.2000; 3ª C.Cív., APC 70000137067, Rel. Desembargador Nelson Antonio Monteiro Pacheco, j. 18.11.1999; 4ª C.Cív., REN 599494267, Rel. Desembargador Vasco Della Giustina, j. 24.11.1999, in <www.tj.rs.gov.br>.

princípios da ampla defesa, por esta ser conseqüência da dignidade da pessoa humana e do devido processo legal. Assim, inviável a punição coletiva dos alunos sem que haja oportunidade de defesa de cada um;

h) o poder disciplinar escolar deve observância a todos os direitos fundamentais, mas alguns, por serem corolários dos explicitados na alínea *d*, avultam por sua importância, são os princípios do direito sancionador: incontagiabilidade (ou personalidade) da pena (CF/1988, art. 5º, XLV), individualização da pena (CF/1988, art. 5º, XLVI) e o direito à ampla defesa (CF/1988, art. 5º, LV). O primeiro se viola quando se pune alguém por fato de terceiro; o segundo em penalizações divorciadas das circunstâncias do fato, dos alunos e da vítima, planificando a todos, desprezando a individualidade de cada aluno; e, *last but not least*, a ampla defesa em eventual ato punitivo que não possibilitasse aos alunos a sua prévia defesa, com todos os seus corolários;

i) Em suma, eventual conduta do Diretor em penalizar coletivamente a classe inteira de engenharia civil da Universidade XXX, ainda mais em procedimento sumário (no sentido de não oferecer possibilidade de defesa aos alunos), é juridicamente inviável por ferir os corolários dos princípios da dignidade da pessoa humana, igualdade e devido processo legal (na sua feição processual e substantiva), fundamentos do Estado Democrático de Direito, sendo, desta maneira, inconstitucional.

11. Referências bibliográficas

ALVES, Cleber Francisco. *O Princípio Constitucional da Dignidade da Pessoa Humana*. Rio de Janeiro, Renovar, 2001.

ALVES, Léo da Silva. *As Teses da Defesa na Sindicância e no Processo Disciplinar*. Brasília, Brasília Jurídica, 1999.

ATALIBA, Geraldo. "República, igualdade e ampla defesa: o caso 'Folha'", *RT* 661.

BASTOS, Celso Ribeiro, e MARTINS, Ives Gandra da Silva. *Comentários à Constituição do Brasil*. São Paulo, Saraiva, 1989.

CANOTILHO, J. J. Gomes. *Direito Constitucional*. 6ª ed., Coimbra, Almedina, 1996.

CARVALHO, Virgílio de Jesus Miranda. *Os Valores Constitucionais Fundamentais: Esboço de uma Análise Axiológico-Normativa*. Coimbra, Coimbra Editora, 1982.

CORRÊA JÚNIOR, Alceu, e SHECAIRA, Sérgio Salomão. *Pena e Constituição*. São Paulo, Ed. RT, 1995.

CUNHA, Fernando Whitaker da, e outros. *Comentários à Constituição* (1º v. — *Arts. 1º ao 7º*). Rio de Janeiro, Freitas Bastos, 1990.

DINIZ, Maria Helena. *Dicionário Jurídico*. v. 3. São Paulo, Saraiva, 1998.

FERREIRA, Aurélio Buarque de Holanda. *Novo Dicionário Aurélio Eletrônico*. Versão 3.0. Nova Fronteira, nov. 1999.

FERREIRA, Wolgran Junqueira. *Direitos e Garantias Individuais: Comentários ao Art. 5º da Constituição Federal de 1988*. Bauru, Edipro, 1997.

FERREIRA FILHO, Manoel Gonçalves. *Comentários à Constituição Brasileira de 1988*. v. I. São Paulo, Saraiva, 1990.

FRANCO, Fernão Borba, "A fórmula do devido processo legal", *Revista de Processo* 94.

GASPARINI, Diógenes. *Direito Administrativo*. 4ª ed., São Paulo, Saraiva, 1995.

GORDILLO, Agustín A. "La garantía de defensa como principio de eficacia en el procedimiento administrativo". *Revista de Direito Público* 10.

GUIMARÃES, Ylves José de Miranda. *Comentários à Constituição: Direitos e Garantias Individuais e Coletivas*. 2ª ed., Rio de Janeiro, Forense, 1989.

LOBO, José María Quirós. *Principios de Derecho Sancionador*. Granada, Comares, 1996.

MARTÍNEZ, Miguel Angel Alegre. *La Dignidad de la Persona como Fundamento del Ordenamiento Constitucional Español*. León, Universidad de León, 1996.

MEDAUAR, Odete. *Direito Administrativo Moderno*. 2ª ed., São Paulo, Ed. RT, 1998.

MENDONÇA JÚNIOR, Delosmar. *Princípios da Ampla Defesa e da Efetividade no Processo Civil Brasileiro*. São Paulo, Malheiros Editores, 2001.

MIRANDA, Jorge. *Manual de Direito Constitucional* (t. IV — *Direitos Fundamentais*). 2ª ed., Coimbra, Coimbra Editora, 1993.

MORAES, Alexandre de. *Direito Constitucional*. São Paulo, Atlas, 1997.

MOREIRA, Egon Bockmann. *Processo Administrativo*. São Paulo, Malheiros Editores, 2000.

MOREIRA, Vital, e CANOTILHO, J. J. Gomes. *Fundamentos da Constituição*. Coimbra, Coimbra Editora, 1991.

MORTATI, Constantino. *Istituzioni di Diritto Pubblico*. t. II. 9ª ed., Pádua, Cedam, 1976.

OLIVEIRA, Carlos Alberto Álvaro de. "A garantia do contraditório", in TUCCI, José Rogério Cruz e (coord.), *Garantias Constitucionais do Processo Civil*. 1ª ed., 2ª tir., São Paulo, Ed. RT, 1999.

OLIVEIRA, Régis Fernandes de. *Receitas Públicas Originárias*. São Paulo, Malheiros Editores, 1994.

OSÓRIO, Fábio Medina. *Direito Administrativo Sancionador*. São Paulo, Ed. RT, 2000.

PEREIRA JÚNIOR, Jessé Torres. *O Direito à Defesa na Constituição de 1988*. Rio de Janeiro, Renovar, 1991.

PÉREZ, Jesús González. *La Dignidad de la Persona*. Madri, Civitas, 1986.

PIETRO, Maria Sylvia Zanella Di. *Direito Administrativo*. 10ª ed., São Paulo, Atlas, 1998.

PINTO, Luzia Marques da Silva Cabral. *Os Limites do Poder Constituinte e a Legitimidade Material da Constituição*. Coimbra, Coimbra Editora, 1994.

PRATA, Ana. *A Tutela Constitucional da Autonomia Privada*. Coimbra, Almedina, 1982.

ROCHA, Cármen Lúcia Antunes. *Princípios Constitucionais dos Servidores Públicos*. São Paulo, Saraiva, 1999.

SANTOS, Fernando Ferreira dos. *Princípio Constitucional da Dignidade da Pessoa Humana*. São Paulo, Celso Bastos Editor, 1999.

SILVA, José Afonso da. "A dignidade da pessoa humana como valor supremo da democracia". *Revista de Direito Administrativo* 212.

______. *Curso de Direito Constitucional Positivo*. 13ª ed., São Paulo, Malheiros Editores, 1997.

SILVA, Paulo Thadeu Gomes da. *Poder Constituinte Originário e sua Limitação Material pelos Direitos Humanos*. Campo Grande, Solivros, 1999.

SOUSA, Daniel Coelho de. *Interpretação e Democracia*. 2ª ed., São Paulo, Ed. RT, 1979.

SOUZA, José Pedro Galvão de. *Iniciação à Teoria do Estado*. 2ª ed., São Paulo, Ed. RT, 1976.

TOCQUEVILE, Alex. *O que é Democracia?* 2ª ed., Petrópolis, Vozes, 1996.

A RESPONSABILIDADE CIVIL DO ESTADO POR CONDUTA OMISSIVA

João Agnaldo Donizeti Gandini

Juiz de Direito Titular da 9ª Vara Cível da Comarca de Ribeirão Preto/SP. Mestre em Direito pela UNESP e Professor da Faculdade de Direito da Universidade de Ribeirão Preto

e

Diana Paola da Silva Salomão

Advogada e Bacharel em Direito pela Universidade de Ribeirão Preto

1. Introdução. 2. A responsabilidade civil: 2.1 Evolução histórica; 2.2 Conceito de responsabilidade; 2.3 Conceito de responsabilidade civil; 2.4 Finalidade; 2.5 Espécies de responsabilidade civil: 2.5.1 Responsabilidade subjetiva ou Teoria da Culpa; 2.5.2 Responsabilidade objetiva ou Teoria do Risco; 2.6 Elementos da responsabilidade civil: 2.6.1 Conduta; 2.6.2 Dano; 2.6.3 Nexo de causalidade; 2.6.4 Culpa. 3. A responsabilidade civil do Estado: 3.1 Introdução; 3.2 Evolução histórica da responsabilidade do Estado; 3.3 Excludentes da responsabilidade do Estado; 3.4 Caracteres da conduta ensejadora de responsabilidade do Estado. 4. Responsabilidade civil do Estado decorrente de conduta omissiva: 4.1 Introdução; 4.2 A responsabilidade estatal subjetiva por conduta omissiva defendida por Celso Antônio Bandeira de Mello; 4.3 A responsabilidade estatal objetiva por conduta omissiva defendida pela doutrina e jurisprudência majoritárias; 4.4 Considerações sobre a natureza objetiva da responsabilidade estatal por conduta omissiva; 4.5 O princípio da legalidade e a conduta omissiva; 4.6 A falta do serviço e o Código de Defesa do Consumidor. 5. Conclusões. Referências bibliográficas.

1. Introdução

A doutrina e a jurisprudência brasileiras ainda não se pacificaram acerca da natureza da responsabilidade civil do Estado por conduta omissiva. A divergência gira em torno do questionamento sobre a revogação tácita, ou derrogação, do art. 15 do Código Civil de 1916 (art. 43 do novo Código Civil), frente ao art. 37, § 6º, da Constituição Federal de 1988.

Sobre o assunto há duas posições, uma seguindo os argumentos de Oswaldo Aranha Bandeira de Mello, continuada por Celso Antônio Bandeira de Mello, que defende que a responsabilidade do Estado por conduta omissiva tem natureza subjetiva, com base legal no art. 15 do antigo Código Civil, restando, portanto, como de natureza objetiva apenas a responsabilidade por condutas comissivas. Outra defende a teoria da responsabilidade objetiva tanto para a conduta comissiva como para a omissiva, aplicando-se, para ambos, a norma do art. 37, § 6º, da Constituição Federal.

Atualmente, essa divergência vem alcançando o Poder Judiciário, causando um entrave no curso dos processos, em razão das discussões sobre qual a natureza jurídica da responsabilidade do Estado por condutas omissivas que geraram danos.

Para maior entendimento da responsabilidade do Estado por condutas omissivas, devemos traçar preliminarmente algumas considerações sobre a responsabilidade civil privada e geral, pelo que as desenvolveremos nos itens seguintes, posto que a responsabilidade do Estado é responsabilidade civil, à qual são aplicados, todavia, princípios peculiares.

2. A responsabilidade civil

2.1 Evolução histórica

Nos primórdios da civilização humana, a responsabilidade civil fundava-se na vingança coletiva, que se caracterizava pela reação conjunta do grupo contra o agressor, pela ofensa a um de seus componentes. O instituto evoluiu para uma reação individual, ou seja, passou da vingança coletiva para a privada, em que os homens faziam justiça pelas próprias mãos, fundamentados na Lei de Talião, que é conhecida até hoje pela expressão "olho por olho, dente por dente". O poder público, neste caso, intervinha apenas para ditar como e quando a vítima poderia ter o direito de retaliação, ensejando no lesante dano idêntico ao que foi produzido.

No antigo Direito Romano prevaleceu a noção básica do delito, no qual a vingança privada tornou-se o fator genético que pairava sob a idéia predominante de responsabilidade, não se distanciando, com isso, das civilizações que o precederam.

Numa segunda etapa surgiu a idéia da composição voluntária, prevalecendo o entendimento de que seria mais racional a reparação do dano por meio da prestação da *poena* e outros bens (pagamento de certa quantia em dinheiro), do que cobrar a pena de Talião. Após essa fase, surgiu a da composição legal, em que o ofensor era punido pelo Estado de modo muito tímido, como a ruptura de um membro, a fratura de um osso, ofensas ordinárias como violências leves, bofetadas, golpes etc.

A evolução do tema só ocorreu com a introdução, nos conceitos jus-romanísticos, da *Lex Aquilia de Damno*, que promanou dos tempos da República e sedimentou a idéia de reparação pecuniária, em razão do valor da *res*.

Com relação à culpa, há algumas controvérsias entre os autores a respeito de suas origens. De um lado, sustentam que a idéia de culpa era estranha à Lei Aquilia; de outro, afirmam que esta lei não a negava, defendendo sua presença como elementar na responsabilidade civil (*In Lege Aquilia et levissima culpa venit*).

A teoria da responsabilidade se concretizou por intermédio da doutrina, principalmente a desenvolvida pelos juristas franceses Domat e Pothier, responsáveis pelo Princípio da Responsabilidade Civil e que influenciou quase todas as legislações que se fundaram na culpa.

Foram surgindo certos princípios gerais e a responsabilidade civil evoluiu sob o prisma de seu fundamento, baseando-se o dever de reparar o dano não somente quando houvesse culpa, esta denominada responsabilidade subjetiva, como também pela Teoria do Risco, passando aquela a ser objetiva, sob a idéia de que todo risco deve ser garantido, independente da existência de culpa ou dolo do agente causador do dano.

A respeito, temos os comentários de Carlos Roberto Gonçalves: "A responsabilidade objetiva funda-se num princípio de eqüidade, existente desde o Direito Romano: aquele que lucra com a situação deve responder pelo risco ou pelas desvantagens dela resultantes (*ubi emolumentm, ibi onus; ubi commoda, ibi incommoda*). Quem aufere os cômodos (ou lucros), deve suportar os incômodos (ou riscos)".[1]

Quanto à indenização, impera o princípio da responsabilidade patrimonial, ou seja, o lesante responde com o seu patrimônio pelos prejuízos causados a terceiros. Deverá haver plena e total reparação dos direitos do lesado (*restitutio in integrum*), até onde suportarem as forças do patrimônio do devedor, ensejando uma compensação pelo prejuízo sofrido.

No direito brasileiro existiram três fases distintas. Na primeira, as Ordenações do Reino sustentavam-se no direito romano, aplicando-o como subsidiário do direito pátrio, devido à chamada Lei da Boa Razão (Lei de 18 de agosto de 1769). A segunda fase concentrou-se no Código Criminal de 1830, que promanou com a idéia de "satisfação", ou seja, o ressarcimento do dano, o que é usado até hoje. Já a terceira fase distinguiu a responsabilidade civil da penal, concentrando a satisfação do prejuízo decorrente do delito na legislação civil.

2.2 Conceito de responsabilidade

O vocábulo "responsabilidade" originou-se do verbo latino *respondere*, que vem a ser o fato de alguém se constituir garantidor de algo. Por sua vez, tal verbo latino teve raízes na palavra *spondeo*, também de origem latina, que era a fórmula pela qual se vinculava, no direito romano, o devedor nos contratos verbais.

A origem da palavra "responsabilidade" não nos auxilia no seu conceito atual, uma vez que seu significado original seria a "posição daquele que não executou o seu dever",[2] ou, ainda, a idéia de fazer com que se atribua a alguém, em razão da prática de determinado comportamento, um dever.[3] Juridicamente relevante seria a responsabilidade imposta àquele que, com sua conduta comissiva ou omissiva, violou bem juridicamente protegido, gerando para ele uma sanção.

Como bem salientou Serpa Lopes: "A violação de um direito gera a responsabilidade em relação ao que a perpetrou. Todo ato executado ou omitido em desobediência a uma norma jurídica, contendo um preceito de proibição ou de ordem, representa uma injúria privada ou uma injúria pública, conforme a natureza dos interesses afetados, se individuais ou coletivos".[4]

Podemos afirmar que a responsabilidade pode se apresentar sob vários aspectos, sendo ela de natureza civil, penal ou administrativa. Ateremo-nos, entretanto, somente à responsabilidade civil, que é o cerne de nosso estudo.

2.3 Conceito de responsabilidade civil

A responsabilidade civil pode ser conceituada sob um novo enfoque, observado pelo jurista Francisco Amaral: "A expressão responsabilidade civil pode compreender-se em sentido amplo e em sentido estrito. Em sentido amplo, tanto significa a situação jurídica em que alguém se encontra de ter de indenizar outrem quanto a própria obrigação decorrente dessa situação, ou, ainda, o instituto jurídico formado pelo conjunto de normas e princípios que disciplinam o nascimento, conteúdo e cumprimento de tal obrigação. Em sentido estrito, designa o es-

1. Carlos Roberto Gonçalves, *Responsabilidade Civil*, 6ª ed., p. 6.

2. Maria Helena Diniz, *Curso de Direito Civil Brasileiro*, v. 7, 12ª ed., p. 33.

3. Sílvio Rodrigues, *Direito Civil*, 14ª ed., p. 5.

4. Miguel de Serpa Lopes, *Curso de Direito Civil*, v. 8, 8ª ed., pp. 550-551.

pecífico dever de indenizar nascido do fato lesivo imputável a determinada pessoa".[5]

A amplitude do conceito de responsabilidade civil revela dificuldades em se ater numa só definição que seja, porque a doutrina tende a unir os conceitos técnicos e a realidade concreta da obrigação de reparar os danos, independentemente de serem identificadas à causalidade, à teoria subjetiva ou à objetiva.

O campo da responsabilidade civil é amplo, já que não se trata de instituto jurídico exclusivo do Direito Civil, pois está bem inserido no corpo da Teoria Geral do Direito, daí sofrer naturais adaptações conforme aplicado no direito público ou privado, porém sempre mantendo a sua unidade jurídica.[6] Há quem sustente, ainda, que a responsabilidade civil é parte integrante do direito obrigacional, pois sempre visa a fazer com que o autor do ato indenize a vítima pelos prejuízos a ela causados.

2.4 Finalidade

A responsabilização civil tem por finalidade precípua o restabelecimento do equilíbrio violado pelo dano. Por isso, há em nosso ordenamento jurídico a responsabilidade civil não só abrangida pela idéia do ato ilícito, mas também há o ressarcimento de prejuízos em que não se cogita da ilicitude da ação do agente ou até da ocorrência de ato ilícito, o que se garante pela Teoria do Risco, haja vista a idéia de reparação ser mais ampla do que meramente o ato ilícito.

O princípio que sustenta a responsabilidade civil contemporânea é o da *restitutio in integrum*, isto é, da reposição do prejudicado ao *status quo ante*. Neste diapasão, a responsabilidade civil possui dupla função na esfera jurídica do prejudicado: (a) mantenedora da segurança jurídica em relação ao lesado; (b) sanção civil de natureza compensatória.

2.5 Espécies de responsabilidade civil

A responsabilidade civil apresenta-se sob várias espécies, conforme a perspectiva analisada. São elas:

1. Quanto ao seu fato gerador, poderá ser:

(a) *Responsabilidade contratual*: proveniente de conduta violadora de norma contratual;

(b) *Responsabilidade extracontratual* ou *aquiliana*: resultante da violação de um dever geral de abstenção, de respeito aos direitos alheios legalmente previstos.

2. Quanto ao agente, poderá ser:

(a) *Responsabilidade direta*: proveniente de ato do próprio responsável;

(b) *Responsabilidade indireta*: provém de ato de terceiro, vinculado ao agente ou de fato de animal ou coisa inanimada sob sua guarda.

3. Quanto ao seu fundamento, poderá ser:

(a) *Responsabilidade subjetiva*: presente sempre o pressuposto culpa ou dolo. Portanto, para sua caracterização devem coexistir os seguintes elementos: a conduta, o dano, a culpa e o nexo de causalidade entre a conduta e o dano.

(b) *Responsabilidade objetiva*: não há a necessidade da prova da culpa, bastando a existência do dano, da conduta e do nexo causal entre o prejuízo sofrido e a ação do agente. A responsabilidade está calcada no

5. *Direito Civil*, 2ª ed., p. 531. O citado autor segue dizendo que o instituto da responsabilidade civil traduz a realização jurídica de um dos aspectos do personalismo ético, segundo o qual ter responsabilidade, ser responsável, é assumir as conseqüências do próprio agir, em contrapartida ao poder de ação consubstanciado na autonomia privada. Não mais a concepção egoística do indivíduo em si, mas o indivíduo como pessoa, comprometido com o social. A responsabilidade civil traduz, portanto, o dever ético-jurídico de cumprir uma prestação de ressarcimento.

6. Acrescenta, ainda, Maria Helena Diniz: "Por repercutir em todas as atividades humanas, múltiplos são os dissídios doutrinários e díspares são os posicionamentos dos tribunais" (ob. cit., nota 2, p. 3).

risco assumido pelo lesante, em razão de sua atividade.

A responsabilidade objetiva, por ser a adotada para a responsabilização do Estado por danos causados por seus agentes, será adiante exposta mais detalhadamente.

2.5.1 Responsabilidade subjetiva ou Teoria da Culpa

O fato é um pressuposto material da existência do direito, sendo um fenômeno perceptível, que resulta de uma atividade humana ou da natureza, agindo sob o mundo exterior.

Os fatos podem ser naturais ou jurídicos. Fato natural é um acontecimento qualquer, abrangendo os fatos dependentes e não dependentes da conduta humana, ou seja, que contam ou não com a participação do homem para sua ocorrência. O fato jurídico é o acontecimento que marca o começo ou o término de relações jurídicas, possibilitando a conservação, modificação ou extinção de direitos.

Os fatos humanos, também chamados de atos jurídicos, são conceituados como sendo todo comportamento apto a gerar efeitos jurídicos. Dentre eles, há o ato jurídico lícito, ou, simplesmente, ato lícito, e os atos jurídicos ilícitos ou atos ilícitos.

O ato lícito é causa geradora de obrigação, como o contrato e a declaração unilateral de vontade. O ato ilícito, a princípio, pressupõe culpa *lato sensu* do agente, ou seja, a intenção do agente de prejudicar outrem, a violação de um direito, o prejuízo causado por negligência, imprudência ou imperícia.

O Código Civil de 1916, em seu art. 159, asseverava que:

> Art. 159. Todo aquele que, por ação ou omissão voluntária, negligência ou imprudência, violar direito ou causar prejuízo a outrem, fica obrigado a reparar o dano. A verificação da culpa e a avaliação da responsabilidade regulam-se pelo disposto neste Código (arts. 1.518 a 1.532 e 1.537 a 1.553).

No novo Código Civil tal regra foi dividida em mais de um artigo, constante na Parte Geral, Livro III, Título III (*Dos Atos Ilícitos*), e na Parte Especial, Livro I, Título IX (*Da Responsabilidade Civil*). Na nova redação, foram modificadas e inseridas algumas palavras, a fim de deixar mais clara a intenção do legislador, além de inserir o posicionamento jurisprudencial já pacífico de que haverá responsabilidade por dano moral independente da existência cumulativa de dano material (art. 186, *in fine*), bem como o abuso do direito como ato ilícito (art. 187) e o conceito de responsabilidade objetiva (parágrafo único do art. 927):

> Art. 186. Aquele que, por ação ou omissão voluntária, negligência ou imprudência, violar direito e causar dano a outrem, ainda que exclusivamente moral, comete ato ilícito.
>
> Art. 187. Também comete ato ilícito o titular de um direito que, ao exercê-lo, excede manifestamente os limites impostos pelo seu fim econômico ou social, pela boa-fé ou pelos bons costumes.
>
> Art. 927. Aquele que, por ato ilícito (arts. 186 e 187), causar dano a outrem, fica obrigado a repará-lo.
>
> Parágrafo único. Haverá obrigação de reparar o dano, independentemente de culpa, nos casos especificados em lei, ou quando a atividade normalmente desenvolvida pelo autor do dano implicar, por sua natureza, risco para os direitos de outrem.

A imputabilidade da conduta do agente, em face do citado art. 159 do antigo Código Civil e art. 186 c/c 927, *caput*, do novo Código, sobressalta como elemento subjetivo do ato ilícito. Da mesma forma, se o ato do agente não for voluntário, seja por ação, seja por omissão, ou, ainda, se o evento danoso é proveniente de caso fortuito, força maior ou de outra causa de exclusão de responsabilidade, excluída está a responsabilidade.[7]

Como podemos observar, no direito brasileiro a responsabilidade civil comum não se desvencilhou do princípio fundamen-

7. V. art. 188 do novo Código Civil.

tal da culpa, pois o art. 159 do antigo Código Civil, bem como art. 186 c/c 927, *caput*, do novo Código, disciplinam que a vítima que sofreu um dano tem direito a sua reparação, e, portanto, o ofensor tem o dever de repará-lo. O dever de reparação só prosperará se a culpa for extraída da conduta danosa.

Do exposto, sobressaem os seguintes elementos da responsabilidade civil subjetiva: 1. a conduta; 2. o dano; 3. a culpa e; 4. o nexo de causalidade entre a conduta e o dano.

2.5.2 Responsabilidade objetiva ou Teoria do Risco

A regra geral é a responsabilidade civil aquiliana ou subjetiva. Porém, nossa legislação, com finalidade protetiva, criou certas exceções, aplicando em determinados casos a responsabilidade objetiva.

Esta, por sua vez, elimina de seu conceito o elemento culpa, ou seja, haverá responsabilidade pela reparação do dano quando presentes a conduta, o dano e o nexo de causalidade entre estes.

A evolução que a teoria objetiva provocou se deu pelo fato da facilitação da ação da vítima em concreto na reparação do dano, gerando aos infratores a obrigação de indenizar por acidentes provenientes de suas atividades, em detrimento da teoria subjetiva, para a qual o agente precisa salientar a culpa dentro da idéia de desvio de conduta.

A prova acaba sendo de difícil constatação, criando grandes óbices à vítima, que quase sempre acabava arcando com os respectivos ônus. Com a técnica da presunção de culpa, impõe-se a inversão do ônus da prova, em razão da condição menos favorável da vítima.

2.6 Elementos da responsabilidade civil

2.6.1 Conduta

A responsabilidade civil, tanto objetiva como subjetiva, deverá sempre conter como elemento essencial uma conduta.

Maria Helena Diniz assim a conceitua: "Ato humano, comissivo ou omissivo, ilícito ou lícito, voluntário e objetivamente imputável, do próprio agente ou de terceiro, ou o fato de animal ou coisa inanimada, que cause dano a outrem, gerando o dever de satisfazer os direitos do lesado".[8]

Sílvio Rodrigues, por outro lado, somente considera como pressuposto da responsabilidade a ocorrência de um ato ilícito,[9] diferentemente de Maria Helena Diniz que abarca em seu conceito também os atos lícitos. Para aquele autor, seria pressuposto a ação ou omissão do agente, que "decorre sempre de uma atitude, quer ativa, quer passiva, e que vai causar dano a terceiro. A atitude de ativa consiste em geral no ato doloso ou imprudente, enquanto a passiva, via de regra, se retrata através da negligência. (...) A omissão só ocorre quando o agente, tendo o dever de agir de determinada maneira, deixa de fazê-lo".[10]

Portanto, podemos dizer que conduta seria um comportamento humano, comissivo ou omissivo, voluntário e imputável. Por ser uma atitude humana exclui os eventos da natureza; voluntário no sentido de ser controlável pela vontade do agente, quando de sua conduta, excluindo-se, aí, os atos inconscientes ou sob coação absoluta; imputável por poder ser-lhe atribuída a prática do ato, possuindo o agente discernimento e vontade e ser ele livre para determinar-se.

2.6.2 Dano

O dano representa uma circunstância elementar ou essencial da responsabilidade civil, presente em ambas as teorias anteriormente citadas. Configura-se quando há lesão, sofrida pelo ofendido, em seu conjunto de valores protegidos pelo direito, relacionando-se a sua própria pessoa (moral ou físi-

8. Ob. cit., nota 2, p. 37.

9. Ob. cit., nota 3, p. 5. No mesmo sentido, Francisco Amaral, ob. cit., nota 5, p. 523.

10. Ob. cit., nota 2, p. 302.

ca) aos seus bens e direitos. Porém, não é qualquer dano que é passível de ressarcimento, mas, sim, o dano injusto, *contra ius*, afastando-se daí o dano autorizado pelo direito.

Para o dano ser passível de indenização há a necessidade de apuração de alguns requisitos: atualidade, certeza e subsistência. O dano atual é aquele que efetivamente já ocorreu. O certo é aquele fundado em um fato certo, e não calcado em hipóteses. A subsistência consiste em dizer que não será ressarcível o dano que já tenha sido reparado pelo responsável.

O dano poderá ser patrimonial ou moral. Patrimonial é aquele que afeta o patrimônio da vítima, perdendo ou deteriorando total ou parcialmente os bens materiais economicamente avaliáveis. Abrange os danos emergentes (o que a vítima efetivamente perdeu) e os lucros cessantes (o que a vítima razoavelmente deixou de ganhar), conforme normatizado no art. 1.059 do antigo Código Civil, referendado no art. 402 do novo Código. Já o dano moral corresponde à lesão de bens imateriais, denominados bens da personalidade (ex.: honra, imagem etc.).

O dano também pode ser reflexo ou em ricochete, correspondendo ao fato de uma pessoa sofrer, por reflexo, um dano, que primariamente foi causado a outrem, p. ex., separanda que deixa de receber pensão alimentícia em razão da superveniente incapacidade física do ex-marido, esta decorrente de ato ilícito praticado por terceira pessoa.[11]

2.6.3 Nexo de causalidade

O nexo de causalidade consiste na relação de causa e efeito entre a conduta praticada pelo agente e o dano suportado pela vítima.

Nem sempre é tarefa fácil buscar a origem do dano, visto que podem surgir várias causas, denominadas concausas, concomitantes ou sucessivas. Quando as concausas são simultâneas ou concomitantes a questão resolve-se com a regra do art. 1.518 do antigo Código Civil, regra também presente no novo Código, em seu art. 942, que estipula a responsabilidade solidária de todos aqueles que concorram para o resultado danoso.

Porém, diante da problemática a respeito das concausas sucessivas, surgiram três teorias a respeito:

(a) *Teoria da equivalência das condições ou dos antecedentes ou "conditio sine qua non"*: estipula que existindo várias circunstâncias que poderiam ter causado o prejuízo, qualquer delas poderá ser considerada a causa eficiente, ou seja, se suprimida alguma delas, o resultado danoso não teria ocorrido, ex. se uma pessoa é atropelada, a causa pode ser a imperícia do condutor, mas também a constituição débil da vítima, a natureza do pavimento sobre o qual esta foi projetada, a demora de seu transporte para o hospital, a falta de meios adequados para o seu tratamento etc. Essa teoria, se aplicada de forma isolada, leva a resultados absurdos, provocando infinitamente responsabilidades.

(b) *Teoria da causalidade adequada*: para esta teoria, a causa deve ser apta a produzir o resultado danoso, excluindo-se, portanto, os danos decorrentes de circunstâncias extraordinárias, ou seja, o efeito deve se adequar à causa.

(c) *Teoria da causalidade imediata ou dos danos diretos e imediatos*: para esta é preciso que exista entre o fato e o dano uma relação de causa e efeito direta e imediata. Esta é a teoria adotada pelo nosso ordenamento jurídico, prevista no art. 1.060 do antigo Código Civil, bem como no art. 403 do novo Código. Portanto, será causa do dano aquela que está mais próxima deste, imediatamente (sem intervalo) e diretamente (sem intermediário).[12]

11. Caio Mário da Silva Pereira, *Responsabilidade Civil*, 8ª ed., p. 42; Rogério Marrone de Castro Sampaio, *Direito Civil: Responsabilidade Civil*, p. 91.

12. Francisco Amaral, ob. cit., nota 5, p. 528; Caio Mário da Silva Pereira, ob. cit., nota 11, pp.

A culpa exclusiva da vítima, a culpa de terceiro, o caso fortuito ou a força maior, a cláusula de não indenizar, as excludentes de ilicitude, o estado de necessidade e a legítima defesa retiram o nexo causal, por isso serão estudados mais detalhadamente, adiante. Importante também salientar que a coincidência não implica em causalidade.

2.6.4 Culpa

A culpa, para a responsabilização civil, é tomada pelo seu vocábulo *lato sensu*, abrangendo, assim, também o dolo, ou seja, todas as espécies de comportamentos contrários ao direito, sejam intencionais ou não, mas sempre imputáveis ao causador do dano.

Apesar de o legislador brasileiro não os definir, podemos dizer que a culpa *strictu sensu* seria a violação de um dever, legal ou contratual, por imprudência, negligência ou imperícia; e o dolo seria a violação de tais deveres intencionalmente, buscando o resultado que aquele ato irá causar ou, ainda, assumindo o risco de produzi-lo.

A culpa estaria presente somente nas responsabilizações civis decorrentes de atos ilícitos, segundo a orientação adotada pelo Código Civil pátrio, uma vez que as responsabilidades provenientes de atos lícitos não exigem tal pressuposto.

Francisco Amaral, reportando-se a René Savatier, traz como pressupostos da culpa: (a) um dever violado (elemento objetivo); (b) culpabilidade ou imputabilidade do agente (elemento subjetivo). Acrescenta, ainda, que este último se desdobra em dois elementos: (a) possibilidade, para o agente, de conhecer o dever (discernimento); (b) possibilidade de observá-lo (previsibilidade e evitabilidade do ato ilícito).[13]

3. A responsabilidade civil do Estado

3.1 Introdução

Já é pacífico o entendimento de que o ordenamento jurídico brasileiro admite que o Estado possa causar prejuízos aos seus administrados, através de comportamentos lícitos ou ilícitos, comissivos ou omissivos, resultando-lhe a obrigação de recompor tais danos.

A responsabilidade do Estado obedece a um regime próprio, compatível com sua situação jurídica, pois potencialmente tem o condão de proporcionar prejuízos macroscópicos. Ademais, os administrados não têm poderes para diminuir a atuação do Estado, no âmbito de seus direitos individuais.

Para Celso Antônio Bandeira de Mello, a responsabilidade do Estado está implícita na noção do Estado de Direito, não havendo necessidade de regra expressa para firmar-se isto, posto que no Estado de Direito todas as pessoas, de direito público ou privado, encontram-se sujeitas à obediência das regras de seu ordenamento jurídico. Desta forma, presente também está o dever de responderem pelos comportamentos violadores do direito alheio.

Hely Lopes Meirelles utiliza o termo "responsabilidade da administração", pois entende que o dever de indenizar se impõe à Fazenda Pública.[14]

3.2 Evolução histórica da responsabilidade do Estado

Num primeiro momento vigia o princípio da irresponsabilidade do Estado, na época dos Estados despóticos ou absolutistas. O raciocínio que imperava era o de que se o

75 e ss.; Rogério Marrone de Castro Sampaio, ob. cit., nota 11, p. 80; Carlos Roberto Gonçalves, ob. cit., nota 1, p. 372.

13. René Savatier, *apud* Francisco Amaral, ob. cit., nota 5, p. 525. No mesmo sentido, Sílvio Rodrigues, ob. cit., nota 3, p. 305; Maria Helena Diniz, ob. cit., nota 2, p. 39.

14. Hely Lopes Meirelles, *Direito Administrativo Brasileiro*, 23ª ed., p. 530.

Estado é o guardião da legislação, o chefe do executivo não atentaria contra essa mesma ordem jurídica, já que ele a representava.

A irresponsabilidade do Estado era justificada da seguinte forma: o Estado, por ser pessoa jurídica, não tem vontade própria; o Estado age por intermédio de seus funcionários; por isso, quando há a ocorrência de algum ato ilícito a responsabilidade recai no funcionário, já que este é o executor do ato; quando os funcionários agem fora dos parâmetros legais presume-se que não agiram como funcionários, daí a irresponsabilidade do Estado.

Combatiam-se tais idéias com os seguintes argumentos: o Estado possui vontade autônoma, pois a teoria da ficção legal foi superada; o Estado, como pessoa dotada de capacidade, incorre em culpa *in eligendo* e *in vigilando* com relação aos seus funcionários; o Estado é sujeito de direitos e obrigações.

Em fins do século XVIII, logo após a Revolução Francesa, em que as revoltas provocaram vários danos a bens particulares, surgiu a diferenciação entre atos de gestão e atos de império, como uma técnica jurídica com a finalidade de minimizar os prejuízos que poderia ter de arcar o tesouro francês, já praticamente insolvente. Assim, os atos de gestão seriam aqueles em que o Estado pratica como se fosse um particular, quando administra seu patrimônio. Os atos de império (ou atos de mando) seriam os que o Estado pratica no exercício do poder de polícia, que lhe é inerente.

Ante essa diferenciação, surgiu a teoria de que só pelos atos de gestão cabe ação indenizatória, pois não se pode questionar a soberania do Estado. Por outro lado, é imprescindível a ocorrência da culpa do funcionário, explicitada na imprudência, negligência ou imperícia, como condição para responsabilização daquele.

Posteriormente, houve o surgimento da teoria da culpa civilística, que aplicava à responsabilidade do Estado a mesma regra do direito privado, ou seja, deveria haver culpa do agente estatal para que se configurasse a responsabilização do ente público. Com isso, num primeiro momento apenas o funcionário responderia perante o lesado e, somente num segundo momento, também o Estado.

Dentro dessa evolução surgiu a teoria da *faute du service*, trazendo a idéia de que a *culpa* seria do serviço público e não mais do agente estatal, ou seja, haveria a responsabilidade do Estado ainda que o servidor faltoso não fosse identificado, pois a responsabilidade daquele viria da falha do serviço em si, porque este não funcionara ou funcionara mal ou tardiamente. Assim, a culpa não era presumida, pois o lesado deveria provar o inadequado funcionamento do serviço público.

Por fim, houve o surgimento da teoria do risco administrativo, na qual o Estado deveria indenizar o dano não somente quando este resultasse de culpa do agente estatal ou de falha do serviço, que seriam os atos ilícitos, mas também os resultantes de atos lícitos, visto que não era mais a culpa do serviço ou do servidor que gerava essa responsabilidade, mas sim o risco que toda atividade estatal implicaria para os administrados.

Desta forma, o Estado seria responsabilizado sempre que sua atividade configurasse um risco para o administrado, independentemente da existência ou não de culpa e desde que desse risco tivesse resultado um dano. A responsabilidade, portanto, passou a ser objetiva. O lesado somente precisava provar a conduta do agente estatal, o dano e o nexo de causalidade entre ambos.

Importante mencionarmos o surgimento da Teoria do Risco Integral, que focaliza o tema sob prismas atuais e avançados. Para essa teoria, o Estado fica obrigado a indenizar todo e qualquer dano, ainda que resultante de culpa ou dolo da vítima.

Entretanto, essa teoria não é muito aceita por vários países, por ser considerada a modalidade extrema da doutrina do risco administrativo, por isso abandonada, na prática, bem como por conduzir ao abuso e à iniqüidade social.

Nosso ordenamento jurídico foi acompanhando essa evolução, adotando as teorias predominantes em cada época, com exclusão da Teoria do Risco Integral, apesar de alguns autores sustentarem o contrário, divergindo da larga maioria da doutrina e da jurisprudência.[15]

O antigo Código Civil, de 1916, em seu art. 15 (art. 43 do novo Código), estatuiu que o Estado será civilmente responsável pelos atos ilícitos praticados por seus representantes, que nessa qualidade causarem danos a alguém.

Porém, por volta da década de 1930 predominava o entendimento de que os atos delitivos que gerassem danos, praticados pelos representantes do Estado que excedessem nas suas funções, não geravam a responsabilidade do Estado, visto que aqueles perdiam a qualidade de prepostos deste e este não concorria para o evento danoso. Portanto, o agente respondia pessoalmente. Adotava-se tal teoria porque naquela época ocorreram inúmeras revoluções, como é o caso da Revolução de 1932, em que o Estado era irresponsabilizado nos casos de excesso culposo ou doloso dos militares.

Foi a partir da Constituição Federal de 1937, em seu art. 158, que o Estado passou a responder objetivamente pelos atos de seus funcionários, independentemente da existência ou não da culpa do Estado, fundamentada esta responsabilidade na teoria do risco. Com o advento da atual Constituição de 1988 houve uma ampliação da responsabilidade estatal, haja vista o preposto do Estado deixar de ser apenas o funcionário público para ser o agente público, termo este que abrange um número maior de pessoas.

A responsabilidade civil do Estado, considerada pela teoria do risco administrativo, conduz a pessoa jurídica de direito público à reparação do dano sofrido pelo particular por conduta da administração, segundo o princípio da repartição eqüitativa dos ônus e encargos públicos a todos da sociedade, num sentido de socialização dos prejuízos oriundos daquela conduta.

3.3 Excludentes da responsabilidade do Estado

A responsabilidade civil do Estado será elidida quando presentes determinadas situações, aptas a excluir o nexo causal entre a conduta do Estado e o dano causado ao particular, quais sejam a força maior, o caso fortuito, o estado de necessidade e a culpa exclusiva da vítima ou de terceiro.

A força maior é conceituada como sendo um fenômeno da natureza, um acontecimento imprevisível, inevitável ou estranho ao comportamento humano, p. ex., um raio, uma tempestade, um terremoto. Nestes casos, o Estado se torna incapacitado diante da imprevisibilidade das causas determinantes de tais fenômenos, o que, por conseguinte, justifica a elisão de sua obrigação de indenizar eventuais danos, visto que não está presente aí o nexo de causalidade.[16]

Importante ressaltar que se o Estado deixar de realizar ato ou obra considerada indispensável e sobrevier fenômeno natural que cause danos a particulares pela falta daquele ato ou obra, portanto, conduta omissiva, o Poder Público será o responsável pela reparação de tais prejuízos, visto que neste caso estará presente o nexo de causalidade entre o ato omissivo e o dano. Desta forma, a causa do dano não é o fato de força maior,

15. "*Indenização*. Furto de veículo estacionado livremente, à noite, em via pública. Inocorrência da denominada *faute du service*, quando o Poder Público devia agir ou não agiu, agiu mal ou tardiamente. Ordenamento jurídico, ademais, que não adotou a teoria do risco integral. Verba indevida. Inteligência do art. 37, § 6º, da CF" (TJSP, *RT* 782/235).

16. Toshio Mukai, *Direito Administrativo Sistematizado*, p. 530.

mas o desleixo do Estado, sendo possível prever tal fenômeno e suas conseqüências, por nada ter feito para evitá-las.

Já na hipótese de caso fortuito o dano decorre de ato humano, gerador de resultado danoso e alheio à vontade do agente, embora por vezes previsível. Por ser um acaso, imprevisão, acidente, algo que não poderia ser evitado pela vontade humana, ocorre, desta forma, a quebra do nexo de causalidade, daí a exclusão da responsabilidade diante do caso fortuito.

A força maior e o caso fortuito estão previstos no art. 1.058 do antigo Código Civil, bem como no art. 393 do novo Código. Porém, tais normas não os definiram separadamente, o que vem provocando na seara jurídica uma divergência quanto às suas definições, alguns os conceituando exatamente ao contrário do acima exposto, que é a posição da corrente dominante.

O estado de necessidade é também causa de exclusão de responsabilidade, pois traduz situação em que prevalece interesse geral sobre o pessoal e até mesmo individual — princípio da supremacia do interesse público, caracterizado pela prevalência da necessidade pública sobre o interesse particular. Ocorre quando há situações de perigo iminente, não provocadas pelo agente, tais como guerras, em que se faz necessário um sacrifício do interesse particular em favor do Poder Público, que poderá intervir em razão da existência de seu poder discricionário.

A culpa exclusiva da vítima ou de terceiro é também considerada causa excludente da responsabilidade estatal, pois haverá uma quebra do nexo de causalidade, visto que o Poder Público não pode ser responsabilizado por um fato a que, de qualquer modo, não deu causa. Decorre de um princípio lógico de que ninguém poderá ser responsabilizado por atos que não cometeu ou para os quais não concorreu.

Nos casos em que se verifica a existência de concausas, isto é, mais de uma causa ensejadora do resultado danoso, praticadas simultaneamente pelo Estado e pelo lesado, não haverá excludente de responsabilidade. Haverá, sim, atenuação do *quantum* indenizatório na medida da participação no evento.

3.4 Caracteres da conduta ensejadora de responsabilidade do Estado

A responsabilidade civil do Estado poderá ser proveniente de duas situações distintas, a saber: (a) de conduta positiva do Estado, isto é, comissiva, no sentido de que o agente público é o causador imediato do dano; (b) de conduta omissiva, em que o Estado não atua diretamente na produção do evento danoso, mas tinha o dever de evitá-lo, como é o caso da falta do serviço nas modalidades em que o serviço não funcionou ou funcionou tardiamente, ou ainda, pela atividade que se cria a situação propiciatória do dano porque expôs alguém a risco.

Celso Antônio Bandeira de Mello classifica as várias hipóteses de comportamento estatal comissivo, que lesa juridicamente terceiros; são eles: (a) comportamentos lícitos: (a.1) atos jurídicos; (a.2) atos materiais; (b) comportamentos ilícitos: (b.1) atos jurídicos, ex., a decisão de apreender, fora do procedimento ou hipóteses legais, a edição de jornal ou revista; (b.2) atos materiais, ex., o espancamento de um prisioneiro, causando-lhe lesões definitivas.[17]

4. Responsabilidade civil do Estado decorrente de conduta omissiva

4.1 Introdução

É certo que o Estado poderá causar danos aos administrados por ação ou omissão. Porém, nos casos de conduta omissiva, há entendimentos diversos no sentido de que esta não constitui fato gerador da responsabilidade civil do Estado, visto que nem toda

17. Celso Antônio Bandeira de Mello, *Curso de Direito Administrativo*, 10ª ed., pp. 623-624.

conduta omissiva retrata uma desídia do Estado em cumprir um dever legal.

Seria o Estado responsável civilmente quando este somente se omitir diante do dever legal de obstar a ocorrência do dano, ou seja, sempre quando o comportamento do órgão estatal ficar abaixo do padrão normal que se costuma exigir. Desta forma, pode-se afirmar que a responsabilidade estatal por ato omissivo é sempre decorrente de ato ilícito, porque havia um dever de agir imposto pela norma ao Estado que, em decorrência da omissão, foi violado.

Para ser apurada a responsabilidade do Estado por conduta omissiva deve-se indagar qual dos fatos foi decisivo para configurar o evento danoso, isto é, qual fato gerou decisivamente o dano e quem estava obrigado a evitá-lo. Desta forma, o Estado responderá não pelo fato que diretamente gerou o dano, ex. enchente, mas sim por não ter ele praticado conduta suficientemente adequada para evitar o dano ou mitigar seu resultado, quando o fato for notório ou perfeitamente previsível.

Primeiramente, importante ressaltar que até a Constituição de 1946, para a responsabilização do Estado era aplicada a regra do art. 15 do Código Civil de 1916, numa primeira fase, regida por princípios privatísticos e, noutra, por princípios publicísticos, fundados na "falta do serviço".

A partir da Constituição Federal de 1946, adotou-se no nosso ordenamento jurídico a Teoria da Responsabilidade Objetiva, para a responsabilização do Estado.

Não se têm dúvidas quanto ao cabimento da aplicação desta teoria objetiva na responsabilidade decorrente de condutas comissivas, porém diferentemente ocorre com relação às condutas omissivas, pois surgiu na doutrina e jurisprudência brasileiras uma polêmica discussão a respeito de seu cabimento, nos casos de responsabilização decorrente de conduta omissiva estatal.

A respeito, temos duas posições, uma que segue os argumentos de Celso Antônio Bandeira de Mello, que defende a teoria da responsabilidade subjetiva, cuja base legal era a aplicação do art. 15 do antigo Código Civil,[18] e outra, sustentada por vários autores, que defende a teoria da responsabilidade objetiva, aplicando-se, por conseguinte, o art. 37, § 6º, da Constituição Federal.

4.2 A responsabilidade estatal subjetiva por conduta omissiva defendida por Celso Antônio Bandeira de Mello

Para Celso Antônio Bandeira de Mello deve ser aplicada a Teoria Subjetiva à responsabilidade do Estado por conduta omissiva. Para isso, argumenta o autor que a palavra "*causarem*" do art. 37, § 6º, da Constituição Federal somente abrange os atos comissivos, e não os omissivos, afirmando que estes últimos somente "condicionam" o evento danoso.

Comentando o supracitado artigo constitucional, ensina: "De fato, na hipótese cogitada, o Estado não é o autor do dano. Em rigor, não se pode dizer que o causou. Sua omissão ou deficiência haveria sido condição do dano, e não causa. Causa é o fato que positivamente gera um resultado. Condição é o evento que não ocorreu, mas que, se houvera ocorrido, teria impedido o resultado".[19]

Maria Helena Diniz também entende que a teoria subjetiva é a que deverá ser aplicada aos casos de responsabilidade do Estado por conduta omissiva, haja vista ter-se a necessidade de ser avaliada a culpa ou o dolo. Ensina, ainda, que o art. 15 do antigo Código Civil foi modificado somente em parte pelo art. 37, § 6º, da Constituição Federal.[20]

18. Art. 15 do Código Civil: "As pessoas jurídicas de direito público são civilmente responsáveis por atos dos seus representantes que nessa qualidade causem danos a terceiros, procedendo de modo contrário ao direito ou faltando a dever prescrito por lei, salvo o direito regressivo contra os causadores do dano".

19. Ob. cit., nota 17, p. 673.

20. Maria Helena Diniz, *Código Civil Anotado*, 4ª ed., p. 31.

Corroborando os ensinamentos acima, a ilustre doutrinadora Odília Ferreira da Luz entende que: "Isso não significa, necessariamente, adoção da tese objetiva com exclusividade, pois ainda existe a responsabilidade decorrente da falta do serviço, que é a regra; na verdade, coexistem a responsabilidade objetiva e a subjetiva, esta fundada na *faute de service* e não mais na culpa do agente público (a não ser nos casos em que o Estado se iguale juridicamente ao administrado)".[21]

Entre estes juristas também estão Caio Tácito e Themístocles Brandão Cavalcanti. O próprio Aguiar Dias, embora manifeste preferência pela responsabilidade objetiva, admite que predomina a teoria subjetiva quando da falta do serviço.[22]

Encontramos, também, algumas decisões dos tribunais brasileiros no mesmo sentido:

Responsabilidade civil do Poder Público. Revolta da população. Bomba. Culpa. Para obter a indenização contra o Estado por ter o autor sido atingido por uma bomba durante incidentes de revolta da população pela majoração das passagens de ônibus, necessária se faz a comprovação da culpa do Estado no fato (TJRJ, 6ª C.Civ., Rel. Desembargador Pestana de Aguiar, ap. 4.545/90, j. 19.3.1991).

Prestação de serviço de saúde mantido em hospital municipal. Necessidade da comprovação da ocorrência de comissão ou omissão decorrente de imprudência, negligência ou imperícia quer por parte do médico, quer por parte da pessoa jurídica de direito público (TJSP, *RT* 775/247).

4.3 A responsabilidade estatal objetiva por conduta omissiva defendida pela doutrina e jurisprudência majoritárias

Toshio Mukai observa, com propriedade, o conceito de causa: "As obrigações, em direito, comportam causas, podendo estas ser a lei, o contrato ou o ato ilícito. Ora, causas, nas obrigações jurídicas (e a responsabilidade civil é uma obrigação), é todo o fenômeno de transcendência jurídica capaz de produzir um poder jurídico pelo qual alguém tem o direito de exigir de outrem uma prestação (de dar, de fazer, ou de não fazer)".[23]

José de Aguiar Dias, adepto da responsabilidade objetiva, ao expor o seu entendimento sobre o termo causa, assim preceituou: "Só é causa aquele fato a que o dano se liga com força de necessidade. Se numa sucessão de fatos, mesmo culposos, apenas um, podendo evitar a conseqüência danosa, interveio e correspondeu ao resultado, só ele é causa, construção que exclui a polêmica sobre a mais apropriada adjetivação. Se ao contrário, todos ou alguns contribuíram para o evento, que não ocorreria, se não houvesse a conjugação deles, esses devem ser considerados causas concorrentes ou concausas".[24]

Desta forma, conclui Aguiar Dias que a inércia do Estado empenha responsabilidade civil a este e a conseqüente obrigação de reparar integralmente o dano causado, na forma do art. 37, § 6º, da Constituição Federal; portanto, a responsabilidade é objetiva.

Odete Medauar entende que a responsabilidade do Estado, fundamentada na Teoria do Risco Administrativo, apresenta-se, hoje, na maioria dos ordenamentos jurídicos, regida pela Teoria da Responsabilidade Objetiva. Entende, ainda, que a adoção da responsabilidade objetiva do Estado traz, por conseguinte, o sentido de igualdade de todos ante os ônus e encargos deste e o próprio sentido de justiça (equidade). Acrescenta que como nem sempre é possível identificar o agente causador do dano, nem demonstrar o dolo ou culpa, melhor se asseguram

21. *Manual de Direito Administrativo*, p. 298.

22. José de Aguiar Dias, *Da Responsabilidade Civil*, 6ª ed., p. 664.

23. Toshio Mukai, *apud* Álvaro Lazzarini, "Responsabilidade civil do Estado por atos omissivos dos seus agentes", *Revista de Jurisprudência do Tribunal de Justiça de São Paulo* 117/16.

24. *Da Responsabilidade Civil*, ob. cit., nota 22, p. 252.

os direitos da vítima através da aplicação da responsabilidade objetiva ao Estado.[25]

Quanto ao preceito da igualdade de todos ante os ônus e encargos públicos, também denominado "solidariedade", ensina: "Se, em tese, todos se beneficiam das atividades da Administração, todos (representados pelo Estado) devem compartilhar do ressarcimento dos danos que essas atividades causam a alguém".[26]

Na mesma linha de raciocínio Celso Ribeiros Bastos analisa a responsabilidade do Estado, ensinando que tal entendimento já se encontra sedimentado atualmente e, não há, portanto, que se questionar sobre o elemento subjetivo da culpa entre o dano e o comportamento que o provocou.[27]

Hely Lopes Meirelles, da mesma forma, defende a tese da responsabilidade objetiva, dispondo que esta se fundamenta no risco proveniente de sua ação ou omissão, que visam à consecução de seus fins.[28]

Preleciona Weida Zancaner Brunini que a teoria objetiva é aplicada na responsabilidade do Estado. Porém, a teoria subjetiva ainda permanece na relação Estado-funcionário, quanto ao direito de regresso do Estado contra seu agente, pois condicionada está à culpabilidade deste.[29]

Yussef Said Cahali também é no sentido de que o artigo constitucional acolhe, sob o manto da responsabilidade objetiva, tanto a conduta omissiva quanto a comissiva.[30]

A jurisprudência pátria é majoritária no sentido de que a responsabilidade do Estado por conduta omissiva é objetiva. Com efeito, os julgados abaixo denotam o exposto:

Responsabilidade civil do Estado. Morte de detento. O ordenamento constitucional vigente assegura ao preso a integridade física (CF, art. 5º, XLIX) sendo dever do Estado garantir a vida de seus detentos, mantendo, para isso, vigilância constante e eficiente. Assassinado o preso por colega de cela quando cumpria pena por homicídio qualificado responde o estado civilmente pelo evento danoso, independentemente da culpa do agente público. Recurso improvido. Por unanimidade, negar provimento ao recurso (STJ, Ministro Garcia Vieira, REsp 5.711, decisão 20.3.1991).

Responsabilidade civil do Estado. Má execução dos serviços públicos. Risco administrativo. Dano e nexo de causalidade. A responsabilidade civil das pessoas jurídicas de direito público, responsabilidade objetiva, com base no risco administrativo, que admite pesquisa em torno da culpa do particular, para o fim de abrandar ou mesmo excluir a responsabilidade estatal, ocorre, em síntese, diante dos seguintes requisitos: a) do dano; b) da ação administrativa (comissiva ou omissiva); c) do nexo causal entre o dano e a ação administrativa. O Município tem, por obrigação, manter em condições de regular o uso e sem oferecer riscos, as vias públicas e logradouros abertos à comunidade (TJRJ, 6ª C.Civ., Rel. Desembargador Pedro Ligiéro, ap. 7.613/94, *apud COAD* 75286).

Indenização. Acidente de trânsito. Sinistro ocasionado pela falta de serviço na conservação de estrada. Ausência de prova de culpa do particular, bem como de evento tipificador de força maior. Comprovação do nexo de causalidade entre a lesão e o ato da Administração. Verba devida. Aplicação da teoria do risco administrativo, nos termos do art. 37, § 6º, da CF (TJMG, *RT* 777/365).

Por esses entendimentos, podemos concluir que o comportamento omissivo do Estado deve ser considerado como causa do dano, e não simples condição deste, como entende a corrente doutrinária subjetivista, anteriormente citada. Portanto, o § 6º do art. 37 da Constituição Federal contempla, além da responsabilidade por atos comissivos, aquela decorrente da conduta omissiva.

25. *Direito Administrativo Moderno*, 4ª ed., p. 430.

26. Ibidem, p. 431.

27. *Curso de Direito Administrativo*, 3ª ed., p. 190.

28. Ob. cit., p. 536.

29. *Da Responsabilidade Extracontratual da Administração Pública*, p. 32.

30. *Responsabilidade Civil do Estado*, 2ª ed., p. 40.

4.4 Considerações sobre a natureza objetiva da responsabilidade estatal por conduta omissiva

Como se verificou, os autores pátrios, no que tange à natureza da responsabilidade do Estado por conduta comissiva, põem-se de acordo. Todavia, no que pertine à conduta omissiva, dividem-se em dois grupos: os que defendem a natureza objetiva dessa responsabilidade e os que a entendem subjetiva. No primeiro grupo estão autores como Yussef Said Cahali, Odete Medauar, Álvaro Lazzarini, Carvalho Filho e Celso Ribeiro Bastos, entre outros; no segundo, Celso Antônio Bandeira de Mello, Maria Sylvia Zanella Di Pietro, Lúcia Valle Figueiredo e outros.

A verdade é que o primeiro deste último grupo adotou, quanto ao tema, a ensinança de seu pai, Osvaldo Aranha Bandeira de Mello, e, os demais, por sua vez, o seguiram.

O próprio Celso Antônio, quando analisa os danos decorrentes de atividades perigosas do Estado, afirma categoricamente que mesmo as condutas que não estejam diretamente ligadas ao dano entram "decisivamente em sua linha de causação".[31] Diz ele: "há determinados casos em que a ação danosa, propriamente dita, não é efetuada por agente do Estado, contudo é o Estado quem produz a situação da qual o dano depende".[32] O próprio autor apresenta exemplos. Vejamos um: o assassinato de um presidiário por outro presidiário. Não foi o Estado, mas sim o presidiário, o autor do dano; todavia, foi aquele quem criou as condições para que este dano ocorresse, mantendo-os presos. Ora, se o Estado tivesse cuidado para que a segurança do presidiário fosse adequada, o dano poderia ter sido evitado. Logo, o Estado, também aí, a par de manter presos o autor do dano e a vítima (conduta positiva), omitiu-se quanto à segurança desta última em face daquele (conduta omissiva). A primeira delas, para o autor, é causa do dano, a segunda, não.

31. Idem, ibidem, p. 628.

32. Idem, ibidem, p. 628.

Agostinho Alvim acentua que a "teoria da equivalência das condições aceita qualquer das causas como eficiente", asseverando que essa "equivalência resulta de que, suprimida uma delas, o dano não se verificaria".[33]

Yussef Said Cahali ensina que "não parece haver dúvida de que a responsabilidade civil do Estado pode estar vinculada a uma conduta ativa ou omissiva da Administração, como causa do dano reclamado pelo ofendido".[34] Logo em seguida, depois de transcrever ensinamentos de Celso Antônio e Álvaro Lazzarini, alude a que "substancialmente, tais manifestações não se revelam conflitantes, sendo mais aparente o confronto que se pretende, em especial quando se considera que a própria filosofia jurídica está longe de definir a discriminação conceitual entre 'causa' e 'condição'".[35]

Álvaro Lazzarini contesta a assertiva de que a conduta comissiva possa ser causa do dano e a omissiva, não.[36] Cahali, sintetizando o pensamento de Lazzarini, afirma que para esse autor: "Causa, nas obrigações jurídicas, é todo fenômeno de transcendência jurídica capaz de produzir um efeito jurídico pelo qual alguém tem o direito de exigir de outrem uma prestação (de dar, de fazer ou não fazer); daí concluir que a omissão pode ser causa e não condição, ou, em outros termos, o comportamento omissivo do agente público, desde que deflagrador primário do dano praticado por terceiro, é causa e não simples condição do evento danoso".[37]

33. Agostinho Alvim, *Da Inexecução das Obrigações e suas Conseqüências*, 4ª ed., p. 345.

34. Yussef Said Cahali, ob. cit., nota 30, p. 282.

35. Idem, ibidem, p. 285.

36. Ob. cit., nota 23, pp. 8-26.

37. Yussef Said Cahali, ob. cit., nota 30, p. 285.

Veja-se que no exemplo citado por Celso Antônio tanto a conduta comissiva quanto a omissiva, se eliminada, afastaria o dano. Por que, então, tratá-las de modo diverso? Não existe argumento de ordem filosófica para tanto. Nem o há de ordem jurídica. Vejamos.

A Constituição Federal, no artigo citado, não diferenciou as duas condutas, quando poderia perfeitamente fazê-lo. Assim, o vocábulo "causarem", do aludido dispositivo, deve ser lido como "causarem por ação ou omissão".

Entender-se que o legislador brasileiro, muito bem informado, à época, da evolução do instituto, teria recuado no tempo, estabelecendo a responsabilidade objetiva apenas para os casos de conduta comissiva, retroagindo, no que tange à omissiva, aos tempos da culpa civilística ou da *faute du service*, seria demasiado. Aliás, a responsabilidade objetiva já vinha consagrada no direito brasileiro desde a Constituição Federal de 1946 (art. 194).[38] Por que, então, o legislador constitucional, ao invés de avançar, teria preferido recuar, distinguindo as duas condutas? Qual o fundamento, legal e político, para a distinção?

Note-se que no que concerne ao agente estatal causador do dano o constituinte avançou substituindo a expressão "funcionário" por "agente", muito mais abrangente. Estendeu a responsabilidade também para os particulares prestadores de serviço público (a chamada desestatização apenas engatinhava). Ora, por que, então, no que tange à conduta do agente, aquele teria recuado quase um século, para, a par da responsabilidade objetiva, fixada para a conduta comissiva, estatuir a responsabilidade subjetiva em caso de conduta omissiva?

O que se pretendeu com toda a evolução da responsabilidade do Estado foi exatamente evitar que o lesado tivesse de provar a culpa do agente, nem sempre — e quase nunca — um exercício fácil. Por que o legislador, cônscio dessa evolução, teria marchado em ré? Especialmente quando ele mesmo, legislador constitucional, previu a responsabilidade objetiva, com o mesmo desiderato, para questões relacionadas com o meio ambiente e com os direitos do consumidor? Implica, tal conclusão, num contrasenso!!! Até porque, na omissão, em regra, é muito mais difícil a prova da culpa.

Ao final, parece ser mesmo despicienda a discriminação entre causa e condição como fatores ensanchadores da responsabilidade estatal.

Ademais, o ensinamento de Celso Antônio baseia-se em que, para ele, a conduta omissiva da Administração é sempre ilícita. Parte da idéia de que a responsabilidade do Estado nasce do fato de que este, tendo o dever de agir, não agiu. Logo, descumpriu um dever legal; agiu ilicitamente. Ora, mesmo firmado tal entendimento — e parece ser este o predominante —, não estaria afastada a responsabilidade objetiva da Administração omissa. A responsabilidade continuaria sendo objetiva, por força de disposição constitucional expressa, cabendo ao lesado demonstrar a conduta (no caso, omissiva) do agente estatal, o dano e o nexo de causalidade entre eles, e, àquela, demonstrar que não tinha o dever legal de agir, ou que, o tendo, não deixou de agir ou, ainda, que está presente qualquer das excludentes de responsabilidade, o que afastaria a obrigação de indenizar. Note-se que não é necessário transmudar a responsabilidade objetiva em subjetiva para que a Administração se desvincule do dever de indenizar; basta que esta demonstre que não tinha o dever de agir e que, portanto, sua conduta não foi, do ponto de vista jurídico, causa do evento danoso.

Cahali informa que: "(...) notoriamente elástico o conceito de exigibilidade do

38. Hely Lopes Meirelles (ob. cit., nota 14, p. 534) e José Cretella Júnior (*Direito Administrativo Brasileiro*, p. 684) entendem que o art. 194 da Constituição Federal de 1946 revogou o art. 15 do antigo Código Civil, já que com ele incompatível.

ato estatal, no caso, a carga de subjetivismo que caracteriza a sua identificação é que terá induzido alguns autores ao exame das hipóteses da perspectiva da responsabilidade subjetiva do Estado, com perquirição necessária do elemento 'culpa ou dolo'".[39]

E arremata: "(...), portanto, o dever jurídico descumprido, de execução da obra ou prestação do serviço devido, colocado como causa primária da responsabilidade estatal, é circunstancial e contingente".[40]

Importante salientar que Celso Antônio entende que a conduta *comissiva* decorrente de ato *ilícito* — insista-se: ilícito — gera responsabilidade objetiva. Adverte ele que às vezes a conduta estatal causadora do dano é ilegítima e, nesse caso, não haverá lugar para variar as condições de aplicação da responsabilidade do Estado. Afirma, com todas as letras, "(...) deveras, se a conduta legítima produtora de dano enseja responsabilidade objetiva, *a fortiori* deverá ensejá-la a conduta ilegítima causadora de lesão injurídica (...) saber-se se o Estado agiu ou não culposamente (ou dolosamente) é questão irrelevante".[41]

Entretanto, quando defende a natureza subjetiva da responsabilidade do Estado por conduta omissiva, o mesmo autor assevera que "(...) sendo responsabilidade por ilícito, é necessariamente responsabilidade subjetiva".[42]

É de se indagar: por que na conduta comissiva ilícita não se discute dolo ou culpa — responsabilidade objetiva — e na conduta ilícita omissiva aqueles elementos subjetivos são discutidos — responsabilidade subjetiva? Seria apenas porque na primeira a conduta estatal é causa do dano e, na segunda, mera condição? Essa distinção, como se asseverou, já não se sustenta cientificamente. Logo, há de ser afastada.

Com efeito, alijada a dicotomia entre causa e condição, o dano, resultante de conduta estatal, comissiva ou omissiva, deve ser reparado pelo Estado, sem que se possa debater sobre a existência ou não de culpa. Portanto, responsabilidade objetiva.

Demais disso, há autores que sustentam que a omissão do agente estatal pode, sim, ser causa do dano. Entre eles Rui Stoco, que ensina: "Não é apenas a ação que produz dano. Omitindo-se o agente público também pode causar prejuízo ao administrado e à própria Administração".[43]

Lazzarini diz que o Estado responde, objetivamente, sempre que demonstrado o nexo de causalidade entre o dano e a atividade funcional do agente estatal, só podendo haver discussão sobre culpa ou dolo na ação regressiva do Estado contra o agente causador do dano, acrescentando que não é somente a ação, mas também a omissão, que pode causar dano suscetível de reparação por parte do Estado.[44] O mesmo autor indica vários casos em que os tribunais pátrios entenderam que a omissão de agente do Estado foi causa do dano, decidindo por impor a este o dever de indenizar.[45]

Imagine-se a situação em que um médico, no desempenho de função estatal, deixe de socorrer um paciente e este, em razão da omissão daquele, vem a morrer. Não terá sido a omissão do médico (agente estatal) a causa do dano? Será possível justificar, nesta hipótese, que para a causação do dano a conduta omissiva atuou à guisa de mera condição?

Não parece ter cabida uma outra afirmação do mesmo autor, no sentido de que nos casos de responsabilidade do Estado por conduta omissiva, a questão deve ser analisada e decidida pelo ângulo da Administração, ou seja, pelo lado ativo da relação, ao

39. Idem, ibidem, p. 286.

40. Idem, ibidem, p. 287.

41. Ob. cit., nota 17, p. 623.

42. Idem, ibidem, p. 624.

43. *Responsabilidade Civil*, 3ª ed., p. 572.

44. *Estudos de Direito Administrativo*, 2ª ed., p. 443.

45. Idem, ibidem, p. 429.

passo que quanto à conduta comissiva a análise e a decisão devem centrar-se no lesado, isto é, no lado passivo da relação.[46]

Ora, em qualquer caso de responsabilidade do Estado, seja por conduta comissiva, seja por omissiva, há vários elementos que devem ocupar o cenário: o dano, a conduta estatal e o nexo de causalidade. Outros, ainda, poderão ter lugar na discussão: a presença de circunstâncias excludentes, o fato de o dano não ser especial e anormal, a inexistência do dever de agir etc.

Assim, não se pode falar que na responsabilidade decorrente de conduta comissiva analisa-se a questão pelo lado do lesado, quando, em se tratando de conduta omissiva, essa análise estaria centrada no lado da Administração. Em ambos os casos, vários fatores entram em linha de conta, sem preponderância de qualquer deles. Em ambos, será de fundamental importância, por exemplo, a imputação do dano à conduta estatal (comissiva ou omissiva) e sua qualificação (especial e anormal), bem como o fato de que o sujeito lesado não está obrigado a suportá-lo. Por conseguinte, o argumento não impressiona.

Derradeiramente há de ser analisada a afirmação, também feita por Celso Antônio, de que se nos danos decorrentes de conduta estatal omissiva o Estado for chamado a responder objetivamente este estará sendo erigido à condição de segurador universal.[47] Não parece, porém, ser exatamente assim.

Ocorre que em todos os casos em que o Estado é chamado a ressarcir prejuízos decorrentes de conduta omissiva, bem assim nas comissivas, poderá ele defender-se demonstrando a presença de quaisquer das circunstâncias excludentes de responsabilidade. Poderá, ainda, demonstrar que o dano não é especial nem anormal ou que não tinha o dever de agir. Este largo espectro de defesas leva à conclusão de que mesmo que se aplique, em todos os casos, a teoria do risco administrativo e, portanto, a responsabilidade objetiva, o Estado não estará sendo erigido à condição de segurador universal. Ademais, se o Estado se omite no seu dever de agir conforme os padrões médios de exigência da população, assim causando lesões ao patrimônio das pessoas, melhor seria mesmo que fosse erigido a tal condição. Não é este, contudo, o caso.

O Supremo Tribunal Federal já teve o ensejo de aclarar a situação, em percuciente voto do Ministro Celso de Mello.[48]

46. Idem, ibidem, p. 626.

47. Celso Antônio Bandeira de Mello, ob. cit., nota 17, p. 626.

48. "A teoria do risco administrativo, consagrada em sucessivos documentos constitucionais brasileiros desde a Carta Política de 1946, confere fundamento doutrinário à responsabilidade civil objetiva do Poder Público pelos danos a que os agentes públicos houverem dado causa, por ação ou por omissão. Essa concepção teórica, que informa o princípio constitucional da responsabilidade civil objetiva do Poder Público, faz emergir, da mera ocorrência de ato lesivo causado à vítima pelo Estado, o dever de indenizá-la pelo dano pessoal e/ou patrimonial sofrido, independentemente de caracterização de culpa dos agentes estatais ou de demonstração de falta do serviço público. Os elementos que compõem a estrutura e delineiam o perfil da responsabilidade civil objetiva do Poder Público compreendem a) a alteridade do dano, b) a causalidade material entre o *eventus damni* e o comportamento positivo (ação) ou negativo (omissão) do agente público, c) a oficialidade da atividade causal e lesiva, imputável a agente do Poder Público, que tenha, nessa condição funcional, incidido em conduta comissiva ou omissiva, independentemente da licitude, ou não, do comportamento funcional (*RTJ* 140/636) e d) a ausência de causa excludente da responsabilidade estatal (*RTJ* 55/503, *RTJ* 71/99, *RTJ* 91/377, *RTJ* 99/1.155, *RTJ* 131/417). O princípio da responsabilidade objetiva não se reveste de caráter absoluto, eis que admite o abrandamento e, até mesmo, a exclusão da própria responsabilidade civil do Estado, nas hipóteses excepcionais configuradoras de situações liberatórias — como o caso fortuito e a força maior — ou evidenciadoras de ocorrência de culpa atribuível à própria vítima" (STF, 1ª T., RE 109.615-RJ, Rel. Ministro Celso de Mello, *DJU* 2.8.1996, *RDA* 137/233, *RTJ* 55/50).

A razão está mesmo com Odete Medauar, que argumenta, em preciosa síntese: "Informada pela *teoria do risco*, a responsabilidade do Estado apresenta-se hoje, na maioria dos ordenamentos, como *responsabilidade objetiva*. Nessa linha, não mais se invoca o dolo ou culpa do agente, o mau funcionamento ou falha da Administração. (...) Deixa-se de lado, para fins de ressarcimento do dano, o questionamento do dolo ou culpa do agente, o questionamento da licitude ou ilicitude da conduta, o questionamento do bom ou mau funcionamento da Administração. Demonstrado o nexo de causalidade, o Estado deve ressarcir".[49]

A evolução da responsabilidade do Estado, no sentido de sua objetivação, fica ainda mais evidente quando se constata a redação, como se segue, do art. 43 do novel Código Civil, que entrou em vigor no dia 11 de janeiro de 2003:

> Art. 43. As pessoas jurídicas de direito público interno são civilmente responsáveis por atos dos seus agentes que nessa qualidade causem danos a terceiros, ressalvado direito regressivo contra os causadores do dano, se houver, por parte destes, culpa ou dolo.

Fica absolutamente claro que o legislador contemplou, mais uma vez, a responsabilidade objetiva do Estado — embora já não fosse necessário fazê-lo —, permitindo a perquirição sobre a presença do elemento subjetivo (culpa ou dolo) tão-somente na ação regressiva (do Estado) em face do (agente) causador do dano.

Concluindo, pode-se afirmar que o legislador brasileiro, bem como a doutrina e a jurisprudência, sempre tiveram clara a evolução da responsabilidade do Estado, sempre no sentido de sua objetivação, afastando-se da culpa e aproximando-se do risco, até assumi-lo, sendo razoável que se falasse em algum tipo de responsabilidade subjetiva apenas no período que vai do início de vigência do antigo Código Civil de 1916 até a promulgação da Constituição Federal de 1946, quando, promulgada esta, a responsabilidade do Estado passou a ser objetiva, ficando revogado o Código Civil.

4.5 O princípio da legalidade e a conduta omissiva

O princípio da legalidade é considerado como sendo o princípio maior que rege os atos administrativos, praticados pelo Estado. Exige ele que a administração pública somente poderá fazer ou deixar de fazer algo, desde que prescrito por lei. Ocorre, porém, que em sua grande maioria os atos administrativos são atos vinculados. Mesmo nos atos discricionários também pesa tal princípio, visto que a margem de liberdade de decisão que a norma autoriza ao agente possui, sempre, um limite, posto pela própria norma.

Na responsabilidade do Estado por conduta omissiva, o agente tem o dever de agir, estabelecido em lei, mas, desobedecendo à lei, não age. Por não ter agido, causou um dano ao particular. Portanto, trata-se de uma conduta ilícita, isto é, contrária à lei. Logo, feriu-se o princípio da legalidade.

Como o interesse social tem por objetivo a manutenção da ordem pública no sentido de viabilizar a harmonia social, importante ressaltar a gravidade de uma conduta ilícita e omissiva. O ato ilícito corresponde ao que a sociedade repudia como comportamento, isto é, o que não é aceito no grupo social. Por isso, é o mesmo que estar violando os valores deste grupo. Da mesma forma, o risco social que apresenta a conduta omissiva é de gravidade muito mais elevada.

A doutrina majoritária — inclusive Bandeira de Mello — entende ser objetiva a responsabilidade decorrente do dano provocado por ato lícito do Estado. Se ato lícito é o ato que está em conformidade com o direito, ou seja, aquilo que é entendido como adequado, correto, bem visto pela sociedade, e, para esse, a responsabilidade é objetiva, porque para o ato ilícito omissivo não

49. Ob. cit., nota 25, p. 430.

haveria também essa maior proteção ao administrado, sendo que este último é indiscutivelmente mais grave?

Destarte, é imperiosa a proteção do administrado contra condutas mais graves, ampliando o seu campo de amparo pela adoção da responsabilidade objetiva.

4.6 A falta do serviço e o Código de Defesa do Consumidor

O Código de Defesa do Consumidor, em seu art. 14, combinado com o art. 3º, atribui ao Estado, enquanto fornecedor de serviço público, a responsabilidade objetiva por danos decorrentes da "falta do serviço público", incluindo, assim, a responsabilidade por conduta omissiva.

Assim, o Estado é considerado fornecedor de serviço público, devendo, portanto, obedecer a todos os princípios e regras protetores do consumidor, inclusive ao princípio contido no inciso X do art. 6º do CDC, que expressamente determina ser direito do consumidor "a adequada e eficaz prestação dos serviços públicos em geral".

O art. 22 do mesmo diploma legal dispõe que a responsabilidade pelo fornecimento inadequado ou ineficaz do serviço público será regida pelas regras deste código. Portanto, responsabilidade objetiva.[50]

O doutrinador Zelmo Denari, com propriedade, explica que: "As pessoas jurídicas de direito público — centralizadas ou descentralizadas — podem figurar no pólo ativo da relação de consumo, como fornecedor de serviços. Por via de conseqüência, não se furtarão a ocupar o pólo passivo da correspondente relação de responsabilidade".[51]

De acordo com o Código de Defesa do Consumidor, são responsáveis objetivamente a União, os Estados, os Municípios e o Distrito Federal. Também o são as autarquias, as fundações públicas, as sociedades de economia mista, as empresas públicas e as concessionárias e permissionárias de serviço público.

Importante salientar que o Estado somente será considerado fornecedor e, portanto, estará sujeito às regras do Código de Defesa do Consumidor (responsabilidade objetiva) quando for produtor de bens ou prestador de serviços, remunerados por "tarifas" ou "preços públicos". Por outro lado, não serão aplicadas as normas do CDC aos casos em que aquele for remunerado mediante atividade tributária em geral (impostos, taxas e contribuições de melhoria).

Portanto, a partir do advento do Código de Defesa do Consumidor, a responsabilidade do Estado, pelo serviço público remunerado por tarifa ou preço público, é de natureza objetiva, tanto para as condutas comissivas como para as omissivas.

5. Conclusões

1. A responsabilidade civil é um instituto de difícil conceituação, por sua amplitude. Tem por finalidade o restabelecimento do equilíbrio violado pelo dano. Quanto ao seu fundamento, a responsabilidade civil poderá ser: (a) subjetiva: presente sempre o pressuposto culpa ou dolo; por isso, para sua caracterização devem coexistir os seguintes elementos: a conduta, o dano, a culpa e o nexo de causalidade entre a conduta e o dano. É a Teoria da Culpa, também chamada de responsabilidade aquiliana; (b) ob-

50. Art. 22, CDC: "Os órgãos públicos, por si ou suas empresas, concessionárias, permissionárias ou sob qualquer outra forma de empreendimento, são obrigadas a fornecer serviços adequados, eficientes, seguros e, quanto aos essenciais, contínuos. Parágrafo único. Nos casos de descumprimento, total ou parcial, das obrigações referidas neste artigo, serão as pessoas jurídicas compelidas a cumpri-las e reparar os danos causados, na forma prevista neste Código".

51. Ada Pellegrini Grinover *et al.*, *Código Brasileiro de Defesa do Consumidor: Comentado pelos Autores do Anteprojeto*, 6ª ed., p. 190.

jetiva: não há a necessidade da prova da culpa, bastando a existência do dano, da conduta e do nexo causal entre o prejuízo sofrido e a ação do agente; está calcada no risco assumido pelo lesante, em razão de sua atividade, daí ser chamada também de Teoria do Risco.

2. Em nosso ordenamento jurídico já é pacífico o entendimento de que o Estado é responsável por suas condutas, comissivas ou omissivas, que causarem danos a terceiros, porém essa responsabilidade traz em seu bojo regras peculiares.

3. O Estado poderá excluir a sua responsabilidade quando ocorrerem determinadas situações, que, na verdade, retiram o nexo de causalidade entre a conduta estatal e o dano. São elas: força maior, caso fortuito, estado de necessidade e culpa exclusiva da vítima ou de terceiro.

4. A doutrina e a jurisprudência brasileiras são unânimes quanto à natureza objetiva da responsabilidade do Estado por conduta comissiva. Porém, quanto às condutas omissivas, o direito pátrio traz duas correntes divergentes. A primeira, capitaneada por Oswaldo Aranha Bandeira de Mello e continuada por Celso Antônio Bandeira de Mello, aponta a responsabilidade do Estado como sendo de natureza subjetiva, com base no art. 15 do antigo Código Civil (art. 43 do novo Código). A segunda corrente, que sustenta ser a responsabilidade objetiva, é seguida pelos doutrinadores Odete Medauar, Celso Ribeiro Bastos, Álvaro Lazzarini, Aguiar Dias, Hely Lopes Meirelles, Weida Zancaner Brunini, Yussef Said Cahali, entre outros, e fundamenta-se no art. 37, § 6º, da Constituição Federal.

5. Celso Antônio Bandeira de Mello, a fim de justificar a aplicação da Teoria Subjetiva à responsabilidade do Estado por conduta omissiva, argumenta que a palavra "*causarem*" do art. 37, § 6º, da Constituição Federal somente abrange os atos comissivos, e não os omissivos, afirmando que estes apenas "condicionam" o evento danoso, ou seja, são apenas "condição", e não "causa", do dano, pois causa é o fato que positivamente gera um resultado e condição é o evento que não ocorreu, mas que, se tivesse ocorrido, teria impedido o resultado.

6. A outra corrente, que sustenta ser a responsabilidade do Estado por conduta omissiva regida pela Teoria do Risco, fundamentada no art. 37, § 6º, da CF, contraria os argumentos de Celso Antônio Bandeira de Mello, afirmando que a conduta omissiva estatal não pode ser considerada condição, mas sim causa, pois esta é todo fenômeno capaz de produzir um poder jurídico pelo qual alguém tem o direito de exigir de outrem uma prestação (de dar, de fazer, ou de não fazer).

7. Celso Antônio Bandeira de Mello, quando analisa os danos decorrentes de atividades perigosas do Estado, afirma categoricamente que mesmo as condutas que não estejam diretamente ligadas ao dano entram "decisivamente em sua linha de causação".[52] Diz ele: "há determinados casos em que a ação danosa, propriamente dita, não é efetuada por agente do Estado, contudo é o Estado quem produz a situação da qual o dano depende".[53]

8. A Constituição Federal, no artigo citado, não diferenciou as condutas comissivas e omissivas; assim, o vocábulo "causarem", do aludido dispositivo, deve ser lido como "causarem por ação ou omissão", pois caso contrário o legislador teria recuado no tempo, estabelecendo a responsabilidade objetiva apenas para os casos de conduta comissiva, o que é inconcebível, diante dos avanços em outras matérias constitucionais, tais como a substituição da expressão "funcionário" por "agente", muito mais abrangente, e a extensão da responsabilidade também para os particulares prestadores de serviço público (a desestatização apenas engatinhava).

9. Para Celso Antônio, a conduta omissiva da Administração é sempre ilícita. Mes-

52. Ob. cit., nota 17, p. 628.

53. Idem, ibidem, p. 628.

mo firmado tal entendimento, não estaria afastada a responsabilidade objetiva da Administração omissa, pois a responsabilidade continuaria sendo objetiva, por força de disposição constitucional expressa. Não é necessário transmudar a responsabilidade objetiva em subjetiva para que a Administração se desvincule do dever de indenizar; basta que esta demonstre que não tinha o dever de agir e que, portanto, sua conduta não foi, do ponto de vista jurídico, causa do evento danoso.

10. Celso Antônio entende que a conduta *comissiva* decorrente de ato *ilícito* gera responsabilidade objetiva, bem como que às vezes a conduta estatal causadora do dano é ilegítima e, nesse caso, será sempre objetiva a responsabilidade. Entretanto, quando defende a natureza subjetiva da responsabilidade do Estado por conduta omissiva, o mesmo autor se contradiz, ao asseverar que "(...) sendo responsabilidade por ilícito, é necessariamente responsabilidade subjetiva".[54] É de se indagar: por que na conduta comissiva ilícita não se discute dolo ou culpa — responsabilidade objetiva — e na conduta ilícita omissiva aqueles elementos subjetivos são discutidos — responsabilidade subjetiva? Seria apenas porque na primeira a conduta estatal é causa do dano e, na segunda, mera condição? Essa distinção, como se asseverou, já não se sustenta cientificamente, por isso deve ser afastada, prevalecendo a responsabilização objetiva do Estado.

11. Não se sustenta a outra afirmação do mesmo autor, no sentido de que nos casos de responsabilidade do Estado por conduta omissiva a questão deve ser analisada e decidida pelo ângulo da Administração, ao passo que quanto à conduta comissiva a análise e a decisão devem centrar-se no lesado. Em qualquer caso de responsabilidade do Estado, seja por conduta comissiva, seja por omissiva, haverá sempre os seguintes elementos: o dano, a conduta estatal e o nexo de causalidade. Outros, ainda, poderão ter lugar na discussão: a presença de circunstâncias excludentes, o fato de o dano não ser especial e anormal, a inexistência do dever de agir etc. Assim, não se pode falar que na responsabilidade decorrente de conduta comissiva analisa-se a questão pelo lado do lesado, quando, em se tratando de conduta omissiva, essa análise estaria centrada no lado da Administração. Em ambos os casos, vários fatores entram em linha de conta, sem preponderância de qualquer deles.

12. Também foi analisada a afirmação, feita por Celso Antônio, de que se nos danos decorrentes de conduta estatal omissiva o Estado for chamado a responder objetivamente este estará sendo erigido à condição de segurador universal. Em todos os casos em que o Estado é chamado a ressarcir prejuízos decorrentes de conduta omissiva, bem assim nas comissivas, poderá ele defender-se demonstrando a presença de quaisquer das circunstâncias excludentes de responsabilidade. Poderá, ainda, demonstrar que o dano não é especial, nem anormal, ou que não tinha o dever de agir. Este largo espectro de defesas leva à conclusão de que mesmo que se aplique a responsabilidade objetiva, o Estado não estará sendo erigido à condição de segurador universal.

13. A evolução da responsabilidade do Estado, no sentido de sua objetivação, fica ainda mais evidente quando se constata a redação do art. 43 do novo Código Civil de 2002, que deixou absolutamente claro que a perquirição sobre a presença do elemento subjetivo (culpa ou dolo) seria tão-somente na ação regressiva (do Estado) em face do (agente) causador do dano.

14. O legislador brasileiro, bem como a doutrina e a jurisprudência, sempre tiveram clara a evolução da responsabilidade do Estado, no sentido de sua objetivação, afastando-a da culpa e aproximando-a do risco, até assumi-lo, sendo razoável que se falasse em algum tipo de responsabilidade subjetiva apenas no período que vai do início de vigência do antigo Código Civil de 1916 até a promulgação da Constituição Fe-

54. Idem, ibidem, p. 624.

deral de 1946, quando, promulgada esta, a responsabilidade do Estado passou a ser objetiva, ficando revogado o antigo Código Civil.

15. A doutrina majoritária, inclusive Bandeira de Mello, entende ser objetiva a responsabilidade decorrente do dano provocado por ato lícito do Estado. Se ato lícito é o ato que está em conformidade com o direito e, para esse, a responsabilidade é objetiva, por que para o ato ilícito omissivo não haveria também essa maior proteção ao administrado, sendo que este último é indiscutivelmente mais grave? É imperiosa a proteção do administrado contra condutas mais graves, ampliando o seu campo de amparo pela adoção da responsabilidade objetiva.

16. O Código de Defesa do Consumidor atribui ao Estado, enquanto fornecedor de serviço público, a responsabilidade objetiva por danos decorrentes da "falta do serviço público", incluindo, assim, a responsabilidade por conduta omissiva; deve, ainda, obedecer a todos os princípios e regras protetores do consumidor; e, pelo art. 22, a responsabilidade pelo fornecimento inadequado ou ineficaz do serviço público será de natureza objetiva. Importante salientar que o Estado somente será considerado fornecedor e, portanto, estará sujeito às regras do CDC (responsabilidade objetiva) quando for produtor de bens ou prestador de serviços, remunerados por "tarifas" ou "preços públicos"; portanto, não serão aplicadas as normas do CDC aos caso em que aquele for remunerado por tributos. Desta forma, a partir do advento do Código de Defesa do Consumidor, a responsabilidade do Estado, pelo serviço público remunerado por tarifa ou preço público, é de natureza objetiva, tanto para as condutas comissivas como para as omissivas.

17. Ante todos os argumentos expostos, nosso posicionamento é no sentido da aplicabilidade da Teoria do Risco Administrativo, ou seja, da responsabilidade de natureza objetiva ao Estado, pelas condutas omissivas que causarem danos a terceiros, haja vista a necessidade de proteger o lesado ante a dificuldade deste em demonstrar a culpa ou dolo de algum agente ou que o serviço não funcionou como deveria. Ademais, o art. 37, § 6º, da Constituição Federal é claro ao discorrer que o Estado responde, independente de culpa, pelas condutas comissivas ou omissivas que causarem danos a terceiros. Todos os argumentos utilizados pelos doutrinadores a fim de sustentar a tese de que se aplica a Teoria Subjetiva na responsabilização das condutas omissivas estatais são frágeis e contraditórios. Ademais, o novo Código Civil, ao trazer tal regra no art. 43, corroborou a norma constitucional, no sentido de que será verificada a culpa ou o dolo somente em ação regressiva do Estado em face do agente causador do dano.

Referências bibliográficas

ÁLVAREZ, Carlos Lasarte. *Principios de Derecho Civil: Derecho de Obligaciones*. t. 2, 4ª ed., Madri, Trivium, 1996.

ALVIM, Agostinho. *Da Inexecução das Obrigações e suas Conseqüências*. 4ª ed., São Paulo, Saraiva, 1972.

AMARAL, Francisco. *Direito Civil*. 2ª ed., Rio de Janeiro, Renovar, 1998.

BAHIA, Saulo José Casali. *Responsabilidade Civil do Estado*. Rio de Janeiro, Forense, 1997.

BASTOS, Celso Ribeiro. *Curso de Direito Administrativo*. 3ª ed., São Paulo, Saraiva, 1999.

BITTAR, Carlos Alberto. *Curso de Direito Civil*. v. 1, Rio de Janeiro, Forense Universitária, 1994.

BRUNINI, Weida Zancaner. *Da Responsabilidade Extracontratual da Administração Pública*. São Paulo, Ed. RT, 1981.

CAHALI, Yussef Said. *Responsabilidade Civil do Estado*. 2ª ed., São Paulo, Malheiros Editores, 1995.

CARVALHO FILHO, José dos Santos. *Manual de Direito Administrativo*. 2ª ed., Rio de Janeiro, Lumen Juris, 1999.

CAVALCANTI, Themistócles. *Tratado de Direito Administrativo*. v. 2, 4ª ed., São Paulo, Freitas Bastos, 1960.

COSTA, Mário Júlio de Almeida. *Direito das Obrigações*. 6ª ed., Coimbra, Almedina, 1994.

CRETELLA JÚNIOR, José. *Tratado de Direito Administrativo*. Rio de Janeiro, Forense, s/d.

______. *Manual de Direito Administrativo*. 3ª ed., Rio de Janeiro, Forense, 1984.

______. *Direito Administrativo Brasileiro*. Rio de Janeiro, Forense, 1999.

DIAS, José de Aguiar. *Da Responsabilidade Civil*. 6ª ed., Rio de Janeiro, Forense, 1979.

DINIZ, Maria Helena. *Curso de Direito Civil Brasileiro*. v. 7, 12ª ed., São Paulo, Saraiva, 1998.

______. *Código Civil Anotado*. 4ª ed., São Paulo, Saraiva, 1998.

DI PIETRO, Maria Sylvia Zanella. *Direito Administrativo*. 10ª ed., São Paulo, Atlas, 1999.

FIGUEIREDO, Lúcia Valle. *Curso de Direito Administrativo*. 2ª ed., São Paulo, Malheiros Editores, 1995.

GALLI, Rocco. *Corso di Diritto Amministrativo*. 2ª ed., Pádua, Cedam, 1994.

GASPARINI, Diógenes. *Direito administrativo*. 4ª ed., São Paulo, Saraiva, 1995.

GIL, António Hernández. *Derecho de Obligaciones*. t. III, Madri, Espasa-Calpe, 1988.

GONÇALVES, Carlos Roberto. *Responsabilidade Civil*. 6ª ed., São Paulo, Saraiva, 1995.

GRINOVER, Ada Pellegrini *et al*. *Código Brasileiro de Defesa do Consumidor. Comentado pelos Autores do Anteprojeto*. 6ª ed., Rio de Janeiro, Forense Universitária, 1999.

JORGE, Fernando Pessoa. *Ensaio sobre os Pressupostos da Responsabilidade Civil*. Coimbra, Almedina, 1995.

LAZZARINI, Álvaro. "Responsabilidade civil do Estado por atos omissivos dos seus agentes", *Revista de Jurisprudência do Tribunal de Justiça do Estado de São Paulo — RJTJSP* 117/8-26.

______. *Estudos de Direito Administrativo*. 2ª ed., São Paulo, Ed. RT, 1999.

LENZ, Luís Alberto Thompson Flores. "A responsabilidade civil do Estado pela prática de ato lícito", *Revista da Procuradoria-Geral da República* 8/34-40, São Paulo, jan.-jun. 1996.

LOPES, Miguel de Serpa. *Curso de Direito Civil*. v. 8, 8ª ed., Rio de Janeiro, Freitas Bastos, 1996.

LUZ, Odília Ferreira da. *Manual de Direito Administrativo*. Rio de Janeiro, Renovar, 1997.

MEDAUAR, Odete. *Direito Administrativo Moderno*. 4ª ed., São Paulo, Ed. RT, 2000.

MEIRELLES, Hely Lopes. *Direito Administrativo Brasileiro*. 23ª ed., São Paulo, Malheiros Editores, 1998.

MELLO, Celso Antônio Bandeira de. *Curso de Direito Administrativo*. 10ª ed., São Paulo, Malheiros Editores, 1999.

______. "Responsabilidade patrimonial do Estado por atos administrativos", *Revista de Direito Administrativo* 132/41-56, Rio de Janeiro, abr.-jun. 1978.

MELLO, Oswaldo Aranha Bandeira de. *Princípios Gerais de Direito Administrativo*. v. 2, Rio de Janeiro, Forense, 1969.

MENDONÇA, Manuel Inácio Carvalho de. *Doutrina e Prática das Obrigações*. 4ª ed., Rio de Janeiro, Forense, 1956.

MONTEIRO, Washington de Barros. *Curso de Direito Civil*. 4º v., 29ª ed., São Paulo, Saraiva, 1997.

MONTES, Ángel Crostobal. *La Estructura y los Sujetos de la Obligación*. Madri, Civitas, 1990.

MUKAI, Toshio. *Direito Administrativo Sistematizado*. São Paulo, Saraiva, 1999.

MUÑOZ, Riánsares López. *Dilaciones Indébitas y Responsabilidad Patrimonial de la Administración de Justicia*. Granada, Comares, 1996.

NERY JÚNIOR, Nelson; e NERY, Rosa Maria de Andrade. *Novo Código Civil e Legislação Extravagante Anotados*. São Paulo, Ed. RT, 2002.

NONATO, Orosimbo. *Curso de Obrigações*. v. 2, Rio de Janeiro, Forense, 1959.

PEREIRA, Caio Mário da Silva. *Responsabilidade Civil*. 8ª ed., Rio de Janeiro, Forense, 1998.

PÉREZ, Jesús Gonzáles. *Responsabilidad Patrimonial de las Administraciones Públicas*. Madri, Civitas, 1996.

RODRIGUES, Sílvio. *Direito Civil*. 14ª ed., São Paulo, Saraiva, 1995.

SAMPAIO, Rogério Marrone de Castro. *Direito Civil: Responsabilidade Civil*. São Paulo, Atlas, 2000.

SCAFF, Fernando Facury. *Responsabilidade do Estado Intervencionista*. São Paulo, Saraiva, 1990.

STOCO, Rui. *Responsabilidade Civil*. 3ª ed., São Paulo, Ed. RT, 1997.

TÁCITO, Caio. *Direito Administrativo*. São Paulo, Saraiva, 1975.

TELLES, Antônio A. Queiroz. *Introdução ao Direito Administrativo*. São Paulo, Ed. RT, 1995.

THEODORO JÚNIOR, Humberto. *Responsabilidade Civil*. Rio de Janeiro, Aide, 1993.

WALD, Arnoldo. *Curso de Direito Civil Brasileiro: Obrigações e Contratos*. v. 2, 14ª ed., São Paulo, Ed. RT, 2000.

ESTUDOS E COMENTÁRIOS

EFEITOS PROSPECTIVOS DA DECLARAÇÃO DE INCONSTITUCIONALIDADE COMO TÉCNICA GARANTIDORA DO LIVRE EXERCÍCIO DA ATUALIZAÇÃO CONSTITUCIONAL

VANICE LÍRIO DO VALLE

Secretária da Administração e Reestruturação do Estado do Rio de Janeiro

1. Localização do tema de investigação: Constituição conformadora, seu imperativo de atualidade e os mecanismos viabilizadores desse exercício

Superada a concepção de Lassalle (2001:40)[1] de que "(...) as Constituições escritas não têm valor nem são duráveis a não ser que exprimam fielmente os fatores do poder que imperam na realidade social (...)", ganha espaço a idéia de que seja de se reconhecer ao Texto Magno um caráter propositivo e conformador da ordem social. É de Hesse (1991:17-18)[2] a assertiva de que o texto constitucional, de molde a preservar seu caráter formador e modificador da realidade, há de encontrar o "(...) germe material de sua força vital (...)" no tempo, nas circunstâncias e no caráter nacional da sociedade que organiza; sendo, todavia, não menos vital — como elemento assecuratório de sua permanência — que ele encontre-se aberto à adaptação de seus propósitos à mudança nessas mesmas condicionantes.

A partir dessa advertência, da necessária permeabilidade da Carta Federal às mudanças havidas no entorno que determinara, no passado, seu conteúdo, ganha impulso o estudo dos mecanismos que assegurem, justamente, essa atualização do texto e compromisso constitucional; nisso compreendendo não só a discussão em torno dos legitimados a empreender essa reflexão e do processo mais adequado ao desempenho de tal mister, como também a busca de quais sejam os limites admissíveis a essa tarefa sem que se tenha por subvertido o texto original do Diploma Maior. Seria, no entanto, ocioso o estudo em torno dos mecanismos de atualização do texto constitucional, se não se tivesse em perspectiva a relação que se estabeleça entre esse evoluir do Texto Base e os efeitos sobre a legislação infraconstitucional. Isso porque atualizar o conteúdo de conceitos constitucionais para fins de aproximar o texto da Carta dos reais objetivos pretendidos pela sociedade que ela regula sem ter em mente a legislação infraconstitucional que implementa tais direitos, pode

1. Ferdinand Lassalle, *A Essência da Constituição*, p. 40.

2. Konrad Hesse, *A Força Normativa da Constituição*, p. 18.

gerar verdadeira fratura no sistema jurídico, pelo absoluto distanciamento entre seu suporte último de validade e todo o arcabouço legislativo construído. A investigação, portanto, acerca dos mecanismos que permitam a efetivação do ideal de atualidade do texto constitucional, há de ter sempre em consideração que à reformatação do conteúdo da Carta, muitas vezes, há de corresponder uma intervenção no plano do direito infraconstitucional — necessária à sua adaptação à nova compreensão firmada quanto a seu suporte de validade — e ainda, eventualmente, o equacionamento do tratamento a se conferir a relações jurídicas constituídas, ou ainda em fase de constituição sob a égide da compreensão anterior quanto ao Texto Fundamental.

Indicado já o alcance que pode ter a implementação das recomendações ligadas à garantia do caráter conformador do texto constitucional, é possível fixar os limites propostos às presentes considerações: a defesa da importância da técnica consagrada pelo art. 27 da Lei 9.868/1999 (que autoriza o Supremo Tribunal Federal a reconhecer os efeitos da norma viciada de raiz com efeitos prospectivos) como mecanismo assecuratório da viabilidade do processo de mutação constitucional. Justifica-se o suscitar do tema, pela circunstância conhecida de que, inobstante a idéia de temperamento do dogma da aplicabilidade às leis inconstitucionais não seja estranha nem ao direito alienígena — como bem demonstra Sarmento (2001:14-21)[3] — nem tampouco à jurisprudência pátria, fato é que a consagração explícita dessa possibilidade tem suscitado desconforto em variados graus já no âmbito da doutrina, com o uso de argumentos relacionados a violação do princípio do equilíbrio e harmonia entre os poderes, e mesmo de ausência de legitimidade ao Judiciário para essa espécie de providência. Assim, o que se objetiva é demonstrar — em caráter meramente provocativo, sem qualquer pretensão de pôr-se termo à discussão — que a técnica consagrada no art. 27 da já citada Lei 9.868/1998 guarda intrínseca relação de garantia da adequada aplicação da idéia de mutação constitucional.

2. *Mutação constitucional: conceito e seu caráter instrumental à atualização da Constituição conformadora da ordem social*

O fenômeno da mutação constitucional, como mecanismo autorizador da modificação do conteúdo da norma, sem modificação de seu texto, mas se lhe conferindo significação diferente, não é novo no Direito Constitucional.

Em 1906, já destacava Jellinek (1990: 11)[4] que as leis constitucionais se podem reformar por ab-rogação, por substituição por leis posteriores, ou, ainda, por *recepção de outro texto*, desenvolvendo as idéias de como a prática parlamentar, a prática administrativa e mesmo a prática jurisdicional pudessem determinar esse fenômeno de conferir-se novo texto à norma constitucional. Ocorrências sociais e históricas sobejamente conhecidas como o desuso, a prática social distinta do originalmente traçado, e tantos outros, são indicadas e enfrentadas pelo autor como potencialmente determinantes de mutação constitucional.

Inspirado pelas próprias idéias de Jellinek — referido expressamente nos trabalhos de desenvolvimento do tema da força normativa da Constituição — Hesse (1992: 100),[5] tendo destacado a importância do texto constitucional expressar uma arquitetura

3. Daniel Sarmento, "A eficácia temporal das decisões no controle de constitucionalidade", in José Adércio Leite Sampaio e Álvaro Ricardo de Souza Cruz (coords.), *Hermenêutica e Jurisdição Constitucional*, pp. 14-21.

4. Georg Jellinek, *Reforma e Mutación de la Constitución*, p. 11.

5. Konrad Hesse, *Escritos de Derecho Constitucional*, 2ª ed., trad. Pedro Cruz Villalon, p. 100.

aberta que lhe permitisse a atualização permanente como elemento garantidor desse seu caráter vinculante, enfrenta também o tema da necessária reflexão acerca da mutação constitucional. Desenvolvendo a temática, é o mesmo autor quem adverte para os limites que se possa opor à técnica da mutação constitucional, de molde a prevenir o risco de ela se venha a transmudar em um instrumento que corroa o próprio sentimento de Constituição.[6]

No âmbito do direito pátrio, o tema — embora aqui chegado com o atraso histórico conhecido — vem sendo igualmente enfrentado, sendo de se assinalar a obra pioneira de Ferraz (1986)[7] e o texto específico de Bulos (1997),[8] sendo desse último a observação no sentido de que se a Carta Constitucional guarda relação condicionadora com as demais estruturas do Estado — sujeitas as alterações — é de se reconhecer, necessariamente, a possibilidade de alteração da primeira, "(...) para não promover o divórcio entre o texto judicioso e o fato social cambiante".

Têm-se, portanto, por certo, que a técnica da mutação constitucional, como elemento de resgate da preconizada harmonia entre o conteúdo que se reconhece à norma e o seu chamado "programa normativo", é instrumento destacado de proteção mesmo à Constituição, que há de prevalecer no seu sentido — e não na sua literalidade. É de se ter em consideração, todavia, que o processo de mutação constitucional — até porque reflete, como se viu, os efeitos do decurso do tempo sobre a compreensão do conteúdo de uma regra constitucional — ocorre de fato, e mais ainda, vem a ter reconhecimento jurisdicional, normalmente, depois de transcorrido espaço de tempo razoável. Com isso, é de se ter em consideração, como assinalado na introdução, quais devem ser os efeitos do reconhecimento da mutação sobre as relações jurídicas já constituídas ou em vias de constituição, sob as premissas da compreensão do conteúdo constitucional que agora se tenha por modificado. Essa reflexão há de se dar, sem sombra de dúvida, tendo por pano de fundo os valores de estabilidade das relações e de segurança jurídica, que inerentes ao Estado Democrático de Direito, são indicados pelo Texto Constitucional brasileiro como fundantes de nosso ordenamento (art. 1º, *caput*, da Carta Federal). E é justamente essa necessária interseção entre mutação constitucional, situações pretéritas e segurança jurídica que há de determinar a necessidade de um mecanismo que permita soluções intermediárias que justifiquem — em nome da estabilidade das relações — a preservação de situações anteriores, sem paralisar a possibilidade e empreender-se, quando a realidade dos fatos assim reclama, à mutação constitucional.

3. A teoria clássica da nulidade das normas inconstitucionais e sua insuficiência para a garantia da Constituição viva

É sabido que o Direito brasileiro — como de resto, significativa parcela dos sistemas normativos constitucionais do mundo — opera sob a idéia de que a norma inconstitucional seja nula, posto que lhe falta suporte de validade. Desde o *leading case Marbury vs. Madison* na Suprema Corte americana, até os dias de hoje, a construção

6. "(...) No todo hecho nuevo perteneciente al sector de la realidad regulado por la norma, el ámbito objetivo, es capaz de provocar tal modificación. La instancia que decide si el cambio fáctico puede ser relevante para la norma, es decir, si el hecho modificado pertenece al ámbito normativo es el programa normativo que se contiene sustancialmente en el texto de la norma constitucional (y que debe ser interpretado con los instrumentos tradicionales). Sólo en tanto este hecho nuevo o modificado resulte perteneciente al ámbito normativo puede aceptar-se también un cambio de la norma."

7. Anna Cândida da Cunha Ferraz, *Processos Informais de Mudança na Constituição*.

8. Uadi Lammêgo Bulos, *Mutação Constitucional*.

de que o contraste entre a norma infraconstitucional e o Texto Maior deva se resolver em favor do último, e com reconhecimento de nulidade do primeiro (sem o que se teria, a rigor, aplicado norma inconstitucional em evidente agressão à Carta de Princípios) tem prevalecido como a construção mais adequada, sendo digna de registro, sempre, a posição de Kelsen (2001:83-84),[9] ainda hoje observada no direito austríaco, no sentido de que a norma inconstitucional seja anulável.

Em sede de direito nacional, Mendes (2001:316)[10] destaca que o Supremo Tribunal Federal brasileiro embora não tenha enunciado com literalidade, inclina-se pela conclusão de que o princípio da nulidade da lei inconstitucional tenha inclusive sede constitucional. Desenvolvendo essa assertiva em outro trabalho, é também do Ministro Gilmar Mendes (2002)[11] a indicação de quais sejam os preceitos constitucionais que permitiriam a conclusão pelo dogma da nulidade da lei inconstitucional, a saber: o princípio do Estado de Direito (art. 1º, *caput*), a proteção dos direitos fundamentais contra eventual mudança da Constituição (art. 60, § 4º), bem como o processo especial para revisão constitucional (art. 60).

Não se pode deixar de trazer à luz, todavia, que inobstante a consagração assente da teoria — e a própria indicação de suporte constitucional à tese da nulidade da lei viciada de raiz — a jurisprudência também da Suprema Corte brasileira, aqui e ali, indicava já antes mesmo da edição da Lei 9.868/1998, precedentes em que a compreensão de que o reconhecimento da inconstitucionalidade da lei devesse ter por conseqüência sempre a afirmativa de sua nulidade, com a negativa de efeitos de qualquer natureza ao comando legislativo que por vezes teve aplicação ao longo de anos a fio, poderia gerar situações iníquas, sendo exigível a apreciação do tema com um pouco mais de flexibilidade. São conhecidos os precedentes dos RE 78.533 e 122.202, em que, invocando-se o princípio da proteção à boa-fé e estabilidade das relações, preservou-se da desconstituição, situações já consumadas com base (direta ou indireta) em norma reconhecida posteriormente como inconstitucional.

Pouco a pouco, na verdade, se vem reconhecendo a insuficiência da teoria clássica das nulidades para a composição do problema em questão, já que a construção puramente jurídica — se a norma não encontrava suporte constitucional, não se lhe pode reconhecer efeitos de qualquer natureza — em verdade conflita com a realidade dos fatos — a norma, editada sob a presunção de sua constitucionalidade, produz, em concreto, efeitos, na medida em que regula relações jurídicas que sob sua vigência se constituam, até a declaração de sua inconstitucionalidade. Nessa linha de consideração, sintetizada por Sarmento (2001:42),[12] tendo-se

9. Hans Kelsen, *La Garantía Jurisdiccional de la Constitución (la Justicia Constitucional)*, trad. Roland Tamayo y Salmorán, pp. 83-84.

10. Ives Gandra da Silva Martins e Gilmar Ferreira Mendes, *Controle Concentrado de Constitucionalidade — Comentário à Lei 9.868, de 10.11.1999*, p. 316.

11. Gilmar Ferreira Mendes, *A Declaração de Inconstitucionalidade Sem Pronúncia de Nulidade e a Declaração de Inconstitucionalidade de Caráter Restritivo ou Limitativo no Direito Brasileiro*, <http://www.idp.org.br/caderno_virtual/cadernovirtual.htm>, consultado em 10.12.2002.

12. Ob. cit., p. 42: "Porém, nem a melhor das teorias supera os fatos, em sua riqueza e complexidade. Assim, se é certo que o jurista não deve abdicar da segurança conferida pela adesão aos postulados da lógica formal, mais certo ainda é que ele não pode fechar os olhos às exigências e desafios postos à cada dia pelo mundo que o cerca. Afinal, o Direito existe para servir à sociedade, e não o contrário. Uma Constituição dirigente e compromissória como a Carta de 1988, regendo uma produção legislativa anárquica e inflacionada como brasileira, suscita, naturalmente, problemas de alta complexidade no controle de constitucionalidade. O equacionamento satisfatório destes problemas nem sempre se compadece com o dogma da eficácia re-

por pano de fundo a ponderação de valores que venha a se mostrar necessária empreender segundo as circunstâncias do caso concreto, indispensável a adoção, com menos reserva, da técnica do reconhecimento de efeitos possíveis à lei inconstitucional. Na mesma linha de compreensão, Mendes (2001:321)[13] destaca hipóteses em que o próprio Supremo Tribunal Federal teria já destacado a insuficiência dos instrumentos clássicos de controle de constitucionalidade, circunstância que estaria a desafiar a construção de modelos mais flexíveis — como o que veio a ser sinalizado pelo já mencionado art. 27 da Lei 9.868/1998. Fato é, porém, que o preceito recém-introduzido não foi recebido com festa pela comunidade jurídica nacional que, curiosamente, ao contrário, apressou-se em trazer os riscos inerentes à admissibilidade do reconhecimento, pelo Judiciário, da produção de efeitos pela norma inconstitucional.

A principal linha de argumentação contrária à admissibilidade dos efeitos para futuro do reconhecimento da norma inconstitucional reside, em verdade, no argumento de risco ao equilíbrio e harmonia entre os poderes — eis que se entende, estaria o Judiciário, na hipótese, desenvolvendo verdadeiro papel de legislador positivo, na medida em que construiria regra jurídica reguladora das situações havidas sob a égide de norma viciada de raiz.

Sem qualquer pretensão de análise dessa linha de argumentação — que ganha enorme relevância, especialmente em tempos de judicialização, seja das decisões políticas por intermédio da ampliação do controle, em especial, concentrado, de constitucionalidade das leis; como ainda das relações sociais — fato é que a compreensão de que equilíbrio e harmonia entre poderes não pode ser traduzido em segregação absoluta de funções, já se punha até mesmo para os chamados pais fundadores do constitucionalismo americano, nas palavras de Madison (1993:333).[14] Assim, não é o argumento de que uma atuação criadora do Poder Judiciário — pautada, como se cogita, pelos princípios constitucionais regedores do tema legislado sob o estigma do vício — possa implicar em maior interseção entre ele e o Legislativo, que seria argumento suficiente a admitir-se o comprometimento, por outro lado, da estabilidade das relações e da segurança jurídica, princípios de sede igualmente constitucional, e não menos relevantes no trato da matéria. Mais ainda, esse argumento, de inadmissibilidade de atuação do Poder Judiciário por seu órgão de cúpula para a composição do conflito entre aplicar-se a norma viciada de raiz ou sacrificar a estabilidade das relações jurídicas, poderia levar ao vácuo legislativo, já que a situação, não encontrando solução em sede jurisdicional ao argumento de ausência de competência, deveria permanecer irresolvida até que o próprio Legislativo, eventualmente, entendesse de oferecer-lhe solução...

O tema da admissibilidade do reconhecimento de eficácia prospectiva à declaração de inconstitucionalidade da norma, ao que parece, tem que ser compreendido em uma perspectiva um pouco mais ampla do que a já indicada, de mecanismo de preservação de segurança jurídica e estabilidade das relações — dimensão temporal pretérita da matéria. O que se propõe à reflexão — e aqui se chega na idéia fundamental do presente trabalho — é que ele há de ser compreendido na sua dimensão para futuro, ou seja, como o mecanismo que permite conforto à prática da mutação constitucional, com a reconfiguração do conteúdo do programa normativo do Texto Fundamental.

troativa das decisões de inconstitucionalidade. É preciso, por isso, flexibilizar este dogma, reconhecendo a faculdade do Judiciário de temperá-lo, sempre que as circunstâncias da vida e os valores constitucionais o exigirem".

13. Ob. cit., p. 321.

14. James Madison, *Os Artigos Federalistas, 1751-1836*, trad. Maria Luiza X. de A. Borges, p. 333.

4. Mutação constitucional e efeitos prospectivos do reconhecimento da inconstitucionalidade da lei: relação de viabilização recíproca

Já se viu no item 2 acima, a importância da mutação constitucional como instrumento de reconciliação entre o texto da Carta Fundamental e a sua proposta para a sociedade que ela mesma organiza. Desafio à mantença da integridade lógica e científica do sistema jurídico se porá, como igualmente já se assinalou, quando a mutação constitucional implicar em efeitos a se produzirem sobre relações já constituídas — que podem ter sido, inclusive, objeto de manifestação até mesmo jurisdicional, acerca de sua (in)adequação com o Texto Maior.[15] Assim, é possível que o novo conteúdo que se reconhece a determinado tema objeto da Carta Federal possa produzir efeitos não só sobre a legislação a se editar, mas também sobre as normas em vigor, sobre situações já objeto de apreciação pelo Poder Judiciário, ou ainda hipóteses em tese destinatárias da cláusula de proteção ao direito adquirido ou ao ato jurídico perfeito. Em situações como as acima figuradas, a aplicação da teoria clássica levará à determinação da nulidade — por exemplo — da norma infraconstitucional antes editada, e com ela, à nulidade de todas as relações jurídicas que sob seu pálio se tenham constituído; relações essas que, como já se disse, podem ter sido objeto inclusive de manifestação chanceladora de sua compatibilidade com a compreensão (anterior à mutação) do texto constitucional. Disso resultariam, necessariamente, duas alternativas: a) ou a mutação constitucional, instrumento de atualidade da Constituição e de consolidação de sua força normativa, estaria determinando em concreto instabilidade das relações jurídicas (e, portanto, corrosão da própria ordem constitucional que tem na tarefa de conferir segurança jurídica sua própria razão de ser); ou b) os legitimados a empreender a mutação constitucional, em especial o Poder Judiciário, tenderão a manter posição sempre conservadora, restringindo a aplicação do instituto para evitar o enfrentamento desse conflito e, por via de seqüência, ameaçando a atualidade de que o texto constitucional se deve revestir. A criação de mecanismos que permitam solução jurídica — harmônica com os princípios constitucionais vigentes — ao problema do tratamento das relações firmadas sob a égide da compreensão do programa normativo constitucional anterior à mutação, em verdade, é instrumento garantidor da sua aplicação com a freqüência e intensidade necessárias a assegurar-se força normativa ao Texto-Base.

Rechaçada — ou circunscrita excessivamente nas suas hipóteses de aplicação — a possibilidade insculpida no art. 27 da Lei 9.868/1998, ao argumento de violação ao equilíbrio e harmonia entre os Poderes, o risco é de que o Poder Judiciário, vendo-se defronte de situação que recomende a revisitação de conceito anteriormente conferido à locução constitucional, possa entender por não promover à sua atualização, por temer sejam mais nefastas as conseqüências da pronúncia de nulidade com relação às situações anteriores, do que as da desatualização do texto constitucional. Em última análise, negada aplicação à prerrogativa de reconhecimento da inconstitucionalidade da lei com efeitos prospectivos, o que se estará fazendo é subtrair do Judiciário a possibilidade de, em se vendo diante de hipótese de necessária atualização da compreensão do texto da norma constitucional, empreender a ponderação de valores e combinar o esforço de revogação, com a garantia de se-

15. No terreno do direito tributário em especial — sede hoje de intensa judicialização dos conflitos, com o argumento sempre forte de que haja, na atuação legiferante dos poderes, violação ao chamado estatuto do contribuinte — não são incomuns as hipóteses em que determinado tema venha a ser apreciado judicialmente, com decisões pró-Fisco até mesmo transitadas em julgado, até que sobrevenha manifestação da Suprema Corte trazendo nova linha de conclusão, contrária à Fazenda...

gurança das situações anteriores. Isso seria a negação de uma prática que, como demonstrado, Jellinek (1990) indicava como necessária já no início do século XX.

Duas são as formas pelas quais se pode encarar o significado que se confira à possibilidade do Poder Judiciário conferir efeitos prospectivos à decisão havida no controle concentrado de constitucionalidade da norma: a) ou se reconhece seja a decisão cogitada no art. 27 da Lei 9.868/1998 operação normal de aplicação do Direito, eis que subordinada a providência excepcional a requisitos expressamente consagrados na norma em comento, a saber, existência de razões de segurança jurídica ou de excepcional interesse social; ou b) se entende seja a prerrogativa contida no *multi* mencionado art. 27 da Lei 9.868/1998, verdadeira abertura para que empreenda o Judiciário a decisão de cunho meramente político, proferindo decisão estranha à natureza de sua função constitucionalmente assinalada, e para a qual — quiçá — o próprio texto não lhe reconhece legitimidade.

4.1 O reconhecimento de superior interesse público como decisão tipicamente jurisdicional

Apresentando compreensão possível à locução *interesse público relevante*, destaca-se Rui Medeiros, citado por Mendes (2002),[16] sustentando não se cuide de "(...) substituir a constitucionalidade estrita por uma constitucionalidade política ou de colocar a razão de Estado em lugar da razão da lei. Essa opção nasceu da constatação de que 'a segurança jurídica e a eqüidade não esgotavam o universo dos valores últimos do direito que, em situações manifestamente excepcionais, podiam justificar uma limitação de efeitos". A proposta, em verdade, é de se reconhecer que tanto na segurança jurídica quanto na estabilidade das relações, o que se tem e tutela, em verdade, são valores que contribuem à pacificação social — razão suficiente a que sejam considerados na delicada composição de uma ponderação de interesses quando em jogo o tema da teoria das nulidades da norma constitucional. Ora, é de se reconhecer, porém, que a contribuição à pacificação social que a proteção desses valores serve, guarda estreitíssima linha de proximidade com o que se chama de *superior interesse público* — afinal, nenhum interesse é mais geral e mais destacado que o de pacificação social, razão de ser do próprio Estado. Assim, é possível entender que superior interesse público seja gênero, que comporta como espécies a segurança jurídica e a estabilidade das relações, sem que, contudo, nessas duas ordens de consideração se esgote o seu conteúdo.

Não há de ser o caráter indeterminado do conceito que há de gerar desconforto no intérprete para a sua aplicação. Afinal, em tempos de pós-positivismo, não se pode mais almejar a falsa segurança da operação de subsunção, já que é sabido que a aplicação matemática da norma jurídica levará no mais das vezes, a resultados pobres tendo-se em consideração a complexidade dos fenômenos que o Direito regula.

Mas como controlar que a aferição da ocorrência desse fenômeno (superior interesse público) no seu traçado genérico — e não especificamente identificado da segurança jurídica e estabilidade das relações? Para essa finalidade, ganhará destaque a regra também de sede constitucional do art. 93, IX, da Carta Federal, que determina a motivação das decisões judiciais. Assim, o juízo relacionado à aplicabilidade, por período determinado de tempo, da norma reconhecida como inconstitucional, não poderá jamais ser fruto de decisão meramente política — como querem alguns, mais refratários à possibilidade — eis que se cuidará de decisão sujeita sempre ao cumprimento do dever de demonstração de seus fundamentos, característica essa que, como se sabe, não se põe no exercício da função legislativa.

16. Ob. cit.

4.2 O reconhecimento de superior interesse público como decisão formalmente jurisdicional, mas materialmente política

Ainda que se pretenda vislumbrar na decisão pela aplicação do comando contido no art. 27 da Lei 9.868/1998 operação distinta na prática jurisdicional pura e simples, nem por isso a conclusão há de se dar no sentido de que não seja compatível com a sistemática constitucional pátria, como se passará a demonstrar.

Fato é que o tema da mutação constitucional, no Brasil, em especial, ganhou relevância, por sua vez, pela acentuada judicialização da política, como já mencionado no presente texto. Assim, em boa ou má inspiração, o legislador constitucional, ao ampliar significativamente o universo de hipóteses e de interlocutores para o exercício da prática do controle de constitucionalidade das normas, introduz uma arena de debates ampla, que provoca o Poder Judiciário a uma permanente reflexão — provocado por argumentação variada oferecida pelos múltiplos intérpretes do texto constitucional — sobre seu conteúdo. A par disso, o caráter aberto do texto constitucional brasileiro, associado, ao mesmo tempo, com uma pretensão à consagração de significativo elenco de direitos fundamentais, induz igualmente a um debate permanente e acirrado de qual seja o verdadeiro conteúdo desses conceitos abertos, assecuratórios de direitos. Nesse particular, é recomendável a leitura de Vianna (1999:21),[17] que enuncia que "(...) a indeterminação do direito, por sua vez, repercutiria sobre as relações entre os Poderes, dado que a lei, por sua natureza, originária do Poder Legislativo, exigiria o acabamento do Poder Judiciário, quando provocado pelas instituições e pela sociedade civil a estabelecer ou sentido ou completar o significado de uma legislação que nasce com motivações distintas às da 'certeza jurídica'. Assim, o Poder Judiciário seria investido, pelo próprio caráter da lei do Estado Social, do papel de 'legislador implícito'". Embora a referência do autor se dirija às hipóteses em que o Judiciário, no exercício da jurisdição constitucional, traça os limites de um conceito, no uso das técnicas que são próprias a essa função — interpretação conforme, declaração de inconstitucionalidade sem redução de texto etc. etc. — não resta dúvida que o mesmo argumento sirva às hipóteses de que se cogita, vez que a composição para as situações jurídicas constituídas sob a égide da norma reconhecida como inconstitucional estaria sendo ofertada pelo próprio Judiciário, também aqui no indicado papel de legislador implícito...

Nesse cenário de exercício dialético intenso quanto ao conteúdo do programa normativo da Constituição, é natural que a refixação dos conceitos — logo, o exercício da mutação constitucional — se ponha como alternativa de superação dos conflitos com relativa freqüência, sem que isso expresse qualquer excesso do Poder Judiciário, mas, sim, ao contrário, o rigoroso desempenho de seu mister constitucional.

Essa foi a opção do poder constituinte originário, que construindo um sistema de jurisdição constitucional com essa amplitude, há de ter presente que promoveu, necessariamente, à trazida às portas do Judiciário de uma significativa parcela de juízo político que, em outros sistemas constitucionais, resta circunscrito ao Poder Legislativo.[18] Se a solução empreendida — já se disse — foi boa ou ruim, é análise que escapa aos limites dessa despretensiosa provocação ao raciocínio; mas fato é que a compreensão dos próprios mecanismos materializadores dessa jurisdição constitucional

17. Luiz Werneck Vianna *et. al.*, *A Judicialização da Política e das Relações Sociais no Brasil*, Rio de Janeiro, Revan, 2001, p. 21.

18. São conhecidos exemplos em sistemas jurídicas alienígenas — notadamente, o da França — em que a jurisdição constitucional não é sequer exercida pelo Poder Judiciário...

alargada há de se dar tendo por pano de fundo o papel que o próprio texto constitucional reservou ao Poder Judiciário.

Importante destacar que esse modelo que reserva ao Judiciário papel mais ativo na determinação do conteúdo constitucional, com modelo de jurisdição dessa mesma natureza mais aberto e com amplo espectro de providências possíveis, traduz mesmo uma idéia de conciliação de vantagens e desvantagens do modelo de reserva a um só dos poderes, como demonstrado por Dworkin (2001:30-32).[19] Assim, o incremento do número de legitimados à propositura do controle concentrado de constitucionalidade e a criação de diversificadas vias de ação (direta de inconstitucionalidade, declaratória de constitucionalidade, argüição de descumprimento de preceito fundamental etc. etc.) são previsões do Texto Magno que traduzem inequivocamente uma opção de composição entre a suposta superioridade democrática da elaboração das normas gerais de conduta pelo Legislativo, e a conveniência da instituição de uma instância de poder que possa, justamente no ideal de Montesquieu, refrear àquela primeira, inclusive pela circunstância de que se compõe e opera segundo parâmetros distintos...

Com isso já é de se ter por afastada aquela compreensão de que o Judiciário seja órgão exclusivamente técnico, ao qual não se deva reconhecer qualquer conteúdo político de decisão. Ao contrário, o que se tem é uma valorização do Poder Judiciário como elemento de composição dos conflitos e impasses — não mais somente no conceito clássico, do conflito individual, mas compreendendo igualmente uma dimensão maior, do conflito decorrente do descumprimento de papéis e deveres que a Constituição impõe às várias instituições ali reconhecidas. A construção de uma interpretação reducionista desse papel, reconhecido constitucionalmente ao Judiciário, é tanto atentatória à Carta de Princípios como o seria o negar a esse mesmo Poder o exercício da jurisdição constitucional...

Não deve o reconhecimento de que se tenha optado, no modelo constitucional brasileiro, por um maior destaque ao papel do Poder Judiciário — e a conjugação das técnicas de mutação constitucional, com fixação de efeitos prospectivos para a decisão que reconheça inconstitucionalidade de lei é sem dúvida, uma importante expressão desse novo perfil — gerar perplexidades, ou, pior ainda, temor, especialmente com relação à nossa democracia, ainda tão jovem.[20] Isso porque, embora a tese de que o

19. Ronald Dworkin, *Uma Questão de Princípio*, pp. 30-32: "A estabilidade política, porém, não é a razão principal — além das razões de exatidão — pela qual a maioria das pessoas quer que as decisões sobre direitos sejam tomadas pelo Legislativo. A razão é de eqüidade. A democracia supõe igualdade de poder político, e se as decisões políticas genuínas são tiradas do Legislativo e entregues aos Tribunais, então o pode políticos dos cidadãos individuais, que elegem legisladores, mas não juízes, é enfraquecido, o que é injusto. (...). Se algum indivíduo ganha mais do que perde quando os Tribunais incumbem-se de decidir que direito ele tem, pode ser uma boa pergunta. O aceso aos Tribunais pode ser caro, de modo que o direito de acesso é, dessa maneira, mais valioso para os ricos do que para os pobres. Mas, como normalmente os ricos têm mais poder sobre o Legislativo que os pobres, pelo menos a longo prazo, transferir algumas decisões do Legislativo pode, por essa razão, ser mais valioso para os pobres. Membros de minorias organizadas, teoricamente, têm mais a ganhar com a transferência, pois o viés majoritário do Legislativo funciona mais severamente contra eles, e é por isso que há mais probabilidade de que seus direitos sejam ignorados nesse fórum. Se os Tribunais tomam a proteção de direitos individuais como sua responsabilidade especial, então as minorias ganharão em poder político, na medida em que o acesso aos Tribunais, é efetivamente possível e na medida em que as decisões dos Tribunais sobre seus direitos são efetivamente fundamentadas".

20. É sempre oportuno lembrar que inobstante jovem, nossa democracia já superou importantes provas de fogo, em especial, o afastamento pelo mecanismo constitucional de um Presidente da República eleito, sem qualquer abalo à ordem demo-

Legislativo se legitima especialmente para a elaboração normativa posto que é eleito, e renovado periodicamente, fato é que o Poder Judiciário apresenta outras características — justamente pela não submissão aos condicionantes próprios do processo eleitoral — que permitem a construção de um mecanismo de inter-relação entre os Poderes que pode, bem exercido, se mostrar mais favorável à sociedade.

5. *A título de conclusão*

Em linha de síntese, defendeu-se no presente texto a importância da existência de mecanismo de composição aplicável para superar o risco da violação à estabilidade das relações, à segurança jurídica e ao superior interesse público (entendido como gênero), por ocasião do exercício da jurisdição constitucional — e para esse mister, a técnica consagrada no art. 27 da Lei 9.868/1998 se revela de extrema importância. O que não pode restar desconsiderado, todavia, nessa operação, é que — como, aliás, em várias outras vertentes de atuação do poder estatal — o fundamental para a garantia de que os mecanismos não se desvirtuem, é o controle social. Assim, a jurisdição constitucional — em seu perfil ampliado, que se volta à idéia de sociedade aberta dos intérpretes da Constituição, como proposto por Häberle — há de ser exercida com a mais ampla participação social possível, seja pela provocação pelas entidades coletivas a ela legitimadas, seja pela intervenção de *amicus curiae*, seja pela intervenção fiscalizadora do Ministério Público no zelo em especial com relação ao dever de fundamentação; enfim, por todos os mecanismos que a própria Carta Federal indica.

O pressuposto do sistema de jurisdição constitucional da Carta de 1988, como já várias vezes destacado no presente texto, é uma ampliação da participação social — e isso há de ser entendido em seu espectro mais amplo, compreendendo não só o poder de deflagrar o processo, mas também o de acompanhá-lo, e para ele contribuir, já que, em última análise, é a sociedade a destinatária do resultado daquela atividade jurisdicional. É justamente essa participação intensa, expressa como expectativa do Diploma Maior e na legislação infraconstitucional mais recente, que poderá proporcionar, também pelo procedimento, o signo da legitimidade que é tão caro às decisões nos regimes democráticos.

crática. Esse registro se faz tão-somente para lembrar aos céticos que a estabilidade democrática e constitucional têm mesmo sua principal fonte no comprometimento da sociedade com esse ideal, sendo de se concentrar, portanto, os esforços na construção da cidadania e não na construção de uma espécie de dosimetria de legitimidade de instituições que só podem bem cumprir seu papel democrático entendidas no seu conjunto inter-relacional...

Bibliografia

BULOS, Uadi Lammêgo. *Mutação Constitucional*. São Paulo, Saraiva, 1997.

DWORKIN, Ronald. *Uma Questão de Princípio*. São Paulo, Martins Fontes, 2001.

FERRAZ, Anna Cândida da Cunha. *Processos Informais de Mudança na Constituição*. São Paulo, Max Limonad, 1986.

HESSE, Konrad. *A Força Normativa da Constituição*. Porto Alegre, Sérgio Antonio Fabris Editor, 1991.

______. *Escritos de Derecho Constitucional*. Trad. Pedro Cruz Villalon, 2ª ed., Madri, Centro de Estudios Constitucionales, 1992.

JELLINEK, Georg. *Reforma e Mutación de la Constitución*. Madri, Centro de Estudios Constitucionales, 1990.

KELSEN, Hans. *La Garantía Jurisdiccional de la Constitución (la Justicia Constitucional)*. Trad. Roland Tamayo y Salmorán, México, Universidad Nacional Autónoma de México, 2001.

LASSALLE, Ferdinand. *A Essência da Constituição*. Rio de Janeiro, Lumen Juris, 2001.

MADISON, James. *Os Artigos Federalistas, 1751-1836*. Trad. Maria Luiza X. de A. Borges, Rio de Janeiro, Nova Fronteira, 1993.

MARTINS, Ives Gandra da Silva, e MENDES, Gilmar Ferreira. *Controle Concentrado de Constitucionalidade — Comentário à Lei 9.868, de 10.11.1999.* São Paulo, Saraiva, 2001.

MENDES, Gilmar Ferreira. *A Declaração de Inconstitucionalidade Sem Pronúncia de Nulidade e a Declaração de Inconstitucionalidade de Caráter Restritivo ou Limitativo no Direito Brasileiro*, <http://www.idp.org.br/caderno_virtual/cadernovirtual.htm>, consultado em 10.12.2002.

SARMENTO, Daniel. "A eficácia temporal das decisões no controle de constitucionalidade", in SAMPAIO, José Adércio Leite, e CRUZ, Álvaro Ricardo de Souza (coords.). *Hermenêutica e Jurisdição Constitucional.* Belo Horizonte, Del Rey, 2001.

O PROCESSO DE CONCRETIZAÇÃO CONSTITUCIONAL: LIMITES E POSSIBILIDADES

NOEL ANTONIO TAVARES DE JESUS

Consultor Jurídico de Municípios e Câmaras de Vereadores
e Especializando em Direito Administrativo Aplicado pelo CESUSC/Florianópolis.
Advogado em Florianópolis/SC

I — Introdução

A Constituição é um documento jurídico-político formado por regras e princípios, os quais dependem, em alguns casos, da atividade legiferante do Poder Legislativo para serem concretizados. Isto ocorre quando as normas jurídicas constitucionais demandam a produção de outras normas jurídicas para implementá-las. Na atividade de concretização constitucional, a própria Constituição estabelece preceitos e diretrizes a serem seguidos pelo legislador ordinário, sob pena de ser invalidada a sua produção normativa.

No primeiro momento, será analisada a Constituição enquanto norma superior do ordenamento jurídico, formada por um sistema aberto de princípios e regras jurídicas. No segundo momento, serão apontados os limites formais e materiais para a atividade legiferante ordinária. Aqui ganha destaque o princípio constitucional da proporcionalidade, enquanto mecanismo que sujeita a atividade legislativa ordinária ao controle jurisdicional de constitucionalidade, a fim de evitar que a competência legiferante descambe para o excesso de Poder Legislativo, o que resultaria, nesse caso, em leis desproporcionais. No terceiro momento, serão analisados alguns casos em que os Tribunais aplicaram o princípio da proporcionalidade para expelir normas inconstitucionais do ordenamento jurídico. Tudo isso é feito para demonstrar, com base em sólida pesquisa bibliográfica, que a competência legislativa ordinária é condicionada, tanto formal como materialmente, pela Constituição. É nesta que são estabelecidos os mecanismos de controle dos atos legislativos inferiores, com o propósito de manter a normatividade e a superioridade do estatuto constitucional.

A concretização constitucional ficou restrita ao âmbito do Poder Legislativo, deixando, assim, de abordar o papel desempenhado neste sentido pelos demais Poderes integrantes da República.

II — A Constituição como norma superior do ordenamento jurídico

A Constituição é formada por um conjunto de normas jurídicas positivas (princípios e regras), geralmente escritas, que possuem, em relação às outras normas do ordenamento jurídico, caráter fundacional e primazia normativa.[1]

As normas constitucionais diferenciam-se das demais normas do ordenamento jurídico, pois ocupam posição hierárquico-normativa superior. Isto é manifestado na:

a) autoprimazia normativa: as normas constitucionais não encontram fundamento de validade em outras normas jurídicas de hierarquia superior;[2]

b) fonte primária da produção jurídica: as normas constitucionais constituem as determinantes positivas e negativas das normas inferiores, correspondendo ao fundamento material e formal de validade das normas hierarquicamente inferiores;[3]

c) força heterodeterminante: as normas constitucionais desempenham uma função de limite relativamente às normas de hierarquia inferior, bem como regulam parcialmente o próprio conteúdo daquelas. As normas hierarquicamente inferiores devem ser compatíveis formal e materialmente com as normas constitucionais;[4]

d) natureza supra-ordenamental: o ordenamento constitucional é um supra-ordenamento relativamente aos ordenamentos jurídicos parciais. Na ordem jurídica republicana brasileira há três ordens jurídicas parciais: a formada pelas normas federais, estaduais e municipais. O ordenamento constitucional unifica e estabelece a hierarquia entre as normas dos vários ordenamentos parciais;[5]

e) força normativa: a Constituição é uma lei vinculativa dotada de efetividade e aplicabilidade em todo o âmbito da ordem federativa.[6]

A Constituição encontra-se no vértice da pirâmide normativa. É a fonte de outras normas jurídicas, uma vez que ocupa posição hierárquica superior. Ela tanto limita como regula parcialmente o conteúdo das normas hierarquicamente inferiores. Quando os poderes políticos concretizam as normas constitucionais, seja através de atividade legislativa, judicial ou administrativa, todos os seus atos devem ser material e formalmente compatíveis com a Constituição. Se assim não fizerem, estarão incidindo no vício da inconstitucionalidade.

III — A Constituição como um sistema aberto de regras e princípios

A Constituição é um sistema aberto formado por normas jurídicas,[7] as quais são divididas em regras e princípios.[8] Em outras palavras: regras e princípios são duas espécies de normas jurídicas positivas.[9] Muitos esforços doutrinários se têm feito para diferenciá-los. Entretanto, a principal distinção é a qualitativa. Os princípios[10] são normas jurídicas impositivas de exigências, compatíveis com vários graus de concretização, conforme os condicionamentos fáticos e jurídicos existentes à época. As regras[11] são

1. José Joaquim Gomes Canotilho, *Direito Constitucional e Teoria da Constituição*, 5ª ed., p. 1.131.

2. Idem, pp. 1.131-1.132.

3. Idem, p. 1.132.

4. Idem, p. 1.133.

5. Idem, pp. 1.133-1.134.

6. Idem, p. 1.134.

7. Para Robert Alexy, "(...) tanto las reglas como los principios son normas porque ambos dicen lo que debe ser. Ambos pueden ser formulados con la ayuda de las expresiones deônticas básicas del mandato, la permisión y la prohibición" (Robert Alexy, *Teoría de los Derechos Fundamentales*, p. 83).

8. A respeito dos princípios jurídicos, Ruy Samuel Espíndola sustenta que "são imperativos, têm positividade, vinculatividade, obrigam e têm eficácia positiva e negativa" (Ruy Samuel Espíndola, *Conceito de Princípios Constitucionais*, p. 55).

9. Canotilho, ob. cit., p. 1.144.

10. Canotilho divide os princípios em princípios jurídicos fundamentais, princípios políticos constitucionalmente conformadores, princípios constitucionais impositivos e princípios-garantia (Canotilho, ob. cit., pp. 1.148-1.151).

11. Canotilho divide as regras constitucionais em (a) regras jurídico-organizatórias — divididas

normas jurídicas que prescrevem uma exigência impositiva, permissiva ou proibitiva que deve ser ou não cumprida.

Caso haja conflitos entre regras jurídicas, podem existir duas formas de eliminá-lo. A primeira consiste em introduzir em uma das regras uma cláusula de exceção para eliminar o conflito. A segunda maneira de resolvê-lo, quando não for possível a introdução de uma cláusula de exceção, é declarando uma das regras inválidas, eliminando-a do ordenamento jurídico.[12] É a lógica do tudo ou nada. Em outras palavras, regras antinômicas não podem coexistir.[13] O problema de conflito de regras pode ser resolvido por meio de regras como *lex posterior derogat legi priori* e *lex specialis derogat legi generali.* A decisão se dá sempre no campo da validade das regras em conflito. Isto porque as regras contêm "*fixações normativas definitivas*", não podendo subsistir regras simultaneamente contraditórias. O conflito de regras contraditórias resolve-se pela eliminação de uma delas do ordenamento jurídico.[14]

Diferentemente das regras, os princípios admitem a coexistência de outros princípios eventualmente conflitantes, permitindo o balanceamento de valores e interesses, conforme o seu peso e a ponderação a ser feita. Quando ocorre conflito entre princípios, estes podem ser ponderados e levados a uma concordância prática,[15] tendo em vista a harmonização.[16] Isto significa que, dadas as circunstâncias fáticas e jurídicas, um princípio terá que ceder para o outro prevalecer. Porém, o princípio desprezado não será declarado inválido, como ocorre no conflito entre regras. Isto porque o conflito não fica na dimensão da validez, mas na dimen-

em regras de competência, regras de criação de órgãos e regras de procedimento e (b) regras jurídico-materiais — divididas em regras de direitos fundamentais, regras de garantias institucionais, regras determinadoras de fins e tarefas do Estado e regras constitucionais impositivas (Canotilho, ob. cit., pp. 1.154-1.157).

12. Alexy, ob. cit., p. 88.

13. As considerações de Robert Alexy são fundamentais para a compreensão da diferenciação: "El punto decisivo para la distinción entre reglas y principios es que los principios son normas que ordenan que algo sea realizado en la mayor medida posible, dentro de las posibilidades jurídicas y reales existentes. Por lo tanto, los principios son mandatos de optimización, que están caracterizados por el hecho de que pueden ser cumplidos en diferente grado y que la medida debida de su cumplimiento no sólo depende de las posibilidades reales sino también de las jurídicas. El ámbito de las posibilidades jurídicas es determinado por los principios y reglas opuestos.

En cambio, las reglas son normas que sólo pueden ser cumplidas o no. Si una regla es válida, entonces de hacerse exactamente lo que ella exige, ni más ni menos. Por lo tanto, las reglas contienen determinaciones en el ámbito de lo fáctica y jurídicamente posible. Esto significa que la diferencia entre reglas y principios es cualitativa y nos de grado. Toda norma es o bien una regla o un principio" (ob. cit., pp. 86-87).

14. Canotilho, ob. cit., p. 1.145.

15. Sobre o princípio interpretativo da concordância prática, escreve J. J. Gomes Canotilho: "Este princípio não deve divorciar-se de outros princípios de interpretação já referidos (princípio da unidade, princípio do efeito integrador). Reduzido ao seu núcleo essencial, o princípio da concordância prática impõe a coordenação e combinação dos bens jurídicos em conflito de forma a evitar o sacrifício (total) de uns em relação aos outros.

"O campo de eleição do princípio de concordância prática tem sido até agora o dos direitos fundamentais (colisão entre direitos fundamentais ou entre direitos fundamentais e bens jurídicos constitucionalmente protegidos). Subjacente a este princípio está a idéia do igual valor dos bens constitucionais (e não uma diferença de hierarquia) que impede, como solução, o sacrifício de uns em relação aos outros, e impõe o estabelecimento de limites e condicionamentos recíprocos de forma a conseguir uma harmonização ou concordância prática entre estes bens" (Canotilho, ob. cit., p. 1.209).

16. A respeito, diz J. J. Gomes Canotilho "O facto de a Constituição constituir um sistema aberto de princípios insinua já que podem existir fenômenos de tensão entre os vários princípios estruturantes ou entre os restantes princípios constitucionais gerais ou especiais. Considerar a Constituição com uma ordem ou sistema de ordenação totalmente

são do peso e das circunstâncias do caso concreto.[17]

A Constituição como um sistema aberto de regras e princípios é fundamental por duas razões:

a) a primeira é que seria inaceitável um sistema constitucional constituído exclusivamente por regras, isto porque exigiria uma disciplina legislativa exaustiva e completa daquilo que é judicializado. A sociedade é marcada pelo pluralismo político, cultural e religioso, bem como pelos conflitos de interesses em todos os campos da vida humana. Logo, uma Constituição marcada exclusivamente por regras estaria completamente fechada para a permanente interação com os complexos movimentos da vida humana. Em outras palavras, a ausência de princípios no sistema constitucional sacrificaria a introdução dos conflitos, dos interesses e das exigências de concordância prática naquele documento jurídico-normativo. São os princípios constitucionais que conferem "*textura aberta*" à Constituição para a sua permanente interação com os valores de seu tempo, tendo em vista a sua complementação e desenvolvimento enquanto sistema jurídico-normativo;[18]

b) a segunda é porque um sistema constitucional baseado exclusivamente em princípios levaria a Constituição a ser um documento jurídico-normativo desprovido de segurança jurídica. A indeterminação dos princípios, a coexistência de princípios conflitantes e a dependência do possível fático e jurídico conduziriam à insegurança do sistema constitucional. Por isso, as regras jurídicas são fundamentais para reduzir a complexidade do sistema, bem como para conferir-lhe maior segurança jurídica.[19]

Portanto, o sistema constitucional é formado por princípios e regras, os quais conferem à Constituição unidade e positividade jurídica. É a coexistência de princípios e regras que contribuem decididamente para a Constituição interagir com os movimentos históricos de seu tempo, possibilitando a sua atualização normativa, sem abandonar a segurança jurídica.

IV — O processo de concretização constitucional — Limites materiais e formais

A maioria das normas constitucionais é aberta, isto é, possuem caráter geral e indeterminado. Assim, abrem-se à mediação legislativa concretizadora,[20] para alcançarem exeqüibilidade. Isto porque o grau de exeqüibilidade das normas constitucionais é variável.[21]

Quando a norma constitucional precisa da concretização do legislador infraconstitucional, é necessário examinar os limites positivos e negativos estabelecidos pela Constituição para a conformação legislativa. Não há dúvida de que determinadas normas constitucionais conferem ao legislador maior grau de liberdade de conformação do que outras.

Um exemplo trazido por J. J. Gomes Canotilho dá conta dessa afirmativa. Diz ele

fechado e harmonizante significaria esquecer, desde logo, que ela é, muitas vezes, o resultado de um compromisso entre vários actores sociais, transportadores de ideias, aspirações e interesses substancialmente diferenciados e até antagônicos ou contraditórios. O consenso fundamental quanto a princípios e normas positivo-constitucionalmente plasmados não pode apagar, como é óbvio, o pluralismo e antagonismo de ideias subjacentes ao pacto fundador" (ob. cit., p. 1.166).

17. Alexy, ob. cit., p. 90.

18. Canotilho, ob. cit., p. 1.146.

19. Idem, pp. 1.146-1.147.

20. A Administração Pública e o Poder Judiciário cuidam da concretização constitucional. Porém, para efeito deste trabalho será analisada apenas a concretização levada a termo pelo legislador.

21. Quanto à eficácia das normas constitucionais, José Afonso da Silva classifica-as em normas de eficácia plena, normas constitucionais de eficácia contida e normas constitucionais de eficácia limitada (José Afonso da Silva, *Aplicabilidade das Normas Constitucionais*, 2ª ed.).

que a norma constitucional que regula a liberdade de imprensa é uma norma mais densa do que a norma que estabelece como tarefa do Estado "promover o aumento do bem-estar social e econômico e da qualidade de vida do povo, em especial das classes mais desfavorecidas".[22] A exeqüibilidade da primeira norma (liberdade de imprensa) é muito maior que a segunda (tarefa do Estado). Neste caso, o legislador terá maior liberdade para conformar[23] a segunda norma constitucional do que a primeira. Então, quanto maior é a abertura das normas constitucionais, maior será a liberdade para a concretização constitucional.

A Constituição é rica em normas formais e materiais que vinculam o legislador, reduzindo os espaços para a discricionariedade legislativa quando da concretização constitucional.

Os princípios constitucionais cumprem papel fundamental na concretização constitucional realizada pelo legislador ordinário. Eles estabelecem limites formais e materiais para a atividade legislativa.

Ao estabelecer os princípios jurídicos fundamentais,[24] a Constituição insere limites materiais ao legislador ordinário, o qual não poderá contrariá-los quando realizar a concretização constitucional. Por exemplo, quando a Constituição estabelece que nenhuma lesão ou ameaça a direito ficará excluída da apreciação do Poder Judiciário — princípio do acesso à Justiça —, nenhuma norma hierarquicamente inferior poderá contrastar com essa diretriz constitucional, sob pena de incidir em manifesta inconstitucionalidade material. Então, esse princípio funciona como limite negativo, inviabilizando as investidas legislativas materialmente incompatíveis com a Constituição.

A Constituição estabelece princípios políticos constitucionalmente conformadores,[25] que funcionam como diretrizes materiais vinculantes para o legislador ordinário. Por exemplo, podem ser citados os princípios estruturantes do regime político, como o princípio do Estado de Direito, o princípio democrático, o princípio republicano, o princípio da separação e independência dos poderes.[26] Todos configuram critérios substanciais, cuja observância será impositiva para aqueles que possuem competência legiferante.

Na Constituição são fixados princípios constitucionais impositivos,[27] que procuram impor ao legislador a realização de fins e a execução de tarefas. Esses princípios vinculam o legislador na realização de determinados fins assegurados na Constituição. A atividade legislativa terá que buscar constantemente a realização daquelas imposições constitucionais. Inserem-se neste grupo as imposições quanto à realização de políticas públicas voltadas para a saúde pública, moradia popular, cultura, esporte etc. Os princípios constitucionais impositivos funcionam

22. Canotilho, ob. cit., p. 1.165.

23. Há normas constitucionais que operam com conceitos jurídicos indeterminados, como interesse público, interesse da coletividade etc. Nesses casos, o legislador terá maior liberdade para concretizar a Constituição.

24. J. J. Gomes Canotilho considera princípios jurídicos fundamentais "os princípios historicamente objectivados e progressivamente introduzidos na consciência jurídica e que encontram uma recepção expressa ou implícita no texto constitucional" (ob. cit, p. 1.149). São exemplos de princípios jurídicos fundamentais o princípio da publicidade dos atos jurídicos, o princípio do acesso à Justiça, o princípio da isonomia, o princípio da proibição do excesso.

25. J. J Gomes Canotilho conceitua princípios políticos conformadores como "princípios constitucionais que explicitam as valorações políticas fundamentais do legislador constituinte. Nestes princípios se condensam as opções políticas nucleares e se reflecte a ideologia inspiradora da constituição" (ob. cit., p. 1.150).

26. Canotilho, ob. cit., p. 1.150.

27. J. J. Gomes Canotilho conceitua princípios constitucionais impositivos como "todos os princípios que impõem aos órgãos do Estado, sobretudo ao legislador, a realização de fins e execução de tarefas" (Canotilho, ob. cit., p. 1.152).

como mecanismos que obrigam o legislador a produzir leis para cumprir os fins constitucionais. É aqui que surge a possibilidade de interposição da ação direta de inconstitucionalidade por omissão.

As regras jurídico-constitucionais também vinculam material e formalmente o legislador. Nelas se encontram os limites para a concretização constitucional.

Quando a Constituição estabelece regras jurídicas de competência,[28] reconhecendo certas atribuições a determinados órgãos constitucionais ou esferas de competência entre os vários órgãos constitucionais, o legislador infraconstitucional estará limitado formalmente pelas exigências fixadas na Lei Fundamental. Se a Constituição estabelece as competências do Presidente da República, o legislador ordinário não poderá alterá-la quando realizar a concretização da Constituição nessa matéria. Quando a Constituição estabelece que o Presidente da República deve iniciar o processo legislativo para disciplinar determinada matéria, o legislador estará proibido de investir contra a iniciativa reservada. Ou ainda: quando a Constituição estabelece as competências legislativas das pessoas políticas integrantes da Federação, a previsão constitucional será vinculante para os legisladores ordinários. Se houver invasão de competência legislativa, o Supremo Tribunal Federal[29] deverá, caso seja provocado, declarar a inconstitucionalidade da norma impugnada. Assim, será mantido o pacto federativo nos moldes fixados na Lei Fundamental.

Toda a competência delimitada na Constituição tem uma razão de ser que a justifica. Por isso, não pode ser disposta contrariamente pelo legislador infraconstitucional. Assim, explica-se o limite negativo dirigido ao legislador infraconstitucional.

A Constituição também estabelece regras para a criação de órgãos[30] constitucionais. Muitas vezes, além da criação daqueles, são fixadas as atribuições do órgão a ser criado pelo legislador. Assim, este não poderá contrariar as diretrizes impositivas fixadas na Lei Fundamental, sob pena ser inválida a sua produção normativa. É o caso, por exemplo, da criação do Supremo Tribunal Federal. Quando o legislador disciplinar a estrutura, a composição e a competência daquele órgão constitucional, ele não poderá contrariar os preceitos constitucionais pertinentes.

A Constituição traz também regras de procedimento,[31] quando este é elemento fundamental da formação da vontade política e do exercício das competências constitucionalmente consagradas.[32] Isto ocorre quando a Constituição estabelece, por exemplo, o procedimento para sofrer o processo de emenda, para o exercício do controle de constitucionalidade ou para a formação das leis.

28. A tipologia é de J. J. Gomes Canotilho (ob. cit., p. 1.153).

29. O STF ficou incumbido pela guarda da Constituição. O Ministro Celso de Mello ressalta a importância desse controle na ementa de julgado em que funcionou como Relator: "*A defesa da Constituição da República representa o encargo mais relevante do Supremo Tribunal Federal.* O Supremo Tribunal Federal — que é o guardião da Constituição, por expressa delegação do Poder Constituinte — não pode renunciar ao exercício desse encargo, pois, se a Suprema Corte falhar no desempenho da gravíssima atribuição que lhe foi outorgada, a integridade do sistema político, a proteção das liberdades públicas, a estabilidade do ordenamento normativo do Estado, a segurança das relações jurídicas e a legitimidade das instituições da República restarão profundamente comprometidas. O inaceitável desprezo pela Constituição não pode converter-se em prática governamental consentida. Ao menos, enquanto houver um Poder Judiciário independente e consciente de sua alta responsabilidade política, social e jurídico-institucional" (ADI 2.010-MC-DF, Rel. Celso de Mello, j. 30.9.1999, *DJ* 12.4.2002, p. 51).

30. A tipologia é de Canotilho (ob. cit., p. 1.153).

31. A tipologia é de Canotilho (ob. cit., p. 1.153).

32. Canotilho, ob. cit., p. 1.153.

A violação das regras acima tratadas (regras de competência, regras de criação de órgãos e regras de procedimento) enseja a inconstitucionalidade formal[33] do ato normativo instituído. Esta configura-se quando ocorre defeito de formação do ato normativo, pela inobservância de princípio de ordem procedimental ou pela violação de regras de competência. Nesse caso, o ato normativo é viciado em seus pressupostos, na sua fase de formação.[34]

A Constituição estabelece regras jurídico-materiais que vinculam materialmente o legislador. A produção normativa deste para concretizar a Constituição deverá — quanto ao conteúdo — guardar compatibilidade vertical material com os preceitos constitucionais.

As regras de direitos fundamentais,[35] as regras de garantias institucionais,[36] as regras determinadoras de fins e tarefas do Estado[37] e as regras constitucionais impositivas[38] tratam de limitar materialmente o legislador. Elas proporcionam diretivas materiais que não podem ser contrariadas, sob pena de o legislador incidir em inconstitucionalidade material. Esta envolve o próprio conteúdo do ato impugnado, resultante da adoção de prescrições contrárias aos princípios e regras constitucionais. A Constituição estabelece os princípios e regras para formar a unidade política da Federação, cumprir as tarefas e fins estatais, disciplinar o processo de solução de conflitos, ordenar a formação da unidade política e criar os fundamentos da ordem jurídica global. Aqueles que possuem capacidade legiferante não poderão produzir nenhuma norma ordinária que contrarie os princípios e regras substanciais. Eles encontram-se efetivamente vinculados ao conteúdo da Constituição, que ora pode figurar como limite positivo, ora pode transformar-se em limite negativo à produção legislativa ordinária.[39]

Portanto, toda a competência legiferante atribuída pela Constituição para concretizá-la terá que seguir os seus parâmetros formais ou materiais. Ao mesmo tempo em que é dada a competência legislativa, também são fixados os limites para o exercício da referida atribuição constitucional. Porém, se a produção legislativa ordinária contrastar formal ou materialmente com os preceitos constitucionais, o sistema de controle de constitucionalidade — mecanismo de defesa da força normativa da Constituição — terá que ser acionado, para expelir do ordenamento jurídico a norma jurídica viciada.

33. José Afonso da Silva sustenta que a incompatibilidade vertical das normas jurídicas (leis, decretos) com a Constituição pode manifestar-se sob "dois aspectos: (a) formalmente, quando tais normas são formadas por autoridades incompetentes ou em desacordo com formalidades ou procedimentos estabelecidos pela Constituição; (b) materialmente, quando o conteúdo de tais leis ou atos contraria preceito ou princípio da Constituição" (José Afonso da Silva, *Curso de Direito Constitucional Positivo*, 19ª ed., p. 47).

34. Gilmar Ferreira Mendes, *Controle de Constitucionalidade: Aspectos Jurídicos e Políticos*, p. 32.

35. Para J. J Gomes Canotilho regras de direitos fundamentais "designam-se por normas de direitos fundamentais todos os preceitos constitucionais destinados ao reconhecimento, garantia ou conformação constitutiva de direitos fundamentais" (ob. cit., p. 1.154).

36. Para J. J. Gomes Canotilho regras de garantias institucionais "são as normas que se destinam a proteger instituições (públicas ou privadas)" (ob. cit., p. 1.154).

37. Para Canotilho regras determinadoras de fins e tarefas do Estado são "aqueles preceitos constitucionais que, de uma forma global e abstracta, fixam essencialmente os fins e as tarefas prioritárias do Estado" (ob. cit., p. 1.156).

38. Para Canotilho, as regras constitucionais impositivas "apresentam-se em estreita conexão com as normas determinadoras dos fins e tarefas e com os princípios constitucionalmente impositivos" (ob. cit., p. 1.156).

39. Gilmar Ferreira Mendes, *Controle de Constitucionalidade...*, pp. 36-38.

V — A concretização constitucional aferida pelo princípio da proporcionalidade — A proibição de excesso do Poder Legislativo

O princípio da proporcionalidade ou da proibição do excesso é tido como um princípio de controle da atividade administrativa ou legislativa. Inicialmente, ele teve origem no Direito Administrativo, especialmente na disciplina do poder de polícia. Já em 1952, Caio Tácito[40] escrevia que a utilização do poder de polícia não poderia ser excessiva ou desnecessária de modo a revelar abusos de poder.[41]

Posteriormente, ascendeu constitucionalmente,[42] para configurar um princípio jurídico fundamental no controle da atividade legislativa e administrativa. Ele passou a vincular o legislador ordinário. Pode-se dizer que foi banida aquela concepção de que, atuando nos limites de suas competências constitucionais, o legislador teria poderes legislativos ilimitados.[43] A competência legislativa passou a ser vinculada pelo princípio da proibição do excesso.[44] Não interessa tão-somente o fato de a lei abstrata e genérica ser produzida dentro das exigências formais inseridas na Constituição. Há que verificar se a obra do legislador atende satisfatoriamente os fins plasmados naquele documento jurídico-normativo hierarquicamente superior. Se a Constituição estabelece que devem ser empreendidas políticas públicas para a proteção da infância e da juventude, o legislador ordinário, ao concretizar essa finalidade constitucional, terá que adotar providências legislativas adequadas e necessárias para alcançar aquele fim constitucional.

40. Em recente artigo, Caio Tácito traz manifestações doutrinárias que naquela época aplicavam o princípio da razoabilidade ao poder de polícia. Diz Roger Bonnard: "a medida de polícia deve ser adequada ao fim de polícia a atingir, isto é, a medida imposta não deve ser muito rigorosa se medida menos rigorosa é suficiente" (*apud* Caio Tácito, "A razoabilidade das leis", *RTDP* 13/228). Traz ainda a palavra de Marcello Caetano, quando este assegura que "os poderes de polícia não devem ser exercidos de modo a impor restrições e o uso de coação além do estritamente necessário" (*apud* Tácito, ob. cit, p. 228).

41. Caio Tácito, "Poder de polícia e seus limites", *RDA* 27/10.

42. Diz Caio Tácito que "o direito alemão adotou o princípio da proporcionalidade, ou o princípio da proibição do excesso, conferindo-lhe a natureza de norma constitucional não escrita, que permite ao intérprete aferir a compatibilidade entre meios e fins, de modo a evitar restrições desnecessárias ou abusivas contra os direitos fundamentais" (Tácito, ob. cit., p. 226).

A Constituição portuguesa também acolhe o princípio da proporcionalidade no art. 18, 2, quando assevera que "a lei só pode restringir os direitos, liberdades e garantias nos casos expressamente previstos na Constituição, devendo as restrições limitar-se ao necessário para salvaguardar outros direitos ou interesses constitucionalmente protegidos".

43. Heinrich Scholler, "O princípio da proporcionalidade no Direito Constitucional e Administrativo da Alemanha", trad. Ingo Wolfgang Sarlet, *Revista de Interesse Público* 2/94.

44. Heinrich Scholler tece as seguintes considerações a respeito da vinculação do legislador: "(...) Apenas com o art. 1º, inc. III, da Lei Fundamental de 1949, é que tanto a administração quanto o legislador e os órgãos judicantes passaram a ser objeto de vinculação à Constituição e, de modo especial, aos direitos fundamentais nela consagrados. O dispositivo citado representou, pois, uma radical mudança no âmbito do pensamento jurídico-constitucional e na própria concepção dos direitos fundamentais, já que o próprio legislador passou a ter sua atuação aferida a partir do parâmetro representado pelos direitos fundamentais constitucionalmente assegurados. (...). Importa consignar, nesta quadra da exposição, que da reserva legal dos direitos fundamentais resultam os limites da atuação do legislador, isto é, em que medida poderá o legislador buscar a concretização de determinados fins que justifiquem uma restrição no âmbito de proteção dos direitos fundamentais e, de outra parte, em que medida poderá utilizar a lei como meio de alcançar os fins almejados. É por esta razão que se costuma falar de uma relação entre os meios e os fins como integrando o princípio da proporcionalidade. (...) O Tribunal Federal Constitucional, a partir da idéia de uma relação entre os fins e os meios, sempre acentuou que a natureza da vincula-

Para a melhor compreensão do princípio da proporcionalidade, é necessário tratar dos seus três subprincípios constitutivos:

a) o princípio da conformidade ou adequação dos meios impõe que a situação ocasionada pelo poder público por meio da lei seja apropriada para a prossecução do fim almejado pela Constituição. O legislador deve pautar a sua produção normativa em hipóteses plausíveis de que a medida legislativa adotada é apta para alcançar os fins justificativos da sua adoção.[45] Por isso, deverá investigar se a providência legislativa é apta para atingir o fim a que se destina;[46]

b) o princípio da exigibilidade ou da necessidade[47] é fundado na possibilidade de impor com a medida legislativa adotada a menor ingerência possível aos seus destinatários. Terá que ser examinado se dentre as medidas adequadas para atingir a finalidade constitucional, a escolhida é a que menor ônus provoca para os cidadãos. Deve ser sempre escolhido o meio igualmente eficaz e menos desvantajoso para os cidadãos;[48] e

c) o princípio da proporcionalidade em sentido estrito[49] ou justa medida pressupõe pesar as desvantagens dos meios em relação às vantagens dos fins. É perquirir se o resultado alcançado com a intervenção é proporcional à carga coativa da mesma. O exame da presença da justa medida deve ser investigado somente depois de apurada a adequação e necessidade. Mesmo assim, embora a restrição a um direito fundamen-

ção do legislador justamente se caracteriza pelo fato de que ele se encontra sujeito ao controle do Tribunal no que diz respeito com a observância do princípio da proporcionalidade".

A seguir conclui: "No momento em que se reconheceu o princípio da reserva legal como sendo o da reserva da lei proporcional, passou a ser admitida a possibilidade de impugnação e eliminação não apenas das medidas administrativas desproporcionais, mas também das leis que, ofensivas à relação entre os meios e os fins, estabelecem restrições aos direitos fundamentais" (Scholler, ob. cit., pp. 95-96).

45. Canotilho, ob. cit., pp. 269-270.

46. Sobre a adequação, escreve Heinrich Scholler: "(...) Adequação significa que o estado gerado pelo poder público por meio do ato administrativo ou da lei e o estado no qual o fim almejado pode ser tido como realizado situam-se num contexto mediado pela realidade à luz de hipóteses comprovadas" (ob. cit., p. 97).

47. Sobre a necessidade, escreve Heinrich Scholler: "(...) A necessidade, por sua vez, significa que não existe outro estado que seja menos oneroso para o particular e que possa ser alcançado pelo poder público com o mesmo esforço ou, pelo menos, sem um esforço significativamente maior" (ob. cit., p. 98).

48. J. J. Gomes Canotilho sustenta que "(...) Dada a natural relatividade do princípio, a doutrina tenta acrescentar outros elementos conducentes a uma maior operacionalidade prática: a) a exigibilidade material, pois o meio deve ser o mais 'poupado' possível quanto à limitação dos direitos fundamentais; b) a exigibilidade espacial aponta para a necessidade de limitar o âmbito da intervenção; c) a exigibilidade temporal pressupõe a rigorosa delimitação no tempo da medida coactiva do poder público; d) a exigibilidade pessoal significa que a medida deve limitar à pessoa ou pessoas cujos interesses devem ser sacrificados" (Canotilho, ob. cit., p. 270).

49. Heinrich Scholler traz um exemplo sobre a aferição da presença do princípio da proporcionalidade em sentido estrito em um caso concreto julgado pelo Tribunal Constitucional alemão: "(...) No caso concreto, cuidava-se de alguém processado criminalmente por delito de menor potencial ofensivo (crime de bagatela). A prova deveria ter sido obtida mediante a extração de líquido da coluna do acusado. Contra esta determinação, foi impetrada uma reclamação constitucional (...), alegando ofensa ao direito à integridade física e corporal (art. 2º, inc. II, da Lei Fundamental). O Tribunal Federal Constitucional, ao apreciar o caso, considerou que a medida restritiva (invasiva da integridade física e corporal) não se afigurava como proporcional, relativamente à gravidade da infração penal atribuída ao particular, o que parece uma conclusão ligada à proporcionalidade em sentido estrito. Com efeito, seria manifestamente desarrazoado alcançar a condenação de alguém por um delito de insignificante ofensividade, expondo-o a um risco tão expressivo para sua saúde e integridade física" (Scholler, ob. cit., p. 98).

tal revele-se adequada e necessária, ela poderá ser desproporcional em sentido estrito.[50]

Para Heinrich Scholler, se os meios são necessários é porque são também meios adequados para atingir os fins. Isto é, não existem meios necessários que não sejam adequados. Entretanto, os meios podem ser adequados, porém não necessários. Isto é, mesmo quando uma providência se revelar apta para atingir determinada finalidade constitucional, pode existir outra menos onerosa — necessária — para alcançar o fim a que se destinam.[51]

Feitas estas considerações, tem-se que retornar para o objeto central a ser examinado: o princípio da proibição do excesso como limite material vinculante para a concretização da Constituição. Já está assentado que determinadas normas constitucionais (princípios e regras) precisam ser concretizadas mediante instrumentos normativos de hierarquia inferior. Essa concretização é vinculada tanto formal como materialmente pelas normas constitucionais. Geralmente, o controle de constitucionalidade das leis é feito com base no confronto da lei com o parâmetro de controle (a Constituição). Entretanto, o princípio da proibição do excesso leva à vinculação do legislador, tendo em especial atenção os fins constitucionais perseguidos pela lei. Examina-se se a lei criada pelo legislador é adequada e necessária para atingir a finalidade inserida na Lei Fundamental. Em outras palavras, a Constituição atribui uma competência ao legislador ordinário para que seja alcançada uma finalidade constitucionalmente fixada. Então, o âmbito de liberdade de conformação legislativa passa a ser vinculado ao atendimento das finalidades constitucionais.[52] A discricionariedade legislativa passa a ser vinculada a pressupostos materiais inseridos na Constituição, podendo ser sindicada pelo Poder Judiciário quando não adequada e necessária para atingir os fins constitucionais.[53]

É nesse campo que surge o exame do excesso de Poder Legislativo. Isto compreende a aferição da compatibilidade da lei com os fins constitucionalmente estabelecidos. O ato legislativo passa a ser examinado à luz do princípio da proporcionalidade, com o fim de censurá-lo ou não a partir da sua adequação e exigibilidade para atender aos fins constitucionais. Reconhecer o excesso de Poder Legislativo é negar que a providência legislativa seja livre quanto ao fim. É a consagração de que a atuação legislativa é vinculada a uma finalidade material que se encontra fixada em norma hierarquicamente superior.[54]

Há também o controle da constitucionalidade de leis que comparadas consigo mesmas demonstram ser ilógicas, irracionais, incongruentes. É o que acontece quando os pressupostos de fato para a edição da lei não existem ou as medidas adotadas para atingir os fins a que se destinam não são adequadas.[55]

50. Canotilho, ob. cit., p. 270.

51. Scholler, ob. cit., p. 97.

52. Canotilho, ob. cit., p. 1.300.

53. É importante considerar que, em sede de controle de abstrato de constitucionalidade, "em caso de necessidade de esclarecimento de matéria ou circunstância de fato ou de notória insuficiência das informações existentes nos autos, poderá o relator requisitar informações adicionais, designar peritos ou comissão de peritos para que emita parecer sobre a questão, ou fixar data para, em audiência pública, ouvir depoimentos de pessoas com experiência e autoridade na matéria" (§ 1º do art. 9º da Lei Federal 9.868/1999). Sem dúvida, essa inovação legislativa possibilita que o Ministro Relator colha informações, depoimentos, perícias, para identificar com maior amplitude e profundidade a problemática levada ao Supremo Tribunal Federal. O controle dos fins da legislação ordinária, bem como o ato de determinar se a norma impugnada é adequada e exigível para alcançar a finalidade constitucional, fica facilitada com a referida norma legal. Será possível provar que a medida legislativa não alcançará os resultados a que se propõe.

54. Mendes, ob. cit., p. 39.

55. J. J. Gomes Canotilho registra que quando for realizado o exame do excesso de Poder Le-

O Poder Judiciário, na sua indelegável competência de exercer o controle de constitucionalidade das leis, verificará se existe ou não adequação e exigibilidade entre os meios utilizados para alcançar os fins constitucionais. Examinará, ainda, se os fins perseguidos pela produção normativa ordinária são diversos daqueles visados nas regras e princípios constitucionais. Não se trata de o Poder Judiciário atuar examinando a finalidade da lei desmotivadamente, invadindo a seara do Poder Legislativo.[56] Toda a decisão que declarar inconstitucional determinada norma legal com fundamento no princípio da proporcionalidade terá que demonstrar por que não há coincidência entre a norma impugnada e os fins constitucionais.[57] Tal demonstração terá que ser feita com base em critérios eminentemente jurídicos. A motivação da decisão judicial é fundamental para evitar o arbítrio do Poder Judiciário quando sindicar os atos do Poder Legislativo,[58] com fundamento no excesso de Poder Legislativo. Então, fica claro que a Consti-

gislativo: "Em primeiro lugar, deve demonstrar-se que existe uma profunda incongruência entre o uso do poder legislativo e os fins ou escopos fixados pela Constituição. A fixação de fins pela Constituição condiciona o uso em concreto do poder legislativo, sendo possível, em certos casos, controlar se existe ou não adequação entre os fins constitucionais e os meios utilizados para os prosseguir, e se os fins prosseguidos são radicalmente diversa dos visados pelas normas e princípios constitucionais. Nalguns casos, pretende-se confrontar a lei com ela própria, perguntando-se se existem ou não os pressupostos de facto legitimadores da edição de uma determinada disciplina legislativa, ou se o regime jurídico estabelecido por lei é ilógico, arbitrário ou contraditório. As hipóteses de vícios de mérito reconduzem-se, fundamentalmente, as duas categorias: (1) vícios de mérito porque o uso do poder legislativo no sentido de impor determinadas soluções é objectivamente inadmissível perante determinadas circunstâncias, violando-se regras e princípios constitucionais (princípio da igualdade, princípio da proibição do excesso, direitos, liberdades e garantias); (2) vícios de mérito por irrazoabilidade da lei captada através de um conjunto de manifestações (inconseqüência, incoerência, ilogicidade, arbitrariedade, contraditoriedade, completo afastamento do senso comum e da consciência ético-jurídica comunitária)" (Canotilho, ob. cit., p. 1.302).

56. Caio Tácito escreve que: "A atribuição ao Judiciário do controle das leis mediante o juízo de valor da proporcionalidade e da razoabilidade da norma legal não pretende substituir a vontade da lei pela vontade do juiz. Antes, a este cabe pesquisar a fidelidade do ato legislativo aos objetivos essenciais da ordem jurídica, na busca da estabilidade entre o poder e a liberdade. Protegendo direitos e liberdades contra a incongruência de leis injustas, não devem os juízes ingressar em desvios equivalente, convertendo-se em legislador alternativo, tão desarrazoado quanto o condenável despautério legislativo" (Caio Tácito, "A razoabilidade das leis", *RTDP* 13/232).

57. Marco Aurélio Greco, em seu livro *Contribuições (Uma Figura "Sui Generis")* sustenta, quando trata das contribuições especiais, que "o requisito da adequação no sentido de aferir se determinado fenômeno captado pela lei, para deflagrar o dever de pagar a contribuição, é funcionalmente adequado para a obtenção do fim e substancialmente adequado por não agredir outro valor protegido constitucionalmente. Neste plano, é pertinente verificar se o fenômeno captado pela contribuição está em sintonia com a finalidade. Uma contribuição que defina como fato determinante do dever de pagar algo que não tem nenhuma relação com a finalidade que justifica sua instituição fere a norma de validação constitucional" (p. 162). A seguir prossegue: "Assim, uma contribuição de intervenção no domínio econômico deve captar, para fins de exigência, algum evento, realidade, pessoa ou situação que esteja relacionada com a intervenção em si mesma" (Marco Aurélio Greco, *Contribuições (Uma Figura "Sui Generis")*, p. 163).

58. Paulo Bonavides escreve que o princípio da proporcionalidade é fundamento para a construção de um novo Estado de Direito, fundado nos direitos fundamentais. Para o autor, estes passaram a ser o centro de gravidade da ordem jurídica. Superou-se o Estado de legalidade em favor de um Estado vinculado aos direitos fundamentais, os quais não são suscetíveis de disposição legislativa restritiva (Bonavides, *Curso de Direito Constitucional*, 8ª ed., p. 361). Paulo Bonavides registra, ainda, que "debaixo de certos aspectos, a regra da proporcionalidade produz uma controvertida ascendência do juiz (executor da justiça material) sobre o legisla-

tuição atribui discricionariedade para o legislador concretizá-la, sem esquecer de limitar essa atividade legislativa aos princípios e regras substanciais e formais.

O Tribunal Constitucional alemão lançou consideração que sintetiza tudo o que está se tentando dizer: "os meios utilizados pelo legislador devem ser adequados e exigíveis à consecução dos fins visados. O meio é adequado se, com a sua utilização, o evento pretendido pode ser alcançado; é exigível se o legislador não dispõe de outro meio eficaz, menos restritivo aos direitos fundamentais".[59]

A Constituição da República estabeleceu, por exemplo, que a instituição de contribuições especiais deve ser utilizada para atingir finalidades constitucionalmente asseguradas. Por exemplo, a instituição de contribuição para intervenção no domínio econômico deve eleger para tributar um fato imponível que esteja relacionado com aquilo que se pretende instaurar.[60] Aqui, o controle de constitucionalidade da norma que institui a referida contribuição poderá aferir se o evento tributado possui relação com a intervenção que será empreendida com os recursos financeiros a serem arrecadados com a exação fiscal.

Portanto, o princípio da proporcionalidade revela-se como instrumento fundamental para o controle do excesso de Poder Legislativo. Não existe discricionariedade legislativa que possa afastar-se do interesse público.[61] O poder de legislar não foi concedido para a prática de abusos. O exercício da competência legislativa somente será válido se estiver em consonância com os fins que regem o desempenho da função estatal legislativa.[62] Fora disso, a atividade legislativa será abusiva, o que a sujeita ao controle de constitucionalidade.[63]

VI — O princípio da proporcionalidade na jurisprudência brasileira

O Tribunal de Justiça de Santa Catarina, em sede de controle abstrato de constitucionalidade, analisou na ação direta de inconstitucionalidade 2002.012122-9 o pedido de medida liminar no caso em que o Poder Legislativo do Município de Abdon Batista editou a Lei Complementar Municipal 421, de 6.6.2002, criando 25 cargos e 31 vagas. Entre os cargos criados, encontravam-se os de contador, tesoureiro e auxiliar de contabilidade. Os autores da referida ação provaram que o Município dispõe em seu quadro funcional de contador, tesoureiro e auxiliar de contabilidade, cargos inclusive já providos por concurso público. Provaram ainda que, por força de medida adminis-

dor, sem chegar todavia a corroer ou abalar o princípio da separação dos poderes" (ob. cit., p. 361).

59. Mendes, ob. cit., p. 43.

60. Gilmar Ferreira Mendes escreve que "O conceito de discricionariedade no âmbito da legislação traduz, a um só tempo, idéia de liberdade e limitação. Reconhece-se ao legislador o poder de conformação dentro dos limites estabelecidos pela Constituição. E, dentro desses limites, diferentes condutas podem ser consideradas legítimas. Veda-se, porém, o excesso do poder, em qualquer de suas formas (...). Por outro lado, o poder discricionário de legislar contempla, igualmente, o dever de legislar. A omissão legislativa (...) parece equiparável, nesse passo, ao excesso do poder legislativo" (Mendes, ob. cit., p. 41).

61. Sobre o conceito de interesse público, ver artigo de Marçal Justen Filho, "Conceito de interesse público e a 'personalização' do Direito Administrativo", *Revista Trimestral de Direito Público*, pp. 115-136.

62. São importantes as considerações expendidas pelo constitucionalista Thomas Cooley: "Toda a corporação legislativa deve legislar tendo em vista o bem público, e não o proveito individual de quem quer que seja, e o ato deve ser inspirado pela luz dos princípios gerais que constituem o fundamento natural das instituições representativas" (*Princípios de Direito Constitucional dos Estados Unidos da América*, trad. Alcides Cruz, 2ª ed., p. 89).

63. A respeito, o Ministro Celso de Mello "(...) a essência do *substantive due process of law* reside na necessidade de proteger os direitos e as liberdades das pessoas contra qualquer modalidade de legislação que se revele opressiva ou, como no caso,

trativa do Poder Executivo, tais servidores encontravam-se desempenhando outras funções públicas na municipalidade, em completo desvio de função. Com base nessas provas, pediram a declaração de inconstitucionalidade material da norma impugnada por violação ao princípio da proporcionalidade, isto porque não havia a necessidade administrativa para a criação de novos cargos para as funções das quais os servidores concursados encontravam-se afastados.

A medida liminar foi deferida, acolhendo a argumentação de que se estava diante de um caso em que o legislador ordinário atentou contra o princípio constitucional da proporcionalidade. Isto porque criou cargo público sem que existisse a necessidade administrativa para instituí-lo. Os servidores públicos concursados estavam executando funções diversas, enquanto o legislador criava novos cargos para aquelas funções. Havia, então, no caso concreto, uma desproporcionalidade entre a necessidade e a realidade fática da estrutura administrativa municipal. Aqui, o controle de constitucionalidade abstrato restringiu a competência legislativa para a criação de cargos públicos, exigindo a existência da necessidade administrativa para tal providência. O legislador não pode instituir cargos públicos sem levar em conta a realidade fática da estrutura funcional administrativa.[64]

O Supremo Tribunal Federal enfrentou, na ação direta de inconstitucionalidade 2.019-MS, a Lei Estadual 1.949, de 22.1.1999, do Estado do Mato Grosso do Sul. Este diploma normativo estadual instituiu pensão mensal para crianças geradas a partir de estupro. Ao julgar o caso, a Corte Constitucional considerou que havia a configuração de ofensa ao princípio da proporcionalidade (art. 5º, LIV, da Constituição da República), pois o ato normativo deveria erigir, como pressuposto material para o benefício assistencial, o estado de necessidade dos beneficiários, não as circunstâncias em que eles foram gerados.[65] A Constituição estabeleceu que os benefícios e serviços da assistência social serão prestados pelo Poder Público a quem deles necessitar, independente de contribuição à seguridade social. A efetiva necessidade material é o critério para o deferimento da assistência social. Então, verifica-se que o legislador ordinário, no caso enfrentado pela Suprema Corte, fundou-se em causa material incompatível com a Constituição para conceder o auxílio social. O pressuposto material (necessidade) estabelecido constitucionalmente era diferente daquele fixado pela norma impugnada (circunstâncias em que foram originadas). Não havia conexão material entre o pressuposto constitucional e aquele fixado legalmente. Daí a manifesta desproporcionalidade entre os meios empregados pelo legislador ordinário e os fins constitucionalmente fixados.[66]

destituída do necessário coeficiente de razoabilidade" (*RDA* 200/244).

64. A decisão transcreve passagem doutrinária de Diogo de Figueiredo Moreira Neto, citada por Sylvia Zanella Di Pietro, quando este expõe que pelo princípio da razoabilidade, "o que se pretende é considerar se determinada decisão, atribuída ao Poder Público, de integrar discricionariamente uma norma, contribuirá efetivamente para um satisfatório atendimento dos interesses públicos" (*Direito Administrativo*, 13ª ed., p. 81).

65. ADI 2.019-MS, Tribunal Pleno, Rel. Ministro Ilmar Galvão, j. 2.8.2001, publicada em 21.6.2002, p. 95.

66. Caio Tácito traz vários casos em que o princípio da proporcionalidade é aplicado pelo Supremo Tribunal Federal para retirar do ordenamento jurídico normas incongruentes e irrazoáveis. "Em acórdão de 21.5.1951, relatado pelo Ministro Orozimbo Nonato, o Supremo Tribunal Federal destacou que o 'o poder de taxar não pode chegar à desmedida do poder de destruir, uma vez que aquele somente pode ser exercido dentro dos limites que o tornem compatíveis com a liberdade de trabalho, de comércio e de indústria e com o direito de propriedade' (*RF* 145/164).

"Na Representação 930, o Relator, Ministro Rodrigues de Alckmin, enfatizou, como fundamento da decisão adotada pelo Supremo Tribunal Federal, a necessidade de preservar o núcleo essencial da liberdade de exercício da profissão de corretor

O Supremo Tribunal Federal, no RE 194.952-MS, relatado pela Ministra Ellen Gracie, considerou ofensivo ao princípio da proporcionalidade a exigência, em concurso público para escrivão de polícia, de altura mínima. Julgou-se que a exigência não era necessária para o desempenho das atribuições do cargo, sendo considerada pela Corte Constitucional fator completamente irrelevante.[67]

V — Considerações finais

A Constituição é formada por regras e princípios, os quais possuem normatividade e aplicabilidade. Ela não é um documento jurídico estático, desligado das transformações operadas no mundo real, destinatário último da sua normatividade. Pelo contrário, a sua textura aberta, nas palavras de J. J. Gomes Canotilho, permite a completa e salutar interação com os movimentos e conflitos humanos presentes em seu tempo.

Ela é integrada por diversas normas jurídicas, sendo que a densidade dessas normas varia muito. Algumas precisam da intervenção legiferante para serem concretizadas; outras são de aplicação direta. Mas o certo também é que todas as regras ou princípios constitucionais possuem normatividade e aplicabilidade. Estas não ficam sujeitas à discrição do legislador ordinário quanto à produção da norma necessária para aplicá-las. Se não for produzida a norma jurídica necessária para aplicá-las, o legislador incidirá em inconstitucionalidade por omissão.

É certo que a discricionariedade do legislador para concretizar a Constituição não é absoluta, pois está sempre condicionada à consecução do interesse público. Na Constituição são estabelecidas as diretrizes e os pilares-mestres para a atividade legiferante ordinária. A Constituição ora estabelece o procedimento para a edição dos atos normativos inferiores; ora fixa, de antemão, parcialmente o próprio conteúdo da deliberação legislativa vindoura. Assim, a atividade legislativa responsável pela concretização constitucional não pode distanciar-se das matrizes formais e substanciais fixadas constitucionalmente.

Outras vezes, a Constituição estabelece o fim que deverá ser perseguido pelo legislador ordinário, sem dizer como alcançá-lo. Nesse caso, a atividade legiferante deverá produzir normas jurídicas que sejam, acima de tudo, adequadas e necessárias para alcançar a finalidade irradiada da Constituição. Quando a norma jurídica hierarquicamente inferior não é adequada, tampouco necessária para alcançar a meta constitucional, a produção normativa será inconstitucional por confrontar com o princípio da proporcionalidade.[68]

de imóveis, acentuada a submissão da exigência de condições de capacidade ao critério de razoabilidade.

"A carência de dois anos, após a aposentadoria, para permitir aos magistrados membros do Ministério Público, servidores públicos e militares o exercício da advocacia, presente no art. 86 da Lei 4.215/1963, foi declarada inconstitucional em julgamento de 4.4.1984, na Representação 1.054 (*RTJ* 110/937).

"O voto do Relator, Ministro Moreira Alves, realça a incongruência e a irrazoabilidade da interdição da interdição temporária da profissão, que não atende a interesse público pertinente" (Tácito, ob. cit., pp. 229-230).

67. RE 194.952-MS, 1ª T., relatado pela Ministra Ellen Gracie, j. 11.9.2001, *DJ* 11.10.2001, p. 18.

68. O Ministro Celso de Mello, quando relatou a ADI 1.063-MC-QO/DF, escreveu: "'*Substantive due process of law' e função legislativa*: A cláusula do devido processo legal — objeto de expressa proclamação pelo art. 5º, LIV, da Constituição — deve ser entendida, na abrangência de sua noção conceitual, não só sob o aspecto meramente formal, que impõe restrições de caráter ritual à atuação do Poder Público, mas, sobretudo, em sua dimensão material, que atua como decisivo obstáculo à edição de atos legislativos de conteúdo arbitrá-

Na atividade de controle da atividade legiferante inferior, a Corte Constitucional assume função fundamental para a tutela da Constituição. Esta é quem estabelece que compete ao Poder Judiciário dizer quando o Poder Legislativo extrapolou as suas atribuições, confrontando-o com os ditames constitucionais. Na sua missão maior, aliás, a maior de todas, o Poder Judiciário não poderá transigir tampouco tolerar que normas inferiores em confronto com a Constituição permaneçam no ordenamento jurídico. A única alternativa que restará ao Tribunal incumbido de tal missão será expeli-las do ordenamento jurídico, dada a sua invalidade. Assim, a Lei Fundamental mantém a sua força normativa, as suas diretrizes, as suas prescrições, as quais devem ser seguidas pelos sujeitos destinatários de suas normas. Isto porque a Constituição veio para valer, não para ser mera peça de ficção.

O princípio da proporcionalidade reforçou a atividade de controle dos atos legislativos. A partir deste princípio, lei desproporcional e irrazoável não pode prevalecer. O excesso de Poder Legislativo passou a ser controlado pela Corte Constitucional. O controle da constitucionalidade das leis foi ampliado, ganhando nova dimensão. Porém, esse reforço no poder dos Juízes não é para transformá-los em legisladores positivos, capazes de inovar a ordem jurídica. Isso lhes é vedado, aliás, sequer deve ser pensada essa possibilidade. O controle, quando feito, é sempre negativo, com o fim de expelir normas inconstitucionais do ordenamento jurídico.[69]

Portanto, aparecendo norma jurídica inferior que não seja compatível com a Constituição, restará ao julgador uma única alternativa, considerá-la inconstitucional para retirá-la definitivamente da ordem jurídica. Isto porque a Constituição é norma de hierarquia superior, que estrutura as funções executiva, parlamentar e judicial do Estado, fixa as competências legislativas e administrativas das pessoas políticas integrantes da Federação, estabelece regras para resolver os conflitos federativos, fixa os direitos fundamentais, estabelece os princípios e regras regentes da atividade econômica etc.

Ou seja, a Constituição, ao mesmo tempo em que conferiu ao legislador ordinário competência para concretizá-la, tratou de fixar limites formais e substanciais para o exercício de tal missão. Não há discricionariedade absoluta na concretização constitucional. Assim, quando o legislador ordinário distancia-se das diretrizes constitucionais, a sua obra não poderá permanecer no ordenamento jurídico. Os mecanismos de controle de constitucionalidade das leis terão que agir, para repelir investidas contra a Lei Fundamental.

rio. A essência do *substantive due process of law* reside na necessidade de proteger os direitos e as liberdades das pessoas contra qualquer modalidade de legislação que se revele opressiva ou destituída do necessário coeficiente de razoabilidade. Isso significa, dentro da perspectiva da extensão da teoria do desvio de poder ao plano das atividades legislativas do Estado, que este não dispõe da competência para legislar ilimitadamente, de forma imoderada e irresponsável, gerando, com o seu comportamento institucional, situações normativas de absoluta distorção e, até mesmo, de subversão dos fins que regem o desempenho da função estatal. O magistério doutrinário de Caio Tácito. Observância, pelas normas legais impugnadas, da cláusula constitucional do *substantive due process of law*" (Tribunal Pleno, j. 18.5.1994, *DJ* 27.4.2001).

69. O Ministro Celso de Mello, quando relatou a ADI 1.063.MC-QO/DF, escreveu: "O STF *como legislador negativo*: A ação direta de inconstitucionalidade não pode ser utilizada com o objetivo de transformar o Supremo Tribunal Federal, indevidamente, em legislador positivo, eis que o poder de inovar o sistema normativo, em caráter inaugural, constitui função típica da instituição parlamentar. Não se revela lícito pretender, em sede de controle normativo abstrato, que o Supremo Tribunal Federal, a partir da supressão seletiva de fragmentos do discurso normativo inscrito no ato estatal impugnado, proceda à virtual criação de outra regra legal, substancialmente divorciada do conteúdo material que lhe deu o próprio legislador" (Tribunal Pleno, j. 18.5.1994, *DJ* 27.4.2001).

VI — Referências bibliográficas

ALEXY, Robert. *Teoría de los Derechos Fundamentales*. Madri, Centro de Estudios Constitucionales, 1993.

BONAVIDES, Paulo. *Curso de Direito Constitucional*. 8ª ed., São Paulo, Malheiros Editores, 1999.

CANOTILHO, José Joaquim Gomes. *Direito Constitucional e Teoria da Constituição*. 5ª ed., Lisboa, Almedina, 2000.

COOLEY, Thomas. *Princípios de Direito Constitucional dos Estados Unidos da América*. 2ª ed., trad. Alcides Cruz, São Paulo, Ed. RT, 1982.

DI PIETRO, Sylvia Zanella. *Direito Administrativo*. 13ª ed., São Paulo, Atlas, 2001.

ESPÍNDOLA, Ruy Samuel. *Conceito de Princípios Constitucionais*. São Paulo, Ed. RT, 1999.

GRECO, Marco Aurélio. *Contribuições (Uma Figura "Sui Generis")*. São Paulo, Dialética, 2000.

JUSTEN FILHO, Marçal. "Conceito de interesse público e a 'personalização' do Direito Administrativo", *Revista Trimestral de Direito Público* 26/115-136.

MENDES, Gilmar Ferreira. *Controle de Constitucionalidade: Aspectos Jurídicos e Políticos*. São Paulo, Saraiva, 1990.

SCHOLLER, Heinrich. "O princípio da proporcionalidade no Direito Constitucional e Administrativo da Alemanha", trad. Ingo Wolfgang Sarlet, *Revista de Interesse Público* 2, São Paulo, abr.-jun. 1999.

SILVA, José Afonso da. *Aplicabilidade das Normas Constitucionais*. 2ª ed., São Paulo, Ed. RT, 1982.

______. *Curso de Direito Constitucional Positivo*. 19ª ed., São Paulo, Malheiros Editores, 2001.

TÁCITO, Caio. "A razoabilidade das leis", *Revista Trimestral de Direito Público* 13/227-232.

______. "Poder de polícia e seus limites". *Revista de Direito Administrativo* 27/10.

RESPONSABILIDADE CIVIL DAS AGÊNCIAS REGULADORAS*

RODRIGO SANTOS NEVES**

Mestrando em Direito Empresarial pela Universidade Candido Mendes.
Professor do Centro Universitário Vila Velha/UVV — ES. Advogado no Espírito Santo

Apresentação. 1. A evolução histórica da responsabilidade civil do Estado e suas teorias: 1.1 Análise da evolução histórica da responsabilidade civil do Estado; 1.2 Teorias da responsabilidade do Estado: 1.2.1 Teoria da irresponsabilidade; 1.2.2 Teoria civilista; 1.2.3 Teorias publicistas: Teoria da culpa administrativa; Teoria do risco. 2. Responsabilidade das agências reguladoras por atos comissivos: 2.1 Responsabilidade da agência por danos causados em decorrência do planejamento e do fomento; 2.2 Danos causados pelo desequilíbrio econômico-financeiro dos contratos administrativos; 2.3 O zelo pela concorrência. 3. Responsabilidade da agência por atos omissivos: 3.1 A denunciação da lide do agente responsável pelo dano; 3.2 A responsabilidade das agências no novo Código Civil. 4. Excludentes de responsabilidade. 5. A responsabilidade do Estado pelos atos das agências reguladoras. 6. Prescrição. Considerações finais. Bibliografia.

Apresentação

Com grande importância em nosso sistema, os serviços públicos devem ser controlados de maneira efetiva pelo Estado. Com a mudança dos executores dessas atividades, isto é, do Estado para os particulares, o Estado, como titular dos serviços públicos e como agente normativo e regulador da atividade econômica, criou as agências reguladoras, regidas pelo princípio da especialidade, com todas as atribuições necessárias para o exercício de sua missão.

Diante de tão importante função que os entes reguladores exercem em nossa sociedade é mister que estabeleçamos critérios para a responsabilização pelos atos danosos desses órgãos, no exercício de sua atividade regulatória.

O presente trabalho tem o objetivo de estabelecer esses parâmetros, limitando os poderes atribuídos a esses órgãos, com o fim de resguardar a sociedade, tanto empresas quanto consumidores, de possíveis danos decorrentes dessa atividade.

* Trabalho apresentado no primeiro semestre de 2002 ao Programa de Mestrado em Direito Empresarial da Universidade Candido Mendes – Ipanema, como requisito parcial à aprovação da disciplina "Responsabilidade Civil e Administrativa", lecionada pela Profa. Dra. Patrícia Ribeiro Serra Veira.

** <rsneves@terra.com.br>.

Em um primeiro momento analisamos a evolução histórica da responsabilidade civil do Estado em nosso país, analisando o tratamento constitucional e infraconstitucional dessa responsabilidade. Logo em seguida, passamos a discorrer sobre as teorias da responsabilidade do Estado.

Dividimos o tratamento atual da responsabilidade das agências em dois itens. O primeiro tratando da responsabilidade das agências por atos comissivos – onde foram elaboradas hipóteses de responsabilização – e, em seguida, o tratamento dado a essa responsabilidade quando proveniente de atos omissivos.

Também discorremos sobre o novo tratamento dado a essa responsabilidade no âmbito do novo Código Civil.

Posteriormente, tratamos das excludentes de responsabilidade das agências reguladoras e da responsabilidade do Estado pelos atos praticados pelas agências.

Finalmente, enfrentamos o tema da prescrição das ações contra as agências reguladoras.

Não pretendemos, aqui, esgotar o tema da responsabilidade das agências reguladoras. Queremos, apenas, estabelecer parâmetros científicos para possíveis hipóteses de responsabilização desses entes estatais, dada a dificuldade e escassez de doutrina sobre o tema, até porque é muito recente em nosso sistema.

1. A evolução histórica da responsabilidade civil do Estado e suas teorias

1.1 Análise da evolução histórica da responsabilidade civil do Estado

A responsabilidade do Estado, no Brasil, vem sofrendo transformações no decorrer da história. Fazendo uma análise do nosso ordenamento jurídico percebemos isso.

Na Constituição do Império de 1824 dispunha sobre a responsabilidade do Estado da seguinte forma:

> Art. 99. A pessoa do Imperador é inviolável e sagrada; ele não está sujeito a responsabilidade alguma.

Art. 179, inciso 29:

> Os empregados públicos são estritamente responsáveis pelos abusos e omissões praticados no exercício de suas funções, e por não fazerem efetivamente e responsáveis aos seus subalternos.

Pela leitura de tal dispositivo percebemos que à época era adotada a teoria da Irresponsabilidade do Estado, uma vez que regido pelo princípio de que "O rei não erra". A responsabilização do Estado por seus atos, que são sempre no sentido de promover o bem dos indivíduos, poderia comprometer a soberania do Estado – esta era a razão primeira da não responsabilização do Estado.

Assim, diante dessa teoria, os atos ou omissões praticados pelos agentes estatais, que causassem danos aos indivíduos, seriam de responsabilidade exclusiva desses agentes, sendo sempre observado o elemento subjetivo (culpa ou dolo). No mesmo sentido estava a Constituição Republicana de 1891.[1]

Posteriormente, em 1894, com a Lei 221, estabeleceu-se a competência da justiça federal (juízes e tribunais federais) para o julgamento das ações relativas às decisões de autoridades administrativas da União que causassem danos aos indivíduos.

Com a promulgação do Código Civil, em 1916, criou-se nova regra de responsabilidade, quando em seu art. 15 estabeleceu que as pessoas jurídicas de direito público seriam responsáveis pelos atos de seus agentes, no exercício de suas funções.[2]

1. "Art. 82. Os funcionários públicos são estritamente responsáveis pelos abusos ou omissões em que incorrem no exercício de seus cargos, assim como pela indulgência ou negligência em não responsabilizarem efetivamente aos seus subalternos."

2. Assim preceitua o art. 15 do Código Civil de 1916: "Art. 15. As pessoas jurídicas de direito público são civilmente responsáveis por atos dos seus representantes que nessa qualidade causem danos a terceiros, procedendo de modo contrário ao

Esse dispositivo do Código Civil de 1916 trouxe à época muitas discussões quanto à natureza dessa responsabilidade, se seria subjetiva ou objetiva, isto é, dever-se-ia ser levado em consideração o elemento subjetivo (culpa ou dolo) ou não para a caracterização da responsabilidade do Estado. No entanto, o entendimento majoritário pela doutrina, bem como pela jurisprudência, foi no sentido de aplicar a teoria subjetiva da responsabilidade do Estado, quanto ao art. 15 do Código Civil de 1916. Em nosso entendimento, tal posicionamento não é o mais acertado. Se analisarmos o texto do art. 15, não conseguiremos encontrar nenhum vestígio de necessidade de caracterização de culpa ou dolo para a responsabilização do Estado por atos de seus agentes. Quanto à expressão *faltando a dever prescrito por lei* sem dúvida o dispositivo se refere aos atos omissivos do agente. Agora, quanto à expressão *procedendo de modo contrário ao direito*, não quer dizer que haja aqui culpa. O mero ato lícito do agente, no exercício de suas funções, que cause danos injustos a um administrado gerará o dever indenizatório. À guisa de exemplo podemos citar a situação de um secretário de obras ou o próprio governador do Estado que determina a execução de uma obra e como resultado desta ocorre a desvalorização do imóvel de um particular. Nesse caso não houve culpa, o ato foi legítimo para atender ao interesse público, mas não seria justificável um particular ser compelido a arcar com prejuízos à sua propriedade em benefício da coletividade. O agente público agiu de modo contrário ao direito quando causou prejuízo injusto ao particular – lesão ao direito subjetivo do particular.

Nesse exemplo seria possível a aplicação do art. 15 do Código Civil de 1916, mesmo não havendo culpa do agente.

O entendimento da responsabilidade subjetiva, no entanto, procede dos resquícios da Teoria da Irresponsabilidade do Estado.

Em 1934, a Constituição da República trouxe no bojo do art. 171 a regra da solidariedade do funcionário com a Fazenda Pública.[3] Esse dispositivo fez um retrocesso em nosso ordenamento. De uma responsabilidade direta do Estado pelos atos de seus agentes, tornamos à solidariedade do agente com o Estado. Diante de tal posicionamento, o ofendido poderia propor ação em face do Estado ou do agente público causador do dano. Outro retrocesso é a vinculação da responsabilidade do Estado à teoria subjetiva, quando estabelece que tal responsabilidade se estabeleceria "por quaisquer atos decorrentes de negligência, omissão ou abuso no exercício dos seus cargos".

A Constituição de 1937 estabelece tal responsabilidade no mesmo sentido que a anterior.[4]

Com a Constituição de 1946, a dúvida quanto à aplicação da teoria objetiva da responsabilidade estava superada. Com o art. 194 da Constituição da República de 1946 a responsabilidade estatal se dava através das pessoas jurídicas de direito público, excluindo a solidariedade de seus agentes, como antes ocorria.[5] As Constituições de 1967

direito ou faltando a dever prescrito por lei, salvo o direito regressivo contra os causadores do dano".

3. "Art. 171. Os funcionários públicos são responsáveis solidariamente com a Fazenda Nacional, estadual ou municipal, por quaisquer prejuízos decorrentes de negligência, omissão ou abuso no exercício dos seus cargos. § 1º. Na ação proposta contra a Fazenda Pública, e fundada em lesão praticada por funcionário, este será sempre citado como litisconsorte. § 2º. Executada a ação contra a Fazenda, esta promoverá execução contra o funcionário culpado."

4. "Art. 158. Os funcionários públicos são responsáveis solidariamente com a Fazenda Nacional, estadual ou municipal por quaisquer prejuízos decorrentes de negligência, omissão ou abuso no exercício dos seus cargos."

5. "Art. 194. As pessoas jurídicas de direito público interno são civilmente responsáveis pelos danos que seus funcionários, nessa qualidade, causarem a terceiros. Parágrafo único. Caber-lhes-á

e, depois, com a Emenda Constitucional de 1969 e seus arts. 105 e 107, respectivamente, tratam a matéria da mesma forma.[6]

Finalmente veio nossa Constituição da República de 1988, que tratou da matéria em seu art. 37, § 6º, estabelecendo a responsabilidade objetiva das pessoas jurídicas de direito público.[7] A grande inovação – observe – não foi a inserção da teoria objetivista da responsabilidade, como podem alguns achar, e sim a extensão desse regime de responsabilidade para as pessoas jurídicas de direito privado, prestadoras de serviços públicos.

Diante desse breve relato histórico sobre a evolução histórica da responsabilidade do Estado, poderemos passar à análise das teorias formuladas em torno dessa responsabilidade.

1.2 Teorias da responsabilidade do Estado

1.2.1 Teoria da irresponsabilidade

A teoria da irresponsabilidade do Estado, consagrada pelos arts. 99 e 179, inciso 29, da Constituição do Império de 1824, tinha como bases a figura inviolável e sagrada do Imperador, a soberania nacional e o objetivo do Estado, que é a promoção do bem comum.

Segundo essa teoria, se o Estado, no exercício de suas atividades em prol da sociedade, provoca dano a um terceiro não estará obrigado a reparar o dano, dada a sua função que é gerar o bem da coletividade. Bem como isso comprometeria a soberania nacional, uma vez que o Estado se submeteria às vontades de um particular, o Estado soberano e supremo não poderia reconhecer seu erro perante um indivíduo, pois *o rei não erra.*

Percebeu-se que essa teoria não se adequava aos anseios da sociedade, pois seria contrário ao sentimento de justiça, intrínseco em cada um, sofrer um dano injusto em prol da coletividade. Se a coletividade se beneficia da atividade estatal, então que ela – sociedade – através do Estado, assuma a responsabilidade pelos danos sofridos por um indivíduo para o benefício de toda a coletividade.

1.2.2 Teoria civilista

Em um segundo momento, percebeu-se que a idéia do "*The king can do no wrong*" não era a mais apropriada. A partir do século XIX passou a ser admitida a responsabilidade do Estado em determinadas circunstâncias. Baseada nas idéias e no regime do Direito Civil, concebeu-se a idéia de que, assim como o particular, em determinadas situações o Estado deveria responder pelos danos que suas ações ou omissões causarem a terceiros.

Por essa teoria foi feita a distinção dos atos praticados pelo Estado. Os atos praticados pelo Estado como Poder Público, no exercício de sua soberania, para a promoção do bem como foram classificados como *atos de império*. Já os atos praticados na administração de seus bens, que pudessem ser assemelhados aos atos dos particulares, seriam classificados como *atos de gestão.*

ação regressiva contra os funcionários do dano, quando tiver havido culpa destes."

6. Constituição de 1967, art. 105, parágrafo único: "As pessoas jurídicas de direito público respondem pelos danos que os seus funcionários, nessa qualidade, causem a terceiros. Caberá ação regressiva contra o funcionário responsável, nos casos de culpa ou dolo".

Constituição de 1967, com Emenda Constitucional I, de 1969, art. 107: "As pessoas jurídicas de direito público responderão pelos danos que seus funcionários, nessa qualidade, causarem a terceiros. Caberá ação regressiva contra o funcionário responsável, nos casos de culpa ou dolo".

7. Art. 37, § 6º: "As pessoas jurídicas de direito público e as de direito privado prestadoras de serviços públicos responderão pelos danos que seus agentes, nessa qualidade, causarem a terceiros, assegurado o direito de regresso contra o responsável nos casos de dolo ou culpa".

Nos primeiros, como foram praticados no exercício do poder soberano, prevaleceria a imunidade do Estado quanto à responsabilização de seus atos, uma vez que o poder soberano é superior ao interesse do particular. Se os atos fossem classificados na segunda categoria, isto é, como atos de gestão, já que o Estado agiu como se particular fosse, estaria sujeito ao regime jurídico civilista, responderia como se fosse um particular.

Apesar de ter sido um avanço no pensamento jurídico, uma vez que conseguiu romper o dogma da irresponsabilidade estatal, estabelecendo hipóteses de responsabilidade do Estado, essa teoria não surtiu os efeitos desejados. A diferenciação dos atos ou omissões do Estado entre atos de império e atos de gestão demonstrava-se praticamente impossível, uma vez que o Estado, em seus litígios, sempre alegaria a soberania, para a caracterização do ato como ato de império.

Sem falar na imoralidade, em se dever indenizar o prejudicado em determinados casos e em outros não.

1.2.3 Teorias publicistas

Teoria da culpa administrativa — A teoria da culpa administrativa, também denominada teoria do acidente administrativo, representou um avanço na doutrina da responsabilidade do Estado. Antes dessa teoria a vítima deveria comprovar a culpa do funcionário público na realização do dano.

Como bem sabemos, a Administração Pública se desenvolveu de uma tal forma no correr da história, que a impessoalidade na prestação dos serviços públicos tornou-se evidente, dado o tamanho que a máquina administrativa adquiriu. Com isso tornava-se difícil a comprovação do dano por dois motivos: o primeiro era a dificuldade de apuração do elemento subjetivo (culpa); e o segundo era a dificuldade, muitas vezes, de identificar o agente público que provocou o dano.

Na teoria do acidente administrativo o que é preciso apurar é a culpa do serviço público e não a do agente público. Essa culpa pode ocorrer em três hipóteses:

A primeira ocorre pelo não funcionamento do serviço público – nessa hipótese, a vítima deve provar que o dano ocorreu pelo simples fato de o serviço público não estar funcionando. Se o serviço funcionasse o dano não teria ocorrido;

A segunda hipótese é a que o serviço existe e foi realizado, mas este ocorreu com atraso, causando dano a terceiros;

E, por último, o mau funcionamento do serviço público. É o caso no qual se o serviço tivesse sido prestado de forma regular, da forma devida, o dano não teria ocorrido. O que torna essa hipótese complicada, quanto à colheita de provas, é a dificuldade de se estabelecer quando o serviço é mal prestado ou não, uma vez que não havia, muitas vezes, padrões de controle de qualidade, parâmetros técnicos para se fazer uma análise científica do caso concreto.

Em relação ao sistema de responsabilidade existente a teoria da culpa administrativa foi um avanço, mas ainda não era o suficiente. Surgiu, então, a teoria do risco, que representou um passo à frente rumo ao ideal da responsabilidade do Estado.

Teoria do risco — A teoria do risco criou a responsabilidade objetiva. Pela aplicação de tal teoria, para a responsabilização do Estado não mais seria necessária a comprovação da culpa do agente público ou do serviço público, mas tão-somente a demonstração do dano e do nexo causal entre o dano e o serviço público.

A teoria do risco encontra fundamento nos riscos que representam a atividade estatal, por envolver quantias vultosas e grande número de pessoas, bem como na solidariedade social, já que toda a coletividade se beneficia da atividade estatal, deve ser socializado o prejuízo causado injustamente ao indivíduo prejudicado. E isso se dá pelo ressarcimento do Estado, que representa toda a coletividade com o pagamento dos tributos, ao prejudicado injustamente.[8]

Essa teoria se desdobra em duas modalidades: *Risco Integral* e *Risco Administrativo*.

A primeira, *teoria do risco integral*, não admite a possibilidade da exclusão do Estado de qualquer responsabilidade. Se houve dano o Estado deve ressarcir o prejudicado, mesmo se este tiver agido por culpa ou dolo. Não há excludentes de responsabilidade nessa teoria. Tal posição nunca foi acolhida no Direito Brasileiro, por dar margem ao enriquecimento ilícito.

A segunda, *teoria do risco administrativo*,[9] é mais moderada. Admite que não é necessária a discussão quanto aos elementos subjetivos (culpa ou dolo) nem se houve culpa do serviço (acidente administrativo). Para a responsabilização do Estado há que se verificar se há o nexo de causalidade entre o dano e a atividade estatal.

Há de se esclarecer que há riscos na atividade do Estado e, por isso, deve existir a responsabilidade objetiva. No entanto, essa responsabilidade não é absoluta, ou integral. Há casos em que o Estado se eximirá do pagamento de indenização. As excludentes de responsabilidade, nessa teoria são: a) fato exclusivo da vítima; b) fato exclusivo de terceiro; e c) força maior.

2. *Responsabilidade das agências reguladoras por atos comissivos*

Antes de adentrarmos no tema da responsabilidade das agências reguladoras, torna-se imperativo buscarmos um conceito para tais entes administrativos.

Para o exercício do poder de polícia é necessário que o ente tenha natureza jurídica pública, uma vez que estará aplicando restrições às liberdades individuais e coletivas.

Para que as agências também exerçam seu papel, de regular o mercado, também é necessária uma autonomia, para que não seja influenciada em suas decisões por fatores externos ao caso concreto, tais como influências de natureza política ou, até mesmo, econômica.

Destarte, a figura encontrada em nosso sistema, que pode chegar perto do que se espera para a atuação reguladora das agências, é a autarquia. Estabelece o Decreto-lei 200/1967, em seu art. 5º, I, um conceito para autarquia:

> Art. 5º. Para os fins desta lei considera-se:
>
> I – Autarquia – o serviço autônomo, criado por lei, com personalidade jurídica, patrimônio e receita próprios, para executar atividades típicas da Administração Pública, que requeiram, para seu melhor funcionamento, gestão administrativa e financeira descentralizada.

Mas as agências reguladoras ingressaram em nosso sistema jurídico não como autarquias comuns, mas como autarquias em regime especial. São autarquias, mas estão inseridas em um regime jurídico diferenciado.

O regime especial em que estão as agências consiste na autonomia administrativa, ausência de subordinação hierárquica, mandato fixo, estabilidade de seus dirigentes e autonomia financeira.[10]

8. Hely Lopes Meirelles, *Direito Administrativo Brasileiro*, 20ª ed., p. 557.

9. Segundo o mesmo autor a teoria do risco administrativo foi adotada no Brasil, pela primeira vez, com a Constituição de 1946 (ibidem, loc. cit.).

10. Podemos ter como exemplo o caso da ANATEL, Agência Nacional de Telecomunicações, criada pela Lei 9.472/1997, que estabelece em seus dispositivos adiante transcritos a natureza jurídica, bem como atribuindo-lhe todas as prerrogativas necessárias ao exercício de suas atividades. Assim determina esse diploma legal: "Art. 8º. Fica criada a Agência Nacional de Telecomunicações, entidade integrante da Administração Pública Federal indireta, submetida a regime autárquico especial e vinculada ao Ministério das Comunicações, com a função de órgão regulador das telecomunicações, com sede no Distrito Federal, podendo estabelecer unidades regionais. (...). § 2º. A natureza de autarquia especial conferida à Agência é caracterizada por independência administrativa, ausência de

Assim, as agências reguladoras podem ser conceituadas como autarquias em regime especial, isto é, órgãos administrativos dotados de personalidade jurídica própria, autonomia administrativa e financeira, não sendo subordinadas hierarquicamente à Administração central, isto é, suas decisões não sofrem, ou não deveriam sofrer, influência do chefe do Executivo ou do Ministro de Estado, já que suas decisões são técnicas e não políticas. Como pessoas jurídicas de direito público, são sujeitos de direitos e obrigações, devendo ser consideradas pessoas diversas da do Estado. Assim tem sido entendido nos tribunais:

Processual civil. Administrativo. Serviço Funerário do Município de São Paulo. Ilegitimidade passiva "ad causam". Autarquia municipal. Autonomia administrativa e financeira. O Serviço Funerário do Município de São Paulo, na qualidade de autarquia municipal dotada de autonomia de administração econômico-financeira e personalidade jurídica, tem capacidade processual para ser acionado em juízo nas ações em que os seus servidores postulam reajuste de vencimentos, o que evidencia a ilegitimidade passiva *ad causam* do Município de São Paulo. Recurso especial conhecido" (STJ, 6ª T., REsp 249527-SP, Rel. Min. Vicente Leal, *DJU* 1.8.2000, p. 367).

Processual civil. Administrativo. Departamento de Estradas de Rodagem. Autarquia estadual. Legitimidade passiva "ad causam". O Departamento de Estradas de Rodagem do Estado de Santa Catarina, na qualidade de autarquia dotada de autonomia de administração econômico-financeira, tem personalidade jurídica e capacidade processual para ser acionado em juízo nas ações em que os seus servidores postulam pagamento de diferenças de vencimentos, o que evidencia a ilegitimidade passiva *ad causam* do Secretário de Estado. Recurso especial conhecido e provido" (STJ, 6ª T., REsp 235027-SC, Rel. Min. Vicente Leal, *DJU* 14.2.2000, p. 87).

Conforme se percebe da análise dos acórdãos acima, as autarquias são sujeitos de direitos e obrigações, devendo ser acionadas diretamente pelos que se acharem prejudicados por estes órgãos.

São órgãos que possuem todas as atribuições necessárias ao desempenho perfeito da função reguladora. Nessa atuação podem, porém, causar danos a terceiros, que deverão ajuizar ações judiciais em face desses órgãos e não em face do Estado. A responsabilidade civil das agências reguladoras proveniente de atos comissivos é regida pelo que dispõe o art. 37, § 6º, da Constituição da República. Trataremos da situação do Estado, em relação aos danos causados pelas agências, mais adiante.

2.1 Responsabilidade da agência por danos causados em decorrência do planejamento e do fomento

Questões de grande importância, ao tratarmos das atividades das agências que podem causar danos a terceiros, tanto a empresas quanto a consumidores, são o planejamento e o fomento. Nossa Constituição preceitua em seu art. 174 que como agente regulador da atividade econômica o Estado deverá exercer, na forma da lei, as funções de fiscalização, *incentivo e planejamento*, sendo este determinante para o setor público e indicativo para o setor privado. Planejamento, nas palavras de José Afonso da Silva, "é um processo técnico instrumentado para transformar a realidade existente no sentido de objetivos previamente estabelecidos. O planejamento econômico consiste, assim, num processo de intervenção estatal no domínio econômico com o fim de organizar atividades econômicas para obter resultados previamente colimados".[11]

Ao analisarmos as normas que estruturam as agências reguladoras, percebemos que o planejamento e o fomento (incenti-

subordinação hierárquica, mandato fixo e estabilidade de seus dirigentes e autonomia financeira. (...) Art. 9º. A Agência atuará como autoridade administrativa independente, assegurando-se-lhe, nos termos desta Lei, as prerrogativas necessárias ao exercício adequado de sua competência".

11. *Curso de Direito Constitucional Positivo*, 17ª ed., pp. 782-783.

vo) são atribuições desses órgãos.[12] Assim não se justificaria que a agência – mesmo não sendo órgão de criação de políticas públicas, uma vez que o planejamento envolve decisão política, mas é órgão responsável por implementar tais políticas, elaborando planejamentos com o fim de atender às políticas estabelecidas pelo Executivo e Legislativo – que após elaborar projetos, com a planificação da economia setorial, desenvolvendo incentivos para que as empresas reguladas e outras não reguladas (mas que são indiretamente afetadas por tais planejamentos, filiem-se a tais planos), bem como os consumidores (que se vêem obrigados a participar daqueles, já que são os mais vulneráveis e sujeitos finais das relações de consumo, tendo que arcar com os encargos sociais e econômicos produzidos pelo mercado), abandonasse posteriormente tais planos, retirando os incentivos fiscais e financeiros, causando, assim, um colapso no mercado.

O planejamento individual das empresas e dos consumidores restaria prejudicado por uma má decisão da agência, por sua imprudência na construção do plano, o que causaria sérios danos a esses agentes econômicos. Em tal hipótese, deverão as agências responder pelos danos causados aos atores econômicos atingidos, ainda que indiretamente, pela sua atividade regulatória.

2.2 *Danos causados pelo desequilíbrio econômico-financeiro dos contratos administrativos*

O equilíbrio econômico-financeiro dos contratos administrativos é a relação entre a obrigação do contratado na prestação de serviços, venda de bens ou quaisquer outros tipos de contratos e seu direito à remuneração, ao pagamento por aquela obrigação.[13] A Administração Pública tem a prerrogativa de modificar unilateralmente os contratos administrativos[14] e, por isso, o particular que com ela contrata deve ter seus direitos resguardados.

A matéria é tratada constitucionalmente no art. 37, XXI, da Constituição da República de 1988 ao garantir que serão *mantidas as condições efetivas da proposta*. Ao falar nas condições efetivas da proposta, a Constituição garantiu o equilíbrio econômico-financeiro do contrato administrativo.

No âmbito infraconstitucional a matéria é tratada pela Lei 8.666/1993, em seu art. 58, I, e seus §§ 1º e 2º, art. 65, II, *d*, e §§ 5º e 6º, bem como pela Lei de Concessões, Lei 8.987/1995, em seu art. 9º, *caput*, e seus §§ 2º e 4º, assim como o art. 10 do mesmo diploma legal.

12. A Lei 9.984/2000, que cria a ANA, Agência Nacional de Águas, estabelece em seu art. 4º, X e XI, a competência da agência para "X – planejar e promover ações destinadas a prevenir ou minimizar os efeitos de secas e inundações, no âmbito do Sistema Nacional de Gerenciamento de Recursos Hídricos, em articulação com o órgão central do Sistema Nacional de Defesa Civil, em apoio aos Estados e Municípios; XI – promover a elaboração de estudos para subsidiar a aplicação de recursos financeiros da União em obras e serviços de regularização de cursos de água, de alocação e distribuição de água, e de controle da poluição hídrica, em consonância com o estabelecido nos planos de recursos hídricos".

Quanto ao incentivo a Lei 9.27/1996, que institui a Agência Nacional de Energia Elétrica, a ANEEL, estabelece em seu art. 3º, VII, que é competência da ANEEL: "VII – articular com o órgão regulador do setor de combustíveis fósseis e gás natural os critérios para fixação dos preços de transporte desses combustíveis, quando destinados à geração de energia elétrica, e para arbitramento de seus valores, nos casos de negociação frustrada entre os agentes envolvidos". Bem como o Decreto 2.335/1997, no Anexo I, art. 3º, V, estabelece como diretriz da ANEEL: "V – criação de ambiente para o setor de energia elétrica que incentive o investimento, de forma que os concessionários, permissionários e autorizados tenham asseguradas (*sic*) a viabilidade econômica e financeira, nos termos do respectivo contrato".

13. No mesmo sentido ver Odete Medauar, *Direito Administrativo Moderno*, 5ª ed., p. 255.

14. Cf. art. 65, I, da Lei 8.666/1993.

Em se tratando das agências reguladoras, como poder concedente, se essas alterarem os contratos de concessão unilateralmente, rompendo assim com o equilíbrio econômico-financeiro do contrato, deverão ressarcir as concessionárias de serviço público pelos prejuízos causados a estas, restabelecendo o valor das tarifas a um preço compatível com a prestação, inclusive correção monetária, pagando valores relativos aos juros pagos pelas empresas concessionárias para a manutenção do serviço – juros de mercado, isto é, os mais altos pagos pela empresa.

Não é justificável que haja um sacrifício de uma empresa concessionária em benefício do interesse coletivo, sem que haja uma justa indenização. O não pagamento total dos créditos, bem como dos respectivos juros e correção monetária às empresas contratadas pelo Poder Público, representa uma desapropriação indireta, havendo a necessidade de justa remuneração antecipada.[15-16]

2.3 O zelo pela concorrência

Entre as atribuições das agências reguladoras está o dever de zelo pela concorrência, assim como podemos contemplar da análise de dispositivos das leis e decretos, que criam e regulamentam as agências. A Lei 9.427/1996, que cria a ANEEL, em seu art. 3º, IX, determina que compete à ANEEL "zelar pelo cumprimento da legislação de defesa da concorrência, monitorando e acompanhando as práticas de mercado dos agentes do setor de energia elétrica". Em seu regulamento – Decreto 2.335/1997, o Anexo I, no art. 3º, II, estabelece como diretriz a "regulação e fiscalização realizadas com o caráter de simplicidade e pautadas na livre concorrência entre os agentes, no atendimento às necessidades dos consumidores e no pleno acesso aos serviços de energia elétrica". E no art. 4º, II, estabelece a competência da agência de "incentivar a competição e supervisioná-la em todos os segmentos do setor de energia elétrica".

Então zelar pela concorrência é uma atribuição das agências. Mas, em que consiste o zelar pela concorrência?

Em nosso entender, zelar significa cuidar, fiscalizar, supervisionar, enfim, regular. A regulação da concorrência de cada setor deve ser exercida pela agência respectiva. Tanto à época da licitação para a concessão do serviço,[17] quanto nas desestatizações dos serviços públicos.

Entendimento diverso é o de Marusa Vasconcelos Freire, que entende que nos casos de desestatização de serviço público em que ficar evidenciado que houve prejuízo à livre concorrência, o CADE será competente para negar o ato de desestatização, bem como a determinação de sua descontinuidade total.[18]

15. Entendimento exposto no parecer Arnoldo Wald, "Obrigação da administração em ressarcir o contratado quando desrespeitado o equilíbrio econômico-financeiro no tocante à homologação do reajuste das tarifas", In *Revista de Direito Constitucional e Internacional* 37/299.

16. O mesmo entendimento quanto ao dever de indenizar de uma sociedade de economia mista dos valores das tarifas, adicionados aos juros e correção monetária, foi manifestado pela 2ª Turma do STJ, em decisão unânime em 27.11.1991, no REsp 5.059.

17. A Lei 10.233, de 5.6.2001, que institui a ANTT e a ANTAQ, estabelece o seguinte: "Art. 28. A ANTT e a ANTAQ, em suas respectivas esferas de atuação, adotarão as normas e os procedimentos estabelecidos nesta Lei para as diferentes formas de outorga previstos nos arts. 13 e 14, visando a que: (...); II – os instrumentos de concessão ou permissão sejam precedidos de licitação pública e celebrados em cumprimento ao princípio da livre concorrência entre os capacitados para o exercício das outorgas, na forma prevista no inciso I, definindo claramente: a) (vetado); b) limites máximos tarifários e as condições de reajustamento e revisão; c) pagamento pelo valor das outorgas e participações governamentais, quando for o caso".

18. *Apud* Fernando Herren Aguillar, *Controle Social de Serviços Públicos*, p. 276.

Devemos aqui fazer uma análise interpretativa sobre a competência, para tratar da competência de regular a concorrência dos serviços públicos. A lei que rege o CADE é a Lei 8.884/1994, que em seu art. 7º estabelece as competências do Conselho, que entre elas estão o zelo pela lei citada e seu regulamento e o julgamento de infrações à ordem econômica. Percebe-se que, quando da sua criação, teria competência para cuidar de todos os casos relativos à defesa da concorrência – por ser uma lei geral.

As agências reguladoras, criadas posteriormente[19] para regular seus respectivos setores, têm entre suas atribuições o zelo pela livre concorrência. Dois são os fundamentos para essa conclusão.

O primeiro se refere à eficácia da lei no tempo. Lei posterior que trata de mesma matéria que lei anterior revoga-a, isto é, pelo fato de as leis que criaram as Agências Reguladoras serem posteriores à Lei 8.884/1994, que trata da defesa da concorrência, atribuindo competência ao CADE, houve uma derrogação no que se refere à tutela da livre concorrência no âmbito de cada setor regulado.[20]

O segundo fundamento se refere ao princípio da especialização, consagrado pelos §§ 1º e 2º da LICC,[21] quando diz que uma lei nova revoga a lei anterior quando com ela se demonstra incompatível e quando diz que lei especial não revoga lei geral. Devemos entender que ao que se refere ao regime de tutela da livre concorrência, com as leis das agências, essa competência nos setores regulados passou às respectivas agências. Assim, a ANATEL cuidará da proteção da livre concorrência no setor das telecomunicações, a ANA no serviço de águas e assim por diante.

Devemos aqui fazer uma ressalva quanto à lei criadora da ANTAQ e da ANTT – Agência Nacional de Transportes Aquaviários e Agência Nacional de Transportes Terrestres – Lei 10.233, de 5 de junho de 2001. A referida lei, em seu art. 30, estabelece que ao identificarem qualquer infração à ordem econômica as agências deverão informar o CADE, o SDE e SAE, o que retira dessas agências a competência para tratar de assuntos relativos à matéria de concorrência, concedendo essa competência para o CADE.[22] Devemos lembrar que essa lei é relativa às duas agências por ela criadas, em nada afetando as competências das outras agências.

Sendo uma atribuição das agências a proteção da livre concorrência, esta em sua atividade pode gerar danos aos regulados, ou aos consumidores em decorrência dessa atividade.

À guisa de exemplo, se a ANATEL anula um ato de incorporação entre duas empresas do setor, por entender que isso causaria danos ao mercado, tanto à livre concorrência, quanto aos consumidores, pela limitação de liberdade de escolha. Tal ato causa sérios danos às empresas envolvidas, provocando até mesmo a impossibilidade de continuidade das operações de uma das empresas, bem como prejuízos aos consumidores que ficaram por alguns dias sem a prestação do serviço.

Constata-se, posteriormente, que a incorporação não provocaria nenhum ato danoso ao mercado – a decisão foi equivoca-

19. ANEEL, criada pela Lei 9.427/1996; ANATEL, criada pela Lei 9.472/1997; ANA, criada pela Lei 9.984/2000; ANS, criada pela MP 2.012/1999, convertida na Lei 9.961/2000; ANVISA, criada pela Lei 9.782/1999; ANTT e ANTAQ, criadas pela Lei 10.233, de 5.6.2001 (destas duas últimas trataremos mais adiante).

20. Art. 2º, §§ 1º e 2º, da LICC – Decreto-lei 4.657, de 4.9.1942.

21. Lei de Introdução ao Código Civil.

22. "Art. 31. A Agência, ao tomar conhecimento de fato que configure ou possa configurar infração da ordem econômica, deverá comunicá-lo ao Conselho Administrativo de Defesa Econômica – CADE, à Secretaria de Direito Econômico do Ministério da Justiça ou à Secretaria de Acompanhamento Econômico do Ministério da Fazenda, conforme o caso."

da. Diante disso poderia a Agência responder pelos danos causados aos ofendidos – empresas e consumidores – com base no art. 37, § 6º da Constituição da República, pois um dano foi causado em decorrência da atividade da ANATEL e esta deve indenizar os lesionados.

3. *Responsabilidade da agência por atos omissivos*

Como já tratado anteriormente, a responsabilidade do Estado por atos comissivos é regulamentada pelo § 6º do art. 37 da Constituição da República, isto é, pela teoria da responsabilidade objetiva. No entanto, essa responsabilidade, quando é proveniente de atos omissivos, tem sido tratada de forma diversa. O entendimento majoritário tem sido no sentido da aplicação da teoria subjetiva, regida pelo Código Civil de 1916, em seu art. 15.

Apesar da promulgação de nossa Carta Política em 1988, permaneceu o art. 15 do antigo Código Civil em vigor, no que se refere aos atos omissivos das pessoas jurídicas de direito público que, através de seus agentes, nessa qualidade, causarem danos a terceiros.

Diante de uma omissão do Estado, em especial, de uma agência reguladora, que cause danos a terceiros deve-se provar que: a) houve o dano injusto; b) culpa da pessoa jurídica; e c) o nexo causal entre a omissão culposa e o dano.

No entanto, essa culpa que deve ser demonstrada não é aquela individualizada – referente ao ato do agente público – mas é relativa ao serviço. Diante dos atos omissivos das agências reguladoras, que causem danos a terceiros, deverá ser aplicada a *teoria da culpa administrativa* ou do acidente administrativo.[23] Para a caracterização do elemento subjetivo (da culpa) será necessário, tão-somente, demonstrar: a) a falta do serviço; b) a realização irregular do serviço (mau funcionamento); ou c) que o serviço foi realizado, mas com atraso – que provocou o dano. A omissão deve ser reprovável, ao que estivesse dentro das possibilidades de se fazer, mas não foi feito. Sendo fatos completamente imprevisíveis ou de situações que não há como se prevenir, não há o que se falar em responsabilidade do Estado, como vemos no julgado:

> *Responsabilidade civil do Estado. Acidente de trânsito. Animais na pista. Culpa. Rodovia comum.* Nas rodovias comuns – ao contrário do que se dá nas auto-estradas, destinadas ao trânsito de alta velocidade, onde as exigências de segurança são naturalmente mais acentuadas e, por isso, a vigilância deve ser mais rigorosa – *é virtualmente impossível impedir o ingresso de animais na pista, durante as 24 horas do dia.* A responsabilidade do Estado quando o dano resulta de suposta omissão – falta de serviço – obedece a teoria subjetiva e só se concretiza mediante prova da culpa, isto é, do descumprimento do dever legal de impedir o evento lesivo. O Estado não é segurador universal: sem a prova da conduta omissiva censurável, tendo em conta o tipo de atuação que seria razoável exigir, não há como responsabilizar o poder público" (TRF-4ª R., 3ª T., AC 97.04.01222-5-SC, Rela. Juíza Marga B. Tessler, *DJU* 17.9.1997, destaque nosso).
>
> *Responsabilidade civil do Estado. Falta do serviço. Corretora de Valores Mobiliários liquidada extrajudicialmente.* Os investidores clientes de corretora de valores mobiliários liquidada extrajudicialmente não têm direito a indenização por omissão da fiscalização a ser exercida pela CVM, pelo BACEN, ou pela Bolsa de Valores em que opera, quando essa empresa praticou fraudes, e apresentou balanço irregular. A responsabilidade do Estado, em casos de omissão de serviço de fiscalização, deve ser demonstrada com os requisitos do nexo de causalidade e da culpa" (TRF-4ª R., 3ª T., AC 95.04.520.94-4-RS, Rel. Juiz Marcelo de Nardi, *DJU* 5.5.1999).

Pela leitura dos julgados podemos perceber que a responsabilidade do Estado por atos omissivos se deve pela não prestação

23. Renan Miguel Saad, *O Ato Ilícito e a Responsabilidade Civil do Estado: Doutrina e Jurisprudência*, p. 68.

de um serviço público, do qual tinha o dever legal de prestar.

Se, por exemplo, a ANATEL – responsável pela regulação dos serviços de telecomunicações – deixa o seu dever legal de proteger a livre concorrência e, por isso, uma determinada concessionária pratica abusos no mercado, impondo preços às outras concessionárias e aos consumidores, sendo configurado abuso do poder econômico, poderia a concessionária prejudicada ajuizar ação indenizatória em face da ANATEL, pelos danos causados à concessionária, provenientes do descumprimento do dever legal da Agência de preservar a livre concorrência?

A resposta a esta indagação nos parece positiva. Uma vez comprovado que o ato de imposição de preço de tarifas não ocorreria se houvesse uma efetiva e justificável fiscalização da agência, o nexo de causalidade estaria demonstrado, assim como a conduta culposa, pela falta do serviço. É evidente que caberá ação regressiva da Agência em face da concessionária que causou diretamente o dano e contra o responsável pela fiscalização, não realizada.

Quanto ao planejamento, este também é uma das atribuições das agências. A Lei 9.984/2000, em seu art. 4º, X, estabelece a competência da ANA para planejar e promover ações destinadas a prevenir e minimizar os efeitos de secas e inundações, no âmbito do Sistema Nacional de Gerenciamento de Recursos Hídricos, em articulação com o órgão central do Sistema Nacional de Defesa Civil, em apoio aos Estados e Municípios.

Diante desse dispositivo, qual seria a responsabilidade dessa agência pelos danos causados a empresas pelo racionamento de energia elétrica, em decorrência da falta de planejamento quanto à utilização dos recursos hídricos? Seria possível sua responsabilização? Entendemos que sim, sob a condição de a agência ser à época responsável pelo planejamento do setor. Configurada a omissão, isto é, a falta de diligência do órgão regulador em realizar estudos no sentido da prevenção de secas e na má utilização dos recursos hídricos, deverá este órgão ressarcir às vítimas pelos danos causados pela sua omissão injustiçada, nos termos do art. 15 do Código Civil de 1916.

3.1 A denunciação da lide do agente responsável pelo dano

Quanto à denunciação da lide são necessários alguns comentários. A denunciação da lide "é medida obrigatória, que leva a uma sentença sobre a responsabilidade do terceiro em face do denunciante, de par com a solução normal do litígio de início deduzido em juízo, entre autor e réu".[24] A denunciação da lide se faz necessária quando o réu tem direito regressivo contra um terceiro. Esse terceiro deverá ser denunciado na lide, para que faça parte no processo, a fim de que seja apurada sua culpa ou dolo.

A denunciação da lide é obrigatória, conforme determina o art. 70 do CPC. No entanto, sua admissibilidade em relação à responsabilidade objetiva do Estado é bastante discutida na doutrina e na jurisprudência. O professor Humberto Theodoro Júnior[25] é partidário da posição de que é admissível a denunciação da lide em ação indenizatória com fundamento no art. 37, § 6º, da Constituição da República.

Nos casos de responsabilidade subjetiva do Estado, isto é, baseados no art. 15 do Código Civil de 1916, é possível a denunciação da lide em face do agente público causador do dano.

No entanto, se a ação indenizatória tiver como fundamento a responsabilidade objetiva, não será possível a denunciação da lide. A agência reguladora que pagar indenização por ato decorrente da ação de seus agentes culposos deverá propor ação regressiva em um momento posterior. Há uma razão de natureza pragmática para o caso.

24. Humberto Theodoro Júnior, *Curso de Direito Processual Civil*, 24ª ed., v. I, p. 125.

25. Ob. cit., p. 127.

A *ratio* da responsabilidade objetiva é a possibilidade aumentada de uma indenização, isto é, reconhecido o risco da atividade estatal o legislador quis facilitar ao lesado alcançar seu objetivo em receber sua indenização devida pelo ofensor, bem como a maior rapidez no processo, uma vez que não necessitará, nesse sistema, da apuração da culpa.

Com a denunciação da lide, apesar de o ofendido não ter que provar a culpa do agente, será prejudicado pela demora que a denunciação da lide trará ao processo principal.

Assim sendo, a melhor técnica seria a inadmissibilidade da denunciação da lide em ação indenizatória com base na responsabilidade objetiva, somente sendo admitida nos casos de responsabilidade subjetiva.

3.2 A responsabilidade das agências no novo Código Civil

O novo Código Civil, Lei 10.406, de 10 de janeiro de 2002, trata da responsabilidade das pessoas jurídicas de direito público em seu art. 43, dando um tratamento diferenciado do Código de 1916. Estabelece o dispositivo que:

> Art. 43. As pessoas jurídicas de direito público interno são civilmente responsáveis por atos dos seus agentes que nessa qualidade causem danos a terceiros, ressalvado direito regressivo contra os causadores do dano, se houver, por parte destes, culpa ou dolo.

Da leitura, ao analisarmos a parte final, quando trata do direito de regresso das pessoas jurídicas de direito público contra os seus agentes, percebemos que só há essa possibilidade se o agente agiu com culpa ou dolo. Podemos concluir que há responsabilidade mesmo se não houver culpa ou dolo por parte do agente, tornando a responsabilidade das agências reguladoras objetiva em todos os casos.

Isso quer dizer que a partir de 10 de janeiro de 2003, todos os danos ocorridos em decorrência da atividade das agências reguladoras, sejam por atos comissivos, sejam por atos omissivos, estarão sujeitos ao regime da responsabilidade objetiva, devendo o ofendido apenas demonstrar o seu dano e o nexo causal entre o dano e a atividade estatal, a atividade da agência reguladora.

4. Excludentes de responsabilidade

Sobre o tema da responsabilidade do Estado por danos a terceiros a doutrina é unânime em afirmar que tal responsabilidade somente subsiste se ficar demonstrado o nexo de causalidade entre o dano e a atividade do Estado.[26] Sem que haja uma relação, direta ou indireta, entre o evento danoso e a atividade do Estado não há como se imputar responsabilidade ao Estado.

Diante disso, devemos traçar os limites dessa responsabilidade no tocante às agências reguladoras.

Há um equívoco na doutrina e na jurisprudência quando, ao tratar da responsabilidade civil objetiva, referem-se à culpa da vítima ou de terceiro, exclusiva ou em grau de concorrência, para exclusão ou atenuação daquela responsabilidade.

A teoria objetiva da responsabilidade foi criada com o objetivo de se excluir a culpa das discussões a respeito de determinados casos, em que se achava que o risco de determinadas atividades já justificava a responsabilização, quando demonstrado o nexo causal. O elemento subjetivo não deve ser levado em consideração para a imputação da responsabilidade objetiva. Muito menos quando se tratar de causas excludentes dessa responsabilidade.

Melhor expressão para ser utilizada quanto às excludentes seria o *fato da vítima ou de terceiro*. Quando um dano é causado

26. Nesse sentido ver Rui Stoco, *Responsabilidade Civil e sua Interpretação Jurisprudencial*, p. 514; Maria Sylvia Zanella Di Pietro, *Direito Administrativo*, 13ª ed., p. 518; Bruno Luiz Weiler Siqueira, "O nexo de causalidade na responsabilidade patrimonial do Estado", *RDA* 219/98; Odete Medaudar, ob. cit., pp. 436-437.

por um fato exclusivo da vítima ou de um terceiro, não seria possível a responsabilização da agência reguladora, pois o nexo de causalidade entre a atividade da agência e o evento danoso inexiste. Assim como quando o agente econômico participou, de alguma forma, para o resultado danoso, deve a responsabilidade da agência ser atenuada, uma vez que não foi a única responsável pelo evento danoso. Nesse caso, a vítima ou um terceiro interferiu no nexo causal.

Quanto ao caso fortuito e à força maior, há que se estabelecer uma distinção entre esses dois elementos, para sabermos se a responsabilidade da agência permanece ou não na presença desses elementos.

O caso fortuito é situação proveniente de ação humana, de falha da Administração. Provém de causa desconhecida, mas que mesmo assim provoca danos a terceiros. Se nos é permitido, gostaríamos de utilizar as palavras da professora Maria Helena Diniz,[27] que trata muito bem o tema: "Sendo absoluto, por ser totalmente imprevisível ou irreconhecível com alguma diligência, de modo que não se poderia cogitar a responsabilidade do sujeito, acarreta a extinção do vínculo obrigacional, salvo (...) se se convencionou pagar os prejuízos ou se a norma jurídica o impuser ao devedor, como nos casos de *responsabilidade objetiva*"[28] (grifo nosso).

Por ser de causa desconhecida o caso fortuito não tem o condão de romper o nexo de causalidade entre o dano e a atividade da agência reguladora.[29] Aplica-se aqui a teoria da culpa administrativa. Houve uma falha do serviço, da atividade da agência e, por isso, deve esta reparar os danos.

27. *Curso de Direito Civil Brasileiro*, 10ª. ed., v. 2, p. 346.

28. Nesse mesmo sentido da impossibilidade da exclusão da responsabilidade do Estado em caso fortuito, quando se tratar de responsabilidade objetiva é o entendimento de Rui Stoco (ob. cit., p. 514).

29. Idem, ibidem, loc. cit.

Já a força maior, evento da natureza, tal como enchentes, secas, raios etc., por serem irresistíveis e conhecidas suas origens, é possível romper o nexo de causalidade entre o dano e a atividade das agências. Percebam, não estamos aqui falando em exclusão de culpa e sim de nexo causal.

Se, porém, o evento da natureza era previsível e resistível, pelo menos em parte, através de planejamentos, por exemplo, o caso das secas, que provocaram uma crise energética. É evidente que não houve o planejamento que era uma atribuição da ANA e da ANEEL, para a utilização e aproveitamento dos recursos hídricos, bem como na criação de outras fontes de energia. Será que poderiam essas agências responder às empresas pelos danos a elas causados? A resposta me parece positiva. Uma vez que as conseqüências da seca poderiam ser amenizadas através de planejamento de utilização de recursos hídricos, bem como no fomento de novas fontes energéticas, isso não foi feito. Houve uma falta do serviço. Embora seja proveniente de força maior, isto é, evento da natureza, havia outros elementos para a constituição do dano.

5. A responsabilidade do Estado pelos atos das agências reguladoras

Para dar uma resposta a esta problemática, é mister voltarmos à conceituação das agências reguladoras. Como o Decreto-lei 200/1967 conceitua as autarquias como órgãos administrativos dotados de personalidade jurídica, autonomia administrativa e financeira, podemos chegar ao conceito de agência reguladora. As agências reguladoras são autarquias em regime especial, tendo além das características explicitadas no art. 5º, I, do Decreto-lei 200/1967, autonomia administrativa, sem subordinação hierárquica.

Seus diretores possuem mandato fixo, o que assegura ao sistema regulatório a autonomia nas decisões.

Como pessoas jurídicas de direito público, são sujeitos de direitos e obrigações, isto é, podem adquirir direito e contrair obrigações, inclusive as de indenizar pelos atos danosos, ainda que lícitos.

Em tal situação não se justificaria a propositura de ação indenizatória em face do Estado, pessoa jurídica de direito público a quem a agência esteja filiada, com o objetivo de receber indenização pelos atos da agência reguladora.

Sendo pessoa jurídica, tem capacidade para se representar em juízo, capacidade de contrair obrigações, podendo responder pelos danos causados a terceiros. Diante disso, a responsabilidade do Estado pelos atos da agência somente será possível a título subsidiário, isto é, após exauridos os recursos da agência, aí se buscará da União, do Estado ou do Município, a quem a agência estiver vinculada.[30]

6. Prescrição

Questão de suma importância gira em torno da prescrição à pretensão indenizatória em face das agências reguladoras. A prescrição é a perda da ação pelo decurso do tempo.

Devido à inércia da parte, que não propôs a ação devida em tempo hábil, perdendo assim a ação. O Decreto 20.910, de 6 de janeiro de 1932, estabelece a prescrição das ações contra a União, Estados e Municípios, em 5 anos, contados do ato ou fato que originou a obrigação.[31] Posteriormente, a matéria foi complementada pelo Decreto-lei 4.597, de 19 de agosto de 1942, que no seu art. 2º, ampliou o alcance do Decreto 20.910, estendendo o privilégio às autarquias e outros órgãos paraestatais.[32] A prescrição é alcançada não só pela inércia para a propositura da ação, mas também pela inércia da parte no curso do processo. Se a parte requerente se mantiver inerte pelo prazo de dois anos e meio, não peticionando, não promovendo as diligências que lhe são cabíveis, a prescrição contamina sua ação, nos termos do art. 3º do Decreto-lei 4.597/1942. Tal prazo começa a correr a partir do último ato praticado no processo.[33] Também o Código Civil de 1916 estabelece a prescrição das ações contra o Estado em cinco anos, contados a partir do ato que originou a obrigação.

Diante do exposto, podemos concluir que as ações indenizatórias visando à responsabilização das agências reguladoras prescrevem em 5 anos, contados da data que se evidenciou o dano, isto é, a partir do momento em que nasce a legitimidade para a propositura da ação. Isso porque, muitas vezes, podem permanecer dúvidas quanto ao momento que começa a correr o prazo prescricional. O prazo qüinqüenal começa não a partir do evento danoso, mas a partir de

30. Nesse sentido Mário Barbosa, ao tratar da responsabilidade do Estado por atos de autarquia, expõe muito bem o tema ("Responsabilidade civil do Estado por atos da autarquia", in Adroaldo Leão e Rodolfo Mário Veiga Pamplona Filho, *Responsabilidade Civil*, pp. 207-209).

31. "Art. 1º. As dívidas passivas da União, dos Estados e dos Municípios, bem assim todo e qualquer direito ou ação contra a Fazenda federal, estadual ou municipal, seja qual for a sua natureza, prescrevem em cinco anos contados da data do ato ou fato do qual se originaram."

32. "Art. 2º. O Decreto 20.910, de 6 de janeiro de 1932, que regula a prescrição qüinqüenal, abrange as dívidas passivas das autarquias, ou entidades e órgãos paraestatais, criados por lei e mantidos mediante impostos, taxas ou quaisquer contribuições, exigidas em virtude de lei federal, estadual ou municipal, bem como a todo e qualquer direito e ação contra os mesmos."

33. "Art. 3º. A prescrição das dívidas, direitos e ações a que se refere o Decreto n. 20.910, de 6 de janeiro de 1932, somente pode ser interrompida por uma vez, e recomeça a correr, pela metade do prazo, da data do ato que a interrompeu, ou do último do processo para a interromper; *consumar-se-á a prescrição no curso da lide sempre que a partir do último ato ou termo da mesma, inclusive da sentença nela proferida, embora passada em julgado, decorrer o prazo de dois anos e meio*" (destaque nosso).

quando se constatou que o dano efetivamente ocorreu.[34]

Considerações finais

Na história da responsabilidade civil do Estado percebemos uma grande evolução, desde a teoria da irresponsabilidade até chegarmos na teoria do risco administrativo, baseada na responsabilidade objetiva.

As agências reguladoras, como pessoas jurídicas de direito público, são capazes de adquirir direito, celebrar contratos e contrair obrigações, inclusive as de indenizar.

O art. 37 da Constituição da República consagrou a teoria do risco administrativo, com a responsabilidade objetiva do Estado, mas somente pelos atos comissivos, isto é, pelas ações de seus agentes que as façam nesta qualidade. No âmbito da responsabilidade objetiva, não deve ser discutida a culpa do Estado ou do agente público, uma vez que nesse sistema não se comporta, nem importa a culpa do agente, sendo necessária a demonstração, apenas, do nexo de causalidade.

Já os atos omissivos estão regidos pelo sistema da responsabilidade subjetiva, conforme consta no art. 15 do Código Civil de 1916. Aqui deve ser levada em consideração a culpa do serviço público (teoria da culpa administrativa) e não a culpa individualizada do agente público.

Somente no sistema de responsabilidade subjetiva é possível, e apropriada, a denunciação da lide do agente público responsável pelo dano, uma vez que, como será verificada a culpa do serviço público, pode ser verificada também a culpa do agente público. Já no sistema da responsabilidade objetiva isso não seria possível pelo fato de que não cabe a discussão da existência de culpa, mas tão-somente a verificação do nexo de causalidade, o que provocaria uma demora injustificada no curso do processo baseado na responsabilidade objetiva do art. 37, § 6º, da Constituição da República.

Após a eficácia do novo Código Civil (Lei 10.406/2002), ao tratar do tema em seu art. 43, verifica-se a unificação do sistema de responsabilidade do Estado e, conseqüentemente, das agências reguladoras. Isto é, os atos e fatos causadores de danos, sejam comissivos ou omissivos, provocados pela ação ou omissão dos agentes públicos, a partir de 10 de janeiro de 2003 serão responsabilizados objetivamente.

Quanto às excludentes de responsabilidade estão a força maior, quando inevitável, o fato exclusivo da vítima e o fato exclusivo de terceiro.

A prescrição das ações em face das agências reguladoras é o qüinqüenal, conforme dispõe o Decreto-lei 4.597/1942, contado a partir da data que se verificar o dano causado pela atividade das agências.

Bibliografia

AGUILLAR, Fernando Herren. *Controle Social de Serviços Públicos*. São Paulo, Max Limonad, 1999.

CAMARGO, Ricardo Antônio Lucas. *Agências de Regulação no Ordenamento Jurídico-Econômico Brasileiro*. Porto Alegre, Sérgio Antônio Fabris, 2000.

CARVALHO FILHO, José dos Santos. *Manual de Direito Administrativo*. 5ª ed., Rio de Janeiro, Lumen Juris, 1999.

CARVALHO SANTOS, J. M. *Código Civil Brasileiro Interpretado*. 15ª ed., v. I, Rio de Janeiro, Freitas Bastos, 1992.

DI PIETRO, Maria Sylvia Zanella. *Direito Administrativo*. 13ª ed., São Paulo, Atlas, 2001.

DINIZ, Maria Helena. *Curso de Direito Civil Brasileiro*. 10ª ed., v. 2, São Paulo, Saraiva, 1996.

GASPARINI. Diógenes. *Direito Administrativo*. 6ª ed., São Paulo, Saraiva, 2001.

GRAU, Eros Roberto. *A Ordem Econômica na Constituição de 1988*. 6ª ed., São Paulo, Malheiros Editores, 2001.

34. No mesmo sentido Yussef Said Cahali, citado por Rui Stoco, ob. cit., p. 629.

MARIO BARBOSA. "Responsabilidade civil do Estado por atos da autarquia", in LEÃO, Adroaldo e PAMPLONA FILHO, Rodolfo Mário Veiga. *Responsabilidade Civil*. Rio de Janeiro, Forense, 2001, pp. 195-210.

MEDAUAR, Odete. *Direito Administrativo Moderno*. 5ª ed., São Paulo, Ed. RT, 2001.

MEIRELLES, Hely Lopes. *Direito Administrativo Brasileiro*. 20ª ed., São Paulo, Malheiros Editores, 1995.

MOTTA, Carlos Pinto Coelho (coord.). *Curso Prático de Direito Administrativo*. Belo Horizonte, Del Rey, 1999.

MUKAI, Toshio. *Contratos Públicos*. 2ª ed., Rio de Janeiro, Forense Universitária, 1997.

PEREIRA, Caio Mário da Silva. *Responsabilidade Civil*. 9ª ed., Rio de Janeiro, Forense, 1999.

SAAD, Renan Miguel. *O Ato Ilícito e a Responsabilidade Civil do Estado: Doutrina e Jurisprudência*. Rio de Janeiro, Lumen Juris, 1994.

SILVA. José Afonso da. *Curso de Direito Constitucional Positivo*. 17ª ed., São Paulo, Malheiros Editores, 2000.

SIQUEIRA, Bruno Luiz Weiler. "O nexo de causalidade na responsabilidade patrimonial do Estado", in *RDA* 219/91-106, Rio de Janeiro, Renovar, jan.-mar. 2000.

SOUTO, Marcos Juruena Villela. *Desestatização: Privatização, Concessões e Terceirizações*. 3ª ed., Rio de Janeiro, Lumen Juris, 2000.

STOCO, Rui. *Responsabilidade Civil e sua Interpretação Jurisdicional*. 4ª ed., São Paulo, Ed. RT, 1999.

WALD, Arnoldo. "Obrigação da administração em ressarcir o contratado quando desrespeitado o equilíbrio econômico-financeiro no tocante à homologação do reajuste das tarifas", in *Revista de Direito Constitucional e Internacional* 37/289-301, São Paulo, Ed. RT, Ano 9, out.-dez. 2001.

ZIMMERMANN, Augusto. *Curso de Direito Constitucional*. Rio de Janeiro, Lumen Juris, 2002.

A NATUREZA JURÍDICA DA ANATEL

Vidalvo Silvino da Costa Filho

Advogado

1. Natureza jurídica e regime

Conceituar a natureza jurídica de um instituto é uma tarefa bastante complexa. Pesquisar a natureza significa investigar a sua essência. Seu estudo situa-se dentro dos quadros da dogmática do Direito. De acordo com José de Oliveira Ascensão: "a natureza jurídica busca-se mediante a comparação com os institutos jurídicos conhecidos. A determinação da natureza jurídica passa então a ser a identificação de uma grande categoria jurídica em que se enquadre o instituto em análise". As idéias de *identidade* e *categoria jurídica* resumem bem esta noção. É mais importante até do que analisar sua designação. A fixação da natureza jurídica de um instituto far-se-á por meio da determinação de seus efeitos e precisa exprimir, indispensavelmente, as implicações de um regime positivamente estabelecido.[1]

Essa preocupação com o estudo da natureza jurídica das agências reguladoras advém principalmente dos países europeus. Explica-se pelo fato de essas nações terem seguido o modelo francês de Administração Pública, e, recentemente, passaram por reformas estatais que incluíram os entes reguladores autônomos em suas organizações administrativas. A doutrina européia chama a atenção para a diversidade de enquadramento jurídico e a variedade de nomenclaturas que as autoridades reguladoras vêm recebendo nos diversos países onde estão sendo implantadas, além de dar relevo à dificuldade em compatibilizá-las com a estrutura administrativa tradicional, já arraigada nos ordenamentos jurídicos dos Estados europeus.

Na Itália, são designadas de instituto, comissão, autoridade ou agência (*istituto*, *commissione*, *autorità*, *agenzia*), variando a terminologia de acordo com a lei que a origina. *Exempli gratia*, temos a Autoridade Garantidora da Concorrência e do Mercado (*Autorità Garante della Concorrenza e del Mercato*), criada pela Lei 287, de 10 de outubro de 1990, o Garantidor do Serviço de Radiodifusão (*Garante Radiodiffusione Editoria*), instituída pela Lei 223, de 6 de agosto de 1990, e muitos outros organismos.[2]

Na França, são conhecidas como autoridades independentes, comissões e agên-

1. José de Oliveira Ascensão, "Natureza jurídica", *Enciclopédia Saraiva de Direito*, v. 54, p. 96.

2. Francisco de Queiroz Bezerra Cavalcanti, "A independência da função reguladora e os entes reguladores independentes. Breve visão comparada", *Revista da AJUFE*, 16º Encontro Nacional dos Juízes Federais, pp. 169-172. Este artigo é a mais completa referência nacional, até então publicada, sobre entidades reguladoras no direito comparado, trazendo uma compreensão global das agências nos principais ordenamentos jurídicos ocidentais.

cias (*autoritès indépendentes*, *commission*, *agence*). A primeira entidade foi disciplinada pela Lei 78-17, de 6 de janeiro de 1978, sob o nome de Comissão Nacional da Informática e das Liberdades (*Commission Nationale de l'Informatique et des Libertés*). Desde então, implantaram-se dezenas de agências, dentre as quais podemos citar a Agência Central dos Organismos de Intervenção no Setor Agrícola (*Agence Centrale des Organismes d'Intervention dans le Secteur Agricole*), de 1983, a Agência Francesa do Sangue (*Agence Française du Sang*), de 1992, e a Agência do Meio Ambiente e das Fontes de Energia (*Agence de l'Environnement et de la Maîtrise de l'Energie*).[3]

Já, em Portugal, intitulam-se Autoridades Administrativas Independentes – AAI. Segundo a doutrina lusitana, elas se configuram como "organismos com funções administrativas especializadas e com independência orgânica e funcional – ou seja, não submetidos ao controlo hierárquico, nem à tutela de outro órgão administrativo, ou governamental. As suas funções não são meramente consultivas ou de persuasão porque *detêm poderes de decisão*, sejam eles de fiscalização e sancionatórios, sejam de regulação (incluindo poderes normativos, ainda que especialmente limitados)".[4]

Então, diante de tantas terminologias, quais seriam os critérios necessários à tipificação de um ente administrativo como autoridade reguladora? A doutrina européia já chegou ao seguinte consenso: (1) a estabilidade de seus gestores, investidos de um mandato fixo e impossibilidade de exoneração *ad nutum*; (2) independência técnico-decisional (ausência de hierarquia ou controle hierárquico), assegurando-lhe autonomia em sua administração e o poder de solucionar controvérsias relacionadas ao serviço; (3) autonomia normativa ou regulamentar, podendo o ente expedir normas com a finalidade de regular e fiscalizar o serviço; (4) independência orçamentária e financeira, disponibilizando recursos para o desenvolvimento da atividade-fim. Tais critérios tipificadores funcionam como uma lei universal, um imperativo categórico, para qualificar qualquer organismo estatal de agência reguladora em todos os ordenamentos jurídicos do mundo. Dessa forma, não importa a terminologia empregada nem o regime jurídico que as estruturou; desde que esses entes administrativos possuam os traços característicos discriminados, sua essência, ou melhor, sua natureza jurídica será sempre a de uma substancial agência reguladora.

Nos serviços de telecomunicações, a legislação pátria encampou os mesmos critérios apontados supra. A entidade reguladora foi constituída sob o regime de autarquia especial. A lei utiliza o termo *Agência* para designar a ANATEL, embora essa não seja a qualidade definidora. Contudo, suas atribuições são a de uma perfeita agência. Nesse aspecto, a Lei 9.472 é muito clara:

> Art. 8º. Fica criada a Agência Nacional de Telecomunicações, entidade integrante da Administração Pública Federal indireta, submetida a regime autárquico especial e vinculada ao Ministério das Comunicações, com função de órgão regulador das telecomunicações, com sede no Distrito Federal, podendo estabelecer unidades regionais.
>
> (...).
>
> § 2º. A natureza de autarquia especial conferida à Agência é caracterizada por independência administrativa, ausência de subordinação hierárquica, mandato fixo e estabilidade de seus dirigentes e autonomia-financeira.

E ratifica a independência da agência, dessa vez empregando a nomenclatura européia:

> Art. 9º. A agência atuará como *autoridade administrativa independente*, assegurando-se-lhe, nos termos da Lei, as prerrogativas necessárias ao exercício adequado de sua competência.

A independência administrativa da Agência Nacional de Telecomunicações as-

3. Idem, ibidem.

4. António Carlos Santos, Maria Eduarda Gonçalves e Maria Manoel Leitão Marques, *Direito Econômico*, 3ª ed., Coimbra, Almedina, p. 144, 1999.

segura uma verdadeira autonomia de sua função regulamentar e de polícia administrativa em relação aos serviços telefônicos. Pode o ente regulador expedir normas, prescindindo de autorização da Administração Direta, tornando sua atividade menos burocrática e agilizando as necessidades indicadas pelo serviço. Entre os principais caracteres, encontramos o poder-dever de controlar os contratos de concessão e permissão, a fiscalização da qualidade dos serviços de telecomunicações, o acompanhamento do desempenho das empresas concessionárias, o poder de impor sanções aos entes privados da área, reprimindo suas condutas abusivas, regular tarifas e até solucionar conflitos entre os agentes envolvidos na prestação desse serviço público (Lei 9.472, art. 19).

Outrossim, a *ausência de subordinação hierárquica* garante à entidade reguladora a inexistência do famigerado *Controle Tutelar Oblíquo*, o qual comentaremos mais adiante. Fica proibido ao Executivo central interferir no funcionamento dessa autoridade administrativa, impedindo-o de rever ou modificar seus atos decisórios, ou de reger as determinações técnicas emanadas pela agência. Inclusive, detém competência para dirimir conflitos entre as empresas prestadoras e entre estas e os usuários. E essas são atribuições exclusivas e indelegáveis, afastando a influência política do Ministério das Comunicações. Os atos técnico-decisionais da agência são, predominantemente, transparentes e imparciais.

O *mandato fixo e a estabilidade de seus dirigentes* realçam, ainda mais, sua autonomia funcional. Os membros do Conselho Consultivo e do Conselho Diretor têm, respectivamente, mandatos (não renováveis) de três e cinco anos, e uma vez investidos em seus cargos, não poderão ser exonerados *ad nutum*.[5] A Lei Geral garante que os representantes do Conselho Diretor somente perderão seus mandatos por renúncia, condenação judicial transitada em julgado ou processo administrativo disciplinar, instaurado pelo Ministro das Comunicações. Devem submeter-se a um regime de exclusividade da função, sendo-lhes vedado o exercício profissional, empresarial, político-partidário. Após o término do mandato, passarão por um período de incompatibilidade, impedidos até de representarem qualquer pessoa ou interesse perante a ANATEL pelo prazo de um ano. Também, os integrantes do Conselho Consultivo, embora não remunerados, só serão destituídos por faltas cometidas no desempenho de suas funções, apuradas através de processo administrativo (Decreto 2.338, art. 40). As garantias dos dirigentes do órgão regulador conferem-lhe uma imprescindível intangibilidade política, permitindo-lhes resistir às pressões do Executivo central. Os gestores da agência auferiram independência na realização de suas funções.

Por último, a agência de telecomunicações usufrui de *autonomia financeira* para exercer, adequadamente, suas prerrogativas. Inicialmente, a Lei Geral de Telecomunicações, autorizou o Poder Executivo "a realizar despesas e os investimentos necessários à instalação da Agência, podendo remanejar, transferir ou utilizar saldos orçamentários, empregando como recursos dotações destinadas a atividades finalísticas e administrativas do Ministério das Comunicações", incluindo o Fundo de Fiscalização das Telecomunicações – FISTEL (art. 16, *caput*). Depois de implantada, sua receita provirá da taxa de fiscalização, instalação e funcionamento que será paga pelas empresas outorgadas. Calcular-se-á uma quantia fixa e certa, cujo pagamento deverá respeitar os limites discricionários estipulados pela entidade independente na forma do art. 48, § 1º. O produto arrecadado com essa

5. De acordo com o arts. 25 e 36, § 1º, da Lei 9.472, os mandatos dos primeiros membros do Conselho Diretor variam de três a sete anos; enquanto os do Conselho Consultivo, de um a três anos. Findo estes, suas durações serão de cinco e três anos, consoante os arts. 24 e 36, *caput*, da Lei Geral.

taxa de regulação será revertido ao Fundo (FISTEL). Assim, os recursos do ente regulador virão diretamente da arrecadação do FISTEL, sem passar pelas mãos do Poder Executivo. A grande vantagem é que a ANATEL obteve independência orçamentária, isentando-se de possíveis ingerências financeiras do poder central, já que lhe competirá o gerenciamento do aludido fundo. Suas despesas e receitas sofrerão inclusão na Lei de Orçamento Anual, visando meramente a proteger o equilíbrio financeiro-orçamentário dos recursos geridos (art. 49) e respeitando o § 5º do art. 165, da CF. Estas são as únicas restrições, que, aliás, são impostas a toda a Administração Pública Direta ou Indireta e aos três poderes da União.

Apesar da Emenda Constitucional 8 empregar o termo *órgão* em seu novo texto, a intenção do legislador fora a de criar um organismo independente e autônomo em relação ao Executivo central, com o fulcro de *regular*, especificamente, os serviços de telecomunicações. A acepção de *órgão* reporta a uma mera distribuição interna de plexos de competência que compõem os quadros da Administração Direta. Em suma, órgão não poderia ser, já que a União atuaria de modo direto (embora de forma desconcentrada) sobre a fiscalização da telefonia brasileira. E a Carta Magna proibiu o Executivo de regular diretamente o serviço, depois da vigência da LGT. Se o legislador optasse por esse regime jurídico, o serviço continuaria, hierarquicamente, subordinado à Administração Pública Direta, incorrendo a lei em flagrante inconstitucionalidade.

Posteriormente, a Lei Geral de Telecomunicações preceituou que o ente regulador seria uma *autarquia especial*, dirimindo qualquer obscuridade a respeito. Optouse pela via da descentralização administrativa, enquadrando-a como Pessoa Jurídica de Direito Público, desvinculada do poder interno da União, pertencente aos quadros da Administração Pública Indireta. E a entidade autárquica já é uma figura jurídica tradicionalíssima em nosso país e no mundo, estudada há muito tempo pelos tratadistas clássicos.

Sua origem etimológica provém do grego. A palavra autarquia é formada pela justaposição do prefixo *autós* (próprio) e *arquia* (comando ou governo) que, ao pé da letra, significa comando próprio ou autogoverno.[6] Por isso, visando definir com exatidão o conceito de autarquia, mencionaremos a seguir os ensinamentos dos antigos mestres italianos.

De acordo com Santi Romano, a autoridade autárquica seria o próprio Estado, agindo como colaborador, mas sempre provido de aptidão ou capacidade específica. E define: "A Autarquia é uma forma específica da capacidade de direito público, peculiar aos sujeitos auxiliares do Estado, que exercem funções públicas por interesse próprio, que seja igualmente público, e não daqueles que exercem funções públicas na qualidade de particulares com ou sem interesse próprio. (...) é a capacidade de governar por si os próprios interesses, embora estes se refiram também ao Estado".[7]

Segundo Guido Zanobini: "Para que tais pessoas jurídicas possam agir, na consecução de seus fins, com a mesma eficácia e com os mesmos resultados que obtém o Estado, o direito atribui à atividade das mais importantes daquelas entidades o caráter da administração pública no sentido objetivo: ou seja, confere aos seus atos aquela força e aquela eficácia no resguardo dos cidadãos e daquelas garantias com respeito ao poder judiciário, que são características precípuas dos atos administrativos. Esta capacidade especial, própria de alguns entes públicos, de desenvolverem, em nome próprio, uma atividade que tenha as mesmas características e os mesmos efeitos da atividade administrativa do Estado, recebe o nome de

6. José Cretella Júnior, *Dicionário de Direito Administrativo*, p. 68.

7. Santi Romano, *Corso di Diritto Amministrativo: Principii Generali*, 3ª ed., Pádua, Cedam, 1937, p. 84, *apud* José Cretella Júnior, ob. cit., p. 70.

autarquia. Como dissemos, anteriormente, nem todos os entes públicos, a não ser aqueles entes que assumem fins coincidentes com alguns fins do Estado, são investidos de tal capacidade. A autarquia detém os meios dos quais o ente público se serve para atingir os seus fins".[8]

No Direito brasileiro, sua compreensão era plúrima e um pouco difusa, até que a edição do Decreto-lei 200, de 25 de fevereiro de 1967, trouxe um norte aos nossos administrativistas. E conceitua:

> Art. 5º. Para os fins desta lei, considera-se:
>
> I – autarquia, o serviço autônomo, criado em lei com personalidade jurídica, patrimônio e receita próprios, para executar atividades típicas da administração pública, que requeiram para seu melhor funcionamento, gestão administrativa e financeira descentralizada.

Em nosso ordenamento jurídico, quando nos reportamos à autarquia, queremos expressar que esta tem personalidade jurídica de Direito Público distinta da Administração Direta; é titular de um interesse público específico, voltada à realização de uma determinada função administrativa; possui liberdade discricionária prescrita em lei especial, com autonomia administrativa relativa, munida de recursos e bens próprios. Seu requisito de ordem formal é ser criada por uma lei ordinária. E se só por lei específica pode ser criada, só por lei pode ser extinta.

Por outro lado, as autarquias brasileiras sempre estiveram sujeitas ao controle ou tutela administrativa, também conhecido como supervisão ministerial ou controle tutelar. O fundamento maior dessa tutela administrativa residia no *jus imperii* do Estado, já que se não houvesse o controle, correr-se-ia o risco de criar um Estado dentro do Estado. Sinteticamente, o controle administrativo consiste "essencialmente nas fiscalizações que se exercem sobre uma pessoa administrativa descentralizada".[9] Seu propósito é garantir a estrita consecução do *interesse público* previsto na atividade desempenhada pelo ente descentralizado, bem como assegurar que seu funcionamento não seja contrário aos fins e preceitos delineados por Lei, respeitando assim o *princípio da legalidade*.[10] O controle ministerial zelaria pela eficiência administrativa da autoridade autárquica. Consoante o Decreto-lei 200:

> Art. 26. No que se refere à Administração Indireta, a supervisão ministerial visará a assegurar, essencialmente:
>
> I – a realização dos objetivos fixados nos atos de constituição da entidade;
>
> II – a harmonia com a política e a programação do Governo no setor de atuação da entidade;
>
> III – a eficiência administrativa, operacional e financeira da entidade.

A autonomia legal, tão apregoada em teoria, era bem limitada na prática. Os atos

8. Tradução livre: "Affinchè tali persone giuridiche passano agire, nel conseguimento dei loro fini, con la stessa efficacia e con gli stessi risultati che otterebbe lo Stato, il diritto attribuisce alla attività dei piú importanti di tali enti il carattere della pubblica amministrazione in senso oggetivo: ossia, circonda i loro atti di quella forza ed efficacia nei riguardi dei cittadini e di quelle garanzie rispetto al potere giudiziario, che sono caratteri precipui degli ati amministrative. Questa speciale capacità, propria di alcuni enti pubblici, di spiegare in nome proprio un'atività che há gli stessi caratteri e gli stessi effetti dell'attività amministrativa dello Stato, è nota sotto il nome di *autarchia*. Come già dicemo non tutti gli enti pubblici, ciò quegli enti che si propongono fini coincidenti con alcuni fini dello Stato, sono investiti di tale capacità. L'autarchia riguarda i mezzi di cui l'ente pubblico si serve per raggiungere i suoi fini" (Guido Zanobini, *Corso di Diritto Amministrativo*, 6ª ed., v. 3, Milão, Dott. A. Giuffrè, 1958, pp. 117 e 118).

9. Tradução livre. Waline também aceita que, excepcionalmente, este conjunto de fiscalizações também pode incidir sobra uma pessoa de direito privado. "(...) l'expression de contrôle administratif, peut être défine comme l'ensemble des contrôles qui s'exercent soit sur une personne administrative décentralisée, soit même, exceptionnellement, sur une persone de droit privé" (Marcel Waline, *Droit Administrative*, 9ª ed., Paris, Éditions Sirey, 1963, p. 423).

10. Guido Zanobini, ob. cit., p. 188.

de tutela ministerial vislumbravam-se através da escolha dos dirigentes da autarquia e o contínuo envio de relatórios e boletins de suas realizações. Muitas vezes, essa fiscalização atingia o próprio mérito dos atos administrativos emanados por esta pessoa jurídica de Direito Público, abrindo espaço para que a Administração Direta supervisionasse o ângulo de conveniência e oportunidade escolhido. Outra modalidade de tutela realizava-se mediante o malfadado recurso hierárquico impróprio ou recurso administrativo impróprio. Tal instrumento de controle estava, geralmente, previsto na lei especial que instituía o ente autárquico e remetia à autoridade superior do respectivo ministério para conhecer do recurso contra seus atos administrativos.

A referida atividade de fiscalização do Executivo diluía muito a idílica autonomia autárquica preconizada por Santi Romano. Na realidade, apesar de não haver, formalmente, hierarquia entre a Administração Direta e a autarquia, o controle tutelar servia de válvula de escape para o exercício dissimulado do poder hierárquico do executivo. Esta vinculação tornava a entidade autárquica sempre dependente de uma ordem superior da Administração Direta ao executar seu serviço, embaraçando sua competência e engessando o desempenho da atividade prestada. Daí, designaremos essa "supervisão" de *Tutela Administrativa Obtusa* ou *Controle Tutelar Oblíquo*. Tal expressão denota a prática de um poder hierárquico disfarçado de tutela administrativa nos atos das antigas autarquias.

No caso da Agência Nacional de Telecomunicações, a Lei 9.472 deixou perfeitamente explícito que a Administração Central não poderia aplicar a Tutela Administrativa Obtusa nos atos da agência. Primeiramente, a norma instituidora da autoridade independente prescreveu que seus dirigentes teriam garantia de um mandato fixo, exercendo sua função com dedicação exclusiva e apenas por um determinado lapso temporal, e estabilidade legal, impossibilitados de sofrerem dispensa imotivada. Só podem ser exonerados nas hipóteses previstas em lei, após regular processo administrativo disciplinar (arts. 20 a 37). Na antiga configuração das tradicionais autarquias, geralmente seus dirigentes não usufruíam de estabilidade e eram passíveis de sofrer livre exoneração por parte do Chefe do Executivo ou pelo Ministro correspondente.

Ademais, a Lei Geral de Telecomunicações refutou, de uma vez por todas, a aplicabilidade do famigerado recurso hierárquico impróprio sobre seus atos decisórios. Consignou que cabe à ANATEL "decidir em último grau sobre as matérias de sua alçada", acrescentando que sempre será admitido recurso ao Conselho Diretor, o qual é órgão da agência (art. 19, XXV). Com o fulcro de assinalar ainda mais essa *independência administrativa* do ente regulador, a lei assegurou-lhe um *plus*: a *ausência de subordinação hierárquica*. Ao dispor sobre estes caracteres, a lei de telecomunicações quis retirar a tutela administrativa transfigurada de poder hierárquico (que intitulamos de Controle Tutelar Oblíquo), do âmbito de atuação da entidade reguladora. Portanto, além de possuir a autonomia legal, conforme as disposições de sua legislação, também lhe fora atribuída uma independência real no relacionamento entre governo, agência, empresas reguladas e usuários do serviço telefônico.

Porém, apesar de a lei prever ausência de subordinação hierárquica, ainda, assim, há a prática de controle administrativo da Administração Central sobre uma parte de sua atividade. O art. 18 excepciona que é facultado ao Poder Executivo, por meio de decreto, instituir ou eliminar a prestação de modalidade de serviço em regime público ou no regime privado; aprovar o plano geral de outorgas do serviço no regime público; aprovar o plano geral de metas de universalização do regime público; autorizar a participação de empresa nacional em organizações ou consórcios governamentais; e autorizar a participação estrangeira no capital de empresa telefônica. Do mesmo modo, a lei prenuncia que o Ministro de Estado e das Comunicações poderá instaurar processo objetivo disciplinar na apuração de possíveis ilícitos administrativos cometidos pelos dirigentes do Conselho Diretor e pelos membros do Conselho Consultivo.

Essa reserva de tutela administrativa não se iguala ao maledicente Controle Tutelar Oblíquo. Diz respeito, apenas, ao disposto nesse dispositivo, uma vez que obriga o Executivo a respeitar o *princípio da ausência de subordinação hierárquica* descrito na lei. Portanto, a Lei proibiu o exercício da Tutela Administrativa Obtusa (tutela administrativa dissimulada de poder hierárquico), o qual ainda é vislumbrado nas seculares autarquias, que não se incluem no paradigma de Agência Reguladora. Da mesma forma, a inexistência de hierarquia não implica autonomia total ou absoluta da agência. Esta se encontra condicionada aos princípios da Administração Pública, previstos no art. 37 da Constituição da República, aos princípios da Lei de Telecomunicações (art. 38) e aos limites desse diploma legal.

Interessante observar que a Lei designa a ANATEL de *autarquia especial*. A doutrina já discutiu muito acerca das diferenças entre autarquias de regime especial e as de regime comum. Pesquisando o assunto, o grande Hely Lopes Meirelles pôs fim à discussão: "Algumas leis referem-se a *autarquias de regime especial*, sem definir seu conteúdo. Diante dessa imprecisão conceitual, é de se dizer que *autarquia de regime especial* é toda aquela a que a lei instituidora conferir privilégios específicos e aumentar sua autonomia comparativamente com as autarquias de regime comum (...). O que posiciona a autarquia como de *regime especial* são as regalias que a lei criadora lhe confere para o pleno desempenho de suas finalidades especiais, observadas as restrições constitucionais".[11]

O publicista cita exemplos de autarquias em regime especial, como o Banco Central do Brasil, implantado pela Lei 4.595/1964, a Comissão Nacional de Energia Nuclear (Lei 4.118/1962) e as universidades públicas. Por conseguinte, ao constituir-se em autarquia sob regime especial, a Lei 9.472 atendeu ao princípio da especialidade, assegurando-lhe um grau mais intenso de operacionalidade. Assim, a agência detém competência para, especificamente, regular os serviços de telecomunicações, dando cumprimento ao disposto na Constituição Federal e velando pela boa qualidade da telefonia brasileira.

No entanto, importantes nomes da doutrina nacional têm se mostrado relutantes em aceitar esta nova figura administrativa dentro de nosso ordenamento jurídico. Entre esses, incluímos o posicionamento do ilustre professor Celso Antônio Bandeira de Mello. O consagrado jurista salienta que a locução "agência reguladora", apesar de ser recente, serve apenas para designar o antigo modelo autárquico já arraigado em nosso sistema administrativo. Segundo ele, sempre houve, entre nós, autarquias sob regime especial, com a função de regular e fiscalizar matérias relativas a suas respectivas esferas de atuação, a exemplo do extinto Departamento Nacional de Águas e Energia – DNAEE. E sentencia: "'independência administrativa', 'ausência de subordinação hierárquica' e 'autonomia financeira' são elementos intrínsecos a toda e qualquer autarquia, nada acrescentando ao que lhes é inerente".[12] Completa seu pensamento, defendendo que os mandatos longos dos primeiros gestores não podem ultrapassar o período governamental em que foram nomeados, sob pena de inibir as diretrizes do governo eleito e de fraudar a democracia republicana.

Em que pese o respeitável parecer desse estudioso, consoante o exposto acima, a

11. Hely Lopes Meirelles, *Direito Administrativo Brasileiro*, 23ª ed., São Paulo, Malheiros Editores, 1998, p. 305.

12. Celso Antônio Bandeira de Mello, *Curso de Direito Administrativo*, 12ª ed., São Paulo, Malheiros Editores, 2000, pp. 131, 201-202 e 140.

independência administrativa e ausência de subordinação hierárquica subsistiam, única e exclusivamente, sob um ponto de vista lógico-formal, mas não material. Isso porque o Executivo poderia exonerar *ad nutum* os diretores das autarquias, servir-se do recurso administrativo impróprio, com a intenção de rever o mérito dos atos administrativos expedidos, praticando, afinal, o incestuoso poder hierárquico, sob o rótulo de "controle administrativo", minando sua liberdade discricionária e autonomia funcional.

Por outro lado, curvamo-nos ao argumento de que os mandatos dos dirigentes não devem prolongar-se além do período de gestão do governo em exercício, pois impossibilitaria o governante eleito de promover a mudança na orientação política da nação, haja vista que os dirigentes continuariam seguindo as diretrizes do governo precedente. Além do mais, infringe a Constituição, posto que impede o Presidente eleito de dispor sobre a organização e o funcionamento da Administração federal e, principalmente, retira-lhe a competência para nomear os agentes públicos que compõem a superestrutura administrativa (CF, art. 84, VI e XIV).[13]

Toda esta polêmica originou-se do art. 8º, § 2º, da Lei Geral, enunciando que a entidade reguladora teria a *natureza de autarquia especial*. Todavia, a lei aqui não definiu sua natureza jurídica, preceituando, tão-somente, que a entidade reguladora adotaria o regime jurídico de autarquia, alcançando uma personalidade jurídica independente da União. Confrontando o § 2º com o seu *caput*, o mesmo artigo esclarece que a ANATEL ficará "submetida a regime autárquico especial". Vale salientar que os doutrinadores costumam confundir natureza jurídica com personalidade jurídica ou regime jurídico. São institutos diferentes.

Conforme expomos no início do presente capítulo, definir a natureza de um instituto jurídico é buscar a sua essência, é investigar suas qualidades. Essa identificação passa a ser a grande categoria em que se enquadra o objeto analisado, devendo o hermeneuta observar as implicações do direito positivo e compará-lo com os demais institutos jurídicos.

O cerne da questão reside, principalmente, em se conceituar o significado de agência reguladora à luz do Direito pátrio. Ora, a semântica de um nome, isto é, o seu signo deve ter relação direta com o objeto designado. Na ciência jurídica, cada vocábulo empregado deve exprimir um significado, cujo escopo é chegar a um conceito delimitado. E as definições do Direito não pretendem alcançar o real; elas prescrevem o real.[14] No caso da legislação que criou a ANATEL, há exaustivo emprego da expressão agência em vários dispositivos, em que verificamos que o termo é utilizado com exata precisão. A respeito do tema, Egon Bockmann Moreira disserta: "Destaque-se que neste momento histórico, a definição de um ente público como agência não envolve pura questão de nomenclatura, mas definição do tipo jurídico e (ou) título competencial detido pelo órgão administrativo. Não se trata de dúvida limitada ao *nomen juris* da entidade, mas à possibilidade de qualificação de sua ação, limites e conteúdo".[15]

A classificação da ANATEL, como autoridade administrativa independente, representa a construção de uma nova tipificação dentro do ordenamento jurídico nacional. Então, ao identificarmos seus caracteres basilares, estaremos, automaticamente, encontrando sua essência, ou melhor, sua natureza. O que nos autoriza enquadrá-la como agência reguladora consiste, justamente, na pormenorização de suas qualidades intrínse-

13. Cf. Ernest Gellhorn e Ronald M. Levin, *Administrative Law and Process in a Nutshel*. 4ª ed., St. Paul, West Group, 1997, p. 38.

14. Eurico Marcos Diniz De Santi, "Análise crítica das definições e classificações jurídicas como instrumento para compreensão do Direito", in *Direito Global*, pp. 292 e 300.

15. Egon Bockmann Moreira, "Agências Administrativas, poder regulamentar e o Sistema Financeiro Nacional", *RDA* 218/97.

cas: *independência administrativa, ausência de subordinação hierárquica, mandato fixo de seus dirigentes e autonomia financeira*, as quais compõem o imperativo categórico de toda e qualquer agência. Se esses são os traços característicos que classificam o órgão regulador de telecomunicações, ousamos dizer que a ANATEL possui natureza jurídica de agência reguladora, na verdadeira acepção da palavra.

Sob a óptica do sistema normativo nacional, podemos denominar de agência reguladora o organismo da Administração Pública munido de independência administrativa, ausência de subordinação hierárquica, mandato fixo de seus dirigentes e autonomia financeira, o qual desempenhe uma atividade regulamentar, detenha poder para dirimir conflitos de interesses no âmbito de sua competência e exerça uma vigorosa polícia administrativa sobre um serviço público específico, no estrito cumprimento da lei instituidora. Nada impede que, futuramente, o Estado venha constituir uma autoridade independente, voltada para atividades exclusivamente privadas, mesmo porque o conceito de serviço público evolui no tempo e espaço. No Brasil, o regime jurídico escolhido foi o das autarquias especiais, por serem estas pessoas de Direito Público as que mais se coadunam com o paradigma de descentralização administrativa pretendido pela reforma estatal. Apesar disso, tais autoridades reguladoras poderiam ser até Órgãos da Administração Direta, desde que qualificados com os elementos aglutinadores já elencados. Citemos, como exemplo, a França, onde há uma forte tendência em se criar tais entes despossuídos de personalidade jurídica, os quais seguem o regime de Órgãos Especiais, mas que detêm os mesmos traços característicos das agências administrativas independentes.[16]

Essa nova figura de Direito Público transcende a compreensão clássica e tradicional de autarquia, tendo em vista que o novo modelo é pautado sob uma autonomia real e uma substancial independência em relação ao Poder Executivo. O nosso regime administrativo vem sofrendo constantes modificações, e, igualmente, estamos observando a mutação dessa natureza jurídica, na medida em que houve a ampliação do título competencial, transpondo as limitações das seculares entidades autárquicas.[17] Deveremos examinar, detidamente, a experiência da União Européia de implementação dos entes reguladores, posto que seus países optaram pelo molde francês de organização administrativa e já sofreram as mesmas dificuldades, que agora encontramos, para se adequarem ao recém-criado parâmetro de agência reguladora. Com efeito, podemos concluir que o quadro da Administração Indireta foi estendido, englobando agora a sociedade de economia mista, empresa pública, empresa sob controle acionário do Estado, Fundação, Autarquia e a Agência Reguladora.

16. Vital Moreira, *Auto-Regulação Profissional e Administração Pública*, Coimbra, Almedina, 1997, p. 51; Francisco de Queiroz Bezerra Cavalcanti, ob. cit., pp. 169 e 170, nota 29.

17. Egon Bockmann Moreira, ob. cit., p. 98.

JURISPRUDÊNCIA

TRIBUNAL DE JUSTIÇA DO ESTADO DE SÃO PAULO

Apelação cível 152.732-4/0 – Pirassununga

Apte.: CONAM – Consultoria em Administração Municipal S/C Ltda. e outro

Apdo.: Ministério Público

Voto 13.800

Rel. desig.: Laerte Nordi.

j. 20.2.2001

Ação civil pública. Sentença que a julga procedente em parte para reduzir os honorários contratados pela CONAM com a Prefeitura Municipal de Pirassununga, ao fundamento de que, a despeito da notória especialização da empresa, não se demonstrou a singularidade dos serviços prestados. Conjunto probatório que autoriza concluir-se que, na época do contrato (1991), não havia qualquer ilegalidade, tida pelo Tribunal de Contas, até 1995, como regular. Precedentes jurisprudenciais nesse sentido. Recurso provido para julgar a ação improcedente.

ACÓRDÃO

Vistos, relatados e discutidos estes autos de apelação cível 152.732-4/0-00, da Comarca de Pirassununga, em que é apelante CONAM – Consultoria em Administração Municipal S/C Ltda., sendo apelado o Ministério Público.

Acordam, em 1ª Câmara de Direito Privado do Tribunal de Justiça do Estado de São Paulo, proferir a seguinte decisão: "Por maioria de votos, deram provimento ao recurso, vencido o Relator sorteado, que o improvia e fará declaração de voto. Acórdão com o revisor".

O julgamento teve a participação dos Desembargadores Elliot Akel (Presidente, sem voto), Gildo dos Santos e Erbetta Filho (Relator sorteado), vencido, com declaração de voto em separado.

São Paulo, 20 de fevereiro de 2001.

Relator designado: Laerte Nordi.

Ação civil pública. Sentença que a julga procedente em parte para reduzir os honorários contratados pela CONAM com a Prefeitura Municipal de Pirassununga, ao fundamento de que, a despeito da notória especialização da empresa, não se demonstrou a singularidade dos serviços prestados. Conjunto probatório que autoriza concluir-se que, na época do contrato (1991), não havia qualquer ilegalidade, tida pelo Tribunal de Contas, até 1995, como regular. Precedentes jurisprudenciais nesse sentido. Recurso provido para julgar a ação improcedente.

O MM. Juiz, Dr. Donek Hilseranth Garcia, julgou a ação civil procedente em parte, reduzindo os honorários ajustados entre a CONAM – Consultoria em Administração Municipal S/C Ltda. e a Prefeitura Municipal de Pirassununga, ao fundamento principal de que, a despeito da notória especialização da empresa, não se demonstrou a singularidade do serviço prestado. Entendeu S. Exa. que a hipótese não dispensava a licitação, considerando a fls. 1.720 irrelevantes os pareceres favoráveis pelo Tribunal de Contas do Estado de São Paulo durante a vigência do contrato, uma vez que a verificação realizada na esfera administrativa não elide o reexame da legalidade da avença pelo Poder Judiciário, inclusive enquanto corolário do princípio constitucional que preconiza ser inafastável a jurisdição. Considerou manifesta a ilegalidade da contratação e inarredável o dano ao erário.

Recorreu a CONAM – Consultoria em Administração Municipal S/A Ltda., alegando: a) na época em que foram contratados os serviços (1991), a jurisprudência mansa e pacífica seguia no sentido de que era inexigível a licitação. Posteriormente (em 1995), o Tribunal de Contas do Estado mudou seu entendimento, passando a, primeiro, recomendar que as novas contratações fossem precedidas de licitação e, depois, declarando a nulidade dos novos contratos feitos sem o prévio certame público; b) considerando a nova orientação da Corte de Contas, o Ministério Público propôs uma série de ações civis públicas, visando anular antigos contratos da espécie, firmados de boa-fé, à luz do entendimento então vigorante. É o caso dos autos; c) desconsiderando-se toda a instrução probatória e fazendo tábua rasa de decisão anterior, julgou procedente a ação, apesar de se ter reconhecido que os serviços foram prestados e de se ter admitido a notória especialização da CONAM (fls. 1.712/1.713), conferiu-se procedência parcial à demanda com fundamento na ausência de singularidade do serviço; d) não prospera a argumentação da inicial e reconhecida na sentença, de que qualquer um teria condições de executar o trabalho. Trata-se do oposto: "o serviço é complexo e demanda capacitação notória". A revisão das DIPAM's é uma atividade complexa, que exige muito mais do que o mero cotejamento de dados em face da legislação; e) o próprio Governo do Estado também tem entendimento diferente do esposado na sentença, como se verifica da resposta à consulta formulada pela Prefeitura de Cordeirópolis (fls. 1.749/1.750); f) reforce-se que, à época dos fatos, como vinha fazendo há mais de dez (10) anos, o Tribunal de Contas do Estado de São Paulo considerava perfeitamente regular ajustes da espécie para a contratação de serviços de revisão de DIPAM's, tendo emitido a Súmula 13, contrária à matéria, em 1995; g) inexiste qualquer maneira de se estabelecer um certame licitatório que possibilite a Administração classificar o melhor licitante; h) a CONAM conta com uma equipe de técnicos altamente especializados e um avançado centro de processamento de dados que realiza profícuo armazenamento. Após a conclusão dos serviços, elabora-se o recurso a ser apresentado à Secretaria da Fazenda do Estado, objetivando a revisão do valor adicionado. Os resultados obtidos atestam a singularidade dos serviços da empresa, bem como o interesse público e a necessidade da contratação de seus serviços; i) a instrução probatória mostrou que os serviços prestados pela CONAM trouxeram grandes benefícios aos cofres públicos, conforme se vê a fls. 1.567; j) por se tratar da mais importante fonte de receita do Município, nada mais lógico que contratar empresa especializada e de confiança, para buscar a melhoria da arrecadação do ICMS, fazendo-o por intermédio do contrato de risco onde só se pagam honorários quando há frutos para a contratante; l) a legislação anterior não permitia o prévio certame licitatório quando a contratação viesse a incidir sobre empresa ou profissional notoriamente especializado (art. 23, II, do Decreto-lei 2.300/1986). Sem que exigisse exclusividade na especialização; m) deve se aplicar ao caso, analogicamente, o disposto no art. 2º, parágrafo único, XIII, da Lei 9.784/1999; n) o ajuste firmado com a empresa H. Mattos e Pravellas Auditores Independentes nada tem a ver com a presente demanda. Se a Prefeitura Municipal, em 1995, resolveu licitar o serviço, isso não pode compreender a validade dos ajustes anteriores. Em 1995, as questões fáticas que levaram a essa conclusão foram de certo outras, diversas das que anteriormente permitiram, no juízo de valor da autoridade, a inexigibilidade do certame; o) inexistisse o ajuizamento da ação civil pública, de certo inexistiria a licitação e a CONAM ou outra empresa teria prestado o serviço por ajuste, sem certame licitatório, nos anos seguintes. Desse modo, o objeto, em 1995, continuava singular e o ajuste poderia ser firmado sem licitação; p) absurdo querer estender ao ajuste sob discussão a remuneração à H. Mattos e Pravellas, na mesma proporção percentual; q) na mais pura verdade, as empresas que passaram a fazer o serviço pelo menor preço se apoderaram da tecnologia desenvolvida a duras penas e com alto custo pelas empresas mais antigas, quando eram pouquíssimos os profissionais realmente habilitados. E não se pode afirmar e não se provou que a segunda contratada trouxe benefícios iguais aos auferidos pela CONAM; r) não podem equiparar empresas desiguais; s) fixar, na sentença, uma remuneração menor que a avençada, é conferir ao Município um enriquecimento sem causa. Profissionais especializados cobram diferentes honorários por seus serviços. Evidentemente, o valor dos honorários de profissional remunerado é muito maior do que o de um jovem recém-formado. Profissionais renomados, de alto nível, não participam de licitações.

Não obstante os argumentos da CONAM, a Dra. Procuradora da Justiça, no parecer de fls. 1.791/1.794, opinou pelo não provimento, sustentando que "a conveniência ou não, bem como a oportunidade de encarregar terceiros a executar tal serviço, está no âmbito do poder discricionário da Administração, que pode preferir contratar empresa para o trabalho, a se utilizar do corpo de funcionários, para a tarefa que se repete a cada ano. Todavia, não pode dispensar a licitação, se entender imprescindível a contratação de terceiros, até porque está apta a desempenhar o serviço".

Lendo-se tudo o que está nos autos, anoto, uma vez mais, que a atividade jurisdicional é apaixonante na medida em que estudiosos e conhecedores do Direito extraem dos mesmos fatos e das mesmas normas conclusões divergentes, explicação, aliás, do colegiado e das várias instâncias.

A origem da lide está no contrato celebrado em 14.12.1991, entre a Prefeitura Municipal de Pirassununga e a empresa CONAM – Consultoria em Administração Municipal S/C Ltda., pelo qual esta se comprometia a proceder à revisão das Declarações de Dados Informativos referentes ao exercício de 1990, necessários à apuração dos índices de Participação do Município no ICMS, a preencher as declarações, cujas vias contivessem erros, e a elaborar relatório destinado a fundamentar e instruir o pedido de retificação do valor adicionado preliminar, tudo em troca da remuneração de 20% sobre o valor apurado por meio do "MA – Melhoria de Arrecadação" (fls. 51/57).

A ação teve uma sentença anterior anulada, para facultar-se às partes a produção de provas outras, além da documental, com o que seria possível ter respostas a muitas das questões suscitadas, notadamente as ligadas à notória especialização e à boa-fé dos contratantes.

Prova que convenceu o douto magistrado quanto à notória especialização da CONAM (fls.1.713), conforme decisões do Tribunal de Contas favoráveis à tese da empresa na vigência do contrato (fls. 1.720), e ao cumprimento adequado da obrigação assumida, com aumento do índice de participação do Município no ICMS arrecadado pelo Estado (fls. 1.722). Que não dispensavam, segundo S. Exa., a licitação.

Neste reexame, importa esclarecer, desde logo, que a matéria debatida há de ser resolvida à luz dos Decretos-leis 2.300/1986 e 2.348/1987, que vigiam na época da contratação (14.12.1991), descartadas as posteriores Leis 8.666/1993 e 8.883/1994.

O art. 23 do Decreto-lei 2.300/86, II, dispunha ser inexigível a licitação quando houvesse inviabilidade de competição, e especial "para a contratação de serviços técnicos enumerados no art. 12, de natureza singular, com profissionais ou empresas de notória especialização". E o art. 24 prescrevia que "as dispensas previstas nos incs. III a XI do art. 22, a situação de inexigibilidade referida nos incs. I, II e III, do art. 23, necessariamente justificadas, e o parcelamento previsto no final do § 1º do art. 7º", deveriam ser comunicados, dentro de 3 (três) dias, à autoridade superior, que os ratificaria ou promoveria a responsabilidade de quem os ordenou. Ratificados, poder-se-ia celebrar o contrato. Regras repetidas no Decreto-lei 2.348/1987, que alterou o 2.300/1986.

Neste caso, como se viu, reconheceu-se a notória especialização da CONAM e a ratificação da escolha se deu com a assinatura do contrato, representado o Município de Pirassununga pelo seu Prefeito, Euberto Nemesio Pereira de Godoy (fls. 51/57).

Restaria, então, a análise da singularidade, tida como inexistente pelo ilustre magistrado, por ser comum serviço de revisão das DIPAM's, consoante precedente relatado pelo Desembargador Régis de Oliveira, no julgamento dos embargos infringentes 121.513-1. Entendeu S.Exa. que o fato de a CONAM proceder à revisão geral de todas as DIPAM's do Município, abrangendo todas as operações, preenchendo as relativas aos omissos ou retificando aquelas incorretas, tornava apenas mais exaustivo e volumoso o serviço executado, mas não substancialmente mais complexo (fls. 1.713).

Conquanto admitisse a necessidade de certo conhecimento contábil e tributário e que o serviço escapava à rotina administrativa, demandando tempo considerável, isso não seria suficiente, como declarado a fls. 1.714, para caracterizar uma dificuldade incomum, a exigir especializado conhecimento técnico para sua consecução. E em abono de sua interpretação, mencionou o MM. Juiz que, rescindindo o contrato em 1994, já no ano seguinte realizou-se processo de licitação, dele participando várias empresas, sagrando-se vencedora, ao final, a H. Mattos e Pravellas S/C Ltda., que apresentou resultados equivalentes àqueles obtidos pela CONAM, sendo certo que, a partir de então, a revisão passou a ser feita por funcionários da própria Prefeitura (fls. 1.714), alterando orientação anterior, manifestada nas informações de 31.5.1993 (fls. 32/45), quando o Prefeito Fausto Victorelli (não o que assinou o contrato de 14.12.1991) explicou os motivos de contratação de empresa especializada.

Em que pese concordar com muitas das anotações do douto magistrado, algumas circunstâncias particulares da lide levam-me à divergência e à alteração do que se decidiu em primeiro grau.

Desde logo, discordo do MM. Juiz quando afirma terem sido irrelevantes os pareceres favoráveis emitidos pelo Tribunal de Contas do Estado durante o período de vigência do contrato, uma vez que a verificação realizada na esfera administrativa não elide o reexame da legalidade da avença pelo Poder Judiciário, inclusive enquanto corolário do princípio constitucional que preconiza ser inafastável a jurisdição (fls. 1.720).

Não se nega a possibilidade de, pela via judicial, se reexaminar decisões proferidas na esfera administrativa, mas não se pode, também, negar a importância das decisões dos Tribunais de Contas que, além de verificar a legalidade dos atos, tem a função de orientar os Municípios e os Estados. Se até 1995, a conduta da Prefeitura de Pirassununga era tida como correta, à evidência, o contrato de 1991 tinha a seu favor uma presunção válida de legitimidade.

Isso, aliás, ficou claro, no acórdão dos embargos infringentes 274.611, da Comarca de São José dos Campos, de 29.4.1998, relatado pelo Desembargador José Santana, cuja ementa é:

Ação civil pública. Contrato firmado sem licitação, para revisão do valor adicionado. DIPAM's. Discussão da legalidade. Juízo de inexigibilidade de licitação vinculado aos ditames do art. 23 do Decreto-lei 2.300/1986, então vigente. Razoável entendimento afirmando os serviços como adequados à hipótese de inexigibilidade de licitação, em face das circunstâncias assinaladas. Ação civil pública improcedente e prosseguimento da conexa ação de cobrança. Embargos infringentes rejeitados.

No corpo, anotações relevantes:

Sem que seja necessário refutar, um a um, os argumentos dos embargantes, é fácil concluir pelo acerto do julgamento majoritário, levando-se em consideração apenas os seguintes fatos, alguns deles até notórios e sabidos: a) a revisão das DIPAM's passou a ser considerada necessária pelos municípios, ao constatar-se que os erários municipais não estavam recebendo a quota tributária que realmente lhes era devida; b) o próprio Estado afirmou a impossibilidade de seus funcionários procederem a tal revisão; c) o Tribunal de Contas do Estado, de início, recomendou aos municípios que procedessem tal revisão; depois, emitiu pareceres e julgamentos discrepantes sobre a natureza singular de tais serviços, fato bem realçado pela embargada; d) hoje, embora o Tribunal de Contas esteja a exigir a instauração do processo licitatório, a razão, evidente, não decorre da natureza singela dos serviços, mas porque instalou-se a concorrência entre as várias empresas tecnicamente habilitadas para realizá-los. No entanto, à época do contrato em questão, não é certo que tal concorrência existia, por isso que o argumento do Ministério Público – centrado nessa possibilidade – desatende ao fato histórico.

Não obstante o acórdão acima cuidasse de debate travado entre o Ministério Público e a Municipalidade de São José dos Campos, que contratara os serviços da CPEM – Consultoria de Empresas e Municípios, intuitiva a semelhança dos casos, valendo observar que o laudo pericial, de 8.1.1999 (fls. 1.559/1.572), enfrentou uma realidade diversa daquela de 1991.

De qualquer forma, tendo-se em conta que o próprio magistrado reconheceu a notória especialização da CONAM, que os serviços foram cumpridos correta e adequadamente, que o Tribunal de Contas do Estado, até 1995, reputava regular esse tipo de contratação e, finalmente, que não houve prova de má-fé, não encontro motivo para anular o contrato de 14.12.1991.

Ademais e por derradeiro, sem prova de conluio ou de má-fé, penso que a CONAM, empresa contratada e que cumpriu eficientemente os serviços a que se comprometera, não pode nem deve suportar as conseqüências da falta de licitação, ainda que se a admitisse necessária. Se a empresa cumpriu o contrato, há de ser remunerada na forma contratada, nada justificando qualquer redução.

Pelo exposto, dou provimento ao recurso da CONAM – Consultoria em Administração Municipal S/C Ltda., para julgar improcedente a ação civil pública, atribuindo-se-lhe o direito de reembolso das despesas realizadas, cobrando-as do Estado.

Laerte Nordi

DECLARAÇÃO DE VOTO VENCIDO

Ousei divergir da douta maioria, entendendo não ser procedente a irresignação, mesmo a levar-se em conta o manancial probatório obtido depois da anulação do processado a partir de fls. 364, com o acórdão de fls. 1.151 e ss.

Prescindível, aqui, deter-se com minúcias em cada um dos argumentos postos pela apelante em suas razões, certo que, para a confirmação do *decisum* combatido, bastam as considerações que se seguirão, impressionando mais, na verdade, o clamor daquela pelo exame da causa à luz das circunstâncias e particularidades verificadas à época da celebração do contrato em questão, e segundo o entendimento, em especial do TCE, então vigente em torno de ajustes daquela natureza.

Tanto não se mostrou acertado na esfera administrativa o entendimento por cuja prevalência se bate a recorrente, acerca de tais contratos, que o próprio TCE. o reconsiderou, acabando por editar, em 1995, a Súmula 13, dispondo:

> Não é lícita a contratação pelas Prefeituras Municipais de terceiros, sejam pessoas físicas ou jurídicas, para revisão das Declarações para o Índice de Participação dos Municípios – DIPAM's, a qual deve ser feita por servidores públicos locais, valendo-se do auxílio da Secretaria Estadual da Fazenda.

Parece lógico que, se assim se pronunciou o TCE, o fez à evidência de que algo de errado vinha ocorrendo com semelhantes contratações, sendo irrelevante daí que, antes daquele enunciado, o referido órgão revelara-se favorável à aprovação de contas municipais de exercícios nos quais as mesmas tiveram vigência, até porque as manifestações nesse sentido, por óbvio, não subtraem a possibilidade de o Judiciário, se provocado, dizer de sua licitude ou ilicitude.

Conquanto tenha a bem lançada sentença dado, em certa passagem, ao menos aparentemente, por atendido o requisito da notória especialização, não se apresenta tão fácil assim, *data vênia*, chegar-se a essa afirmativa, muito menos com base no laudo pericial de fls. 1.560 e ss. O vistor judicial, aliás, absteve-se de se pronunciar sobre se a apelante podia ou não ser tomada como empresa munida de equipe técnica de notória especialidade para os serviços objeto do contrato, entendendo, prudentemente, tratar-se de tema relacionado com o mérito, suscetível de apreciação apenas pelo Juízo. E afora isso, por mais que se leia e releia esse trabalho, não se atina com o que possa apontar a CONAM como empresa cuja capacidade técnica seja publicamente reconhecida como de alto nível, senão como que, simplesmente, é especializada em matéria tributária, por contar com profissionais credenciados às tarefas a que se propõem. Pode-se tirar do conteúdo do laudo, na verdade, tratar-se antes de empresa dotada de profissionais devidamente habilitados e capacitados, não havendo, porém, confundir-se tais atributos com notoriedade, que, por outro lado, não pode ser deduzida pelo só fato de ter a CONAM firmado com um número considerável de Prefeituras contratos para o mesmo fim, até porque ressente-se aqui pela falta de dados que permitam a comparação com empresas congêneres. Nada atestou e nem mesmo dissertou o *expert*, também, sobre o pioneirismo nesse campo de trabalho reivindicado pela recorrente, carecendo os autos de notícias em torno da época em que esta se constituiu e começou a realizá-lo.

Seja como for, o que importa é que o *decisum* ponderou corretamente, com base na melhor doutrina (Celso Antônio Bandeira de Mello, Lúcia Valle Figueiredo), não bastar para a inexigibilidade da licitação a evidência da notória especialização do profissional ou da empresa que presta estes ou aqueles serviços, impondo-se para dispensá-la a aferição da inviabilidade da competição, de que fala o *caput* do art. 23 do Decreto-lei 2.300/1986, aplicável à relação sob exame, que por outra forma não se dá senão por assegurar-se a administração pública quanto à singularidade, ou especificidade dos mesmos, esta por sua vez a supor necessariamente, senão a inexistência, quando menos um universo bastante estreito de parâmetros de confronto.

Singularidade – é claro – nem sempre diz com unicidade, mas por certo relaciona-se justamente àquela opção dentre muito poucos prestadores de serviços especializados.

Ora, o que se tem aqui, ao consultar-se os documentos de fls. 369/463 e 1.248/1.322, é a constatação de que, no período entre 1983 e 1993, no mínimo 8 empresas propunham-se à realização de serviços para o mesmo fim, a saber, Binah, Consultef, Serto, CPEM, H. Mattos, Angelo Gamez Nunes, ORPAM e a própria apelante CONAM; e isso a partir de pesquisa junto a um reduzido número de municípios (Tupã, Corumbataí, Itirapina, Rio Claro, Cajamar e Pirassununga), tudo levando a crer por isso que mais empresas estivessem assessorando outros municípios. Não há como, pois, cogitar-se do preenchimento do requisito de singularidade, em relação à apelante, a tornar inexigível a licitação, visto que tudo está a apontar para a possibilidade da competição entre empresas capacitadas a prestar, com a mesma proficiência, iguais serviços.

Necessário neste ponto lembrar um relevante aspecto não abordado pelo juízo monocrático, que diz respeito não só à apelante como às demais empresas que à época inseriam-se nesse "mercado" (por assim dizer), e que põe em cheque a validade quando menos da prorrogação de contratos dessa natureza para os exercícios seguintes ao do ano em que foram celebrados: se as prefeituras procuraram empresas especializadas para assegurarem-se quanto ao correto preenchimento das DIPAM's, com vistas a nada perderem de suas participações no ICMS, e porque supostamente não dispunham em seus quadros de funcionários qualificados para a tarefa, o mais lógico e razoável seria que as contratassem – fosse possível fazê-lo sem licitação – não para a *execução* dos serviços, e sim para o *treinamento* de seu pessoal, com o que ver-ser-iam livres, nos anos seguintes, dos ônus de tais contratações, bastando que os servidores treinados mantivessem-se atualizados quanto às posteriores modificações das normas tributárias, não se concebendo sejam elas tão intrincadas que não possam ser dominadas, ainda que por alguns poucos funcionários mais graduados. Serve essa observação, portanto, para ressaltar que a justificativa para as contratações subsistiria quando muito para um exercício, perdendo o sentido para os anos seguintes; e, sem embargo, para pôr em destaque a inconsistência da assertiva da apelante de que, à luz do entendimento predominante à época, haveria que se ter como válido o contrato. A propósito – isto sim foi alvitrado pelo juízo monocrático – a revisão das DIPAM's encerrava trabalho talvez exaustivo e volumoso, mas não por isso propriamente de complexidade ímpar, podendo-se destacar da respeitável sentença, pela inteira pertinência:

> Independentemente do tipo de operação, o trabalho de preenchimento e revisão dos formulários tem por essência o mesmo mecanismo, qual seja, a identificação dos contribuintes omissos e o levantamento, através de seus livros fiscais, do movimento apurado com o exercício de suas atividades, ou então a retificação destes dados e valores quando lançados erroneamente. Não se trata, na realidade, de atividade simples como a qualifica o autor, mesmo porque requer certo conhecimento contábil e tributário. No entanto, esse conhecimento não precisa ser altamente especializado, pois, fosse assim, não haveria qualquer coerência em se permitir que o preenchimento das DIPAM's ficasse inicialmente a cargo dos próprios contribuintes, já que teriam eles o ônus de contratar técnicos ou empresas altamente especializadas, uma vez que a complexidade do serviço inviabilizaria a execução pelo contador de sua confiança. Também não se discute que se trata de serviço fora da rotina administrativa, demandando tempo considerável, mas isso não permite, por si só, que se o considere de uma dificuldade incomum, a exigir especializado conhecimento técnico para sua consecução. Analisando as DIPAM's modelos A e B, bem como o regulamento que as disciplina, verifica-se que o preenchimento dos formulários foi suficientemente explanado, inexistindo assim maiores obstáculos à sua execução, sobretudo porque a atividade consiste essencialmente na apuração de dados extraídos dos próprios Registros Fiscais das empresas, que devem apenas lançá-los corretamente.

Linhas adiante, por outro lado, e igualmente com toda a propriedade, reportou-se o magistrado ao depoimento de fls. 1.672/1.673, de fiscal de rendas da municipalidade co-requerida, do qual se extrai que atualmente os serviços são realizados por essa pessoa, bem como por outros dois servidores, fato esse a deixar claro que, mesmo não se atribuindo à contratada a tarefa de treinar os funcionários, puderam alguns deles, a despeito disso, inteirarem-se da prática do preenchimento das declarações. Impende notar que a partir de 1995, quando editada a já referida Súmula 13 do TCE, a Municipalidade de Pirassununga conferiu o trabalho de revisão das DIPAM's apenas a funcionários, nem por isso perdendo em termos de resultados, ao revés, conseguindo com isso evoluir para melhor sua participação na receita tributária em questão, como se depreende do consignado no documento de fls. 1.521/1.525, firmado pelo Secretário Municipal de Finanças.

Não bastasse tudo isso para concluir-se pela ilegalidade da contratação, estaria ainda a evidenciá-la – como também mui pertinentemente salientado pelo juízo monocrático – a falta de formalidade indispensável para a licitude da inexigibilidade da licitação, qual seja, a de que fala o art. 24 do Decreto-lei 2.300/1986. De se assentar a respeito disso ser inviável aceitar-se o contido no documento de fls. 49/50, assinado ao que tudo indica por funcionária do Departamento de Finanças, como justificativas bastantes para a dispensa, dada a pobreza dos aspectos considerados; e, de qualquer forma, não consta tenham sido tais justificativas submetidas à ratificação da autoridade superior antes da celebração da avença, como impõe o mencionado dispositivo.

Não é raro, em circunstâncias como as que versam a presente demanda, opor-se em favor das empresas contratadas o argumento de que suas atuações, embora não derivadas de licitação, não causaram danos ao patrimônio público, já que os serviços foram, de qualquer modo, prestados com proveito para o ente que os encomendou. Nada mais falacioso, porém, porquanto o que está em jogo não é a realidade da ocorrência de danos daquela ordem, e sim a supressão, em si, do processo licitatório, nos casos em que a legislação não prescinde do mesmo, com a subtração da oportunidade de outros fornecedores de bens e serviços de dele participarem. A acatar-se aquela colocação, aliás, insurgência alguma poderia ser manifestada frente a contratações sem licitação, pois bastaria aos entes públicos justificá-las – depois, quando já consumada a ofensa à lei – ao pretexto de que, prestados os serviços ou fornecidos os bens, não se registrou prejuízo.

Visto, com tudo o que se alinhou, ser mesmo o caso de anulação do contrato, restaria por fim prestigiar-se a sentença também no que restringiu a restituição à municipalidade de todos os valores recebidos pela CONAM, entendendo cabível a retenção por esta, a título de remuneração, do equivalente a 10% sobre o aumento do "valor adicionado preliminar", para o qual tenha efetivamente concorrido durante a vigência do contrato impugnado, valor esse a ser apurado em liquidação, e que tomou como referência, razoavelmente, o que a Prefeitura passou a pagar à vencedora da licitação depois realizada. A determinação nesses termos, sobre contemplar a realidade da prestação dos serviços, arreda a possibilidade de enriquecimento sem causa da municipalidade co-requerida, afigurando-se por isso de justiça inquestionável. E não há falar-se, como quer a apelante, em contraprestação igual àquela que resultaria do ajuste, quer porque nesse caso a anulação do mesmo não assumiria qualquer significado prático, quer porque aquela esteve longe de demonstrar que fazia por merecer o pagamento do preço integral, por prestar serviços melhores e mais confiáveis que suas concorrentes, em relação às quais, aliás, faz afirmativa de ética no mínimo discutível, equiparando-as a "pangarés" e intitulando a si própria de "puro-sangue".

Esses, em suma, os motivos pelos quais concluí pelo acerto da procedência parcial da ação, nos exatos termos do dispositivo da r. sentença, e que me orientaram, portanto, a negar provimento ao recurso.

Erbetta Filho, Relator Sorteado.

JUSTIÇA FEDERAL

Autos 93.0600504-0

Autora: PRODOME – Química e Farmacêutica Ltda.

Requerida: CADE (Conselho Administrativo de Defesa Econômica)

RELATÓRIO

Trata-se de ação proposta sob o rito ordinário, por Prodome Química e Farmacêutica Ltda., em relação à União Federal, por meio da qual requer seja decretada nulidade de ato administrativo punitivo, especificamente multa imposta pelo CADE (Conselho Administrativo de Defesa Econômica), por infração à ordem econômica.

Conforme a inicial, há nulidade absoluta do processo administrativo, porque este deveria ter sido suspenso – devido ao comprometimento, por parte da autora, de cessar a prática do suposto ilícito (art. 5º do Decreto 36/1991; art. 15 do Decreto 92.323/1986) – e arquivado, porque cessadas eventuais irregularidades.

Aponta ser inadequada a tipificação imposta, em face da Lei 4.137/1962, pois não controla a produção dos remédios indicados no auto, de forma a exercer influências sobre os preços, e nem é a única que possui gênero de mercadoria que possa criar preços artificiais. De acordo com a autora, há diversos produtos similares no mercado e a pesquisa que levou à pena administrativa ocorreu em poucas praças. Indaga se seria possível uma empresa, fabricante de centenas de produtos farmacêuticos, forçar o governo majorar preços, por via da retenção de apenas três produtos fabricados por ela.

Assinala ter havido contradição nos fundamentos da decisão do processo administrativo, por conta do desmembramento de outro similar, o que não teria impedido o aproveitamento dos documentos que comprovassem o suposto ilícito. Indaga como poderia o relator do processo administrativo acolher desentranhamento da representação emprestada por falta de fundamento e manter a documentação trazida por ela, sobretudo devido às diligências que estavam sendo encetadas no outro procedimento.

Acena com a falta de provas para ser imposta a pena, o que conduziria à nulidade do processo administrativo. Para tanto, aponta a precariedade dos elementos de prova trazidos aos autos, em especial pela conjuntura desfavorável. Não teria havido estratégia comercial, visando ao aumento de preços dos remédios, à medida que esse controle (de preços) é efetivado pelo próprio governo. Após transcorrer, longamente, a respeito do funcionamento do mercado (consumidor-distribuidor), ataca a decisão administrativa, que teria sido editada com base em meros indícios, motivo de sua nulidade.

À inicial, a autora trouxe documentos (fls. 38/121). Citada, a ré contestou a lide (fls. 127/158), motivo pelo qual a autora exerceu a réplica (fls. 160/557). As provas foram especificadas (fls. 559 e 1.378), tendo o magistrado indeferido a produção de provas testemunhais e deferido a prova pericial (fls. 1.379). A fls. 569/1.376, encontra-se cópia do procedimento administrativo.

As partes apresentaram quesitos (fls. 1.380/1; 1.452/4); e honorários periciais foram devidamente pagos (fls. 1.379; 1.382; 1.407; 1.415).

Após a juntada do laudo (fls. 1.385/1.406), com manifestação da autora (fls. 1.422/29), sobreveio laudo complementar (fls. 1.463/80). Novas manifestações das partes a respeito da perícia (fls. 1.486/89; 1.519/21), tendo havido a juntada de parecer técnico da Unicamp, a pedido da autora (fls. 1.491/1.514), além de cópias do inquérito policial que teria sido arquivado (fls. 1.437/48), em virtude das quais a requerida teve oportunidade de manifestar-se (fls. 1.457/59).

O juízo indeferiu a nulidade da prova pericial, deixando a análise da necessidade de outra perícia para momento posterior (fls. 1.527).

Em sentença cautelar, o juízo suspendeu a exigibilidade do crédito constituído no processo administrativo do CADE, mediante o depósito judicial da quantia, efetivado (fls. 1.429/32), da qual houve embargos de declaração, rejeitados (fls. 1.550/2).

É o relatório do essencial.

Decido.

SENTENÇA

I – Nulidade do Processo Administrativo

Insurge-se, a autora, quanto ao fato de não ter havido o cumprimento do art. 5º, do Decreto 36/1991, que regulamenta a Lei 8.158/1991, isto é, o órgão público deveria ter sustado o processo administrativo, à medida que o suposto infrator teria se comprometido a cessar a prática ilícita. Argumenta, havendo cessados os efeitos da conduta supostamente ilícita, o caminho seria o arquivamento do processo administrativo.

Tais argumentos, porém, não convencem. De fato, a lei referida não determina a suspensão do processo administrativo; antes, como mencionado pela ré, o órgão público poderá arquivá-lo, ou encaminhá-lo aos órgãos competentes, de acordo com as provas dos autos, não deixando qualquer margem de discricionariedade ao agente público. Trata-se de ato vinculado à norma legal.

O renomado jurista Celso Antônio Bandeira de Mello explica, com muita propriedade, que, no Brasil, a Constituição permite os denominados regulamentos de execução. Vale dizer, neste país, o regulamento depende e é subordinado da lei. Não pode ir além do comando normativo. Acentua o autor, ao analisar normas do Texto Constitucional: "É que os dispositivos constitucionais caracterizadores do *princípio da legalidade no Brasil* impõem ao regulamento o caráter que se lhe assinalou, qual seja, o de ato *estritamente subordinado*, isto é, meramente subalterno e, ademais, *dependente de lei*. Logo, entre nós, só podem existir regulamentos conhecidos no Direito alienígena como 'regulamentos executivos'. Daí que, em nosso sistema, *de direito*, a função do regulamento é muito modesta".[1]

Assiste razão ao nobre professor. Os arts. 5º, 11, 37, *caput* e 84, IV, todos do Texto Constitucional, permitem concluir no sentido já exposto: os regulamentos não podem ir além do conteúdo da lei, sob pena de ser ilegal.

O descumprimento de normas de simples decreto, quando muito, se consideradas constitucionais, poderia levar à punição dos servidores recalcitrantes, em virtude da hierarquia entre os órgãos da Administração. No caso dos autos, pior, tais normas são imprestáveis a esse efeito, por conta da inconstitucionalidade delas.

De todo modo, o Poder Público, a rigor, entendeu existente e provado o suposto ilícito administrativo, tendo procedido como determina a lei, chegando até a imposi-

1. *Curso de Direito Administrativo*, 15ª ed., Malheiros Editores, p. 311.

ção da penalidade. Isso, por si só, refuta o argumento da exordial.

Rejeito a preliminar.

II – Impossibilidade de adequação à tipificação legal

A análise desse tópico confunde-se com o mérito e será analisado no momento oportuno.

III – Contradição dos fundamentos da decisão administrativa

O fato de ter sido desentranhada a representação, aproveitando-se, contudo, elementos contidos no mesmo expediente – a fim de fundamentar a decisão administrativa, a qual imputou à autora os fatos descritos na inicial –, em nada prejudica a empresa Prodome, na medida em que o órgão administrativo fundamentou, justificou a medida. Referido desmembramento teve o intuito de propiciar determinada empresa, do mesmo grupo da autora, mas com personalidade jurídica própria, notificação e defesa específicas.

Rejeito a preliminar.

IV – Da falta de provas (mérito)

Este item será analisado, neste momento, juntamente com o item II: inconsistência da tipificação.

Inicialmente, entendo desnecessária outra perícia (fls. 1.527), em vista dos elementos de prova trazidos aos autos, mesmo porque esta decisão restará em proveito da autora, como a seguir explanarei.

É verdade que o laudo aponta *indícios* de fatos exaustivamente narrados nesta ação, corroborando, de algum modo, o processo administrativo realizado pelo Poder Público, do qual resultou a multa imposta.

Com efeito, nos autos do processo administrativo, amplamente mencionado na contestação da ré (fls. 129/132), bem como nos laudos de fls. 1.385/1.406 e 1.463/80 constam indícios de retenção de estoques dos medicamentos, com a elevação de preços.

Já a conduta da autora está inserida no art. 2º, III, *c*, da Lei 4.137/1962:

> Art. 2º. Consideram-se formas de abuso do poder econômico:
>
> (...).
>
> III – Provocar condições monopolísticas ou exercer especulação abusiva com o fim de promover a elevação temporária de preços por meio de:
>
> (...).
>
> c) retenção, em condições de provocar escassez, de bens de produção ou de consumo.

Pois bem. O ilícito administrativo, para configurar-se, deve ter sido praticado conforme o tipo descrito na lei. É o princípio da tipicidade, o qual decorre do da legalidade. Escrevemos: "Se o princípio da *legalidade* tem total intensidade na *supremacia geral do Estado*, conforme visto, deve a lei descrever as condutas e as penalidades correspondentes, porque o princípio da *tipicidade* é corolário do da *legalidade*".[2]

O fato de ter havido problemas relacionados à comercialização dos medicamentos, por conta de estoques excessivos, ou paralisação de produção dos produtos, e outras do gênero, por si só, não leva ao tipo descrito na lei, o qual possui um elemento intencional específico, a dizer: "o fim de promover a elevação temporária de preços (...)" (art. 2º, III).

Compete ao Poder Público, no bojo do processo administrativo, demonstrar, à saciedade, a conduta da suposta infratora, de acordo com o fato típico legal, isto é, conforme os termos estabelecidos pelo legislador.

Tirar conclusão, diante de meros indícios (revelados naquele procedimento, e corroborados nos laudos), de que houve a infra-

2. *A Sanção no Direito Administrativo*, Malheiros Editores, p. 91.

ção administrativa seria ofender o princípio da inocência das pessoas em geral, inerente ao regime democrático de Direito.

É que essa finalidade própria, específica, da lei, deve estar conjugada aos demais elementos do tipo legal, vale dizer, a demonstração, efetiva, pelo Poder Público, de todos os "componentes" do conteúdo da norma. E isso não se fez.

Além do elemento subjetivo específico, mencionado pela norma, e não demonstrado pela Administração, há o problema da inexistência da prova do dolo ou culpa da suposta infratora.

De fato, à caracterização de qualquer ilícito administrativo, deve haver prova de que o agente teve a intenção de produzir dado resultado, ou agiu com culpa: "O Estado de Direito preserva a proteção contra arbitrariedades estatais, não só exigindo a submissão às leis, mas também contra toda sorte de arbitrariedades, impondo a observância dos direitos e das garantias individuais. Ora, no regime jurídico-constitucional desse porte, no qual se acentuam a República, a Democracia e o Estado de Direito, não podemos conceber haja infrações administrativas, diante de mera voluntariedade, sem qualquer análise da culpa ou do dolo do infrator".[3]

No caso, não se pode concluir ter havido a demonstração desses elementos (dolo/culpa), baseado em meros indícios de que algumas mercadorias, em momento de grande comoção econômica, como ocorreu naqueles tempos, tivessem faltado no mercado, sobretudo quando havia produtos similares, as pesquisas – as quais resultaram na apuração dos fatos – tiveram pequeno alcance nacional, reduzindo-se a algumas regiões do país e os preços estiveram, ao menos por algum tempo, tabelados pelo governo.

O tipo legal descreve "provocar condições monopolísticas", isto é, exige, do suposto infrator, atuar dolosamente, naquele sentido. Não se pode, *a priori*, estabelecer situações monopolísticas, pelo fato simples de a autora produzir medicamentos, numa certa época. Tudo depende do caso concreto, ou seja, deveria haver prova da conduta da qual resultou no monopólio, ou seja, ações efetivas que teriam levado à exclusividade do produto na praça, sem similares, sem concorrentes.

É de observar-se, ainda, o arquivamento do inquérito policial (fls. 1.443/46), instaurado por conta dos mesmos fatos, no qual se observa, pelo parecer ministerial, a absoluta boa-fé da autora. Para rematar, e confirmando a ausência de condutas da autora que pudessem redundar em má-fé, os documentos de fls. 1.491 e ss. evidenciam ação escorreita na atividade exercida por ela.

Conforme se observa, *o princípio da inocência* das pessoas em geral, inerente no regime democrático de Direito, impõe a procedência da ação.

Posto isto, julgo a ação procedente, para o fim de anular o ato administrativo punitivo (multa), imposto pelo CADE, tornando-o inexigível.

Condeno a autarquia federal ao pagamento dos honorários advocatícios, arbitrados em 10% sobre o valor da causa atualizado.

Sem custas, na forma da lei.

Sentença sujeita a reexame necessário.

Ao trânsito em julgado desta decisão, libere-se, em favor da autora, depósito judicial realizado nos autos da ação cautelar.

P.R.I.

Campinas, 9 de março de 2004.

Heraldo Garcia Vitta, Juiz Federal.

JUSTIÇA FEDERAL

SENTENÇA

Ação civil pública
Autos: 2000.61.11.004241-5
Autor: Ministério Público Federal
Réu: União Federal
Juiz Federal: Heraldo Garcia Vitta
j. 30.6.2003.

Trata-se de *ação civil pública*, proposta pelo Ministério Público Federal, contra a União Federal, com o fim de declarar a nulidade da Instrução Normativa 67/1998, da Secretaria da Receita Federal.

Conforme a petição inicial, "os açúcares de cana passaram a ser tributados pelas alíquotas de 18% e de 9%, conforme o caso, exceto os açúcares produzidos pelos estabelecimentos industriais, localizados nas áreas de atuação da SUDENE e SUDAN, os quais detinham o benefício de isenção para as suas respectivas saídas.

"Tal legislação, vista por ilegal pelos industriais das regiões não compreendidas nas regiões da SUDENE e SUDAN, por não observar o princípio constitucional da isonomia e da uniformidade geográfica da tributação, bem como por entenderem ferir o requisito da essencialidade do IPI, foi questionada judicialmente.

"Em razão deste questionamento judicial, em suma, contra a incidência tributária, os estabelecimentos industriais de açúcar passaram a praticar situações contrárias à legislação impugnada, quais sejam:

"1º. Embora entendendo ilegal a incidência tributária, alguns estabelecimentos industriais destacaram o IPI em seus documentos fiscais, cobrando-os dos destinatários, que efetivamente arcaram com o ônus financeiro do tributo, não o recolhendo para os cofres públicos; ou

"2º. Outros, não destacaram o IPI em seus documentos fiscais, não os cobrando dos seus destinatários, ficando, esses estabelecimentos industriais, responsáveis pelo pagamento do IPI, caso sucumbissem na ação judicial proposta.

"Alheio à controvérsia jurídica existente sobre a constitucionalidade ou não da fixação de alíquotas diferenciadas de IPI para certas regiões realizadas pela Lei 8.393/1991, o Secretário da Receita Federal fez expedir a Instrução Normativa 67/1998, que determinou o seguinte:

"a) aqueles estabelecimentos que procederam conforme o item 1 acima, devem recolher o IPI cobrado de terceiro, e aproveitar valor idêntico, como crédito para servirem de objeto para compensação com quaisquer débitos existentes, entendendo, equivocadamente, tratar-se de restituição, conforme se depreende do parágrafo único do art. 2º da mesma Instrução Normativa;

"b) aqueles que procederam conforme o item 2 acima, tiveram seus comportamentos convalidados pelo art. 3º da citada Instrução Normativa."

Segundo o Ministério Público Federal, a Instrução Normativa teria concedido remissão tributária, ao "abrir mão" da cobrança do IPI devido nas saídas de alguns tipos de açúcares.

É que a remissão tributária somente por lei específica poderia ter sido concedida, conforme o art.150, § 6º, da Constituição.

A Lei 8.393/1991 estabeleceu a incidência do IPI sobre as sucessivas saídas de açúcares, nas alíquotas de 18% ou 9%. Apesar disso, a referida Instrução Normativa teria convalidado o comportamento do contribuinte industrial que dera saídas a açúcares, sem incidência do imposto, destaque nos documentos fiscais, e cobrança dos adquirentes. De acordo com a inicial, teria havido comportamento do órgão público diverso da lei.

"Além disto, a sistemática adotada pela referida Instrução Normativa, corroborando o procedimento dos contribuintes industriais que não lançaram em documento fiscal o IPI, nem o cobrou do destinatário, embora não tenha ocorrido qualquer mudança de ordem legal, quis impossibilitar, para os fatos geradores futuros, em razão da própria natureza *ex nunc* da Instrução Normativa, a incidência do IPI sobre as saídas de açúcares de estabelecimentos industriais não compreendidos na região da SUDENE e SUDAN, contrariamente ao que dispõe os dispositivos legais apontados na própria Instrução Normativa.

"Obviamente, se norma posterior exige um comportamento diverso do previsto, estamos frente a uma revogação legislativa, e no caso de 'incidência tributária', tal revogação é matéria reservada à lei e nunca poderia ter ocorrido através de um ato administrativo."

Consoante a exposição delineada na inicial, de nenhum modo poderia a Secretaria da Receita autorizar restituição de tributos, pois, no caso, efetuar pagamentos nos termos legais, mesmo quando essas normas estejam sendo questionadas judicialmente, não a autoriza, sob pena de favorecer, indevidamente, o sujeito passivo. É que não há valor a ser restituído.

Inclusive, prossegue o autor, a restituição teria sido conferida a pessoa que não tem legitimidade, nos termos do art. 166, do Código Tributário Nacional, pois o IPI é imposto indireto, que permite a repercussão do ônus financeiro do tributo.

Logo, conclui o autor, o ato administrativo tem vícios de competência, forma e legalidade, além de afrontar o princípio da moralidade administrativa.

Após a manifestação da requerida (fls. 17/8), houve a concessão da liminar (fls. 19/28), tendo o Senhor Secretário da Receita Federal declarado, pelo Ato Declaratório 42, de 2 de julho de 2000, a suspensão da eficácia da Instrução Normativa (fls. 37).

O Sindicato da Indústria do Açúcar no Estado de São Paulo com fundamento nos arts. 50 e ss. do Código de Processo Civil formulou pedido de assistência (fls. 43/80). Após manifestação das partes (fls. 83, 85/6) e novos argumentos apresentados pelo sindicato (fls. 88/118), houve o deferimento do pedido de assistência (fls. 120/1).

A União Federal e o Sindicato da Indústria de Açúcar no Estado de São Paulo interpuseram recurso de agravo de instrumento, impugnando a liminar concedida pelo juízo (fls. 123/207; fls. 209/237).

A ilustre Relatora concedeu efeito suspensivo ao recurso (fls. 239/244), posteriormente, confirmada pelo órgão colegiado (fls. 586/593; 596/601).

O sindicato ofereceu contestação (fls. 251/477). Também a União Federal contestou os argumentos expendidos na inicial (fls. 481/559).

O Ministério Público Federal apresentou réplica (fls. 561/583).

Instadas as partes para especificarem provas, o autor requereu o julgamento antecipado da lide (fls. 602, v.), enquanto a União pediu o exame pericial, bem como que se comunicasse ao secretário da Receita Federal a decisão colegiada. Quanto ao SIAESP, pediu exame pericial (fls. 606/7).

Após a manifestação do autor (fls. 609/11), o juízo deferiu a expedição de ofício ao secretário da Receita (fls. 616), mas indeferiu a prova pericial (fls. 620/1), fato que levou a União Federal a interpor o recurso de agravo retido (fls. 623/5). Idêntico procedimento teve o SIAESP (fls. 627/32). A decisão de fls. 620/1 restou mantida (fls. 633).

Vieram os autos à conclusão.

É o relatório.

Alega-se a incompetência do juízo. Em que pesem as argumentações contrárias, o critério de competência da Ação Civil Pública rege-se pela extensão do dano. Embora o Judiciário Federal seja regionalizado, nos casos em que o *dano* atinja pessoas indeterminadas e indetermináveis, de âmbito nacional, reduzir a competência do juízo a determinada parcela do território vem de encontro à própria atividade federal (nacional), exercida pela magistratura, e aos princípios da igualdade e do devido processo legal. Se a decisão alcança diversas regiões do país, não há como o legislador reduzi-la. No caso, protege-se bem público, patrimônio público pertencente à União, que é nacional.

O art. 93 do Código de Defesa do Consumidor ressalva, expressamente, a competência da Justiça Federal. Ora, cuidando-se de *direitos difusos*, o dano também atinge o foro local. Identificado o dano em Marília, como bem ressaltou o i. Relator do agravo de instrumento (fls. 598), não se pode macular o juízo de incompetente.

Em ação civil pública contra a União Federal, não prevalece o limite do art. 16 da Lei 7.347/1985 (na redação do art. 2º da Lei 9.494/1997), porque seria negar vigência ao art. 109, § 2º, da Constituição Federal.

Com efeito, na ação civil pública movida pelo Ministério Público para proibir fumar em aeronaves, a questão já teve oportunidade de ser apreciada pelo TRF, 4ª Região (AI 1998.04.01.078679-2-RS):

Administrativo. Agravo de instrumento. Ação civil pública. Liminar proibindo fumo em aeronaves. Lei 9.294/1996, Decreto 2.018/1997 e Portaria 121 DGAC. Presença dos pressupostos legais. Probabilidade de êxito da ação. Perigo à saúde pública.

1. O julgamento da ação onde foi deferida a liminar antecipatória da tutela, por si só, não prejudica o julgamento do agravo interposto da decisão liminar, porque ela tem reflexo nos efeitos em que será recebido eventual recurso.

2. É razoável a tese de que o § 2º da Lei 9.294/1996 e o art. 5º do Decreto 2.018/1997 proibiram o uso de substâncias fumígenas em aeronaves, sem que sejam previamente adotadas providências, de molde a proteger os não fumantes.

3. A restrição territorial da eficácia da coisa julgada na ação civil pública (art. 2º da Lei 9.494/1997) não incide quando a União é parte no processo (art. 109, § 2º, CF).

4. Presentes os pressupostos do art. 273 do CPC, deve ser antecipada a tutela.

5. Agravo improvido.

Conforme expôs o Desembargador Federal José Germano da Silva, no voto que fundamentou a decisão, citando o Ministro Carlos Velloso, do Supremo Tribunal Federal:

(...) Relativamente à redação que o art. 16 da Lei 7.347/1985 recebeu do art. 2º da Lei 9.494/1997, ainda que o Supremo Tribunal Federal, na ação direta de inconstitucionalidade 1.576-1, tenha decidido que não há probabilidade de inconstitucionalidade, no dispositivo que limita a eficácia da sentença na ação civil pública, esclareceu que tal limitação não deve existir se a União for ré na ação.

É o que se depreende do voto proferido pelo Ministro Carlos Velloso:

"***O Sr. Ministro Carlos Velloso***: Sr. Presidente, o art. 3º da Medida Provisória 1.570, de 26.3.1997, dispõe:

"'Art. 3º. O art. 16 da Lei 7.347, de 24 de julho de 1985, passa a vigorar com a seguinte redação: *Art. 16. A sentença civil fará coisa julgada erga omnes nos limites da competência territorial do órgão prolator, exceto se o pedido foi julgado improcedente por insuficiência de provas, hipótese em que qualquer legitimado poderá intentar outra ação com idêntico fundamento, valendo-se de nova prova.*'

"A Lei 7.347, de 1985, é a lei que disciplina a ação civil pública. A novidade trazida pela Medida Provisória 1.570, no ponto, é somente esta: a sentença vale, *erga omnes*, nos limites da competência territorial do prolator.

"Gostaria de lembrar que o antigo Tribunal Federal de Recursos decidia exatamente no sentido dessa norma introduzida pela Medida Provisória 1.570. No caso que ficou conhecido como 'efeito metanol' – o metanol era adicionado ao álcool combustível e houve reação de ambientalistas – o TFR entendeu que a sentença do Juiz Federal do Rio de Janeiro valia, *erga omnes*, no território do Estado do Rio de Janeiro, dado que o Juiz Federal do Rio não tinha jurisdição sobre outros Estados. A regra processual, aliás, é esta: o juiz decide nos limites de sua competência territorial. Não há, pois novidade. *A questão que surge decorre, entretanto, do disposto no § 2º do art. 109 da CF*: 'As causas intentadas contra a União poderão ser aforadas na seção judiciária em que domiciliado o auto, naquela onde houver ocorrido o ato ou fato que deu origem à demanda ou onde esteja situada a coisa, ou, ainda, no Distrito Federal'.

"*Então, sempre que a União for ré, não será possível fazer valer a regra do art. 16 da Lei 7.347/1985, com a redação do art. 3º da Medida Provisória 1.570/1997*, a menos que se interprete o § 2º do art. 109 da CF com o entendimento no sentido de que a norma de competência ali inscrita tem como destinatários postulantes de direitos subjetivos individuais, aos quais a norma constitucional objetiva conceder facilidade processual para o fim de defenderem os seus direitos. Na verdade, não seria possível a alguém que está no Estado do Norte do País vir demandar no Distrito Federal. O certo é que, para as ações civis públicas, que têm legitimação especial, a regra de competência não deveria ser a geral (grifo não original).

"Merece destaque que o art. 3º da Medida Provisória 1.570/1997 resultou no art. 2º da Lei 9.494/1997."

Desse modo, como bem conclui o eminente Juiz Relator, não é possível admitir-se que a coisa julgada, em ação civil pública como ora o exame, tenha eficácia em alguns Estados da nação e não o tenha em outros, por ser isto incompatível com o nosso sistema constitucional.

Assim, ainda que tal dispositivo não seja inócuo, como sustenta parte da doutrina, ele deverá ceder passo ao que dispõe o art. 109, § 2º, da Carta Magna, pois a União é parte no feito. E, sendo a União, por óbvio, entidade nacional, não é possível admitir-se que a coisa julgada, em ação civil pública como a ora em exame, tenha eficácia em alguns Estados da nação e não o tenha em outros. Tal situação é incompatível com o nosso sistema constitucional e, em especial, com o referido no art. 109, § 2º, da Carta Magna.

Em conclusão, o art. 16 da Lei 7.347/1985, com a redação do art. 2º da Lei 9.494/1997, ainda que não seja inconstitucional ou inócuo, deve ser interpretado de maneira constitucionalizante, frente ao § 2º do art. 109 da Constituição Federal, quando a ação civil pública for movida contra a União, como é o caso aqui.

Portanto, este juízo é competente para a análise do caso concreto.

Quanto à inadequação da via processual, isto é, a propositura de ação civil pública, como sucedânea de ação direta de inconstitucionalidade – por força da qual haveria a extinção do processo por incompetência do juízo, falta de interesse de agir, impossibilidade de agir do pedido e ilegitimidade ativa – não merece acolhida.

A ação civil pública não se confunde com a ação de inconstitucionalidade; esta presta-se ao acolhimento de ofensas à Constituição da República, considerada a norma abstrata; não há lide nem partes; não se leva em conta os casos concretos, porventura colhidos pela norma. O efeito é declaratório e não tem cunho condenatório, por não acolher ou relacionar-se a situações concretas. O pedido é a inconstitucionalidade da lei ou ato normativo (abstrato e geral). Correção abstrata dos atos do Poder Legislativo, na função típica.

De outro lado, a ação civil pública presta-se ao atendimento de situações concretas; tem em vista determinado fim condenatório, fazer, não fazer, dar (art. 3º da Lei 7.347/1985). O reconhecimento de inconstitucionalidade, feito incidentalmente, não é o pedido principal, o qual se reporta às obrigações referidas. Sua natureza, portanto, é distinta da ação declaratória de inconstitucionalidade.

A União acentua a inexistência de razoabilidade do juízo, ao fixar *astreintes*; não se justificaria impor-se multa, para compelir os agentes públicos ao cumprimento das normas do ordenamento jurídico. Sem razão, porém.

A multa decorre, na verdade, de uma coação indireta, determinada pelo Judiciário, a fim de que a parte atenda ao que foi decidido. É uma forma legal de a autoridade pública atender à decisão judicial. Se acaso não cumpri-la, será imposta a "pena" pecuniária.

O fato de haver a responsabilidade civil da Administração e dos agentes públicos (art. 37, CF/1988) não exclui a multa imposta pelo juízo. São conceitos diversos e não se excluem, reciprocamente. A multa tem por finalidade o cumprimento da decisão, específica, referente a dado direito; a responsabilidade civil atina ao *sucedâneo econômico*, ante atos lícitos e ilícitos dos agentes do Estado.

Rejeitadas as *preliminares*, passa-se ao exame do *mérito*.

A discussão fundamental refere-se ao fato de a Instrução Normativa 67/1998, da Secretaria da Receita Federal, ter extrapolado os limites estabelecidos na lei, com referência ao IPI, incidente sobre açúcares.

Com efeito, o referido ato administrativo, segundo a petição inicial, seguida no ponto pela liminar, teria concedido, indevidamente, perdão do crédito tributário, além de autorizar a compensação.

As requeridas justificam a edição do ato administrativo--normativo, em virtude de algumas decisões jurisdicionais e do Conselho de Contribuintes. De maneira que a Instrução Normativa estaria apenas atendendo os preceitos jurisprudenciais.

Conforme se observa do cipoal de normas jurídicas, mencionadas pelas partes, a matéria cinge-se à sucessão de leis e atos administrativos (Decretos e Portarias), com base nos quais, possivelmente, teria sido instituída a Instrução Normativa, ora impugnada pelo MPF. Mas é desnecessário transcrever os atos jurídicos referentes à tributação e alíquotas do IPI, já mencionados, amplamente, pelas partes e pelo juiz que concedeu a liminar.

Apenas para argumentar, ainda que se entendesse pertinente a interpretação levada a cabo pela autoridade administrativa, em face das disposições legais referentes ao caso, deve-se indagar se a instrução normativa poderia, como fez, possibilitar, aos contribuintes, a "restituição" ou compensação dos créditos fiscais.

A resposta só pode ser negativa. E aí também está o cerne do problema. A autoridade edita ato administrativo subalterno, baseado em algumas decisões jurisdicionais, bem como em decisão do Conselho de Contribuintes (segundo argumento das requeridas). Com isso, auxiliou contribuintes, mas por instrumentos jurídicos, que apenas o *legislador* poderia utilizar (cf. arts. 170 e 172, do CTN).

Aliás, numa análise das legislações havidas durante o perpassar do tempo, observa-se a vigência e a eficácia do Decreto-lei 1.199, de 27.2.1971, e do Decreto 420, de 13 de janeiro de 1992 e os que lhe sucederam, concluindo-se, desse modo, que a sistemática não era alíquota zero para o IPI, ao contrário do que mencionam as requeridas. Inclusive as ementas dos referidos decretos mencionam, expressamente, como fundamento jurídico, o Decreto-lei 1.199/1971.

O princípio jurídico basilar no Direito Público é o da *legalidade*, o qual decorre da *indisponibilidade do interesse público*, inerente no regime democrático de Direito. Trata-se de limites formais e materiais à Administração, verdadeiro *controle* da ação ou omissão das autoridades públicas.[1]

1. Heraldo Garcia Vitta, *Aspecto Geral do Direito Administrativo*, Malheiros Editores, p. 69.

O ato jurídico, emanado pela autoridade, tem o vício de *desvio de finalidade e o da impessoalidade*, pois beneficiou grupo de contribuintes, em detrimento dos demais. Ofende à *distribuição das cargas públicas* entre os súditos.

À caracterização da ofensa a esses princípios basilares do ordenamento jurídico, não há necessidade de constatar-se o elemento subjetivo do agente público, bastando a análise do objeto ou conteúdo do ato administrativo.

Também ocorre ofensa ao princípio da *moralidade administrativa*, a qual, como o princípio da finalidade, tem o caráter objetivo.[2] O conteúdo do ato, a conduta da autoridade, por si só, é suficiente para caracterizar o ato imoral.

O princípio da *eficiência* (art. 37, da CF/1988) requer dos administradores atitude proba, de acordo com padrões éticos e morais; qualquer atitude que transborde da lei, da moral e dos bons costumes será nula, por ofensa ao princípio da eficiência. Trata-se, na verdade, do *dever* de boa administração, a que sempre aludiu a doutrina italiana.

Nesse sentido, o ato administrativo acabou por ofender aos interesses públicos, *primário e secundário*. Renato Alessi explica ser o interesse público primário o que atina à coletividade, ao bem comum; já, o interesse público secundário é aquele referente à corporação, à entidade orgânica, enquanto aparato.[3]

No caso, ao "beneficiar" determinados contribuintes do IPI, reconhecendo a alíquota zero de alguns tipos de açúcares, bem como a possibilidade de compensação/restituição desse imposto, a Administração não atendeu ao interesse público secundário, porque deixou de arrecadar imposto que, em princípio, é devido aos cofres públicos.

Evidentemente, "excluir" determinada categoria de pessoas da tributação desatende ao interesse público primário, ante a ofensa aos princípios constitucionais já mencionados. Não há interesse público contra texto constitucional.

Vale lembrar a brilhante exposição de Celso Antônio Bandeira de Mello, quanto ao conceito de interesse público, sob a perspectiva jurídico-positiva: "Com efeito, dita qualificação quem a faz à Constituição e, a partir dela, o Estado, primeiramente através dos órgãos legislativos, e depois por via dos órgãos administrativos, nos casos e limites da discricionariedade que a lei lhes haja conferido".[4]

No caso, a autoridade administrativa não tinha discricionariedade, estabelecida na lei, a fim de editar ato jurídico; inclusive, nem decreto (ato administrativo de superior hierarquia) poderia ser editado sem que houvesse a discricionariedade, conferida pela lei, como explica o citado professor da PUC/SP.[5] Quanto mais instrução normativa, estabelecendo direitos a determinado grupo de pessoas.

Além de tudo, *não poderia ato administrativo interpretar* a lei, *sobretudo* quando haja dúvida no seu texto. É que "nem mesmo pode o regulamento interpretar a lei em sendo duvidoso o seu texto".[6]

Oswaldo Aranha Bandeira de Mello, que foi um dos expoentes da magistratura e cultor do Direito, expõe: "Ademais, sujeita-se [o regulamento] a comportas teóricas. Assim, não cria, nem modifica e sequer extingue direitos e obrigações, senão nos termos da lei, isso porque o inovar originariamente na ordem jurídica consiste em matéria reservada à lei (...)".[7]

2. Maria Sylvia Di Pietro, *Discricionariedade Administrativa na Constituição de 1988*, pp. 110-111.

3. *Principi di Diritto Amministrativo*, v. I, Título II, Capítulo I, p. 226, n. 3.

4. *Curso de Direito Administrativo*, p. 78.

5. Ob. cit., p. 313.

6. Vicente Ráo, *O Direito e a Vida dos Direitos*, p. 313.

7. *Princípios Gerais de Direito Administrativo*, v. I, p. 319.

Ora, se nem mesmo o regulamento (expedido por decreto do Presidente da República) pode inovar na ordem jurídica, quanto mais ato administrativo subalterno, como a instrução normativa. Os atos normativos de autoridades administrativas não podem inovar, como se disse, "indo além do que está na *lei ou no regulamento*; subordinam-se a este e àquela (...)".[8]

É muito relevante as palavras do i. Relator do agravo de instrumento, Desembargador Federal Nery Junior. Depois de verificar a ocorrência de *remissão de tributo* pela impossível via de ato administrativo, aduz:

> Parece-me demasiado forte a idéia de que a Instrução Normativa 67/1998 se desfigurou como aparelho que é, de utilização de âmbito limitado, como se disse, ao investir contra a ordem legal para em atendimento às pressões do empresariado fora da área de atuação na SUDAM e SUDENE alavancar a proposta de que poderiam "solicitar a restituição dos valores pagos na forma da legislação vigente". Ter-se-ia fixado – neste momento – a possibilidade tanto da remissão como da compensação. Ambas, no entanto, ilegítimas porque não introduzidas no sistema jurídico por lei de iniciativa de ente competente para a instituição do tributo.
>
> Neste instante estou a participar da construção balizada pela decisão, para quem é possível demonstrar-se a existência da obrigação tributária pela reconstituição normativa tanto pela observação da hierarquia das normas, como por suas sucessões no tempo e bem assim como por suas abruptas quebras pela via aclarada fragilizada para colher os resultados já perpetrados (fls. 591).

Decorre dessa situação, ou seja, a nulidade do ato administrativo, pelo Judiciário, que os contribuintes, inseridos no âmbito da instrução normativa, tenham de repor, ao erário, o que resultou benéfico para eles. De maneira que alguns pontos precisam ser esclarecidos, a fim de não haver imposição de gravames além do necessário, em respeito à *distribuição das cargas públicas*, segundo a qual os súditos do Estado devem, cada qual, suportar encargos da sociedade, numa proporção.

A *segurança* jurídica é um princípio geral de Direito, próprio do regime democrático. O princípio da segurança jurídica requer dos agentes públicos, inclusive do juiz, respeito aos atos realizados por particulares, quando estes estejam de *boa-fé*. Anular determinados atos jurídicos, já praticados por particulares, os quais teriam apenas cumprido os desideratos (errôneos) de autoridades públicas, pode levar a prejuízos acima do necessário.

Em face do princípio da *segurança jurídica* e do princípio da proporcionalidade e razoabilidade, sem prejuízo do da indisponibilidade do interesse público, base de sustentação do Direito Público, devem-se respeitar as relações jurídicas que advieram do combatido ato administrativo, isto é, reconhecer como *legítimos*, perante o ordenamento nacional, as situações, os atos, as relações posteriores à eficácia da Instrução Normativa 67/1998.

A boa-fé na relação jurídica Estado *x* particular é um princípio que rege toda a atividade administrativa. A *presunção de legitimidade*, de que se revestem os atos administrativos, se impõe, ao menos em princípio, à consolidação de atos e fatos realizados por particulares, quando estejam de boa-fé, segundo os padrões do homem comum.

Sob a ótica de infração administrativa, o "erro de direito" *exclui o ilícito administrativo*, em virtude da boa-fé do particular.[9] O Direito prestigia a segurança jurídica, a boa-fé nas relações travadas entre o Estado o particular, em prol da estabilidade das relações sociais.

No caso, a partir da instrução normativa, eventuais contribuintes podem ter começado a atuar de acordo com ela, isto é, seguiram a "interpretação" dada pela norma jurídica a textos de leis, os quais foram edita-

8. Aliomar Baleeiro, *Direito Tributário Brasileiro*, p. 416, grifos nossos.

9. Heraldo Garcia Vitta, *A Sanção no Direito Administrativo*, Malheiros Editores, pp. 54-55.

dos ao longo do tempo. Há a presunção de boa-fé dos contribuintes, que passaram a seguir as normas do ato combatido.

Atento a tudo isso, deve-se reconhecer como válidos as situações e os atos dos particulares, *depois da instrução normativa*; porém, atos e fatos *anteriores* a ela, inclusive aqueles convalidados ou cujo procedimento foi por ela comportado, sujeitam-se à nulidade absoluta, em face da indisponibilidade do interesse público.

Esse "reconhecimento" pode ser feito pelo Judiciário, independentemente de pedido das partes: em face da *nulidade do ato administrativo*, com efeitos retroativos, decretada por esta decisão, o Poder Público deverá retornar à situação anterior (antes do ato combatido), impondo aos contribuintes o recolhimento do tributo e os encargos legais, inclusive penalidades. Administrar é atuar a lei "de ofício".

Acomodadas as partes de acordo com critérios de razoabilidade, proporcionalidade e segurança jurídica, a ação merece prosperar em parte.

Posto isto, rejeito as preliminares e julgo a ação parcialmente procedente, decretando a nulidade da Instrução Normativa 67/1998, editada pela Secretaria da Receita Federal. Reconheço, contudo, legítimas – e de acordo com o direito – eventuais relações, fatos e atos dos particulares, realizados *depois da edição da instrução normativa*, não abrangidas as situações que tenham sido por ela convalidadas ou cujo procedimento foi por ela comportado, pois contrárias ao ordenamento normativo.

Sem honorários advocatícios. Custas na forma da lei.

P.R.I.

Marília, 30 de junho de 2003.

Heraldo Garcia Vitta, Juiz Federal.

JUSTIÇA ESTADUAL

SENTENÇA

Autos n.: 498/2000

Autor: GBL Consultoria Empresarial S/C Ltda.

Adv.: Dr. Maurício Amato Filho

Réu: Município de Iguape

Advs.: Drs. Daniel Mário Ribeiro e outra

Juiz de Direito: Francisco Glauber Pessoa Alves

Iguape, 10.8.2001.

Ementa: Administrativo e Constitucional. Ação de cobrança. Preclusão quanto ao direito de acostamento de documento. Confissão inocorrente, porque indisponíveis os direitos. Contrato ilegítimo e incapaz de embasar a pretensão responsabilizatória da Administração Pública. Inexistência de certame licitatório ou de regular justificativa de ausência. Ofensa aos primados constitucionais da legalidade e da moralidade. Ação improcedente.

1. Ação de cobrança.

2. Preclusão quanto à juntada de documento, sendo certo que a requisição judicial, em caráter suplementar, só se dá quanto a parte comprove a falta de acesso ao mesmo.

3. Confissão inocorrente em sede de direitos indisponíveis, como os da Fazenda Pública (art. 302, II, do CPC).

4. Contrato ilegítimo, por inobservar os preceitos licitatórios de regência, e incapaz de embasar pretensão responsabilizatória da Administração Pública.

5. Necessidade de licitação ou da regular justificativa de sua ausência (§ 2º do art. 44 do Decreto-lei 2.300/1986 — espelhado hoje no art. 26 e seu parágrafo único da Lei 8.666/1993).

6. Ofensa aos primados constitucionais de legalidade e moralidade (art. 37, "caput" e XXI, da "Lex Magna").

7. Ação improcedente (art. 269, I, do CPC).

Vistos...

I — Relatório

1. Cuida-se de Ação de Cobrança proposta por *GBL Consultoria Empresarial S/C L.* em face do *Município de Iguape.*

2. A autora alega que: a) celebrou contrato de prestação de serviços técnicos especializados com o réu; b) a remuneração seria devida pelo aumento no repasse do percentual do réu na arrecadação de ICMS; c) executou os serviços, que não foram pagos. Pugna por R$ 274.123,95 (duzentos e setenta e quatro mil cento e vinte e três reais e noventa e cinco centavos), corrigidos e com juros moratórios.

3. Juntou documentos (fls. 7-74).

4. O réu contestou aduzindo: a) os serviços executados não lhe trouxeram o benefício prometido; b) o repasse de recursos é feito pela própria Secretaria Estadual da Fazenda independente da intervenção de terceiros; c) não houve comprovação do valor cobrado.

5. Réplica às fls. 101-139.

6. As partes foram instadas a indicarem as provas que queriam ver produzidas (fl. 101), vindo as manifestações pelo julgamento antecipado (fls. 133-134 e 140).

7. Determinação de vinda do certame licitatório por duas vezes (fls. 141 e 143), sem cumprimento (fls. 142 e 144-145).

8. Era o que cabia detalhar.

II — Fundamentação

9. O feito já comporta julgamento, nos termos do art. 330, I, do Código de Processo Civil, e consoante a longa, mas necessária fundamentação que se seguirá.

10. Como medida prodrômica ao julgamento em si, cumpre consignar que o contrato originário destes autos foi lavrado ainda sob a égide do Decreto-lei 2.300/1986, de onde que, em prol da irretroatividade das normas como regra geral constitucional (art. 5º, XXXVI), inaplicáveis os preceitos da Lei 8.666/1993.

Previamente

11. Não se descura que é dado ao juízo requisitar documentos (art. 399, do CPC), quando embora de encargo originário das partes o acesso reste inviabilizado.

12. Só que aqui isso não ocorreu.

13. Embora público o documento (art. 3º, § 3º, do Decreto-lei 2.300/1986 — retratado no art. 3º da Lei 8.666/1993), limitou-se a autora a dizer que enfrentou resistência para isso, *sem nenhuma prova disso*. Como? Em que circunstâncias? Chegou a protocolar algum pleito administrativo? Se sim, porque não o acostou?

14. É jurisprudência firme e de há muito pacificada que só excepcionalmente e quando *comprovadamente* a parte não tenha conseguido *por meio próprios* é que haverá a requisição judicial. Do contrário, estar-se-á valendo indevidamente do aparato jurisdicional. Por todos e *in verbis*: "Não demonstrada, ainda que perfunctoriamente, a impossibilidade da parte obter diretamente a documentação que entende lhe ser útil, descabe a sua requisição pelo juiz" (*RSTJ* 23/249).

15. Quis a autora transferir para o juízo o encargo originário seu, porque era e é seu o *onus probandi,* em face do princípio dispositivo.

16. Causa mais espécie ainda é que uma empresa de consultoria empresarial, que visa otimizar trâmites e rotinas de trabalho, não tenha observado o cuidado de arquivar uma via do certame licitatório que diz ter existido.

17. Isso é estranho também porque diversamente tem em mãos uma via do contrato (cópia acostada nos autos). Este, por sua vez, não faz nenhuma menção ao processo de licitação (o que seria de rigor — art. 51 do Decreto-lei 2.300/1986 e art. 61 da Lei 8.666/1993), provavelmente porque nunca existiu.

18. Por isso é que declaro preclusa a oportunidade para a autora produzir a prova pendente (cópias do certame licitatório ou de dispensa/inexigibilidade).

No mérito

19. A Administração Pública rege-se, dentre outros, pelos princípios da legalidade e moralidade (art. 37 da Constituição Federal).

20. O primeiro diz respeito "à completa submissão da Administração às leis. Esta deve tão-somente obedecê-las, cumpri-las, pô-las em prática. Daí que a atividade de todos os seus agentes, desde o que lhe ocupa a cúspide, isto é, o Presidente da República, até o mais modesto dos servidores só pode ser a dóceis, reverentes, obsequiosos cumpridores das disposições gerais fixadas pelo Poder Legislativo, pois esta é a posição que lhes compete no direito brasileiro" (Celso Antônio Bandeira de Mello, *Curso de Direito Administrativo*, 8ª ed., São Paulo, Malheiros Editores, 1996, p. 57). Já o segundo resulta que a "Administração e seus agentes têm de atuar na conformidade dos princípios éticos" (autor e ob. cits., p. 69).

21. Tem-se, pois, que estes dois princípios são de irrenunciável observância pela Pública Administração.

22. E, "ressalvados os casos especificados na legislação, as obras, serviços, compras e alienações serão contratados mediante processo de licitação pública que assegure igualdade de condições a todos os concorrentes, com cláusulas que estabeleçam obrigações de pagamento, mantidas as condições efetivas da proposta, nos termos da lei, o qual somente permitirá as exigências de qualificação técnica e econômica indispensáveis à garantia do cumprimento de obrigações" (art. 37, XXI, da Carta Política).

23. Portanto, obras, serviços e compras serão sempre precedidas de licitação pública, ressalvados os casos especificados na legislação. Acerca da importância da licitação, é de ouro a lição autorizada de Celso Antônio Bandeira de Mello:

"A licitação visa alcançar duplo objetivo: proporcionar às entidades governamentais possibilidades de realizarem o negócio mais vantajosos (pois a instauração de competição entre ofertantes preordena-se a isto) e assegurar aos administrados ensejo de disputarem a participação nos negócios que as pessoas governamentais pretendam realizar com os particulares.

"Destarte atendem-se três exigências públicas impostergáveis: proteção aos interesses públicos e recursos governamentais — ao se procurar a oferta mais satisfatória; respeito ao princípio da isonomia e impessoalidade (previstos nos arts. 5º e 37, *caput*) — pela abertura de disputa do certame e, finalmente, obediência aos reclamos de probidade administrativa, imposta pelos arts. 37, *caput* e 82, V, da Carta Magna brasileira" (ob. cit., p. 316).

24. As exceções são justamente aquelas previstas nos arts. 22 e 23 do Decreto-lei 2.300/1986 (arts. 24 e 25 da Lei 8.666/1993), que tratam das hipóteses de dispensa e inexigibilidade.

25. Na primeira, a "licitação é dispensada, como se pode ver, em situações descritas pela legislação, nas quais se perderá, em tese, realizar o procedimento licitatório, mas que, pelas razões em cada caso apontado, entende-se desnecessário o certame, já que sua realização não propiciaria ao Poder Público a escolha de proposta economicamente mais adequada, nem o pronto atendimento do interesse público (nacional, estadual ou local) que requer providências imediatas" (cf. Antônio Roque Citadini, *Comentários e Jurisprudência sobre a Lei de Licitações Pública*, 3ª ed., Max Limonad, p. 183). Na segunda, preceitua "a lei que é inexigível licitar quando ocorreu a inviabilidade de competição, podendo isto se dar por algumas razões: quando, comprovadamente houver somente um fornecedor do produto desejado pela Administração, portanto, é o caso de fornecedor exclusivo; quando forem contratados serviços técnicos enumerados no art. 13 desta lei, que sejam de natureza singular e realizados por profissionais ou empresas notoriamente especializadas (exceto publicidade e divulgação); e, finalmente se se tratar de contratação de profissionais do setor artístico" (cf. Antônio Roque Citadini, ob. cit., pp. 217-218).

26. Entretanto, ainda que configurada hipótese legal de dispensa ou inexigibilidade de licitação, necessário o ato que os autorizou, nos termos do § 2º do art. 44 do Decreto-lei 2.300/1986 (processo de justificação com os requisitos previstos, nos termos do art. 26 e seu parágrafo único da Lei 8.666/1993).

27. Ora, ausente procedimento licitatório próprio e ilegítimo o contrato, não há falar em pagamento de valores, posto que não há responsabilidade contratual (art. 1.056, do Código Civil). Afigura-se ausente a forma prescrita em lei, o que é causa de nulidade dos atos jurídicos (art. 145, III, do Código Civil). Com efeito, é tido por nulo "o contrato realizado sem concorrência, quando a lei a exigir, ou mediante concorrência fraudada no seu procedimento ou julgamento ou, ainda, quando o ajuste contraria normas legais em pontos fundamentais de seu conteúdo negocial. A nulidade da licitação induz à do contrato" (cf. Hely Lopes Meirelles, ob. cit., p. 217). Aliás, sobre a imprescindibilidade da licitação, já se decide à sociedade a tal respeito:

> *Licitação. Dispensa. Empresa de notória especialização. Inocorrência. Serviço que nada tem de especializado. Existência de outras empresas habilitadas. Especialidade que não é imprescindível à Administração. Dispensa, ademais, que não veio devidamente fundamentada. Ação procedente. Recurso não provido.* A notória especialização há de ser aferida para critério de ausência de comparação com os demais. O grau de especialização há de ser incomparável com os demais profissionais da área (STF, 2ª T., RE 160.381-0-SP, Rel. Marco Aurélio, j. 29.3.1994, v.u.).

> *Ação popular. Procedência. Inocorrência de nulidade diante da ausência de despacho saneador. Afastada a preliminar jurídica do pedido, baseada na desnecessidade de licitação para o contrato.* Houve contratação de serviço de publicidade, em valores de vulto e com cláusula de acréscimo ulterior incomensurável, sem licitação e sem exposição motivada de razões convincentes de dispensa da licitação. Honorários advocatícios adequadamente fixados. Recursos não providos (TJSP, 9ª Câmara de Direito Público, apelação cível 239.980-1-Guarujá, Rel. Sidnei Beneti, j. 17.4.1996, v.u.).

> *Ação popular. Obra pública. Ausência do procedimento seletivo prévio. Ofensa às disposições legais. Pleito recursal inacolhido.*

> Atuando como fator de eficiência e moralidade, objetiva a licitação assegurar igual oportunidade para os pretendem contratar com o Poder Público, respeitada a ordem jurídica e as regras previamente fixadas.

> Patente a inexistência do certame, indispensável na espécie, e demonstrada a lesividade, a par da ilegalidade e da condição de eleitor, o pacto celebrado é ineficaz (TJSC, apelação cível 96.000643-5, de Joaçaba, Rel. Francisco Oliveira Filho).

28. Tivesse ocorrido certame, teria a autoria do edital e do procedimento administrativo. De toda sorte deveria tê-lo juntado desde a inicial (art. 283 c/c 396, do CPC), não lhe socorrendo pugnar pela utilização do art. 399, do Código de Processo Civil, quando o documento é público e a todos acessível (arts. 3º, § 3º, e 53, ambos do Decreto-lei 2.300/1986 — art. 3º da Lei 8.666/1993).

29. Perceba-se mais outros vícios do pacto: 1) não tem prazo de duração, transfigurando-se em de duração indeterminada, o que é vedado não só em sede de direito administrativo (art. 47 do Decreto-lei 2.300/1986 — art. 57, § 3º, da Lei 8.666/1993), mas em toda a teoria geral dos contratos; 2) não há indicação do preço (condicionado ao aumento da arrecadação e *atribuindo parcela do* ***erário público a um ente particular***) (art. 46 do Decreto-lei 2.300/1986).

30. Por outro lado, também não poderia haver a prorrogação do contrato. Primeiramente, porque se válido não era a avença, ilegítima seria sua prorrogação. Segundo, porque em não tendo prazo certo de vigência, estaria em aberto sua vigência *ad infinitum.* Terceiro, porque esta pressupõe a necessária justificação legal (art. 65 da Lei 8.666/1993, já aplicável porque o aditamento se deu sob sua vigência — fls. 21-22).

31. Não socorre à autora a confissão parcial do débito por conta do réu, uma vez que *indisponível* os direitos em litígio (art. 302, II, do CPC), tanto mais no caso em concreto. Em tal trilhar:

> *Prova. Confissão ficta. Revelia. Inadmissibilidade. Art. 351 do Código de Processo Civil. Ente público, no caso, a Fazenda Pública. Impossibilidade de extração ficta pela revelia. Direitos fazendários considera-*

dos indisponíveis. Aplicação do art. 320, II, do Código de Processo Civil. Anulação da sentença. Recurso provido para esse fim. Em se tratando de pessoa jurídica de Direito Público (União, Estado, Território ou Município) a revelia não induzirá a que se reputam verdadeiros os fatos alegados pelo autor. É que, quando se trate de uma daquelas entidades, seus representantes ou administradores não têm a disponibilidade dos direitos, que são, assim, indisponíveis situando-se a hipótese na alínea II do art. 320 (TJSP, CCiv 1, apelação cível 219.305-1-Serra Negra, Rel. Guimarães e Souza, v.u., *DJ* 16.12.1994).

Revelia. Fazenda Pública. Direitos indisponíveis. Inaplicabilidade do art. 319 do Código de Processo Civil. Circunstância, entretanto, que não impede o julgamento antecipado da lide, ante a suficiência das provas apresentadas pelo autor. Sentença confirmada (*JTJ* 129/253).

32. O eventual direito há de ser buscado ao agente público que deu causa ao contrato nulo, sendo certo que dentre os poderes que lhe foram conferidos pelo povo *não estavam a dilapidação do patrimônio público.*

33. Fala-se ainda para fundamentar reflexos patrimoniais derivados de contratos inválidos no princípio da vedação do enriquecimento sem causa, sufragado parcialmente no art. 59 da Lei 8.666/1993, em alguns arestos e em certa doutrina (como na excelente monografia de Jacintho de Arruda Câmara, *Obrigações do Estado Derivadas de Contratos Inválidos*, São Paulo, Malheiros Editores, 1999).

34. E aqui vem uma pergunta nevrálgica: o princípio do enriquecimento sem causa é compatível com o regime jurídico da Administração Pública?

35. Ora, perceba-se que se positiva a resposta em nada adianta o zelo constitucional aos princípios da legalidade e moralidade. Isso porque a sua observância finda por prejudicar a quem mais os mesmos (princípios) se prestam a proteger — a sociedade e o patrimônio dela — e ainda porquanto referenda a continuidade de tal prática pelos administradores públicos e os que com eles contratem.

36. Por isso que raciocinar assim significa que todo administrador pode sair por aí, contratando indevidamente quem quer que seja, fazendo avenças de idoneidade duvidosas, enfim, administrando como com certeza não faz em casa própria, que ainda assim surgirá alguém invocando a tal vedação do princípio do enriquecimento sem causa e pior, retirando a proteção normativa à supremacia do interesse público.

37. É, em uma singela expressão, mais ou menos como "você não pode fazer isso assim, *mas se fizer o erário suportará* e, portanto, não se preocupe". Só que a segunda parte da oração não tem previsão normativa e, principalmente, esvazia a primeira.

38. O argumento fulcral na fundamentação da sua aplicabilidade diz respeito à boa-fé do contratante (cf. Jacintho de Arruda Câmara, ob. cit., p. 100). Ora, venhamos e convenhamos: *alguém em sã consciência crê que alguma empresa hoje em dia desconhece que é necessária licitação para contratar com a Administração Pública, tanto mais da envergadura da autora, consultora empresarial????*

39. Esforço-me muito e é necessária muita falta de lucidez para não perceber duas coisas simples: 1) todo mundo hoje em dia sabe que a contratação com a Administração Pública deve ser precedida de uma licitação ou uma justificação para sua ausência; 2) reconhecer a indenizabilidade por contratos administrativos nulos para os quais o postulante contribuiu é jogar por terra os princípios constitucionais da Administração Pública (art. 37) e antes é dar carta branca para sua inobservância reiterada e costumeira.

40. De toda sorte, ainda que se transponha e vença todos os óbices indicados, mais precisamente no caso concreto tenho que não se deu a prova de que os serviços da autora se prestaram ao aumento dos repasses de ICMS ao réu.

41. Os documentos nos autos constantes demonstram que ela existiu, mas daí a dizer que houve algum nexo de causalidade (um dos elementos etiológicos da responsabilidade civil — art. 1.056 do Código Civil) é algo absolutamente diverso.

42. É só atentar que embora tenham sido feitas reclamações administrativas pela autora em nome do réu (fls. 23-73), não se constatou em que medida a Secretaria Estadual da Fazenda alterou os percentuais cabíveis ao réu por tal conduta.

43. E, mesmo que assim tenha procedido o órgão estadual, esse aumento de arrecadação não poderia ser vinculado a um ente particular, como consta no contrato.

44. Destarte, improcede a inaugural.

III — Dispositivo

45. Ante o exposto, julgo *IMPROCEDENTE* a presente ação proposta por GBL Consultoria Empresarial S/C Ltda. em face do Município de Iguape, e em conseqüência extingo o processo com julgamento do seu mérito, nos conformes do art. 269, I, do Código de Processo Civil.

46. Fixo os honorários advocatícios de sucumbência em 10% (dez por cento) sobre o valor da causa (art. 20, § 4º, do CPC), sendo que a autora também deverá arcar com as despesas processuais, incluídas as custas (art. 20, § 2º, do CPC), tudo devidamente atualizado e corrigido.

47. Somente não se determinam as providências do art. 40 do Código de Processo Penal c/c 102 da Lei 8.666/1993, porque o delito previsto no art. 89 da Lei 8.666/1993 foi criado posteriormente à formalização do contrato, bem como, com relação a eventual improbidade administrativa, pelo fato do então alcaide já ser pessoa falecida.

48. De qualquer forma, abra-se vista destes autos ao Ministério Público, para seu conhecimento e para suas eventuais providências.

Publique-se. Registre-se. Intime-se.

Iguape, 10 de agosto de 2001.

Francisco Glauber Pessoa Alves, Juiz de Direito.

* * *

GRÁFICA PAYM
Tel. (011) 4392-3344
paym@terra.com.br

REVISTA TRIMESTRAL DE
DIREITO PÚBLICO

DOUTRINA: INSTRUMENTOS DA ADMINISTRAÇÃO CONSENSUAL. A AUDIÊNCIA PÚBLICA E SUA FINALIDADE – LÚCIA VALLE FIGUEIREDO • CONTROLE POLÍTICO DAS AGÊNCIAS REGULADORAS – ADILSON ABREU DALLARI • PROPAGANDA INSTITUCIONAL E PUBLICIDADE PESSOAL: FRONTEIRAS – SERGIO FERRAZ • PRINCÍPIO DE DIREITO ADMINISTRATIVO E TRIBUTAÇÃO: FRONTEIRAS E IMPLICAÇÕES – ROMEU FELIPE BACELLAR FILHO • ATUAÇÃO ADMINISTRATIVA E LEGISLATIVA DOS PODERES PÚBLICOS EM MATÉRIA AMBIENTAL – TOSHIO MUKAI • NOTAS SOBRE A FUNÇÃO ADMINISTRATIVA – VLADIMIR DA ROCHA FRANÇA • DIREITO ADQUIRIDO AO REGIME DE APOSENTADORIA. O princípio da segurança das relações jurídicas, o direito adquirido e a expectativa de direito – VALMIR PONTES FILHO • REDISCUTINDO A ESTABILIZAÇÃO, PELO DECURSO TEMPORAL, DOS ATOS ADMINISTRATIVOS "SUPOSTAMENTE" VICIADOS – FÁBIO BARBALHO LEITE • PRINCÍPIO DA LEGALIDADE E PODER REGULAMENTAR NO ESTADO CONTEMPORÂNEO – ALEXANDRE SANTOS DE ARAGÃO • DA PERDA E SUSPENSÃO DOS DIREITOS POLÍTICOS – EDILSON PEREIRA NOBRE JÚNIOR • PROCESSO ADMINISTRATIVO, DEVIDO PROCESSO LEGAL E A LEI 9.784/1999 – RAFAEL MUNHOZ DE MELLO • ***PARECERES***: ARRENDAMENTO. PRORROGAÇÃO E ALTERAÇÃO DE CONTRATOS POSSÍVEIS – EROS ROBERTO GRAU • CONCESSÃO DE SERVIÇO PÚBLICO. Reestruturação do sistema tarifário. Equilíbrio econômico-financeiro. Obrigação de indenizar – CELSO ANTÔNIO BANDEIRA DE MELLO • LIMITAÇÕES AO "JUS PUNIENDI" ESCOLAR: INCONSTITUCIONALIDADE DA PUNIÇÃO COLETIVA – EDUARDO FORTUNATO BIM • ***ESTUDOS E COMENTÁRIOS***: A RESPONSABILIDADE CIVIL DO ESTADO POR CONDUTA OMISSIVA – JOÃO AGNALDO DONIZETI GANDINI e DIANA PAOLA DA SILVA SALOMÃO • EFEITOS PROSPECTIVOS DA DECLARAÇÃO DE INCONSTITUCIONALIDADE COMO TÉCNICA GARANTIDORA DO LIVRE EXERCÍCIO DA ATUALIZAÇÃO CONSTITUCIONAL – VANICE LÍRIO DO VALLE • O PROCESSO DE CONCRETIZAÇÃO CONSTITUCIONAL: LIMITES E POSSIBILIDADES – NOEL ANTONIO TAVARES DE JESUS • RESPONSABILIDADE CIVIL DAS AGÊNCIAS REGULADORAS – RODRIGO SANTOS NEVES • A NATUREZA JURÍDICA DA ANATEL – VIDALVO SILVINO DA COSTA FILHO • ***JURISPRUDÊNCIA***

MALHEIROS EDITORES

REVISTA TRIMESTRAL DE DIREITO PÚBLICO

37/2002

M